다이내믹 코리아

KB196035

다이내믹 코리아

엮은이 정주식

글쓴이 정주식·강남규·박권일·신혜림
은유·이재훈·장혜영

사계절

다이내믹 코리아, 우리는 지금 어디쯤에서 헤매고 있는가?

스마트폰에게 도둑맞은 나의 집중력을 어디 가서 찾아야 할까? 죽은 애완견을 복제하면 슬픔이 사라질까? 한강의 소설은 어떻게 읽는 것이 좋을까? 카리나는 도대체 몇 살부터 연애하면 되는 걸까? 내란과 탄핵 이후에는 어떤 세상이 기다리고 있을까? 근래에 한번쯤 우리의 머릿속을 스쳐갔던 질문들이다. 저 질문들에 혼자서 명쾌하게 답을 내릴 수 있는 사람이 얼마나 될까. 뉴스를 보거나 책을 읽는다면 어느 정도 입장을 가질 수 있을 것이다. 골방에 앉아 조용히 사색을 하는 것도 도움이 될 수 있다. 하지만 가장 좋은 방법은 이 주제를 놓고 누군가와 진지하게 토론하는 것이다.

일 년 내내 토요일 아침마다 모여 토론하는 이상한 사람들이 있다. 2022년 봄 '토론의 즐거움'이라는 이름의 모임이 시작되었다. 직업도 성격도 제각각, 서로를 잘 알지도 못했던 이들이 처음에 공유했던 것은 '가치상실감'이라는 공통의 심리 상태였다. 공론장이 붕괴되고 사회적 신뢰가 사라진 각자도생의 시대. 희미하게나마 우리가 공유하고 있던 가치들이 사라졌다는 위기감이 이들을 모이게 했다. 그렇게 치유 모임처럼 시작됐던 '토론의 즐거움'은 주마다 회를 거듭할수록 열기를 더하면서 2025년 1월 지금까지 140여 회의 토론을 이어가고 있다. 이 책에는 근래 한국 사회에서 벌어진 사건 중 가장 인상적인 장면을 포착한 13개 토론문이 담겨 있다. 거대한 정치담론에서부터 드라마와 케이팝, 예능 프로그램까지 장르를 넘나들며 가장 논쟁적인 주제들을 망라한다.

세상에는 크게 두 가지 삶의 방식이 존재한다. 먼저 지금의 세상을 받아들이고 그 속에서 어떻게 잘 순응해 나갈까를 고민하는 삶의 방식이 있다. 또 지금의 세상을 더 나은 것으로 바꾸어 가는데 관심과 에너지를 집중하는 삶이 방식이 있다. 이 책의 토론자들은 모두 후자에 해당되는 사람들이다. 세상에 물음표가 많아 끊임없이 질문하고 집요하게 상상하는 사람들이다. 질서에 순응해온 사람일수록 변화에 취약하다는 점에서 격변기에는 관습적 해석에 저항해온 사람들의 이야기를 귀담아 들을 필요가 있다. 2025년 벽두 대한민국은 내란-탄핵-대선이라는 초유의 정치 사태를 맞이하고 있다. 이 책은 정치사회적 격변기에 우리가 무엇을 함께 바라보고 무엇에 좌절하고 감동하는지 동시대를 살아가는 '우리'의 감각이 생생하게 담겨 있다.

사람들은 불안을 밀어내기 위해 격앙되고, 불확실성을 견딜 수 없어 섣부른 신념에 빠진다. 혼란기에 필요한 것은 매끈한 이상이 아니라, 혼란을 마주하고 견디는 능력이다. 그러려면 무질서한 세계 속에서 요동치지 않도록 중심을 잡아줄 나만의 관점이 필요하다. 이 책은 세계 어느 나라보다 역동적으로 변화하는 대한민국에서 단단한 개인으로 살아가기 위한 안내서가 될 것이다.

첫 토론 '도둑맞은 집중력과 뉴스의 위기' 편에서는 도파민 중독과 시성비의 파도 속에서 위기에 처한 저널리즘의 역할을 고민한다. '죽은 개가 돌아왔어요. 복제견 찬반논란' 편은 한 유튜버의 애완견 복제라는 으스스한 뉴스에서 출발한다. 영혼은 복제 가능한지, 복제된 동물의 윤리적 지위를 어떻게 부여할지와 같은 낯선 질문이 꼬리에 꼬리를 무는 흥미로운 토론이다. '양당제를 돕는 중도정치의 역설', '진보정치는 왜 망했을까?' 두 편의 토론은 지난 4월 치러진 22대 총선의 결과를 바탕으로 한국 정치의 현주소를 진단한다. 왜 중도정치가 호명될수록 양당체제는 공고해지는지, 정의당이 원외로 밀려난 가장 중요한 이유는 무엇인지, 기존 정치 비평의 틀로는 명쾌하게 해석되지 않는 논점들을 예리하게 해부한다.

'카리나는 몇 살부터 연애하면 됩니까?' 편은 걸그룹 에스파의 맴버 카리나의 기괴한 사과 논란에서 시작됐다. 인간의 감정이 판매될 수 있는지, 스타의 감정을 소유하는 팬덤 의식은 어디서 비롯되는지를 논하는 과정에서 케이팝 산업 성공 신화의 명암이 드러난다. '영피프티는 언제까지 젊을까?' 편은 '영피프티'라는 화두를 통해 한국 사회의 젊음에 대한 유별난 집착에 관해 논한다. 트렌드와 소비, 젊음 사이의 관계를 고찰하다

보면 한국인의 보편적 삶의 양식에 관해 이해하게 된다. '거부권 중독 윤석열 대통령의 심리 상태' 편은 연말에 불어닥칠 계엄·탄핵 사태의 전조와 같은 토론이다. 토론자들은 거부권 행사 신기록을 세웠던 대통령의 전횡을 바라보며 8월 초 이미 탄핵 가능성을 진지한 화두로 올린다.

'대한민국이 양궁협회처럼 운영된다면…' 편과 '사람들이 〈흑백요리사〉에 열광한 이유' 편은 '토론의 즐거움' 팀의 매력을 가장 잘 보여준 토론들이다. 인간이 스스로를 착취할 자유를 어디까지 허용해야 할지, 요리는 순수한 기예의 영역이 될 수 있을지, 나의 입장은 무엇인지를 고민하며 토론에 빠져들다보면 짜릿한 지적 즐거움을 맛볼 수 있을 것이다. '한강 노벨문학상 수상이 당신에게 미치는 영향' 편에서는 한강의 노벨상 수상의 문화적·역사적 의미를 짚으며 이 사건이 불러일으킨 사회적 소란에 대해 논한다. 그렇게 고요하게 마무리될 줄 알았던 2024년은 '12·3 비상 계엄'이라는 초유의 정치 사태가 일어나면서 분위기가 급랭한다. 비상 계엄과 대통령 탄핵이라는 혼란기의 진단을 담은 마지막 토론 '계엄군과 응원봉, 절망과 희망 사이에서' 편은 계엄군과 응원봉이라는 극적인 상징의 대비를 통해 2025년 격랑의 한국 민주주의를 조망한다.

《다이내믹 코리아》는 문화비평과 정치비평을 종횡으로 넘나들며 역동적인 한국의 오늘을 진단하는 사회비평서이다. 나는 토론의 참여자이면서 관찰자로 토론문을 정리·해설했다. 가급적 외부인의 시선에서 기술하고자 했으나 내부인이라는 불가피한 한계를 인정할 수밖에 없다.

개인적으로 여섯 토론자와의 작업은 정신의 성장판이 열리는 놀라운 경험의 연속이었다. 토론문을 정리하면서는 설익은 생각들이 어떻게 서로에게 영향을 미쳐 성숙한 의견을 빚어내는지 확인하며 경이감에 젖기도 했다. 변변치 못한 해설을 기꺼이 허락해준 토론자들에게 고마움을 전한다.

'타자는 깨달음의 계기'라는 에마뉘엘 레비나스의 말을 토론만큼 잘 설명해주는 것은 없다. 누군가의 지식을 배우는 것은 부차적이다. 토론이라는 사유의 양식은 다른 사람의 생각하는 방식과 관점을 배울 수 있다는 훌륭한 장점을 갖고 있다. 모여서 토론을 한다고 해서 꼭 의견 일치에 이르는 것은 아니다. 그러나 마이클 왈저의 지적처럼 분리된 개인들은 어떤 삶이 좋은 삶인지에 대해 결코 의견 일치에 이를 수 없을 것이다. 성숙한 토론은 우리를 더 나은 방향으로 이끈다고 믿는다. 이 책을 즐겁게 읽는 방법은 토론문에 등장하는 논점에 나의 입장을 대입해보면서 함께 토론에 참여하는 것이다. 교차하는 토론자들의 주장을 곱씹으면서 내 입장은 누구의 입장에 가까운지 고민하며 마음속으로 토론에 참여해보자. 일상에서 경험하지 못한 사유의 즐거움을 맛볼 수 있을 것이다.

이 글을 쓰고 있는 시간은 비상 계엄과 탄핵 사태로 이 나라 민주주의에 경종이 울린 시점이다. 젊은 날엔 젊음을 모르고, 민주주의가 무너지고 나서야 비로소 민주주의의 소중함을 깨닫는다. 민주주의가 빈사 상태에 이른 지금은 어느 때보다 새로운 정치에 대한 사람들의 감각이 활짝 열려 있는 시기이기도 하다. 길을 잃더라도 여기가 어디쯤인지 안다면 슬기롭게 헤쳐

나갈 수 있다. 《다이내믹 코리아》는 해답을 제시하는 책이 아니라, 우리가 지금 어디쯤에서 헤매고 있는지 좌표를 찾아 나서게 해 주는 책이다.

이 혼란의 끝에는 어떤 세계가 기다리고 있을까. 우리가 이 겨울에 본 것은 국가적 아노미 상태에서도 질서를 만들어내는 시민들의 힘이다. 분명한 것은 당연한 미래는 없으며 어떤 세계와 결별할지 어떤 세계와 마주할지는 우리의 선택에 달려있다는 것이다. 이 책에는 일곱 논자가 만들고 싶은 미래의 청사진이 담겨 있다. 우리의 여정이 더 나은 공동체를 열어가는 데 작은 실마리를 전할 수 있길 희망한다.

"미래를 예측하는 최선의 방법은 미래를 만들어내는 것이다"
— 앨런 케이

저자들을 대표해서 정주식.

차례

'도둑맞은 집중력'과 뉴스의 위기

강남규　박권일　신혜림　이재훈　장혜영　정주식

90년대 드라마를 보다가 생경한 풍경이 눈에 들어왔다. 휴대폰 없이 사색에 잠긴 사람들의 모습이었다. 스마트폰과 소셜미디어의 등장은 우리의 삶을 예측하지 못한 방향으로 이끌었다. 지난해 방송통신위원회 발표에 따르면 한국인의 하루 평균 스마트폰 사용시간은 약 다섯 시간으로 세계 5위에 해당하는 것으로 나타났다. 이제 사람들은 잠자는 시간 외에 가장 많은 시간을 휴대폰을 들여다보는 데 사용한다.

지난해 화제가 된 책《도둑맞은 집중력》은 도파민 중독으로 인한 인지능력 저하 문제를 다룬다. 이 책의 저자 요한 하리는 250명의 전문가를 취재한 뒤 전 세계적인 집중력 저하 위기는 개인의 문제가 아니라 사회적 질병이라고 진단한다. 토론자들은 이 책의 문제의식에 공감하면서 나아가 도파민 중독이 저널리즘과 민주주의 위기의 원인이 된다고 주장한다. 사람들이 긴 뉴스를 보지 않는다면 우리 사회에서 숙의와 토론은 사라질 것이라고.

토론자들은 모두 전현직 미디어 종사자이거나 미디어와 깊이 관련된 일을 하고 있다. 이들 중에서도 가장 심각한 걱정을 안고 있는 사람은 현업 뉴스 콘텐츠 제작자 신혜림이다. 신혜림은 숏폼 콘텐츠에 시간을 빼앗기는 소비자이면서 스스로 롱폼 콘텐츠를 만드는 제작자라는 모순된 정체성을 갖고 있다. 신혜림이 시달리고 있다고 말한 '저널리즘 멸종 증후군'은 많은 저널리스트들이 공통적으로 겪고 있는 위기의식이다. 스스로를 구하기도 벅찬 이 멸종위기종은 어떻게 숏폼의 시대에 살아남아 민주주의를 구할 것인가. 저널리즘이 숏폼 조회수 경쟁에 참여하지 않고 살아남는 것은 가능한가.

일치된 문제의식 안에서도 이들이 위기에 임하는 자세는 제각각이다. 시성비와 '도파민 ROI Return On Investment' 시대에 저널리즘이 설 자리는 어디인지, 롱폼 뉴스 제작자는 이런 시대에 뭘 할 수 있을지, 쇼츠의 시대에 우리가 정말 도둑맞은 것은 무엇인지, 미디어 실종의 시대와 민주주의의 위기는 어떤 관계에 있는지……. 답 없는 질문이 이어지면서 저널리즘 환경이 암울해지고 있다는 사실을 모두가 절감한다. 답이 없는 문제를 두고 벌이는 토론이야말로 시성비 시대의 적이 아닐까. 그러나 정답을 모르더라도 문제를 바로 진단한다면 근사값을 향해 나아갈 수 있다. 이것이 몰아치는 시성비의 파도 속에서 토론이라는 비효율이 갖는 존재 가치이다. 이 토론을 통해 이들은 정답에 얼마나 가까이 다가갔을까?

6 6

이재훈: 12월 9일 '토론의 즐거움(토즐)' 시작하겠습니다. 지금 시대가 뉴스를 보지 않는 시대, 집중력을 도둑맞은 시대, 도파민이 넘치는 콘텐츠만이 우리에게 다가오고 있는 시대라는 이야기를 많이들 하십니다. 저희 토즐 멤버들이 모두 미디어와 관련된 일을 하거나 미디어에 가까이 있는, 또 미디어를 잘 활용하는 사람들이어서 현재 미디어 상황에 대한 고민이 많은 것 같아요. 그런 고민들을 나눠보고요. 이런 미디어 상실의 시대, 미디어 실종의 시대가 민주주의를 어떻게 위협하고 있는지 이야기를 한번 해볼까 합니다. 혜림 님이 요즘 고민을 제일 많이 하고 계시는 것 같은데요?

신혜림: 올해 베스트셀러죠,《도둑맞은 집중력》. 우리를 둘러싼 환경이 우리를 뭔가에 집중할 수 없게 만들고 있다고 조목조목 써낸 책이에요. 저는 재밌게 잘 읽었고 후반부에 나오는 '집중력이 도둑맞는 상황이 민주주의를 위협한다'는 얘기에 많이 공감했어요. 저는 소위 뉴 미디어 콘텐츠라는 걸 만들어왔어요. 신문이나 라디오, TV 같은 전통적인 언론매체로 분류되는 플랫폼에서 일하지 않고 처음부터 유튜브나 페이스북 같은 SNS 플랫폼 안에서 좀 더 공익적인 콘텐츠를 생산해보자는 미션으로 입사해서 지금껏 일하고 있는 상태예요. 그렇기 때문에 사람들이 해당 플랫폼 내에서 도파민이 계속해서 빵빵 터지는 콘텐츠만 소비하는 것에 대해 문제의식이 늘 컸어요.

　　도파민이 빵빵 터지는 콘텐츠란 뭐냐. 일단 굉장히 짧은 콘텐츠, 결론만 남은 콘텐츠, 여러 가지 맥락 중에서 하나의 자극되는 이야기만 선별해낸 콘텐츠, 그래서 굉장히 단순하게 머리에 꽂히는 콘텐츠, 그 이상의 생각을 할 필요 없는 콘텐츠, 누군가를 혐오하거나 저격하는 콘텐츠, 내 이익과 직결되는 돈벌이와 관련된 콘텐츠, 그런 것들이죠. 즉각적인 소비가 가능하고, 뭔가 좀 더 숙고하고 다시 생각해보는 뇌는 전혀 활성화시키지 않는 콘텐츠들이죠. 그런 콘텐츠에 삶을 완전히 둘러싸이게 하는 설계로 플랫폼이 계속 진화해오고 있기 때문에 점점 더 공익적인 콘텐츠를 미션에 도달시키는 게 굉장히 힘들다는 거죠. 제가 원래는 되게 낙관주의자였거든요? 누군가 이런 플랫폼 환경에 대해 비관할 때도 '플랫폼이 바뀌면 더 잘 영리하게 활용하면 돼'라고 생각했던 사람이었는데, 그게 점점 안 되는 상황을 마주하면서 힘들어하고 있습니다.

이재문: 낙관했던 것이 결정적으로 꺾이게 된 계기 같은 게 있는 건가요? 아니면 그냥 차츰차츰 진행되다가 더 이상 희망이 없어졌단 건가요?

신혜림: 후자에 더 가까운 것 같기는 한데 계단식 변화도 있었다고는 봐요. 명확하지는 않지만 한 번에 사기가 뚝뚝 떨어지는 느낌. 우리는 주기적으로 콘텐츠를 생산하는데, 일을 하면서 갑자기 도달이 너무 안 되네, 싫었던 상황들이 있죠.

이재문: 숏폼의 시대라고 하는 게 열린 지 한 2~3년 됐나요? 영상매체가 숏폼 중심으로 소비되기 시작하면서 그렇게 된 측면이 더 강할까요?

신혜림: 네. 그전부터 틱톡 같은 플랫폼이 있었지만, 유튜브에서도 쇼

츠, 그리고 인스타에서도 릴스가 생겨나기 시작하면서 모두가 무한 스크롤로 1분짜리 영상을 계속 보도록 설계된 개미지옥 에 빠졌죠. 주말에 쇼츠를 보게 되면 두 시간이 후딱 가요. 그 시간에 어쩌면 저는 다른 거를 할 수도 있었는데. 이런 식으로 모든 사람들이 계속 무의미하게, 사실은 거의 기억에 남지도 않는 수많은 숏폼 시청에 시간을 쓰게 되는 거죠. 지금껏 콘텐츠 플랫폼이 그런 식으로 진화해왔다고 생각해요. 지금까지 낙관이 가능했던 이유는 이렇게까지 콘텐츠 길이가 짧아지진 않았거든요. 예전에 페이스북이 갑자기 텍스트가 아닌 영상을 미는 바람에 텍스트로만 콘텐츠를 만들던 사람들은 알고리즘에 굉장한 타격을 받았던 적이 있어요. 근데 저는 그 당시부터 영상 콘텐츠를 만들기 시작했던 사람이라 원래 텍스트에 넣던 얘기들을 영상으로 친절하게 꾹꾹 눌러 담아보자고 생각하며 일을 했어요. 유튜브로 모두가 갈아타던 시기에도 유튜브 플랫폼의 특성을 잘 활용하면서 나름 무사히 정착했고요. 근데 유튜브까지 쇼츠로 넘어가니까 여기서부터는 정신을 못 차리겠는 거예요. 뭘 담아낼 수가 없어요. 유인책으로 숏폼을 만들어도 롱폼으로 잘 연결되지 않고요. 단순하고 재미있는 콘텐츠들만 연결되죠. 저널리즘 생산자한테는 그냥 멸종하란 얘기예요.

이재훈: 최악의 상황이죠. 저 같은 경우는 조금 더 이전 세대 사람이니까요. 애초에 신문기자로서 텍스트 생산을 하다가, 말씀하신 SNS 시대가 2010년대 초반에 열리면서 그때 카드뉴스 그리고 한 2~3분짜리 동영상으로 압축한 뉴스 등을 통해서 우리가 얘기하려는 내용을 생산했었는데요. 페이스북이 영상을 많이 노

출해주기 시작하면서 뉴스를 전달하는 방법도 바꿔야 한다는 고민을 하기 시작했죠. 그런데 그게 참 쉽지 않았던 것 같아요. 사안의 맥락을 풍부하게 취재해서 텍스트로 전달할 수 있는 능력을 가진 게 신문기자들인데, 그거를 2~3분짜리 영상으로 줄인다고 하면 많은 맥락을 소거하고 보여줘야 하는 상황이잖아요. 그러다 보니까 자괴감도 들고 그랬는데요.

요즘은 더 압축적인, 1분도 안 되는 숏폼 영상으로 대세가 넘어가면서 뉴스보다는 예능이나 스포츠 콘텐츠가 숏폼을 지배하는 시대가 되어버린 것 같아요. 예능이나 스포츠 콘텐츠는 짧은 시간 안에 아주 자극적인 장면만 보여주고 빠질 수 있는데, 뉴스라는 건 그런 자극을 가지려면 어떤 사람을 강하게 저격하는 멘트를 중심으로 해서 만들 수밖에 없잖아요. 예전에 실검(실시간 검색)이 있던 시절, '충격' 등의 제목으로 독자를 낚는 기사를 썼던, '충공깽'이라고 하죠, 그런 내용이 숏폼에 담기는 거니까 혜림 님 말씀하신 대로 우리가 어떤 뉴스를 보고 생각을 더 한다거나 이걸 통해서 다른 이슈를 더 깊게 들여다보고 싶어진다거나 이런 상황은 지금 많이 사라진 시대가 된 거죠.

이재훈은 충공깽의 시대와 쇼츠의 시대를 구분해 말하고 있다. '충공깽'이란 '충격' '공포' 같은 선정적인 제목으로 독자를 유인하는 매체들의 수법을 말한다. 충공깽은 제목으로 클릭을 유도하는 장치였지만 콘텐츠 호흡이 극단적으로 짧아진 쇼츠의 시대에는 콘텐츠 내용 자체가 충공깽 역할을 한다.

신혜림: 자극적이고 맥락이 제거된 콘텐츠에 뒤덮일수록 맥락을 더 잘

설명해야 하는 상황이 되거든요. "사실은 맥락이 이래"라고 설명해야 할 내용이 더 많아지는 거예요. 그러면 그럴수록 재미없어지고 복잡해지고 더더욱 설명충이 되고 그런 것 같아요.

이재훈: 여기 계시는 분들은 본인들의 콘텐츠 소비 패턴, 꼭 뉴스만이 아니더라도 SNS나 혹은 모바일을 통해서 주로 본인이 소비하는 콘텐츠가 어떤 것들이고, 그러면서 현타가 오거나 그랬던 경험들도 있지 않을까 싶은데 어떠세요?

강남규: 쇼츠를 많이 보고 있습니다.

장혜영: 일주일에 스포츠뉴스가 아닌 뉴스를 보는 건 몇 회 정도입니까?

강남규: 뉴스 전문을 보는 횟수는 진짜 최근 몇 달간은 거의 없던 것 같아요.

이재훈: 제가 아는 남규 님은 그래도 뉴스를 진중하게 소비하는 분 중에 한 명이거든요.

강남규: 확실히 바빠지면서, 다른 할 일들이 많아지면서, 예를 들어 집안일 설거지라든지 강아지 산책이라든지, 해야 될 일이 예정돼 있으면 지금 뭔가를 집중해서 읽을 의욕이 안 생겨요.

신혜림: 저도 저번 주말을 참 한심하게 보냈는데.

박권일: 아니, 갑자기 왜 반성문을 쓰세요…….

신혜림: 〈연인〉이라는 21부작 드라마를 쇼츠 하나 봤다가 갑자기 시작하게 됐는데 스무 시간을 쓸 수 없잖아요. 그래서 다섯 시간짜리 몰아보기로 봤네요. 하지만 그건 본 게 아니라고 누군가(정주식)가 그랬어요.

유튜브의 시대에 요약 영상이 차지하는 위상도 달라졌다. 원본을 축약한 요약 콘텐츠를 하나의 창작 장르로 볼 것이냐 역시 합의되지 않은 영역이다.

장혜영: 직업상 뉴스를 피할 수 있는 직업은 아니라서 차라리 가장 제가 선호하는 거는 아침에 종이 신문을 보는 거예요.《한겨레》《경향신문》《중앙일보》, 이렇게 세 개를 구독하거든요. 그렇게 하면 대략 어떤 일들이 제일 중요한지, 그리고 각각의 논조가 어떻게 되는지를 파악하고 시작할 수 있으니까요. 인터넷 신문으로 검색을 해서 보거나, 저는 포털이 아니라 뉴스 통신사의 뉴스를 봤었거든요. 근데 결국에는 종이 신문이라고 하는 게 나름 신문사들의 정체성이잖아요. 레이아웃과 비중과 정보의 모든 팩트 체크가 다 돼 있는, 말하자면 사회적 신뢰가 집약돼 있는 콘텐츠가 종이 신문이라고 보기 때문에 그걸 챙겨보는 쪽이에요.

신혜림: 《도둑맞은 집중력》에서도 집중력을 찾기 위해 모든 미디어와 인터넷을 끊는 실험을 하는 저자가 결국에는 딱 신문 하나만 읽잖아요. 하루에 한 번씩 신문 하나만 읽는 걸로 가거든요. 혜영 님이 말씀한 이유 그대로예요. 그게 가장 콤팩트하게 시간을 효율적으로 쓸 수 있는 방법인데, 그러면서도 생각이라는 걸 할 수 있게 만든다고 해요. 신문 안에 든 정보는 진짜 믿을 수 있는 얘기니까, 장시간 들어오는 뉴스에서 혼란스러움을 느끼는 데 시간을 쓰지 않고 딱 신문 하나 보고, 나는 이 사안에 대해 어떻게 생각해야 할지 생각해보는 거죠. 원래라면 혼란스러워할 시간에.

장혜영: 저는 소셜미디어는 뉴스이기도 하지만 사건이 일어나는 장소라고 약간 생각하고요. 사람들의 의견·반응을 볼 수 있는 장소라고 보는 편이거든요. 일단 뉴스는 차고 넘치잖아요. 돌아보면 모니터가 있고 하다못해 택시 뒷좌석 앞에도 모니터가 붙어 가지고 계속 단신이 나오는 사회다 보니까 뉴스에 둘러싸여서 살고 있는 거죠. 그래서 저는 오히려 뉴스에 집중하는 시간과 아닌 시간을 딱 분리하는 편이에요. 뉴스 외의 콘텐츠들을 얘기하면 사실 저는 소비를 많이 하는 편은 아니거든요. 봤던 거 또 보고 이런 쪽이어서 사실 요즘 사람이랄까 MZ라고 명함 내밀기가 되게 좀 민망하네요. 전 오히려 독서하는 편이고 영상 콘텐츠를 힘들어하는 편이에요. 정보값이 너무 낮죠.

정주식: 저는 비교적 주의력 통제가 잘 되는 편인 것 같아요. 쇼츠를 보다가도 제가 끊고 싶을 때 끊어지거든요. 그래도 확실히 휴대폰에 영향을 받아요. 내 손과 휴대폰이 가까울수록 주의력이 분산되는 것 같아요. 언젠가 얘한테 주의력을 뺏기는 게 짜증이 나서 집에서 나갈 때 휴대폰을 안 갖고 나가봤어요. 동네 카페에 나간다든지 할 때 그 한 시간 두 시간이 진짜 좋아요. 10분 20분 걸어서 어딜 가더라도 가는 동안 내 머릿속에 드는 생각의 폭이 달라지더라고요. 휴대폰이 주머니에 있으면 한 생각에 오래 몰두할 수가 없어요. 습관적으로 손에 휴대폰이 인식이 되면 나도 모르게 보게 되거든요. 하다못해 폰을 뒤집어놓는 것만 해도 주의력이 달라지더라고요. 요한 하리가 말하는 쾌감이 뭔지 알 것 같아요.

박권일: 휴대폰을 근처에 두는 것만으로도 실제로 인지능력이 떨어진

다는 실험을 했었죠. 제가 '인지빈곤'이라고 표현하는 현상입니다. 지금 우리가 《도둑맞은 집중력》이라는 책 얘기를 하고 있지만, 몇 년 전에 나온 《생각하지 않는 사람들》이라는 제목의 책이 있어요. 《도둑맞은 집중력》보다 훨씬 더 깊은 차원에서 그 문제를 다룬 책인데요. 인터넷이 어떻게 우리의 두뇌를 잠식하고 있는지에 대해 쓴 니콜라스 카의 책입니다. 당시 꽤 화제가 됐지요. 그 문제가 세계적인 문제인 것 같고, 저도 느끼긴 해요. 독서 패턴도 좀 변했고요.

제가 휴대폰 때문에 제일 위기감을 느꼈던 거는 2018년이 었는데 그때 한참 〈포켓몬고〉라는 게임을 할 때였어요. 한겨울 새벽 세 시에 휴대폰을 들고 부시럭거리면서 집 밖으로 나가는데, 저랑 같이 살고 계시는 분이 "너 어디 가냐 이 시간에?" 그래서 "미뇽 잡으러 나간다" 했더니 진짜 미친 놈 보는 눈빛이더라고요. 그때 약간 느꼈죠. 내가 지금 정상이 아니구나, 일상생활에 크게 지장을 받고 있구나. 최근엔 주로 지구의 신기한 생명을 다룬 유튜브를 봅니다. 쇼츠는 잘 안 봐요.

이재문: 롱폼 콘텐츠를 본다는 말씀이시죠?

박권일: 네. 근데 저도 그래서 유튜브 콘텐츠 때문에 독서를 아예 못한다거나 아니면 할 일을 못한다거나 그런 일들은 〈포켓몬고〉 말고는 없었고 지금도 없는 편인데, 휴대폰 때문에 뭔가 집중력이 떨어진다거나 하는 건 지금도 느끼고 있습니다. 과거에는 2백 페이지짜리 책을 한 번에 다 읽었다면 지금은 50페이지씩 끊어서 읽어야 된다든가 하는 것처럼, 확실히 주의력이 떨어졌다는 게 느껴지긴 해요.

롱폼 영상을 만들고 긴 글을 쓰는 토론자들도 숏폼, 혹은 모바일 기기로 인한 인지능력 저하를 체감한다고 말한다. 숏폼 콘텐츠를 주로 소비하는 일반인의 경우 이런 현상은 더욱 심각할 것이라고 추측할 수 있다.

이재훈: 저희 기자들은 기획 보도 같은 기사를 쓰면 한 꼭지가 원고지 30매 정도는 족히 되는 분량을 쓰기도 합니다. 그런데 그 기사를 우리가 디지털로 분석을 해보잖아요. 사람들이 어디까지 읽고 빠져나갔는지를 보면, 대체로 30매 중에서 한 5매 읽다가 빠져나가는 사람들이 거의 90퍼센트예요.. 길게 안 읽는 거죠. 그런 데이터를 보면 이런 기사를 쓴다 해도 사람들에게 과연 얼마만큼이나 전달될 수 있을까에 대한 회의감이 들면서도 콘텐츠의 완결성과 사안의 맥락을 최대한 깊이 전달하려고 하면 또 그렇게 쓸 수밖에 없는 그런 상황이 반복됩니다. 꼭 쇼츠만이 아니더라도 모바일이라는 기기 안에 재미있는 세계가 너무 많이 담겨 있으니까 모두가 자기만의 세계에 빠져들고 그러다 보면 관심사나 좋아하는 영역이 개인적으로 한정되는 경우가 많은 것 같아요.

혜림 님 말씀하신 것처럼 공익적인 콘텐츠라고 한다면 많은 사람들이 어떤 사안을 두고 같이 고민을 하고 숙의를 하고 토론을 하고 논쟁을 하고 이런 콘텐츠가 돼야 하는데, 그런 콘텐츠보다는 각자의 관심사나 각자 자기가 좋아하거나 혹은 편향된 정보들을 계속 주입식으로 꽂아주는 플랫폼의 자장 안에서 콘텐츠를 소비하는 경향이 더 많아진 것 같다는 생각이 들고요.

박권일: 미국에서 핫하게 떠올랐던 '악시오스'라는 온라인 매체가 있는

데 그 매체가 그런 얘기를 했더라고요. '읽는 데 26초 이상 걸리는 기사는 낭비다.' 그러니까 이제 1분도 아니고 26초 미만의 기사만 쓰게 되는 거죠. 그런 방식의 기사들이 가지고 있는 정보값이라는 건 아무리 탁월하게 압축을 해도 되게 보잘것없을 수밖에 없거든요. 물리적으로 그럴 수밖에 없고. 근데 그런 상황들이 이제 뉴스 소비의 토대가 돼버린 거죠. 3~4년 전만 해도 사실 이 정도까지는 아니었던 것 같은데 진짜 코로나 거치면서부터는 더 심해진 느낌이네요.

이재훈: 사실 초기의 뉴스들도 그랬거든요. 초기 뉴스들은 스트레이트 기사 위주였단 말이에요. 원고지 3매니까 길어봤자 6백 자 정도 되는 길이로 써서 아주 간략하게 육하원칙에 따라 핵심적인 사실관계만 알려주는 뉴스가 대부분이었죠. 어떻게 생각하면 스토리텔링 혹은 맥락 그리고 서사가 담겨 있는 저널리즘 시대가 열린 건 얼마 안 됐어요. 1990년대까지만 해도 스트레이트 위주의 기사가 많았고요. 기획기사나 심층적인 보도 이런 것들이 등장하기 시작한 건 2000년대부터거든요. 그런 심층 보도를 오래 본 것 같지만 사실은 그렇지 않은 거죠. 2000년대 들어서면서 스토리텔링 콘텐츠, 내러티브 콘텐츠, 심층 탐사 콘텐츠 이런 것들이 생겼는데, 짧은 스트레이트 기사 안에 담지 못하는 맥락, 당사자의 이야기들이 거기에 담기기 시작한 거죠.

　그러면서 달라진 거는, 그런 기사를 읽는 사람들이 '아, 이게 나의 이야기가 될 수 있구나'라고 공감을 끌어낼 수 있게 된 점인 것 같아요. 딱딱한 팩트만 보여주는 기사는 우리가 봤을 때 내 이야기처럼 안 느껴지잖아요. 이런 스트레이트 기사에는 사실 산업재해 피해를 당한 사람의 이야기, 역사 속에서 독재 정부나 군부와 싸운 사람들의 이야기가 깊이 있게 안 담겼었죠. 그렇게 보면 그런 롱폼의 텍스트가 저널리즘에서 호황을 누렸던 전성기는 한 10년 정도였지 않나라는 생각도 들어요. 2000년대 초반부터 아이폰이 나오기 직전 정도까지의 10년. 그런데 이제는 그 짧은 전성기를 마치고 다시 과거로 돌아간 것 같은 생각이 들어요.

저는 오늘 토론을 준비하면서 알랭 드 보통이 쓴 《뉴스의 시대》를 읽었던 생각이 나더라고요. 그 책도 보면 사실만 전달하는 뉴스가 가지고 있는 위험성에 대해서 얘기를 하거든요. 사실만 전달했을 때 사람들은 그 사실을 자기와 관련된 뉴스, 그러니까 사회와 관련된 뉴스라고 생각하지 않고 그냥 남의 이야기로만 객체로서만 소비할 수밖에 없고, 맥락과 서사가 담겨 있지 않으면 공감을 얻기 힘들다, 이런 이야기를 하는데요. 결국은 다시 돌아간 짧은 뉴스의 시대, 그것마저 가짜뉴스나 자극적인 이야기 등으로 오염된 뉴스들이 더 인기를 얻고 있는 시대가 됐다는 생각이 듭니다. 숏폼을 중심으로 콘텐츠가 소비되는 시대는 우리의 민주주의에 어떤 악영향을 미치고 있는 걸까요?

소셜미디어가 민주주의 확산의 첨병이 될 거라는 기대가 팽배했던 시절이 있었다. 불과 10여 년 전 재스민혁명 당시를 떠올려보면 소셜미디어가 민주주의의 적이 될 거라는 우려는 격세지감으로 다가온다.

신혜림 : 넘어가기 전에, 저 같은 경우는 제 친구들이 그 시대에 살지 않았거든요. 그래서 저는 지금껏 낙관했던 이유 중 하나가 그 스토리텔링 기법을 사람들이 잘 보는 플랫폼에 맞게 녹여가지고 저널리즘 콘텐츠를 만들면, 안 봤던 사람, 그러니까 원래 그런 콘텐츠를 봤다가 변한 사람들이 아니라 애초에 본 적이 없는 사람들한테 좀 더 많이 가 닿게 할 수 있을 것 같다 생각했기 때문이거든요. 그리고 그 일을 잘 해내고 있다는 자부심 속에 살았던 것 같고요. 그래서 뭐랄까, 지금 얘기하신 넓은 범주의 저널리즘의 변화가 저한테는 머릿속에서 약간 정리가 잘 안 되는 것 같네요.

정주식 : 뉴스 스타일의 변화도 있지만 제가 볼 때 지난 10년 간의 뉴스 환경에서 제일 중요한 변화는 뉴스를 피드에 뿌려주는 SNS의 등장과 소멸이에요. 2009~2010년에 재스민혁명을 만들어내고 공론을 모아 뿌려주는 역할을 했던 트위터, 그리고 2010년대 중반부터 이 역할을 넘겨받은 페이스북, 인류 역사에서 이런 게 없었어요. 모든 유저가 뉴스 전달자가 되어서 온 세상에 뉴스를 뿌릴 수 있는 파괴력 있는 도구들이 등장했다가 알고리즘의 변화 등으로 인해 갑자기 사라진 것처럼 느껴지니까 상실감이 들죠. 하지만 그런 시기 자체가 굉장히 특이했던 시절이었고 더 이상 그런 시절은 오지 않을 거예요. 왜냐면 인터넷 뉴스 서비스는 비즈니스 기업에게 아주 피곤한 사업이 돼버렸거든요. 네이버가 뉴스 서비스를 서서히 버리는 것과 비슷한 방식으로 페이스북도 뉴스를 버렸죠. CEO가 청문회 한번 갔다가 혼나고 오면 뉴스 서비스 하기 싫거든요. '씨리얼'이나 혜영 님

유튜브 채널 같은 것들은 초기에 콘텐츠 비즈니스 플랫폼들이 뉴스의 거추장스러움을 모르던 시절에 거기서 버즈buzz를 만들어냈던 아주 특이한 몇 년 시기의 성장이었던 거죠. 이제 저널리스트들이 그런 시기는 다시 오지 않을 거라고 생각하고 대비하는 게 맞지 않나 싶어요.

소셜미디어 알고리즘의 수혜로 언론사들의 디지털 뉴스 부문이 빠르게 성장하던 시기가 있었다. 정주식은 많은 언론사가 그 시절의 단맛에 빠져 있다는 점을 지적하고 있다.

박권일: 숏폼이냐 롱폼이냐보다 중요한 건 도파민인 것 같아요. 최근 30년 사이 뇌과학이 크게 발전하면서 우리가 도파민 시스템에 대해서 더 잘 알게 되었습니다. 제가 작년 재작년에 많이 읽은 책들 중 한 종류가 도파민에 관련된 것이었는데요. 정확히는 스토리텔링과 도파민에 대한 얘기예요. 인간의 뇌가 스토리텔링을 좋아할 수밖에 없다, 사람의 도파민 피드백 시스템 자체가 서사적 인지와 잘 맞는다는 거예요. 그러니까 인간은 사실을 그대로 인지하기에 적합한 뇌 구조를 갖고 있지 않고 감각 기관을 통해 들어온 정보를 스토리텔링 형태로 판단한다는 거죠. 그런데 이 스토리라는 게 사실은 실재와는 다른 허구적 구성물이죠. 과거에는 단순히 자극에 대한 보상을 얻는 데서 쾌감을 얻는 게 도파민이라고 생각했는데, 요즘은 보상만이 아니라 고통을 통해서도 도파민이 나온다는 게 명확해졌어요. 그러니까 보상을 받아서 도파민이 나오는 게 아니라 보상이나 처벌이 나올 걸 예상하고 그게 맞아떨어지는 정도에 의해 도파민이

나오는 거예요. 탕후루같이 달콤한 것이든 아주 쓴맛이든 간에 그건 부차적인 거예요. 자극 자체가 고통스럽더라도 내가 예상했던 반응 혹은 현저한 자극이 오면 거기에서 도파민이 뿜뿜한다는 거예요.

우리가 장르물을 그렇게 좋아하고 소비하는 것도 결국 도파민 시스템 때문이라고 봐요. 장르물은 규칙이 있잖아요. 뼈대가 정해져 있잖아요. 즉, 일정한 패턴이 정해져 있는데 그 패턴에서 조금씩 다르게 변주하는 게 장르물의 묘미죠. 바로 그런 것들에서 사람들이 가장 큰 도파민 충족감을 느낄 수 있죠. 지금 언론에서 얘기하는 스토리텔링 저널리즘 이런 것들, 좋은 얘기를 많이 하죠. 맥락이 많이 들어가 있는 기사, 좋죠. 좋은데, 그중에서도 잘 읽히는 스토리텔링 기사들은 도파민이 팡팡 터지게 만든 장르물스러운 스토리텔링 기사들이에요. 실제로 사회적 맥락을 풍부하게 담고 있는, 저널리즘에서 '좋은 기사'라고 하는 기사, 정보값 많은 기사는 스토리텔링이라도 거의 안 읽히는 거죠. 더 극단적으로 말하면, 이른바 잘 팔리는 콘텐츠는 다 도파민을 폭발시키는 것들뿐이에요. 페이스북이나 인스타그램 이런 플랫폼들이 다 그런 방식으로 우리들 뇌를 조작해 왔다고 볼 수 있습니다.

강남규 : 사실 저희가 숏폼 얘기하지만 '슈카월드' 30분, 한 시간짜리 영상들 보면 조회수 빵빵 터지거든요.

장혜영 : 맞아요. 목사님들 설교하는 영상 엄청 긴데 조회수 엄청 많잖아요.

강남규 : 대중이 뭔가를 바라는 게 있을 때는 한 시간짜리 영상 두 시간

짜리 영상도 기꺼이 끝까지 본단 말이죠. '침착맨 삼국지' 열 시간 스무 시간짜리 맨날 보는 사람도 있듯이 결국 뉴스에 대한 필요성 자체를 대중들이 못 느끼기 때문에 침체되고 있는 거지, 숏폼 때문에 밀리고 있다고 얘기할 수는……. 그런 측면도 없지 않겠지만 동기부여의 문제가 있는 것 같아요, 정치에 대해서 체감이 안 되는.

박권일: 하버마스의 《의사소통행위이론》의 토대가 바로 퍼블릭 스피어public sphere, 공론장에 대한 역사적 고찰이었습니다. 근대로 넘어가던 시기 유럽에서 어떻게 공중公衆이 만들어졌는가에 대한 이야기입니다. 언론이라는 게 탄생하기 전에 일단 시민들이, 부르주아들이 카페 같은 데 모여가지고 세상 돌아가는 얘기를 막 떠들어댔던 거죠. 그것이 언론의 모태가 되었다고 할 수 있습니다. 의사소통의 공적인 공간은 자연스럽게 나타났다기보다 발명된 것이죠. 스스로 공적인 문제에 대해서 발언하고 얘기하는 것 자체가 가치 있다고 여기는 사람들이 어떤 시기에 폭발적으로 늘어난 결과입니다.

　아까 재훈 님이 질문하셨던 부분, 뉴스의 가치를 못 느끼고 뉴스 소비를 왜 해야 되는지 필요성을 못 느끼는 사람들이 늘어난 이유는 이런 공중이 사라졌거나 크게 줄어들었기 때문이에요. 공적인 담론을 얘기하는 것에서 가치를 더 이상 찾지 못하는 거예요. 그나마 지금 뉴스를 제일 열심히 읽는 사람들 대부분 다 주식하는 사람들이에요. 그게 자기 경제적 이익에 도움이 된다고 생각하기 때문에 열심히 '삼프로TV' 같은 걸 보면서 세계 정세도 듣지요. 저도 가끔 보는데 거기 대학 교수님이

나 전문가라는 분들이 나와요. 어쩔 때는 정말 지루하기 짝이 없어요. 했던 얘기 또 하고 하나 마나 한 당연한 얘길 늘어놔요. 근데도 엄청 열심히 봐요. 조회수가 어마어마해요. 아니, 이렇게 재미가 없는데 왜? 자기 돈이 걸려 있기 때문에 보는 거죠. 강력한 동기가 있는 거예요. 그렇지 않은 사람들은 왜 뉴스를 안 볼까요? 동기가 없으니까요.

예전에는 좀 시니컬하게 말하면 허위의식, 긍정적으로 말하면 공공의식 같은 게 적어도 규범으로서는 의문의 여지가 없었어요. 명예심이라고 해도 좋아요. 철학적으로는 '대문자로서의 진리'에 대한 관심이라고도 할 수 있겠지요. 그래서 자기 삶과 직접적으로 연결되지 않았더라도 어쨌든 열심히 보는 사람들도 꽤 있었던 거죠. 이젠 더 이상 그런 가치 지향이 없어진 거죠. 어느 순간 갑자기 없어졌다기보다는 꽤 오랜 시간에 걸쳐 없어졌겠죠.

물론 주식쟁이들 말고도 뉴스를 치열하게 소비하는 집단은 있습니다. '개딸'이라 불리는 정치 팬덤들이죠. 이분들도 정말 열심히 뉴스 보고 듣죠. 실시간 트렌드를 열심히 봐야지 자신이 지지하는 혹은 싫어하는 사람들을 옹호하고 공격할 수 있으니까요. 아이돌 덕질이나 종교 활동 같은 겁니다. 근데 그 정도의 강한 동기부여가 안 되는 사람들은 뉴스를 안 보는 거죠. 세상에 도파민 뿜게 하는 재밌는 것들이 얼마나 많은데 그 재미없는 뉴스를 보고 있겠습니까.

강남규: 하루 아홉 시간 출퇴근하면서 설거지하고 청소하고 강아지 산책시키고 자는 사람이 뉴스를 봐서 어떤 걸 얻겠냐는 거죠. 내

삶에 대해서 정치 뉴스가 영향을 주지 못해요. 정치라는 거는 그냥 정치인들끼리 여의도에서 결정하고 정리하면 끝나는 문제, 치고받고 싸워서 결정된 게 내 삶에 영향을 주지도 않고, 준다고 생각도 안 해요. 심지어 이제는 "노란봉투법 했어? 거부권 행사할 거야" 이러니까 그게 뭔가 실효성 있는 정책으로 실현될 거라는 기대조차 안 하는 시대가 되어버린 거고요. 그런 거를 3년 5년 10년간 경험하다 보면 뉴스 자체의 필요성에 대해 점점 더 회의적일 수밖에 없지 않을까.

정주식: 뉴스와 시간과의 관계에서 볼 때 또 한 측면은 뉴스의 가치와 별개로 점점 고평가되는 시간의 가치예요. 사람들이 투입하는 시간 대비 뉴스의 가치를 따져서 거기에 시간을 투입할지 말지를 판단할 텐데요. 뉴스의 가치가 예전 그대로라고 해도 시간이 너무 귀해지니까 뉴스가 상대적으로 평가절하될 수밖에 없는 상황이에요. 효율성의 지배에 빠진 사람들은 뉴스의 가치를 평가할 시간조차 없는 것 같아요. 사람들이 뉴스에서 효능감을 덜 느낀다는 측면도 있겠지만 예전이라고 해서 정부와 국회에서 결정하는 일들이 내 삶에 결정적인 영향을 미치지는 않았을 것 같거든요.

그래도 옛날 사람들은 왜 뉴스를 보는 데 시간을 조금 더 썼는가를 생각해보면요. 인류 역사에서 제일 공론에 관심을 갖고 참여했던 시민이라고 하면 보통 고대 그리스 시민들을 많이 얘기하는데요. 그리스 철학자들은 '시민'들이 생존에 필요한 필연적인 일에서 해방됐기 때문이라고 설명했어요. 남규 님이 출퇴근하고 청소하고 뭐 하고 해서 시간이 없다고 하셨잖아요. 그런 일들을 노예들이 다 해준 거예요. 거기서 해방이 되고 잉여력이 생기니까 공적인 일 쪽으로 관심이 저절로 흘러가는 거죠. 시간이라는 측면에서 보면 현대 사람들은 또 다른 의미에서 노예가 된 것 같아요. 고대 노예들이 생존에 필요한 노동을 제공했다고 하면 지금 사람들은 '비교의 노예'가 된 것이죠. 예전에는 내가 생존만 하면 살 수 있었는데 지금은 내가 모멸감을 받지 않고 현대사회에서 살아남으려면 남들과의 비교에서 일정 수준 이하로 경제력이 떨어지면 살 수가 없는 세상이 된 거 같아요. 밥은 굶지 않지만, 남들과의 비교에서 뒤쳐지면서는 살 수가 없는 거예요. '필수'의 영역이 달라진 거죠.

박권일: 지금 사람들을 지배하는 딱 하나의 원칙이 있다면 '도파민 ROI'라고 생각해요. ROI는 '투자대비수익'이라는 뜻으로 쓰이잖아요. 요컨대 사람들은 도파민을 향해서 움직이는데 그 도파민을 시간 대비 가장 많이 줄 수 있는 콘텐츠로 계속 몰려가게 된다는 거죠. 도파민이 어느 정도 나오는지 내 스스로는 측정을 못 하지만 저는 주로 독서를 할 때, 특히 어떤 탁월한 책을 읽고 그 논리나 이론을 이해하게 된 순간에 큰 기쁨을 느끼거든요. 도파민, 아드레날린 같은 게 막 뿜어나와요. 잠이 안 올 정도로 흥분해서 밤새도록 읽은 적도 있고요.

근데 사실 독서라는 것은, 긴 분량의 텍스트를 읽어내는 일은 꽤 오랜 훈련이 필요합니다. 대부분 사람들은 도파민 투자대비수익률이 어느 것이 높으냐를 가지고 판단할 테죠. 뉴스에서 도파민 ROI가 높은 경우는 별로 없을 거라고 생각해요. 예컨대 유명한 남형도 기자님의 〈브라질리언 왁싱 체험기〉 같은 아주 재미있는 체험형 기사나, 얼마 전 전청조 관련 속보들의 경우엔 도파민 ROI가 굉장히 높겠죠. 하지만 대부분의 일반적인 드라이한 신문 기사를 보면서 사람들이 도파민을 어느 정도 느낄까요? 거의 없을 거라고 생각하거든요. 그러니까 계속해서 도파민이 빵빵 터지는 기사여야 읽히는 거지 맥락과 의미값이 풍부하게 들어간 스토리텔링형 기사라고 해서 읽히지는 않는다는 거예요.

신혜림: 요즘 시대에 시간은 사람들한테 유일하게 공평한 것이라고 여겨지는 것 같아요. 시간이 곧 돈인 거고, 그래서 시간을 가장 효율적으로 써야 하는 거고, 효율에 계속 집착하게 되고 그러는 거 같은데요. 저는 소비자가 아니라 생산자 입장에서 생각을 하게 되는데, 이렇게 되면 모두가 콘텐츠 생산자가 될 수 있는 시대에 어떤 일이 일어나냐면, 인생을 콘텐츠화하기도 해요. 내 인생을 조회수와 지속 시간으로 치환하고, 자꾸만 내가 소중하게 쓸 시간을 콘텐츠화해가지고 팔아요. 사람들이 보기에, 내 인생에서 가장 자극적인 도파민이 터질 것 같은 순간들만 콘텐츠화하고. 그럼 되게 이상한 콘텐츠들이 많이 나와요.

제가 얼마 전에 재밌게 읽은 책 중에 《소외와 가속》이라는 책이 있는데 여기서 이렇게 말하거든요. "발표하지 않으면 도태되는 이 시대에 쓰고 말하는 사람들은 자기 논변을 적절하게 발전시킬 충분한 시간이 거의 없고, 읽고 듣는 사람들은 반복적이고 덜 익은 수많은 출판물과 발표 사이에서 길을 잃는다." 유튜브가 딱 지금 이 상황이거든요. 그럼 소비자 입장에서는 또 어떤 일이 일어나냐면, 뭔가 이상한 '덜 익은 콘텐츠'들에 둘러싸여 더더욱 길을 잃는 이런 악순환이 계속 '시간'과의 관계에서 벌어진다는 생각이 들어요.

토론자들은 숏폼 시대를 불러온 두 원인, 도파민과 시성비 추구를 섞어서 이야기하고 있다. 누가 무엇에 관해 이야기하고 있는지 서로 관심이 없는 것처럼 보인다.

정주식: 저는 한국에서 '덜 익은 콘텐츠'가 제일 많이 양산되고 있는 분야가 정치인들의 말이라고 생각해요. 이 사람들은 생각을 숙성할 시간이 없는 상황에서 실시간으로 모든 이슈에 임기응변으로 대응해내야 하니까 숙성된 콘텐츠가 나올 수가 없는 거예요. 사람들은 정치인들한테 그런 걸 바라잖아요. 좀 제대로 된 말을 해줬으면 좋겠다고 요구하는데 정치인들한테 말과 생각을 익힐 시간을 주지 않는 거죠. 정치인의 말이라고 하면 예전에는 보통 신문에 나오거나 9시 뉴스에 나왔기 때문에 그런 말들은 정치인들이 비교적 숙성시킬 시간이 있었지만 지금은 상황이 달라요. 2010년대 초반부터 기자들이 정치인들의 트위터를 기사화하기 시작하면서 이슈가 터지면 정치인들이 즉각적으로, 경쟁적으로 트위터에 자기 정견을 발표하기 시작했고 지금은 그게 페이스북으로 다 넘어왔죠. 예를 들어 어떤 젠더 이슈가 터졌어요. 그러면 사람들은 9시 뉴스를 기다리는 게 아니라 장혜영 페이스북부터 본단 말이에요. 그러면 이 정치인은 압박을 느껴서 제대로 정보를 숙성시키지 못한 상태에서 말을 해버리고 사람들이 그걸 보고 또 실망하는 악순환이 계속 벌어지고 있는 것 같아요.

그런 면에서 정치인들이 '뒷무대'가 필요한 사람들이 아닌
가라는 생각이 들었어요. 어빙 고프먼이라는 사회학자가 사람
에게 뒷무대의 의미를 이렇게 설명했어요. 내가 휴대폰이 고장
나서 수리공을 찾아가서 수리를 맡겨요. 그럼 수리공은 수리
가 끝난 휴대폰을 나한테 돌려주겠죠. 내가 그 수리공의 실력
을 신뢰하고 인정하게 되는 건 그 사람이 나한테 수리에 실패
하는 장면을 안 보여줬기 때문이에요. 그래서 휴대폰을 고치는
동안 몇 번이나 실수하고 실패했는지 알지 못하고 성공한 결과
물만 볼 수 있는 거죠. 그런데 정치인들은 우리에게 실패하는
장면들을 늘 보여주는 거예요. 실패하고 고민하고 그걸 극복할
뒷무대가 없는 거죠. 모든 사람들한테 해당하는 이야기이기도
한데요. 사람들이 SNS, 유튜브에서 그런 식으로 본인의 취약한
모습을 경쟁적으로 보여주고 있는 상황이 콘텐츠의 전반적인
질을 떨어뜨리는 것 같아요.

박권일: '관종'이라고 하죠. 관심을 끌려고 하는 태도에 대해서 과거엔
일정 정도 사람들이 비난하는 분위기가 있었죠. 지나치게 주의
를 끌려고 선을 넘어가는 사람들한테 "그런 식으로 얘기하면
안 되지"라는 식의 사회적으로 그걸 질책하고 제지하는 분위기
가 분명 있었어요. 지금은 더 이상 아니에요. 관심받는 게 바로
돈으로 교환되는 시대입니다. 그러다 보니까 관심을 끌기 위한
메커니즘이 예전과는 달라졌습니다.

과거에는 사회적 인정을 받기 위해서 먼저 관심부터 끌어
야 했지요. 목표는 어디까지나 관심 자체가 아니라 '인정'입니
다. 다시 말해 사회적 명예나 명성이 목표입니다. 인정을 받기

위해서는 단순히 관심만 끌고 어그로aggro만 끌어선 안 되지요. 모두가 납득할 수 있는 가치를 얘기해야 되고 사람들이 동의할 만한 방식으로 설득하는 과정을 거쳐야 합니다.

지금은 관심을 끌면 그 자체로 그냥 끝나요. 주목과 관심은 곧장 화폐로 교환되니까요. 그래서 '악플 받는 것도 능력'이 되는 거예요. 주목경쟁은 그렇게 인정투쟁이랑 다른 거죠. 인정을 받기 위해서는 자기가 그래도 어떤 가치를 가지고 경쟁해야 됐다면, 지금은 관심만 많이 받으면 그게 팩트가 아니든 혐오 표현이든 상관이 없는 거예요. 그러다 보니까 정치인들도 일단 던지고 보는 거예요. 카메라에 있을 때 뭔가 센 발언을 하면 카메라가 잡아주고, 그걸 또 크게 보도해주고 하니까요. 모든 사회가 다 주목경쟁에 빠져 미쳐 돌아가고 있습니다.

'관종'에게는 인정이 필요 없다는 박권일의 지적은 주목경쟁을 이해하는 중요한 포인트다. 인정과 주목의 차이를 이해할 때 주목경쟁의 사회적 해악을 잘 이해할 수 있다.

이재훈: 비평의 실종에 대해서도 말씀드리고 싶어요. 저는 만약에 요즘 인기를 끌고 있는 〈서울의 봄〉 같은 영화가 나온다고 하면, 이 영화를 봤던 사람들의 비평이나 칼럼 등을 가장 먼저 찾아봤던 것 같아요. 1차 콘텐츠가 있으면 그 콘텐츠에 대해 사람들이 어떻게 생각하는지, 그걸 바탕으로 무슨 화두를 던질 수 있는지 이런 게 정말 궁금했거든요. 요즘은 영화 비평이나 현상 비평 글은 거의 읽히지 않는 것 같아요. 칼럼 같은 것도 거의 읽히지 않고 그러니까 생산도 위축되고요. 되레 영화를 압축해서 소비

35

할 수 있는 영상 등으로 이 1차 콘텐츠를 어떻게 효율적으로 시간을 적게 들여서 소비할 수 있느냐를 알려주는 콘텐츠만 호응을 얻는 시대가 됐습니다.

강남규 : 유튜브 중심으로 돌아가는 영화 리뷰는 극찬 아니면 혹평이에요. '이 영화 개좋다' '두 번 봐라' 아니면 '이 영화 개쓰레기다' '보지 말아라' 그 사이에 여러 가지 선택지들이 사라지고 영화는 불매 아니면 소비 요 딱 두 개만 남아 있는 거 같아요. 비슷한 얘기지만 어쨌든 시간이 부족한 상황에서 뭔가 여가를 위해 선택할 수 있는 최선의 가성비 소재를 선택하는 느낌?

정주식 : 같은 능력으로 얼마만큼의 조회수를 뽑아낼 수 있는가의 문제에서 신 PD가 느끼는 좌절이 이해가 돼요. 아까 혜림 님이 포기의 단계를 이야기했는데 그 단계라는 것이 사실상 페이스북 유튜브 알고리즘 변화 단계예요. 내가 예전에 이 정도 퀄리티와 후킹hooking을 넣어서 영상을 만들었으면 이 정도 도달이 나와야 되는데 그 숫자가 너무 드라마틱하게 줄어드는 상황이 매일 확 느껴지는 거예요. 그걸 보고 있으면 도저히 힘이 안 나는 거죠. 내가 이렇게 기를 쓰고 밤을 새고 열심히 해봐야 도달하는 독자는 이것밖에 안 돼, 예전에는 이만큼이었는데.

사람들이 소셜미디어에서 뉴스를 매개로 많은 이야기를 나눴던 건 눈덩이 굴러가는 구조의 알고리즘이 있었기 때문이에요. 이른바 '콜로세움'이 섰던 거죠. 박권일이 1차 콘텐츠를 게시하면서 어떤 일침을 가했다 그러면, 거기에 대해서 욕하는 사람도 나오고 잘했다는 사람도 나오고, 그러면서 하나의 포스팅에 쭉 사람들의 생각이 붙으면서 이어달리기 같은 장이 섰고, 그렇게 장이 서니까 사람들이 우르르 몰려가서 보게 되거든요. 이제는 플랫폼들이 장을 안 열어줘요. 알고리즘 자체가 뉴스 콘텐츠 포스팅까지 도달 빈도를 떨어뜨린 거죠. 그래서 그냥 각자 얘기하게 되는 거예요. 제작자들도 예전만큼 의욕이 안 나니까 양질의 롱폼 콘텐츠를 욕심내지 않고, 그럼 더 도달이 안 되고, 그러면 사람들은 그냥 1차 콘텐츠만 보고 각자 떨어져서 소비하게 되는 거죠.

이재훈: 얘기를 하면 할수록 계속 없는 답이 없는 형태로 가고 있는데, 그럼에도 불구하고 우리가 어떤 것을 어떻게 생산할 것인가에 대한 고민은 계속 남아 있을 텐데 어떻게 생각하세요?

정주식: 답은 모르겠습니다. 다만 사람들이 숏폼을 좋아하고 그런 식으로 플랫폼이 진화하고 거기에 휘둘리는 자신을 너무 자책하지 않았으면 좋겠어요. 원래 사람은 산만한 존재예요. 사람은 원래 책을 읽을 수 없는 존재인데 일부 사람들이 훈련의 결과로 가능해진 것이죠. 집중력이 뛰어났던 우리 조상들은 다 죽었어요. 한 가지 일에 몰두하다가 사자한테 먹혀 죽고 떨어져서 죽고 다 그렇게 죽었고요. 산만한 조상들이 초원에서 주위를 잘 살피면서 살아남아서 우리가 만들어졌기 때문에…….

신혜림: 가끔 말할 때 보면 주식 님은 지금 인간보다 아주 오래전 인간과 더 연결된 느낌이에요. (웃음)

정주식: 그러니까 인간이 그렇게 살아야 된다는 얘긴 아니고, 우리가 그렇게 만들어진 존재라는 걸 이해하면 무엇에 저항해야 되는지를 알 수 있다는 거죠.

박권일: 저도 비슷한데요. 도파민 ROI가 사실은 다른 모든 사람들이 벗

어날 수 없는 어떤 법칙이라고 해서 일종의 자연주의적 오류에 빠져서도 안 되겠지요. 우리가 그렇게 생겨먹었으니까 계속 이렇게 살아야 된다고 하면 틀린 소리라는 거예요. 이게 사실은 리터러시literacy의 문제이기도 하고 어떻게 정치를 할 것인가의 문제와도 연결이 됩니다. 결국은 사회 전체 차원에서 거대하게 일어나는 커뮤니케이션의 변화이기 때문에 정답은 없죠. 혜림 님이 매주 한숨을 쉬면서 얘기하실 때마다 안타깝지만 사실은 저도 뭐 해줄 말이 없는 거예요. 사람들이 안 보는데 어쩔 거야. 심각하다는 생각을 했습니다.

이렇게까지 잘 만드는데 왜 이렇게까지 조회수가 안 나오는가, 왜 이렇게까지 안 보는가. 여러 가지 이유가 있겠죠. 플랫폼의 문제가 있겠고 이제는 뉴스를 노출 안 시키고 거의 광고판이나 다름없어진 소셜미디어 문제들도 당연히 있을 텐데 그런 것들에 대해서 혜영 님 말씀처럼 정치인들이 제대로 규제를 해야죠. 콘텐츠를 시장 논리에만 맡겨놓으면 어떻게 될까요? 혐오물, 포르노, 스너프 필름이 됩니다. 반면에 좀 더 공적 가치를 지향하는 매체나 플랫폼에는 뭔가 사회적 지지와 보상을 줘야 하지 않나 싶어요. 그게 단순히 돈이 아니더라도 사회적인 명예라든가 인정이라든가 우리가 돈 외에도 사실은 많은 보상을 줄 수가 있는데, 그런 것들에 대해서 우리는 모든 것을 다 시간과 돈으로 환산해버리니까 정말로 가치 있는 콘텐츠를 만들고 나서도 자괴감에 빠지는 거예요.

이재훈: 어떻게 보면 제가 가장 안 읽히는 콘텐츠를 생산하고 있는 사람이잖아요. 탐사팀장으로 일하고 있기 때문에 신문에서 허

용되는 가장 긴 기사를 쓰고 있죠. 그런데 기사를 써도 조회수는 참혹하죠. 저도 혜림 님이랑 늘 비슷한 고민을 하고 있어요. 그런데 얼마 전에 고무적인 일이 있었습니다. 제가 9월쯤에 우리 팀원들과 함께 소방관들의 질병과 부상 산재 이야기를 다룬 〈소방관, 몸에 새겨진 재난〉이라는 기획기사를 썼는데요. 이 기획 시리즈를 끝내고 뉴스레터 독자들과 SNS 독자들을 대상으로 오프라인에서 '소방관 토크 콘서트'를 기획했어요. 이 토크 콘서트 참여자를 모집했더니 50명 정원이 하루 만에 마감되었어요. 게다가 그날 현장에 그 신청자들이 거의 다 참석했어요. 거리상으로도 멀고, 들어오는 데 절차도 까다롭고, 그런 과정을 뚫고. 심지어는 20~30대 여성들이 꽤나 많이 오셨어요.

그날의 기분을 이야기하자면 우리가 하고 있는 이야기들이, 메시지들이 디지털상의 페이지뷰 같은 숫자로는 잘 파악되지 않는 곳에서 어딘가에는 그래도 전달이 되고 있구나 하고 느꼈습니다. 사실 저는 페이지뷰 이런 것에 구애받지 않고 공적 가치를 가진 탁월한 저널리즘 콘텐츠를 생산하면 되지, 생각을 하면서도 또 한편으로는 이런 기사가 더 전달이 많이 됐으면 좋겠다, 결국 페이지뷰가 더 많이 전달됐다는 물증이 아닌가라는 생각도 하지 않을 수 없는 상황에 있었거든요. 그래서 한쪽에선 늘 좌절감이 있었던 거죠, 혜림 님과 같은. 그런데 어딘가에는 소수의 사람들이라도 이런 메시지를 읽어주는 아주 소중한 사람들이 있다는 걸 확인하게 된 거죠. 그 느낌이 너무나 소중하더라고요. 그래서 그날은 2023년 한 해 동안 제일 기분이 좋았던 날이었던 것 같아요.

과거에는 매스미디어라고 불렀잖아요. 《한겨레》도 그 매스
미디어 기업 중에 하나죠. 다수 대중에게 전달될 수 있는 콘텐
츠를 생산하는 기업. 그런데 지금은 그런 건 불가능한 시대가
된 것 같아요. 다만 그렇다고 해서 우리가 생산하는 콘텐츠의
공익적인 가치가 단지 소수의 사람들에게 전달되었다고 해서
사라지는 건 아니잖아요. 그래서 다수 대중에게 폭넓게 전달하
는 것보다 조금 더 좁은 영역이라고 하더라도 이 메시지를 소비
하는 사람들에게 더 도움이 될 수 있고 가치가 있는 콘텐츠를
충실하게 생산하는 것만으로도 우리가 할 수 있는 일을 하고
있다는 생각을 해야 하지 않을까 싶더라고요. 조직화도 조직화
지만 저는 그런 사람들이 있다는 생각들…….

이재훈의 '소방관 토크 콘서트' 후기는 생생한 울림이 있다. 그러나 그것으로 충분한가
에 대해서는 여전히 의문이 남는다. 신혜림이 그것에 만족했다면 '씨리얼'이란 채널이
나올 수 있었을까.

박권일: 안 됩니다! 조직화를 해서 눈덩이 효과를 만들어내야 합니다.
그런 안이한(?) 방식으로는 구독자가 늘어나지 않습니다! 아,
진짜 《한겨레》도 지금 독자 수가 이 지경이 됐는데도 정신 못
차리고 있네요. 백척간두에 서 있다고요. (웃음)

정주식: 공적 콘텐츠를 만드는 사람들한테 크게 두 가지 방향의 태도가
있는 것 같아요. 하나는 재훈, 혜영 님 말씀처럼 '누군가를 만족
시킬 수 있다면 괜찮아'라고 내 콘텐츠를 의심하지 않기. 내가
할 바를 다하고 독자를 기다리기. 진인사대천명의 자세로 콘텐

츠를 만드는 태도죠. 내 콘텐츠가 한 명한테 가든 백 만 명한테 가든 그런 건 내가 통제할 수 있는 영역이 아니라는 생각이고 요. 그런데 소셜미디어 시대에는 그것만으로는 부족했어요. 그 렇게 콘텐츠에 대한 중심을 갖고 있는 상태에서 또 한편에서는 플랫폼 전략도 짜야 했거든요. 내가 만든 콘텐츠를 어떤 플랫폼 에 어떤 방식으로 올려서 독자를 만들어낼지에 관한 치밀한 전 략이 필요했던 거죠. 근래 10년 동안은 그게 가능했어요. 제작 자들이 하늘만 바라보고 있지 않을 수 있었던 거예요. 어떤 제 작자가 플랫폼 전략을 잘 짜서 채널의 흐름을 만들어낸다면 문 제가 생길 때마다 돌파할 수 있는 환경이었던 거죠. 그래서 제 작자가 독자를 통제할 수 있다는 착각을 심어준 것 같아요. 내 가 조회수를 못 만들어내는 건 나의 능력 부족 때문이라고요.

또 콘텐츠 소비자의 도파민 중독을 걱정하지만 콘텐츠 제작 자들도 조회수와 피드백이 만들어내는 도파민에 자기가 중독 이 돼요. 특히 엄청난 조회수를 뽑아내는 제작자라면 거기서 도저히 벗어날 수가 없는 사람이 되는 거예요. 이 숫자가 떨어 지면 나의 존재를 잃어버리기라도 한 듯이. 저도 그랬거든요. 조회수 통계에 따라 바이오리듬이 달라지던 때가 있었어요. 발 행한 콘텐츠가 반응이 좋으면 내가 대단한 사람이 된 것 같고 반응이 안 나오면 내가 죄인이 된 것 같고 그랬거든요. 이제는 그런 시대가 거의 끝난 것 같고요. 뉴스 환경이 변했다는 사실 을 인정하고 어느 정도 내려놓을 필요가 있어요. 그런 건 이제 제작자의 통제 능력 밖의 일이라는 거죠.

신혜림: 저도 약간 '존버' 상태거든요. 그냥 일단 존재해보자. 누군가가

필요한 상황이 됐을 때 있게끔 존재해보자인데, 그래서 제가 계속 해온 '씨리얼'도 확장은 힘들지만, 콘텐츠 주기도 느려지고 멤버들도 줄어들었지만, 유지하는 데 지금 방점을 두고 있고요. 근데 이런 존버를 할 수 있는 사람들이 많지가 않아요. 제 주변에 같이 콘텐츠를 만들었던 사람들은 정말로 멸종을 했어요. 당장 정주식만 해도 콘텐츠 잘 만드는 사람인데 지금 생산을 안 하잖아요. '닷페이스'도 없어졌잖아요. 콘텐츠 더 잘 만들 수 있는 반짝반짝하는 내 주변 동료들이 계속 사라지고 있는 상태고 그게 너무 슬퍼요.

이재훈: 혜림 님 말씀처럼 누군가는 무작정 존버할 수 없는 시대이긴 하지만 그럼에도 또 할 수 있는 사람들은 계속 좋은 콘텐츠를 만들어야 되지 않을까 싶습니다. 그게 과거만큼 엄청난 호응을 얻지는 않더라도, 그럼에도 불구하고 이 사회에 필요한 콘텐츠일 테니까, 그런 믿음을 가지고 서로 응원하는 자리였으면 좋겠습니다.

　　오늘 토론 이렇게 힘겨운 주제였는데요. 그래도 혜림 님 힘내셨으면 좋겠고요.

박권일: 오늘 토론은 '신혜림의 눈물'로 끝났네요. 카메라가 있었어야 됐는데…….

이재훈: 토론 여기까지 하겠습니다. 고생 많으셨습니다.

　　　　　　　　　　　　99

갈수록 개별화되는 플랫폼 알고리즘 속에서 하나의 사안을 두고 같이 고민하고 토론하는 콘텐츠는 사라져간다는 것, 도파민 ROI 시대에 뉴스의 가치는 평가절하될 수밖에 없다는 것, 이 같은 미디어 환경의 변화는 정확히 민주주의의 지향과 반대 방향으로 흐르고 있다는 것이 토론자들의 공통된 진단이다. 인정투쟁은 명예와 명성을 추구하는 데 반해 주목경쟁은 사람들의 관심 그 자체를 좇는다는 박권일의 지적과 정치인들이 숙성시킬 시간이 없어 콘텐츠의 전반적인 질을 떨어뜨린다는 정주식의 지적 역시 이 가설을 지지한다.

미디어 수용자의 도파민 중독에 관해서는 많은 연구가 이루어졌지만, 콘텐츠 제작자들의 도파민 중독 이야기는 희귀한 주제이다. 조회수가 만들어내는 도파민에 제작자들이 중독된다면 이 역시 시성비 시대의 가속화에 큰 영향을 미칠 것이라는 유추가 가능하다. 지난 10년간 유효했던 플랫폼 전략의 복판에 서 있던 신혜림과 정주식은 근래의 미디어 환경 변화에 대해 큰 좌절을 이야기한다. 상대적으로 이 흐름에서 비껴 있었던 이재훈·장혜영은 비교적 덤덤하게 쇼츠의 시대를 맞이하고 있다. 이들은 서로의 말을 잘 이해하지 못하는 것 같다. 저널리스트가 조회수에 매달려야 하는가? 소수의 독자가 주는 의미에 만족하는 저널리즘은 그것으로 충분한가? 의미와 숫자라는 두 마리 토끼는 저널리스트의 영원한 고민거리다.

토론이 끝나고 남는 질문들

1. 긴 글을 왜 읽어야 할까?
2. 뉴스를 독자에게 도달시키는 것은 저널리스트의 능력인가?
3. 도둑맞기 전에는 집중력을 갖고 있었을까?

'죽은 개가 돌아왔어요' 복제견 찬반논란

강남규 · 박권일 · 이재훈 · 정주식

"우리 티코가 다시 돌아왔어요."

반려동물을 키우는 인구가 1천5백만 명을 넘어서면서 펫로스 증후군을 호소하는 사람들이 늘어나고 있다. 펫로스 증후군은 반려동물이 죽은 후 슬픔과 우울감 등 정신적 고통이 지속되는 상태를 말한다. 경북대병원 정신건강의학과 정운선 교수 연구팀은 지난해 반려동물을 떠나보낸 137명 중 76명(55퍼센트)이 슬픔반응평가(ICG)에서 중등도 기준점(25점)을 초과했다고 발표했다. 펫로스로 인한 우울감은 짧게는 몇 주에서 길게는 1년 이상 이어지기도 하며 심한 경우 자살 충동까지 느낀다고 알려져 있다.

올해 초 한 유튜버가 키우던 강아지가 죽은 뒤 복제견 업체를 통해 자신의 개를 복제했다는 사실을 전해 화제가 됐다. 이 유튜버는 "반려견 복제는 아직 한국에서 많이 생소하지만 저로 인해 누군가는 복제를 알게 되고 또 다른 누군가는 펫로스를 극복할 수 있기를 바란다"고 전했다. 그러나 견주 강남규는 영상 속 견주가 자신의 개를 사랑하지 않는다고 말한다. 다른 토론자들 역시 이 유튜버가 '무엇을 복제했는가'를 살펴봐야 한다고 말한다.

시민들의 반응은 엇갈렸다. 팻로스의 심정을 이해한다는 반응도 있었지만 죽은 개를 복제한다는 발상이 기괴하다는 반응도 나왔다. 특히 복제견 제작 과정에서 많은 강아지들이 난자 채취와 착상 과정에서 고통을 겪고 죽는다는 사실이 드러나면서 동물 복제의 윤리성 문제가 다시 제기되었다. 복제견의 건강 문제 발생 시 회수하거나 다른 강아지로 대체하겠다는 업체의 발언도 논란이 되었다.

하지만 토론자들은 그보다 더 중요한 문제를 들여다봐야 한다고 말한다. 이 당혹스러운 유튜브 영상은 우리에게 준비되지 않은 미래가 다가왔음을 직감케 한다. 복제된 동물의 윤리적 지위를 어떻게 규정할 것인가. 우리는 복제된 동물을, 아니 복제된 인간을 마주할 준비가 되었는가. 으스스한 질문들 앞에서 황우석 사태 이후 20년 동안 우리가 별로 배운 것이 없다는 사실이 드러난다. 가까운 미래에 더욱 발전된 생명복제기술과 만나게 될 때 우리 사회는 어떤 합의에 이를 수 있을까. 그때 나는 어떤 의견에 찬성해야 할까. 이 토론을 보면서 나의 입장을 미리 고민해보자.

66

이재훈: 2024년 1월 6일 '토론의 즐거움' 시작해보겠습니다. 새해 첫 토론 주제는 복제견 논란입니다. 복제 과정에서 희생되는 동물들에 대한 논란이 일 수밖에 없는데요. 어떻게 보시나요?

정주식: 저는 그 견주가 자신의 개를 사랑하지 않는다고 생각해요. 복제 개가 '그 개'가 아니라는 건 세상 사람들은 다 몰라도 본인만은 알 수밖에 없거든요. 일란성 쌍둥이는 유전자가 같죠. 하지만 다른 사람들은 구별을 못해도 부모는 두 개체의 차이를 알수밖에 없어요. 그건 유전학적 지식이 없어도 직관적으로 알수 있는 거예요. "여러분, 티코가 돌아왔어요!" 이렇게 모른 척 반길 수 있다는 건 도무지 이해할 수 없는 일이고요.

　　그 유튜브 포스팅에 소개된 장문의 코멘트가 있는데 복제견 업체 소개가 거의 반이더라고요. '펫로스로 고통받는 분들은 여기로 연락 주세요.' 견주의 진정성이 느껴지지 않았어요. 저는 포스팅 자체가 업체 광고라고 봐요. 예전에 블로그 비즈니스가 한창 왕성했을 때 제일 믿을 수 없는 사람들이 이른바 '파워블로거지'들이었죠. 업체에서 돈을 받고 허위 과장 정보를 제공하는 걸 직업으로 삼는. 지금은 그 역할을 유튜버들이 하고 있어요. 조회수를 위해서라면 어떤 사실도 감정도 위조해낼수 있는 사람들이죠. 이번 견주의 영상도 그런 흔한 포스팅 중에 하나가 아닌가 싶습니다.

이재훈: 그렇군요, 복제견에 대한 이야기를 하려고 했는데.

정주식: 제가 너무 초를 쳤나요? (웃음)

이재훈: 그게 아니라 유튜버의 상업화에 대한 얘기를 해야 될 것 같은
느낌이 드는 그런 말씀이었고요. 권일 님은 어떻게 보시나요?

박권일: 역시 (정주식과) MBTI가 클론이다 보니까 거의 비슷하게 느꼈어요.

멤버들: ㅋㅋㅋㅋㅋㅋ

**정주식과 박권일, 신혜림의 MBTI는 INTP다. 정주식은 혼자 주제를 건너뛰어 주위를 곤
란하게 하는 습관이 있다.**

박권일: 요즘 유튜버들의 도덕성이 땅에 떨어진 상태입니다. 대부분 광
고나 마찬가지인 콘텐츠를 만들면서 아닌 것처럼 얘기하는 경
우도 많고, 이번에 논란이 된 티코의 견주도 저는 비슷한 부류
가 아닐까 해요. 영상을 봐도 팻로스로 인한 고통 때문에 개를
복제했다는 이유 같은 것들이 제대로 와닿지 않았습니다. 사실
복제를 했다 해도 같은 개체가 아니잖아요.
〈스타 트렉〉이라는 SF 시리즈를 보면 트랜스포터라는 장치
가 있어요. 이 장치는 사람을 거의 쿼크 입자 단위로 똑같이 복
제를 해서 다른 차원으로 혹은 굉장히 먼 곳으로 이동시켜주는
장치예요. 물질이 백 퍼센트 똑같으면 정신도 똑같이 복제된다
는 게 심리철학에서 말하는 최소물리주의라는 논제인데요. 이
런 관점에서 본다면 이 트랜스포터에 의해서 복제되어 전송된
사람은 똑같은 개체인 거예요. 그런 정도 수준의 복제라면 사
실은 같은 개체라고 할 수 있겠죠. 그렇게 복제된 사람은 기억
도 똑같이 갖고 있어요. 물론 그런 장치가 가까운 미래에 실현
될 가능성은 없겠지만 말이죠. 그런데 지금 우리가 얘기하고

있는 줄기세포를 통한 체세포 복제 방식은 그런 어마어마한 기술이 전혀 아니거든요. 그래서 사실은 다른 개체인데 그걸 마치 같은 개체인 것처럼 과거에 사랑했던 그 동물에 대한 감정을 투사하는 데 불과한 거예요. 이거 좀 으스스한 얘기죠. 과학기술적 문제라기보다 병리적인 문제라고 할까요. 그러니 애초에 견주의 욕망 자체가 이해가 안 되는 거예요. 이분에 대한 얘기는 우리 토론의 계기로만 활용을 하고요, 그 외에 복제 동물과 관련된 이슈들이 많은데 좀 더 넓은 범위의 이야기들을 함께 해보면 어떨까 하는 생각이 듭니다.

정주식: 개 복제 유튜버의 영상을 보고 많은 사람들이 으스스함을 느꼈다고 합니다. 설명하긴 어려운데 뭔가 불편하단 말이에요. 토머스 리고티라는 공포소설 작가가 인간이 으스스함을 느끼는 두 가지 상황에 대해서 얘기를 했어요. 한 가지 상황은 살아 있어야 하는 것이 죽어 있을 때. 시체를 보면서 느끼는 공포 같은 거겠죠. 또 한 가지 상황은 살아 있지 않아야 할 것이 살아 있다고 느껴질 때 우리는 으스스함을 느낀다는 거예요. 방에 혼자 있는데 인형이 나를 째려보는 것 같을 때, 죽어 있어야 할 어떤 사물이 살아 움직이는 것 같을 때 느껴지는 으스스함이죠. 복제견을 보고 우리가 느끼는 으스스함은 후자의 경우일 거예요. 죽은 생명체의 DNA로 복제된 생물체가 살아 움직이는 모습을 보면서 이 개가 아무리 귀엽다 해도 어딘가 모를 으스스함이 느껴지는 거예요.

또 한 가지, 우리가 복제견을 보고 더 으스스해지는 건 '개가 가능하다면 인간도 곧 되겠구나'라는 무의식적 공포 때문이겠죠. 오늘 개 복제에 관해 이야기했지만 저는 그걸 보자마자 떠오른 건 인간 클론이었어요. 살아 있는 나의 복제품, 다른 사람의 복제품을 길 가다 마주쳤을 때 과연 나는 어떻게 감당할 수 있을까. 사실 생명윤리라는 것은 인간이 그런 으스스함을 어떻게 이겨내는가에 대한 과제라고 생각해요. 우리가 어떻게 하면 최대한 불편함이 없는 방식으로 생명공학을 이용할 수 있을까에 관한 고민이죠. 당장 복제를 반대하는 사람들도 그것 때문에 고통받는 사람들이 다 죽어야 된다고 주장하지는 않을 거예요.

이재문: 좋습니다. 남규 님, 밀크 견주로서 하실 말씀이 좀 있을 것 같아요.

강남규: 저도 밀크를 키우고 있기도 하고 앞서 강아지를 키우다가 보내기도 해봤던 입장에서는 진짜 말이 안 돼요. 강아지를 처음에는 외모가 귀엽고 예뻐서, 내 취향이어서 입양했고, 혹은 얘가 되게 활달해서 혹은 얘(밀크)처럼 쫄보라서 그런 성격 때문에 입양했는데 입양을 해서 몇 년씩 같이 살다 보면 그게 전부가 아니라는 거를 누구나 알아요.

사람이 연애를 해도 그 사람의 외모만으로는 결국 그 연애가 지속될 수 없는 것처럼, 내가 어떻게 행동을 하면 이 강아지가 어떻게 반응을 하고, 이 강아지가 어떤 상황에서 어떤 리액션을 보이고, 그러면서 패턴이 생기고 경험이 쌓이면서 그 총체가 이 강아지에 대한 정이나 사랑으로 확장되죠. 강아지를 키워본 사람이면 누구나 그런 경험을 한단 말이죠. 그래서 저는 그 견주가 너무 이해가 안 돼요. 외모가 비슷할 수 있고 뭐 성격이나 이런 게 어느 정도 닮을 수 있지만, 원래 살았던 강아지랑 똑같이 행동하거나 똑같은 교류가 있을 수는 절대 없거든요. 그런 강아지를 보고 똑같다고 느꼈다는 거는 말씀하신 것처럼 광고이거나, 아니면 정말로 그 강아지를, 거의 뭐 뇌피셜이지만, 학대에 가까운 수준으로 자기 원래 강아지랑 똑같은 성격을 갖도록 교육을 시킨 게 아니라면 그거는 불가능한 얘기라고 생각합니다.

이재훈: 복제된 강아지 티코가 이미 사망한 티코의 기억이나 관계의 기억들을 가지고 있을 리가 없는데 마치 가지고 있는 것처럼 얘기하고 그게 마치 같은 동물인 것처럼 하면서 팻로스를 보완해줄 것처럼 여기는 것 자체가 이해가 되지 않는다, 이런 말씀인 것 같은데요. DNA만 복제한다고 해서 과연 계속 관계를 계승할 수 있을 것이냐.

강남규: 팻로스를 극복하기 위해 원래 키웠던 강아지랑 똑같은 강아지를 키워야 된다는 사고 방식 자체가 잘 이해가 안 돼요. 제가 겪었던 팻로스는 그 강아지와의 상호 교류가 사라진 것 때문에 왔던 감정이었거든요. 사실 그런 상실감은 꼭 닮지 않아도 만약에 다른 강아지를 입양을 하게 되면 그 강아지가 충분히 줄 수 있는 거란 말이죠. 다른 얘기지만 그게 진짜 위험하거든요. 새로 입양한 강아지한테 원래 있었던 강아지의 행동이나 이런 걸 기대하는 건 진짜 거의 학대예요. 애는 그냥 애고 개는 갠데 개를 그리워하면서 애한테 그 행동을 요구하는 거는……, 그거는 결코 사랑은 아니라고 봅니다.

반려동물 개체의 고유성이 DNA나 세포가 아니라 다른 어딘가에 기거하고 있다는 의미로 해석된다. 즉 강남규는 애완견의 '영혼'에 관해 말하고 있다.

이재훈: 언론에서 제일 많이 나왔던 얘기는 복제에 대한 윤리, 동물 복지에 대한 윤리 문제였던 것 같아요. 복제견 생산을 위해서 수정란을 여러 번 이식해야 한다고 하고, 많은 동물들을 사실상 착취하는 방식으로 복제견을 생산하는 상황들에 대해 얘기가 나왔는데요. 여기에 대해서는 어떻게 보셨나요?

정주식: 저는 솔직히 이 주제에서 가장 중요한 문제는 아니라고 생각해요. 죽어가는 동물들이 안타깝지 않다는 게 아니고요. 당연히 그런 희생은 없어야겠지만 이미 우리가 알고 있는 동물 실험에서 혹은 공장식 축산 산업에서 희생되고 있는 동물들에 대한 사회적 관심에 비춰볼 때 아주 특별한 일이라거나 깜짝 놀랄 만한 이슈라고 반응하는 게 오히려 어색하게 보일 수 있는 것 같고요. 또 한 측면에서는 이건 기술적인 문제이기 때문에 언젠가 해결 가능하다는 거죠. 오히려 이 문제(복제 과정에서의 동물 희생)가 해결됐을 때 우리가 동물 복제를 어떻게 봐야 할지가 더 중요한 문제라는 생각이 들어요.

강남규: 지금 뉴스 타이틀이 그렇게 나와요. '한 마리를 복제하기 위해서 십수 마리를 희생하는 것이 정당하냐' 이런 프레임인데, 만약에 기술이 고도로 발전이 돼서 착상률이 백 퍼센트가 된다면, 한 마리를 복제하기 위해서는 한두 마리의 착취와 희생만 있으면 된다고 하면, 그게 허용될 수 있는 문제인가? 이렇게 사고실험을 해보는 것이 윤리적 문제에 대해 조금 더 정확하게 접근할 수 있는 게 아닐까 싶어요.

정주식: 딱 맞는 비유는 아니지만, 황우석 사태의 결말이 황우석이라는 사람의 사기극으로 끝났잖아요. 그래서 우리가 그때 했어야 했

던 말을 못하고 논점이 그냥 넘어가 버렸던 것 같아요. 만약 그때의 난리가 황우석의 거짓말이 아니라 진짜였다면 우리가 생명윤리를 어떻게 구축할 것인가 하는 문제가 사회적으로 진지하게 논의되었을 텐데 황우석이라는 개인의 이상한 짓거리로 넘어가 버리니까 논의가 중단됐던 거지요.

황우석이 끝난 것이지 생명공학이 끝난 것은 아니었다는 얘기. 당시 한국 사회에서는 황우석 쇼크의 여파로 생명공학 자체가 사망한 것 같은 분위기가 조성되었다.

이재훈 : 복제견 논란에만 그런 게 아니라 동물 실험이나 동물의 죽음을 이용해서 인간이 이득을 얻는 여러 가지 산업들이 존재하는 게 사실인데, 반려견 복제에서만 논란이 되는 것 자체가 잘못된 쟁점이라고 말씀하신 것 같고요. 그러면 이후에 기술이 진화했다고 봤을 때 복제견을 만들어서 팻로스를 극복하는 일 외에, 예를 들어 매우 효율적인 동물을 생산하려는 시도에 대해서도 얘기를 해볼 수 있을 것 같아요.

중국에서 그런 일이 있었더라고요. 마약 탐지견 중에서 엄청나게 효율적인 능력을 가진, 그래서 마약을 잘 찾아내는 개가 죽은 뒤에 이 개를 거의 99퍼센트까지 복제해서 만들어진 개가 있는데요. 앞서 죽은 개를 훈련시키는 데 한 6년 정도 걸리고 비용도 엄청 많이 들었는데 그다음에 복제한 이 개는 한 5개월 정도만 훈련시키니까 이전에 사망했던 개하고 거의 비슷한 효율을 내더라, 이런 얘기가 보도가 됐더라고요. 여러 마리를 희생해서 복제견을 만드는 것이 아니라 이 기술이 완성됐다고 봤을 때, 그럼 이런 식으로 복제견을 만드는 것은 어떻게 봐야 될 것인가 이 얘기를 한번 좀 해보죠.

박권일: 쉽지 않은 문제인 것 같아요. 저는 이번 유튜버 사건을 보면서 약간 소름 끼쳤던 게 황우석이 다시 소환되어서였어요. 지금 한국 복제견 비즈니스를 주도하는 게 황우석의 수제자인 이병천 교수더군요. 2004년 황우석 사태 때 제가 기자였고 6개월 넘게 사건에 매달려서 취재를 했어요. 그래서 관계자들도 많이 만나보고 온갖 현장에 가 있었는데, 그 상황들을 지켜본 입장에서 지금 20년이 지나서 다시 황우석의 이름을 마주하게 되니까 기분이 묘해지더라고요. 20년 만에 황우석이 복제견과 함께 귀환한 느낌이었습니다. 황우석 사태가 아직도 안 끝났구나, 하는 생각도 들고요.

주식 님도 말씀하셨듯이 우리가 공장식 축산을 지금 허용하고 있는 마당에 동물들이 겪는 고통, 특히 반려견·반려묘의 고통만 가지고 이렇게 또 유별나게 문제제기를 하는 것도 사실 위선적으로 느껴질 만한 부분이 분명 있다고 봅니다. 인간의 필요에 의해서 동물들이 지금까지도 희생이 많이 되어왔고 앞으로도 그런 식으로 이용이 많이 될 텐데 그 자체에 대해서 교조적인 입장을 갖기는 어려울 것 같아요. 어떤 사람들은 종교적인 이유, 예컨대 모든 생명체는 신이 창조한 것이기 때문에 그 섭리를 건드려서는 안 된다고 반대를 할 수 있는데 저는 그런 종교적 신념은 없거든요. 다만 내가 가지고 있는 신념은 그런 거예요. 생명들은 고통을 느끼는 감수성(쾌고감수성)이 있기 때문에 생명의 고통을 가능한 최소화하는 방향으로 움직여야 된다는 것이에요. 인간이든 동물이든 어떤 생명체건 간에. 그런 면에서 봤을 때 지금과 같은 방식으로 체세포 복제를 할 때 난자를 채취하는 과정에서 많은 동물들이 희생되는 부분들에 있어서 연구 윤리의 문제가 분명히 있을 거라고 생각해요.

나아가서는, 사고실험의 영역인데, 그런 문제들이 해결됐을 때 그래서 어떤 동물들한테도 큰 고통을 주지 않고 우리가 필요로 하는 방식으로 복제가 가능해질 때 어떻게 할 것인가라는 질문을 할 수 있겠지요. 체세포를 복제해서 인간의 특정 신체를 개조하는 방식도 있을 텐데 그런 것들에 대해서 우리가 어떻게 판단해야 할까를 생각해보면 정말 답하기가 쉽지 않은 문제인 것 같아요.

사실 지난 토론에서 나왔었던 부르노 라투르와 포스트휴먼 이론 등이 다 이런 것과 관련된 얘기거든요. 저는 이 문제에 대해서 결론을 갖고 있지는 않아요. 다만 우리가 정말 논의를 피하기 힘든 상황이 왔음을 느끼고 있습니다. 유럽만 하더라도 체세포 복제 연구가 사실상 중단된 상태로 압니다. 체세포 복제 자체를 금지했다기보다는 체세포 복제가 가지고 있는 여러 가지 연구 윤리라든가 과정에서의 문제들을 규제하다 보니까 자연스럽게 연구를 하려는 사람이 별로 없는 상황에 가깝죠. 반면 영미권에서는 일부 허용되는 경우들이 있는 것으로 압니다.

강남규 : 사실 저도 답은 없고 그냥 복잡한 생각들만 있는데, 저는 기본적으로 모든 종이 평등하다, 모든 종이 동등하게 존중받아야 한다는 동물권의 주장에 대해서 동의하기는 어려운 입장이긴 해요. 인간이 특별하다는 게 아니라 어쨌든 인간과 다른 동물

들은 구별될 수밖에 없고, 특히 개와 소·말·돼지 이런 동물들은 또 다른 식으로 판단될 수밖에 없다고 저는 보거든요. 그런 현실적인 측면에서 오는 고민이 하나가 있고, 또 강아지 그러니까 반려견 복제는 아까 말씀드린 것처럼 좀 예외적인 측면이 있는 것 같아요. 반려견을 복제한다는 그 개념 자체가 성립이 안 된다고 보기 때문에. 그걸 좀 다르게 보더라도 예를 들어 마약견처럼 개가 할 수 있는 기능들이 있잖아요. 안내견이라든지 이런 기능들을 갖고 있는 강아지를 복제하는 거는 허용해야 하는가, 정말 어떤 착취도 없이 그리고 강아지가 생명의 위험성 없이 복제될 수 있다고 하면 이걸 우리가 반드시 금지해야 하는가 했을 때 사실 답이 잘 안 나오는 부분이 있어요.

왜냐하면 마약견·탐지견, 이런 개들이 없을 때 인간 사회가 지금과 동일하게 유지될 수 있는가 따져봤을 때 아닌 것 같거든요. 마약견·탐지견 이런 기능 복제견을 금지하는 걸 넘어서 그런 강아지를 기능적으로 활용하는 것조차 금지한다고 했을 때 거기서 오는 피해나 이런 것들을 인간이 감수할 수 있을까, 감내할 수 있을까 인정할 수 있을까 하면 또 그것도 아닌 것 같고.

이재훈: 그럼 질문을 이렇게 해보는 건 어떨까요? 말씀하신 대로 마약견, 시각 장애를 돕는 보조견·안내견처럼 다른 동물들도 인간의 생활을 이렇게 돕는 방식의 동물들이 있을 수 있고 동물이 인간의 윤택한 생활을 위해서 도구적으로 쓰일 때 만약 이 개들을 기술적으로 복제하는 것에 대해서는 우리가 어떻게 봐야 되는가, 이 얘기를 한번 살펴볼 필요가 있을 것 같은데요.

정주식: 가축화의 역사는 수만 년이 됐지만 현대 과학으로 종의 개조를

시도했던 건 낙농산업이 처음이었어요. 1950년대에 좀 더 많은 우유를 얻기 위해서 유전적인 조작을 해서 개조된 소를 창조했죠. 사실 우리가 인지를 못했을 뿐이지 그런 유전적인 기대를 바탕으로 만들어진 종들이 굉장히 많아요. 우리가 지금 혼란스러운 건 동물에게 어떤 도덕적 지위를 부여할 것인가에 관한 합의가 없기 때문이죠. 어떻게 보면 이건 동물 권리의 문제라기보다는 사실 인간의 감정에 관한 문제라고 생각해요. 인간이 다른 동물의 고통을 마주했을 때 그들의 고통을 자신의 고통으로 느끼기 때문에 그 고통으로부터 해방되기 위해서 동물권이라는 개념이 고안됐던 거죠. 이 개가 고통받고 죽어가고 있다는 사실을 인간이 견디기가 힘든 거예요.

무서운 것은 우리가 필요에 익숙해진다는 거예요. 기술 발전 과정에서 필요의 압력에 의해 윤리적 판단이 생략되는 문제들이 있다는 거죠. 그래서 지금 답이 뭐냐 묻는다면 말할 수 없지만, 지금 해야 하는 이야기가 뭔지는 알 것 같아요. 윤리적 판단이 생략된 기술 발전에 대해서 경계심을 가져야 한다고 생각해요. 이번에 그 유튜버가 호소했던 얘기가 팻로스의 슬픔을 공감해달라는 거였죠. 이 호소가 으스스한 이유는 황우석 사태 때 불치병 환자 가족들이 했던 호소와 상당히 유사한 성격의 정서적 호소라는 거예요. 그런 '필요'가 감정적으로 증폭됐을 때가 가장 위험한 시기입니다. 따라서 기술 발전 속도에 대한 윤리적 통제가 필요하다고 생각해요.

이재훈: 기술 발전의 속도를 통제할 필요가 있다는 주장을 좀 더 구체적으로 듣고 싶은데요. 속도를 통제하는 거는 쉽지 않을 거고

기술 발전은 계속 갈 텐데 그 기술 발전 속도에 따른 부수적인 윤리적 문제에 대한 이야기를 하시는 걸까요?

정주식: 예를 들어 인간의 존엄성이라는 개념은 발명된 개념이죠. 보편적으로 합의된 인간 존엄성의 기본 원리는 사람을 목적으로 대해야 된다는 거예요. 이건 사실 칸트 같은 사람이 그런 철학을 개발해냈고 그 개념에 많은 사람들이 공감을 하고 윤리학적으로 받아들여지면서 인간 사회에서 합의가 이루어진 거란 말이에요. 적어도 그 정도의 시간은 필요하다는 거예요. 일단 목적을 갖고 복제를 하게 되면 사람이든 동물이든 이미 수단으로 탄생한 거죠. 그러면 애초에 수단으로 탄생한 생명체를 우리가 어떻게 대해야 하는지에 대해서 아무런 윤리적 정립이 없는 상태예요. 최소한 그것이 '무엇'인지 정도의 합의에 이를 때까지는 기술 발전 속도를 통제해야 한다는 입장입니다.

강남규: AI 분야에도 똑같이 나오잖아요. AI 개발을 6개월에서 1년 동안 멈춘 다음에 윤리적 문제에 대해서 전 인류가 함께 고민을 해야 된다는 맥락이랑 좀 비슷하게 볼 수 있을 것 같아요. 결국은 발전 속도를 늦추거나 혹은 발전을 안 하거나 함으로써 오는 그 피해를 우리가 감수할 수 있는가를 두고서 논쟁할 필요가 있는데요. 대부분의 윤리적 논쟁들, 특히 반려동물이나 육식 이런 문제에서는 그런 피해는 없을 것이라고 가정하고서 윤리적으로 접근하려고 드는 게 현실적으로 안 맞는 부분이 있죠. 우리가 피해를 감수할 수 있는가에 대한 합의를 만들어가는 게 좀 더 필요하지 않을까 싶은 생각이 듭니다.

박권일: 동물과 관련해서는 칸트의 윤리가 적절한가 하는 생각이 좀 들

어요. 칸트는 인간에 대해서 얘기를 했죠. 인간은 인간을 목적으로 대해야 된다고 했는데, 정확히 얘기하면 '수단으로서만이 아니라 목적으로서 대해야 한다'고 얘기했어요. '인간을 수단이 아니라 목적으로 대해야 한다'라고 칸트가 얘기했다고 잘못 알려져 있기도 하지만 실은 아니에요. 인간은 인간을 수단으로서도 대하는데, 그 자체로 나쁜 건 아니에요. 누구나 자기의 친한 사람을, 가족일지라도 수단으로서 대한다는 거예요. 하지만 그 사람을 끝까지 수단으로만 대하면 안 되고 끝내는 목적으로 대해야 한다는 것이 칸트의 정언명령이거든요. 수단으로서 대하는 걸 피할 수는 없다는 걸 칸트는 알고 있었어요. 다만 동물에 관련해서는, 우리가 동물을 목적으로서 대해야 한다는 게 실질적으로 별 의미 없는 얘기죠. 관계가 비대칭적이니까요.

강남규: 밀크는 가족이 되겠다고 동의한 적이 없거든요.

박권일: 저는 동물이나 혹은 비인간 존재들을 사유할 때 칸트의 윤리학이 그렇게 적절한 틀이라고 생각하지 않아요. 그래서 피터 싱어 같은 학자들이 공리주의, 저는 공리주의라는 말보다 효용주의라고 많이 씁니다만, 동물 해방을 말하는 싱어의 효용주의는 그런 거예요. '고통을 느끼는 생명체의 고통을 줄이는 것이 우리의 효용을 최대화하는 것이다'에 가까운 얘기예요. 동물권이라든가 비인간 존재를 대할 때 우리가 가져야 할 원칙 중에 그나마 보편적 설득력이 강한 건 피터 싱어류의 철학이라고 봐요. 달리 말하면 인류의 복리를 증진할 수 있다는 이유로 다른 존재에게 고통을 가하는 그런 방식은 거부되어야 한다는 것입니다. 그 정초 위에서 여러 가지 세부적인 원칙들을 합의해나

갈 수 있지 않을까 하는 생각을 해봅니다.

이재문: 제가 아까 여러분한테 드렸던 질문이 약간 공전하고 있는데, 우리가 토론 초반에 합의했던 게 이거죠. 무언가 기술을 개발해서 복제를 할 때 어떤 동물에게 고통을 주거나 동물에게 너무나 많은 착취를 가하는 상태가 이어지는 건 문제가 있다. 그런데 여기서 나아가서 고통을 최소화하고 고통이 없는 상태를 유지할 수 있는 최고의 효율을 가진 어떤 복제 기술이 나왔을 때, 그럴 때라면 우리가 동물들을 효율적으로 활용하기 위해서 동물을 복제하고 그 동물을 도구로 삼는 것은 어떻게 보아야 될 것이냐에 대한 논의가 필요한 건데요. 여기서 그러면 논의해야 할 윤리는 무엇인가에 대해 다시 한번 여쭙고 싶어요.

유독 답이 없다, 답을 모르겠다, 합의가 필요하다는 말이 반복되는 토론이다. 답답한 사회자가 재차 질문하고 나서야 구체적 입장들이 나온다.

정주식: 제가 혼자 인간 복제까지 훅 넘어가 버렸네요. 동물 복제 허용은 곧 인간 복제로 이어진다는 가정에서 한 이야기였어요. 말씀하신 질문에 대해서 동물권 학자들이 반대하는 주요 논거는 인간과 동물 사이의 계약 관계가 공정하지 않다는 거죠. 이 종(동물)을 위해서 나서줄 제3의 종이 없다는 거예요. 우리나라에서 버려지는 유기견이 1년에 10만 마리인데 유기견이라는 게 어떤 부도덕한 인간의 일탈 때문이 아니라 불공정한 계약관계에서 일어나는 필연적인 일에 가깝다고 봐요. 인간이 동물에게 고통만 주지 않으면 되지 않냐고 하지만 반려동물은 자연상태에서

자기 본성을 발휘해서 살 수 있는 기회를 박탈당한, 인간의 수요에 의해서 만들어진 기획 생물인 거죠. 이런 기획 생물 자체가 만들어지지 말아야 된다라는 주장에 저는 동의하는 편이에요.

이재훈: 기획 생물이라고 하면 아까 말씀하셨던 마약 탐지견이나 반려견까지 모든 것에서 어쨌든 인간의 효율성을 극대화하기 위한 복제견 생산은 피해야 된다는 입장이라는 거죠?

정주식: 네.

이재훈: 권일 님은 여기서는 약간 다를 수도 있다고 생각하는데 어떻게 좀 보시나요?

박권일: 만날 수도 있는 입장인 것 같아요. 고통을 최대한 줄이고자 하는 효용주의가 한 갈래로 뻗어나가다 보면 기획된 생명들에 대해서도 반대하게 될 가능성이 높아요. 이건 데이비드 베너타의 반출생주의anti-natalism 철학과도 어느 정도 통합니다. 태어나는 것보다 태어나지 않는 것이 낫다는 게 베너타의 반출생주의입니다. 태어나서 얻는 이익보다 태어나지 않아서 고통을 당하지 않는 게 최종적으로는 더 낫다는 주장입니다. 사실 인간의 필요에 의해서 기획된 생명체들은 결국은 고통을 받게 되니까요. 그래서 그런 부분들을 줄여나가는 것이 결국은 효용주의 입장에서도 맞는 방향일 수 있다는 생각도 듭니다.

요즘 인간의 미래 먹거리가 축산에서 벗어나서 인공적으로 만들어낸 음식이 되어야 한다고 주장하는 사람들이 굉장히 많고 실제로 그런 산업도 점점 커지고 있는데, 다 이런 철학 위에 있는 거라고 생각을 해요. 과거에는 이런 얘기를 하면 대부분 웃었거든요. 우리가 벌레를 먹어야 한다거나 아니면 무슨 알약을 먹으면서 살아야 한다거나 하면 무슨 황당한 소리냐고 일축하곤 했습니다. 그런데 요즘 분위기는 확실히 달라졌어요. 점점 진지하게 받아들이는 거예요. 사람들 사이에서 공장형 축산 등에 대한 문제의식이 널리 공유되어온 결과죠.

강남규: 고민이 드네요. 배양육이 대표적인 산업 중에 하나잖아요. 배양육이 상용화되고 지금 저희가 먹고 있는 육고기들과 비슷한 수준의 가격과 비슷한 수준의 영양을 줄 수 있다고 하면 저는 배양육을 바로 택할 입장이거든요. 그런 대체가 가능하다, 그러니까 동물들이 기능적으로 효용적으로 활용되는 것이 다 대체될 수 있다는 게 확실해지면 대체되는 방향으로 가는 게 맞다, 그 정도 생각만 있습니다. 근데 그게 당장 대체될 수 없다면은 어쩔 수 없는 영역으로 인정하고 그냥 살아가는 수밖에 없지 않을까.

이재훈: 만약 배양육을 만드는 실험 과정에 또 많은 동물들이 희생될 수밖에 없다면 또 문제가 될 수 있겠지만, 그런 과정을 통해서 나중에는 동물들의 희생 없이 배양육만으로 모든 식재료를 대체할 수 있는 상황이 된다면 또 다른 딜레마에 빠질 수도 있을 것 같습니다.

오늘 저희가 딱히 결론을 내거나 해답을 내자고 토론을 하고 있는 건 아니지만 얘기를 해보면 해볼수록 세부적으로 논의해야 할 윤리적 쟁점들이 상당히 많은 것 같아요. 또 하나 여러분께 여쭙고 싶은 건 이런 게 있어요. 미국 같은 경우는 돼지에서 신장이나 심장을 배양해서, 신장 같은 경우는 여러 차례 이식 수술을 시도했던 걸로 알고 있고, 심장 같은 경우는 두 차례 이식 수술에 성공했어요. 돼지 심장을 이식받은 두 분 가운데 첫 번째 수술 성공자는 두 달 만에 사망하고 두 번째 수술 환자는 6주 만에 사망했습니다. 하지만 언젠가는 계속 더 기술 발전이 진행되어서 장기 이식이 필요한 사람들에게 동물에서 배양한 장기를 이식해서 생명을 연장하게 만드는 상황들이 생길 수 있단 말이죠. 또한 예를 들어 한쪽 팔을 움직일 수 없는 인간 혹은 다리 한쪽을 움직일 수 없는 인간이 동물로부터 무언가를 이식받거나 해서 어느 정도 움직일 수 있는 팔이나 다리를 이식하는 시대가 올 수도 있을 겁니다. 그렇게 될 때 동물을 도구화하는 것은 어떻게 봐야 되나. 이게 앞서 황우석에 대해서 얘기했던 그 상황들하고도 연결될 수 있거든요.

불치병이나 유전병으로 인해 당장의 생명이 위협받고 있는 상황에서 죽어가는 본인의 장기를 대체해줄 장기를 동물 복제 같은 기술로 이식받을 수 있는 상황이 온다면 그건 윤리적으로 어떻게 봐야 할까요?

정주식: 이번에 복제견 유튜버가 자기를 비난하는 사람들을 팻로스의 고통을 이해 못하는 사람으로 취급하더라고요. 그 둘은 다르죠. 사람들은 팻로스의 고통을 이해 못해서가 아니라, 그 유튜버가 팻로스의 고통을 없애기 위해서 벌인 다음 행동을 비난하는 거예요. 팻로스의 고통을 이해하는 측면과 그것 때문에 대체물을 만들어내는 것에 대한 이해는 별개거든요. 복제의 필요성을 호소하는 쪽에서는 둘을 하나로 묶어서 이야기하는 거예요. 나의 필요 때문에 이 기술은 필연적으로 실행되어야 하는 당위가 있는 것처럼 이야기하는데, 그렇지 않다고 생각해요.

별개의 검토가 필요한 것이죠. 누군가의 필요가 보편의 윤리를 압도하는 상황에 대해, 고통을 강조함으로써 필요를 강조함으로써 어떤 기술의 사용을 숙명으로 이해시키려는 시도들에 대해서는 개인적으로 경계심을 갖고 있습니다.

박권일: 쉽지 않은 문제입니다. 어쨌든 장애인의 장애를 해결해줄 수 있는 수단이 기술적으로 가능해졌다, 그런데 다른 생명체를 희생시켜야 하거나 그 생명체에게 고통을 줘야 가능할 때 인간은 어떻게 해야 되는가라는 질문을 던져볼 수 있겠습니다. 실제로 장애학에서도 그런 얘기들을 하더라고요. 물론 장애인이라고 다 똑같은 게 아니라 여러 가지 관점들이 있을 수 있겠지만, 어떤 경우엔 자기 장애를 최신 기술을 통해서 해결할 수 있는데 굳이 안 하는 사람들도 있다는 거예요. 왜냐하면 자기는 장애인으로서 많은 세월 기억과 경험을 몸에 새기며 살아왔기 때문에 장애조차도 자기의 일부로 받아들이겠다는 거예요. 장애와 공존하는 것이 자기 자신답게 사는 거라고 생각하는 거죠. 장애가 있지 않았던 시절로 돌아가는 것을 원상복구라고 생각하지 않는다고 얘기하는 장애인들 의외로 꽤 있습니다. 그런 부분들에 대해서 우리가 좀 생각해봐야 할 것 같고요.

또 한 가지는 고통을 해결해줄 수 있는 어떤 기술적인 해결책이 있다면 저는 적극적으로 추구해볼 필요가 있다고 생각합니다. 다만 그 과정에서 아까 얘기했던 고통의 원칙, 그러니까 효용주의에서 말하는 고통 최소화 원칙이 훼손되면 곤란하겠죠. 황우석 사태도 사실 논문 조작한 거짓말 외에도 이 문제가 있었어요. 연구 과정에서 연구 윤리를 위반한 것이 굉장히 많았거든요. 논문 조작이나 연구의 성공 여부와 무관하게 난자 채취부터가 매우 비윤리적이었다는 거예요.

이 부분은 황우석의 거짓말 못지않게 중요한 지점이라고 생각해요. 유럽에서 체세포 복제를 포기하게 된 이유 중 하나도 사실 그거예요. 연구 과정에서 너무 많은 피해가 발생하기 때문에. 과연 그 과정을 건너뛸 만큼 기술적인 도약이 일어날 것인가? 물론 미래는 알 수 없죠. 하지만 그 비윤리적 과정을 도약하지 못할 정도라면 시도하지 않는 게 윤리적인 거죠. 한국의 과학기술이라고 뾰족한 수가 있겠습니까? 지금 이병천 씨가 하고 있는 연구들, 저는 모르긴 해도 그런 법제화도 되어 있지 않은 사각지대에서 말도 안 되는 짓을 하고 있을 거라고 생각해요. 이 분이 전에 저지른 일들만 봐도 추정이 돼요. 그래서 제도가 중요한 거예요. 놀라운 점은 세계에서 가장 활발하게 체세포 복제가 벌어지는 한국에서 관련된 법이 매우 미비하다는 점입니다.

강남규 : 잘 모르겠습니다. 그런 생각 정도는 있어요. 이게 제 문제가 아니라서 더 쉽게 얘기하는 걸 수도 있는데, 제 문제로 생각을 해도 저는 죽음이나 한계나 끝을 받아들이고 살아가야 된다고 생각하는 편이거든요. 당장의 불치병이나 이런 것들을 만약에 제가 겪게 된다면, 모르겠어요, 저는 제 삶에 큰 미련이 없어서. 잘 모르겠지만 그걸 해결하기 위해서 윤리를 벗어나는 선택을 한다기보다는 그냥 '그것이 나의 운명이다' '내게 주어진 삶이다' 하고서 살아가는 쪽을 택할 것 같긴 하거든요. 근데 그건 저의 선택인 거고 남들에 대해서 제가 어떻게 얘기하기는 좀 어려운

부분이 있네요.

박권일: 저는 생명공학에 대해서 너무 경직된 입장을 취할 필요는 없다고 생각해요. 이론의 층위에서면 몰라도 현실에서 인간중심주의를 완전히 벗어나긴 불가능하다고 봅니다. 인간 중에서 고통받는 사람들이 있잖아요. 그 사람들의 고통을 줄이는 방향으로 우리가 기술을 활용할 수 있다면 저는 최대한 활용해야 한다고 봅니다.

그리고 앞서 언급한 고통 최소화의 원칙 외에 또 하나의 원칙도 필요합니다. 평등의 원칙입니다. 돈이 있는 사람들만 신기술로 고통을 줄일 수 있고 돈 없는 사람들은 거기서 소외된다면 저는 그것도 사회적으로 쉽게 용인되어선 안 된다고 봅니다. 기술로 고통을 줄이려는 시도는 얼마든지 허용되고 또 장려되어야 하지만, 평등하게 고통을 줄일 수 있어야 한다는 거죠. 돈과 권력의 여부와 상관없이 아무나의 존엄에 입각해서 말이죠. 그 두 가지 원칙이 적용이 된다는 전제하에서는 기술적인 발전이 얼마든지 추진될 수 있고 그것을 인간중심주의라고 욕먹어도 그건 뭐 감내할 수밖에 없지 않나 하는 생각입니다.

인본주의와 보편적 동물권이 충돌할 때 대부분의 인간은 동물을 희생시킨다. 하지만 인간은 다른 종의 희생에 대해 미안해할 줄 아는 유일한 동물이다. 인간은 모순된 '인간다움'을 지닌 존재다.

이재문: 이것도 세부적으로 조금 나눠서 봐야 될 것 같은데, 아까 권일 님 말씀하신 것처럼 장애를 가진 분들, 저도 개인적으로 신장에 만성신부전 장애를 가지고 있으니까요. 장애를 가진 분들이

라고 해도 동물의 고통에 기반한 실험에 따른 동물 복제에서 얻어진 결과물로 장애를 극복하는 보완재를 만드는 것에 대해서는 이견이 있을 것 같아요. 근데 아까도 말씀드렸던 쟁점과 비슷하게 기술이 극단적으로 발전해서 동물의 고통을 최소화하거나 없앨 수 있는 상황에서 복제를 할 수 있고, 그런 상황에서 장기 이식 등을 할 수 있다면 어떨까요? 또 한편으로는 장애를 지녔지만 일상을 살아갈 수 있는 사람이라면 몰라도, 당장 장기를 이식하지 않으면 생명을 유지할 수 없는 사람들의 경우에는 어떻게 해야 할까요? 이런 고민들이 듭니다.

강남규 : 저는 그 사람들이 죽음을 받아들여야 된다고 말 할 수 없을 것 같아요.

이재훈 : 물론 다른 사람들이 생명의 위기를 겪는 사람들에게 그 죽음을 받아들여야 한다고 윤리적으로 강요할 수는 없지요. 다만 그런 고민이 생기는 것 같아요. 아까 권일 님이 말씀하신 게 저는 되게 중요한 쟁점이라고 생각하는데, 동물 복제를 통한 장기 이식 수술 이런 기술이 고도로 발전해서 상용화된다고 해도 불치병이나 유전병을 앓는 사람들 중에 이식이 정말 절실한 사람들은 개인의 재력 때문에 그런 병증 치료 등을 잘 받을 수 없는 저소득층일 가능성이 더 크잖아요. 그런데 이런 기술이 개발된 직후, 상용화된 직후에는 대체로 그 기술의 혜택이 소득이 더 많은 사람에게 돌아가는 경우가 많겠죠. 여기에 우리가 대비해야 하는데, 이걸 대비하기 위해서는 결국은 국가나 정부가 공공적인 개입을 해야 한단 말이죠. 그런데 정부의 공공적인 개입이라는 게 또 달리 얘기하면 문제가 될 수 있죠.

황우석 사태 때 우리가 제대로 문제를 제기하지 않았던 건, 노무현 정부가 황우석을 정말 적극적으로 지원했다는 점입니다. 기술 발전에 따라 강국이 될 거라는 일종의 판타지 같은 걸 정부가 엄청나게 심었잖아요. 그런 역사를 그대로 이어받아서 지금 농촌진흥청이나 이런 곳에서 복제견 관련 기술 개발에 엄청 투자하고 지원하는 모습도 볼 수 있습니다. 여기서 딜레마가 생긴다고 생각하는데요. 일반적으로 기술 개발을 민간기업에 맡겨두면 아무래도 영리화에 치중할 수밖에 없잖아요. 그러니까 정부가 개입해서 공공의 관점에서 이걸 제어하면서 지원해야 할 텐데요. 문제는 국가가 그런 관점이 아니라 부국강병 논리로 기술 지원에 나서고 있다는 거죠. 그렇다면 이런 기술 개발 사업에 공공성을 강화할 수 있는 방법은 어떤 것이 있는가, 이런 쟁점이 생길 수밖에 없거든요. 이런 다종다양한 쟁점들이 이 이슈 안에 되게 숨어 있는 것 같아요.

게다가 우리가 다른 동물들의 고통을 최소화하는 윤리가 필요하지만, 그럼에도 불구하고 또 그러면 정말 생명이 끝날 수밖에 없는 극단의 고통 앞에 있는 사람들에 대해서는 어떻게 생각할 것인가, 이 부분에 대해서도 정말 크게 고민이 남는 것 같습니다.

강남규: 망상에 가까운 얘기인데, 그러니까 이 모든 윤리적 문제를 풀어가는 방법은 동물과 대화할 수 있는 기술을 개발하는 것 아닐까. 인간도 장기 이식 하잖아요. 그게 윤리적으로 허용되는 이유는 동의를 했기 때문이에요. 그러니까 돼지나 강아지나 소도 소통이 되어서 동의가 되면 그 윤리적 문제가 해결되는 거

죠. 그 동물이 고통을 전혀 느끼지 않더라도, 이 동물의 동의 과정 없이 장기 이식하는 것 자체가 저는 윤리적인 문제가 될 수밖에 없다고 생각해요.

정주식: 대부분의 사람이 종 차별주의자여서 조금씩은 다 종 차별을 합니다. 죽음을 앞둔 사람에게 동물 장기를 이식해서 살릴 수 있다면 저는 찬성하겠어요. 그 동물에게 미안하지만, 그 동물에게 설명할 방법은 없지만 그건 인간으로서 제가 가진 종 편향이기 때문에 저의 편향을 인정할 수밖에 없는 부분이에요. 하지만 인정할 때 하더라도 기술 발전 속도가 사회 일반의 평균 윤리 수준을 많이 앞서가서는 안 된다고 생각해요. 뭐 제가 이렇게 경계해도 제 우려보다 기술 발전이 훨씬 더 빨리 갈 거라는 걸 알아요. 필요를 호소하는 사람들이 그렇게나 많은데 기술이 멈춰 있지는 않을 거란 말이에요. 그래서 이런 말을 더 많이 해야 된다고 생각해요.

동물의 권리에 관해서 이야기하지만 사실은 우리의 불편함에 관한 이야기라고 생각해요. 동물이랑 소통하고 싶다는 이야기도 사실은 우리의 불편함을 조금이라도 해소하고 싶다는 바람일 것 같은데요. 근데 저는 피터 싱어 같은 사람의 주장이 불편했던 건 인간적 기만이 있다고 생각해서였어요. 그들은 온전히 동물 관점에 이입해서 인간 철학을 동물에게 덮어쓰기 해야 한다고 주장하거든요. 그렇게 하지 않을 논리가 없다는 거예요. 그건 인간이라는 동물이 갖고 있는 직관과는 너무 거리가 있는 주장이죠. 저는 그 한계를 인정하고 나서 접근을 하는 게 현실적이라고 생각해요.

피터 싱어의 동물 윤리는 이 토론에서 여러 번 인용되고 비판받는다. 그만큼 그의 이론이 동물권에서 중요한 준거점이 되고 있다는 의미이다.

강남규: 한계를 인정하는 게 중요하다고 생각하는 게, 소·말 혹은 곤충·뱀·파충류·강아지·고양이 이들은 다 똑같은 동물들이라고 하지만 사실 사람마다 받아들이는 게 너무나 다를 수밖에 없다는 거죠. 채식주의·비건주의 얘기할 때도 많이 나오는 말이죠. "식물은 생명이 아니냐" 이런 식으로 얘기하는 사람들도 많고. 예를 들어 "너도 파충류, 모기 이런 것들을 죽이지 않느냐" 이런 식으로 반론하는 사람도 많고.

　　실제로 완벽하게 백 퍼센트 모든 종류의 생명을 존중할 수 있는 사람은 그렇게 많지 않거든요. 그런 어쩔 수 없는 위계적 한계들을 인정하고 나서 그 얘기를 하는 것이 더 명확하지 않을까. '모든 동물이 평등하기 때문에 동물을 보호해야 된다'와 '인간이 이 동물들을 보호할 수 있는 권한과 능력이 있기 때문에 보호해야 된다'는 결론은 같아도 다른 얘기라고 생각하는데, 저는 후자에 좀 더 가까운 입장이에요.

박권일: 생명과 관련된 이야기들이 어떤 형이상학적인 이론들과 좀 다른 점은 매끈하게 잘 빠진 논리가 불가능하다는 거예요. 완벽한 이론이 존재할 수 없고 얼기설기 꿰맨 엉성한 형태가 될 수밖에 없습니다. 예외적 상황도 늘 생겨나죠. 그래서 끊임없이 전문가들 사이에서 격론이 벌어지는 거고 완벽한 결론이 날 수가 없어요. 그래서 논의의 끝은 합리적 결론이 아니라 합의와 결단에 가깝게 됩니다.

그래서 그때그때 상황에 맞춰서 최선이 무엇인지를 같이 토론해보는 게 중요합니다. 한국에서도 사회적으로 그럴 기회들이 몇 차례 있었죠. 황우석 사태 때도 그랬고 여러 계기들이 있었는데 제대로 사회적으로 숙의하지 못했죠. 과학기술과 국뽕이 결합되면 말도 못하는 괴물이 된다는 걸 황우석 사태 때 처음 알았습니다. 정부의 욕망, 학자의 욕망 그리고 대중들의 욕망이 한데 엉겨붙어서 엄청난 사건이 됐고 어마어마한 사회적 비용을 치러야 했습니다. 기술민족주의라는 말이 괜히 나온 게 아니었죠. 기술보다 더 위험한 것이 어떻게 보면 우리의 그런 욕망들이 아닌가 생각합니다.

기술의 문제라고 생각했던 것들이 자세히 보면 욕망의 문제인 경우가 많다. 박권일은 욕망의 통제를, 정주식은 기술의 통제를 이야기하고 있지만 이 경우에는 같은 이야기가 된다.

이재문: 사실 2000년대 초반에 한국이 월드컵 4강에 가고 황우석이 저런 기술을 최초로 개발해내고 막 이러면서…….

박권일: 국뽕의 기원 같은 사건이었죠.

이재문: 국뽕의 시대가 열리면서 어떻게 보면 한국을 더 이상 개발도상국으로 보지 않고 선진국으로 봐야 한다는 관점이 탄생했던 시기였던 것 같아요. 그런 시기가 진행되면서, 아까 주식 님이 계속 말씀하신, 우리 사회는 단계적으로 밟아야 했던 윤리적 성찰 이런 것들은 다 망각하고 어떤 성과주의에 기반해서 이 기술 자체를 어떻게 개발해서 뭔가 이득을 얻을 수 있을 것인가

에 대해서만 집중했던 것 같습니다. 그런 측면에서 본다면 우
리가 지난 20년 동안 놓친 게 너무 많았던 것 같고.

강남규: 딱 올해가 20년이네요.

**국뽕과 민족주의에 대한 박권일의 생각은 《최소한의 시민》 '국뽕의 대체재를 찾아서'
에서 자세히 확인할 수 있다.**

이재훈: 20년 동안 놓친 게 너무 많은 것 같고, 우리가 복제견 논란으로
시작했지만 이 토론을 꼭 해야 된다고 생각했던 이유도 다양한
윤리적 쟁점이 너무나 많은 상황에서 어떤 뚜렷한 결론이라는
게 없기 때문인 것 같습니다. 그런데 이건 세상사가 대부분 다
그런 것 같아요. 정해져 있는 뚜렷한 결론은 없지만 그 안에서
우리가 어떻게든 최선의 결론, 윤리적 결론을 얻으려는 노력을
해야 되는 것처럼 이 이슈도 결국은 마찬가지인데요. 그러다
보니까 어떻게 보면 '토즐'의 올해 첫 주제로서 대단히 적합하
지 않았나 생각을 좀 했고요.

　　동물 복제나 여러 가지 복제 기술 분야가 지금 다 상업적으
로만 이용되고 있고 심지어 유튜버가 그 상업적인 업체를 홍보
해주는 상황에까지 이르렀는데 공공성을 강화하기 위해서는
어떤 방향으로 이것들을 논의해가야 될까에 대한 이야기를 마
지막으로 하고 마쳤으면 좋겠습니다.

박권일: 시급한 공적인 이유가 무엇인지에 대해서 사회적인 논의가 필
요하다고 생각해요. 어떤 논란의 소지가 있는 기술의 발전이
필요하다고 하면 국가가 지원을 할 수도 있고 세금을 쓸 수도

있습니다. 하지만 그 이전에 어느 정도는 시민적 합의가 있어야 된다는 거죠. 아까 우리가 토론 중에 말했듯이 당장 환자들의 목숨이 경각을 오가기 때문에 어쩔 수 없이 다른 존재 생명체들에게 고통을 주더라도 일단 그 사람들을 살리고 봐야 된다는 이유가 있을 수 있잖아요. 인간중심주의이든 뭐든 간에 어쨌든 그런 시급한 경우 허용될 수 있다든가, 혹은 부자들만 활용할 수 있는 특권적 기술이 아니라 모두에게 필요한 기술이기 때문에 동물의 희생에도 불구하고 개발할 필요가 있다는 이유, 즉 공공성이라는 이유가 있을 수 있습니다. 시급성과 공공성은 우리가 충분히 합의할 수 있는 원칙입니다. 그런데 그런 합의가 없는 상황에서 단순히 경제 논리만으로 무언가를 결정하는 것은 아니라는 거예요.

정주식: 저는 마약 탐지견 복제를 국가에서 지원한다는 걸 이번에 알게 됐는데요. 공무원들이 그 의사결정을 하는 과정을 상상하게 됐어요. 한두 명이 결정한 건 아닐 거 아니에요? 어쨌든 국가 자원을 관리하는 일인데 수많은 결재 절차가 있었을 것이고요. 그렇게 의사결정한 사람들이 오히려 클론 같다는 느낌이 들어요.

박권일: 와, 이 인간 혐오······.

이재문: 그런 측면에서 또 이해가 될 수도 있네요. 오늘 토론 너무 재밌었습니다. 고생 많으셨습니다.

99

죽은 개를 복제해서 팻로스의 고통에서 벗어날 수 있을까? 토론자들은 관계없는 일이라고 입을 모았다. DNA 복제로 개체의 고유한 기억과 영혼까지 복제할 수 없다는 간단한 사실 때문이다. 인간이 어떤 동물을 복제한다면 그 이유는 동물에 대한 '사랑'이 아니라 어떤 필요 때문일 것이다. 유튜버의 복제견 영상은 우리에게 잊혔던 무거운 기억을 상기시킨다. 이 토론에서 나온 이야기들은 모두 20년 전 황우석 사태 때 했어야 했다.

모든 토론자가 인간의 고통을 해소할 수 있는 동물 복제 기술에 대해 제한적으로 찬성하는 입장을 밝혔다. 하지만 정주식은 상대적으로 보수적 입장을, 강남규·박권일은 보다 유연한 입장을 보였다. 이재훈은 생명공학의 발전이 불러올 계급적 갈등을 우려하며 이를 조정할 공공의 역할을 강조했다. 황우석 사태 때 경험했던 기술민족주의의 출현도 주요 주제 중 하나로 등장했다.

복제 동물이 등장한 지 꽤 오랜 시간이 흘렀지만 여전히 이 주제는 낯설기만 하다. 복제된 동물의 윤리적 지위에 관한 합의가 없기 때문이다. 죽은 개의 영혼에 관해서는 할 말이 있지만 '새로운 개'의 영혼에 관해서는 무슨 말을 해야 할지 막막하다. 말할 수 없는 것을 창조해도 괜찮은가?

토론이 끝나고 남는 질문들

1. 팻로스를 극복하는 가장 좋은 방법은 무엇일까?
2. 영혼은 복제 가능할까?
3. 동물이 인간의 언어를 이해한다면 이 토론을 어떻게 봤을까?

양당제를 돕는
중도정치의 역설

박권일 · 이재훈 · 장혜영 · 정주식

한국 정치를 배회하는 '중도'라는 유령이 있다. 선거철마다 강력한 변수라며 주목받지만 누구도 정확한 실체를 알지 못한다는 것이 이 유령의 신비함이다. 모두가 중요하다고 생각하지만 아무도 모르는 것, 중도를 제대로 파악할 수 있다면 한국 정치를 이해하는 마스터키가 될지 모른다.

《경향신문》이 연초에 〈중도, 그들은 누구인가〉라는 8부작 기획기사를 연재했다. 《경향신문》은 다른 이념 집단에 비해 개방성이 높고 정치에서 타협의 중요성을 높게 보는 중도 집단의 유연한 태도가 '불통'이 지배하는 한국 사회에 변화의 단초가 될 수 있다는 기획 의도를 밝혔다. 《경향신문》의 설문조사에 따르면 자신을 진보라고 생각한 사람이 30퍼센트, 방관자 중도라고 답한 사람이 13퍼센트, 심판자 중도라고 답한 사람이 21퍼센트, 보수라고 답한 사람이 36퍼센트인 것으로 나타났다. 기사에서 가장 눈에 들어오는 부분은 정치 저관여층인 '방관자 중도'와 상대적 고관여층인 '심판자 중도'로 구분한 대목이다. 이중 심판자 중도는 실용주의적인 태도, 국민 통합 중시, 극단주의에 대한 반대, 양당정치에 대한 거부감, 이념보다 민생 중시 등의 특징을 보였다.

기사는 최근 양당에 대한 환멸로 인해 중도의 역할에 관심이 높아지고 있다며 시의성에 주목했지만 토론자들은 오히려 그동안 한국 정치사를 관통해온 중도정치의 역사성에 주목한다. 이들은 다시 중도정치가 소환되는 배경 역시 중도가 지닌 역사적·제도적 특성에 기인한다고 설명한다. 한국 정치구조 속에서 중도 집단이 갖는 의미에 대해서는 양당정치가 만들어낸 양념, 잔여 정도로 평가절하하기도 했다. 하지만 향후 한국 정치에서 자신을 중도로 규정하는 유권자들이 늘어날 것이라는 전망에는 모두가 동의했다.

토론은 다양한 개념을 빌려 한국의 중도정치를 해설하면서 한국 정치에서 중도의 범주는 어디까지인지, 자신을 중도라고 생각하는 사람들은 누구인지, 그들의 정치적 욕구는 무엇인지와 같은 중도 개념의 일반론적인 분석에서부터 중도정치 세력이 매력을 잃은 이유는 무엇인지, 양당체제와 중도정치 세력과의 관계는 어떻게 설정되는지, 중도표에 붙은 프리미엄은 어떤 의미인지와 같은 심층적인 논점까지 파내려 간다.

" "

이재훈: 1월 13일 '토론의 즐거움' 시작합니다. 《경향신문》에서 1월 1일
자부터 연재 중인 신년기획 시리즈물 〈중도, 그들은 누구인가〉
라는 제목의 기사가 있습니다. 정치적으로 진보·보수가 아니라
중간지대라고 얘기할 수 있는 '중도'로 자신을 규정하는 사람
들에 대한 분석입니다. 총 8회 차 연재 기획을 한다고 해요. 오
늘 토론하는 1월 13일까지는 총 4회 차 기사가 나온 상황입니
다. 오늘은 이 기사 내용을 참고 삼아 중도층에 대한 이야기를
한번 해보도록 하겠습니다.

　먼저 지금 이 시점에서 중도층을 분석해야 되는 이유를 어
떻게 보시나요? 그리고 《경향신문》의 주장에 대해서 어떻게
생각하시나요?

정주식: 이 시점에서 중도층을 들여다봐야 할 특별한 이유는 없다고 생
각합니다. 이렇게 거창한 기획이라면 내가 몰랐던 무엇인가 더
중요한 포인트가 있겠거니 기대하고 봤는데 4회 차까지 본 소
감은 그런 특별한 이유는 없는 것 같아요. 어느 때보다 기성 정
치에 대한 반감이 높아졌다든지 하는 식의 설명은 붙일 수 있
겠지만 그것 역시 식상하고요. 늘 해왔던 이야기이고 지금이
양당정치 심판에 대한 요구가 가장 높은 때도 아닌 것 같고요.
개인적으로 기획을 위한 기획이라고 생각합니다.

이재훈: 그렇군요. 다른 두 분은 어떻게 보셨어요?

박권일: 섹시하지 않게 느껴지는 이유가 상징적인 인물이 없기 때문이
기도 해요. 예전처럼 문국현이라든가 안철수라든가 어쨌든 돌

풍을 일으키는 핵이 되는 사람이 있었죠. 좋든 싫든 간에 말이 지요. 근데 지금의 중도에 대한 이야기에는 중심 인물이 별로 없잖아요. 물론 몇몇 인물들이 있죠. 있는데 사실은 그 사람들 이 안철수나 문국현 급의 그런 파괴력을 갖고 있다고 생각하는 사람은 아무도 없고, 그렇기 때문에 초점이 없는 상태에서 그 냥 물리적인 중도라는 공간에 대해서 얘기를 하니까 집중력이 생기지 않는 거죠.

정주식은《경향신문》의 중도 특집 기사가 작년에 왔던 각설이 같은 기획이라고 말하고 있다. 각설이의 본질은 해마다 돌아오는 구태의연함이다. 한국 정치에서 중도는 새로워서가 아니라 구태의연해서 흥미롭다.

장혜영: 정치인 입장에서 보자면 선거를 앞두고 유권자들에 대해서 분 석하는 기사는 기본적으로는 반갑습니다. 그래서 꼼꼼하게 읽 게 됐는데 뭔가 새로운 내용이 있느냐 하면 그 부분에 있어서 는 그런 것 같지는 않다는 느낌은 들었고요. 제가 그나마 눈여 겨봤었던 건 결국엔 유권자 분석에 가깝게 자기를 '심판자 중 도'라고 규정한 사람들이 상대적으로 소득이나 학력이나 자산 수준이 높게 나온 부분이었어요. 지금의 한국 정치, 특히나 양 당정치가 경제 정책 측면에서는 거의 차이가 없이 계속 불평등 을 가속화하고 고자산가와 고소득자들에게 이득이 되는 정치 를 편다는 점에서 이분들이 자기를 중도라고 규정한다는 게 저 는 되게 흥미로운 지점이라고 생각했어요. 제가 보기에 그게 가장 달라야 하는 부분이거든요. 만약에 자신이 중도이고 가장

크게 판단을 좌우해야 되는 영역이 있다면 경제 정책에 대한 부분이라고 보는데요. 왜냐하면 그게 한국 사회의 가장 근본적인 문제 중에 하나니까요. 근데 그거는 이분들이 별로 신경 쓰는 문제가 아니라는 게 새삼스럽게 마음이 차가워지는 부분이었어요.

이재훈: 저도 그 부분이 흥미로웠는데 방관자 중도에는 저소득층이나 저학력층이 상대적으로 많고 심판자 중도에는 고학력층과 고소득층이 많은 걸로 나타났잖아요. 과거에 권일 님이 '표준시민' 이야기를 하면서 수도권 중산층이 가지고 있는 정치적인 특징들을 규정한 적이 있거든요. 지금 보면 심판자 중도가 그들과 겹치는 부분이 있는 것 같은데, 어떻게 생각하시나요?

박권일: 확실히 그러네요. 겹쳐지는 부분이 많네요. '표준시민'은 제가 촛불집회를 보면서 떠올린 개념입니다. 촛불집회를 주도했던 시민들은 누굴까요? 저는 그들이 주로 수도권에 살고 있는 고학력에 정치에 관심이 있는 중산층 시민이라는 점에 주목합니다. 표준시민은 그런 특성에 착안한 명명입니다. 그게 가장 극명하게 드러났던 게 2008년 광우병 반대 촛불시위였죠. 다른 촛불시위는 전국적으로 다 일어났는데 그건 정말로 수도권에 거의 한정된 시위였거든요. 나라를 뒤흔들었던 사건이었지만 비서울 지역에서는 놀라울 정도로 잠잠했습니다. 서울 사람들은 당시 그랬는 줄도 잘 모르더라고요.

그 2008년 시위를 보면서 제가 확실하게 알게 된 것이 있습니다. 수도권에 살고 있는 시민들, 수도권에서 일어나는 사건이 여론에 미치는 영향이 엄청나게 크다는 점입니다. 그들의 목소리가 한국 정치나 사회에 굉장히 큰 영향력을 발휘하고 있는 것이죠. 과대 대표되고 있다고 해도 과언은 아닙니다. 지금 얘기되는 '행동하는 중도' 혹은 '고관심층 중도'들도 사실 이 집단과 상당히 겹치는 것 같아요. 이 사람들은 정치에 관심이 많다 보니까 양당제 문제들도 어느 정도 알고 있죠. 그래서 양당을 다 비판할 수 있는데, 그렇다고 해서 대안을 갖고 있지는 못한 경우가 많습니다. 그럼에도 사회에 대한 관심이 높기 때문에 계속해서 개입하려는 사람들이라는 점에서, 정치 고관심 중도, 심판자 중도는 제가 표준시민이라 불렀던 집단과 상당 부분 동질적이긴 합니다. 또 심판자 중도를 보면서 떠올렸던 건 영국의 저명한 좌파 지식인이자《뉴 레프트 리뷰》편집위원인 타리크 알리였어요. 그가 몇 년 전에 쓴 책이 있어요.《극단적 중도파》라는 제목입니다.

장혜영: 극중주의가 생각나네요.

박권일: 네, 다른 말로는 극중주의예요. 'the extreme center'의 번역이죠. 이 말은 사실 자체로 형용모순이죠. 중간에 있는데 또 극단이라고 하잖아요. 제가 김어준을 비판하듯이, 타리크 알리가 평생 비판해온 부류들이 있습니다. '제3의 길'을 주장했던 영국 노동당 총리 토니 블레어 그리고 버락 오바마 미국 대통령 같은 사람들입니다. 이들은 진보적인 척하지만 금융자본주의, 이른바 신자유주의를 누구보다 강하게 도입했고 노동계급, 민중의 삶을 그야말로 나락에 빠뜨렸죠. 이 사람들이 표방했던 것이 바로 '중도'였습니다. 자기들은 좌도 우도 아니고 사실은 가장 합리적인 방안을 택하는 정치를 하겠다고 말했지만, 실은

극단적으로 거대기업, 금융자본의 이익에 봉사하는 정치인이었습니다. 《경향신문》에서 분석하고 있는 심판자 중도, 행동하는 중도는 물론 타리크 알리의 개념과는 다르죠. 이들은 오바마나 블레어 같은 정치인이 아니라 유권자, 정치 소비자들이니까요. 다만 탈이념을 주장하면서도 사실은 자본의 이익에 복무하는 것이 지극히 정치적인 행위라는 자각이 없거나 모르는 척한다는 공통점이 있습니다.

박권일은 자신의 표준시민과 타리크 알리의 극중주의의 유사점 비교를 통해 '심판자 중도'의 윤곽을 드러내고자 한다. 어떤 개념을 빌려 설명해도 긍정적인 의미는 발견되지 않는다.

이재훈: 말씀하신 대로 중도층이 그래서 어떤 사람들이냐를 《경향신문》도 분석하고 있는데, 《경향신문》은 전체의 21퍼센트, 즉 1백 명 중에 21명 정도인 고관심 중도, 심판자 중도가 이번 총선에 큰 영향을 끼치지 않을까 예측하더라고요. 이렇게 정치적인 관심이 높으면서 중도층인 사람들에 대해 주식 님은 어떻게 생각하시나요?

정주식: MBTI 조사에 별 관심이 없는 MBTI 유형들이 있죠. 마찬가지로 이런 유형의 여론조사에서 안 잡히는 유형, 응답을 거부하는 사람들은 대개 심판자 중도 쪽일 것 같아요. 이 사람들을 다른 말로 해석하자면 '해석되기를 거부하는 사람들'이라고 할 수 있을 것 같아요. MBTI를 거부하는 사람들의 주장이 그런 틀로 나를 규정할 수 없다는 입장이죠. 마찬가지로 이런 식의 진

보·보수·중도 3분법에 대해서 거부하는 사람들이 심판자 중도 성향을 가진 사람 중에 더 있을 거라고 생각해요. 기사가 주목하는 것보다 그들이 갖는 정치적 의미는 더 클 수 있다고 생각합니다.

　기사에서 인상적이었던 대목은 심판자 중도의 특징으로 나타난 이념적 양가성에 대한 부분이었어요. 한 가지 이슈에 대해서 진보적이고 보수적인 양쪽 입장을 동시에 지니고 있는 사람들이라는 거죠. 그게 내적으로 충돌해서 입장이 없어지기도 하는 사람들. 예를 들면 안락사에 대해서 저는 입장이 없는데 찬성·반대, 진보·보수 양쪽 입장을 다 이해하고 다 공감하기 때문이거든요. 이런 생각을 가진 사람들은 여론조사에 대해서 굉장히 당혹스러워하고 거부감을 나타낼 가능성이 있어요. 또 예를 들면 모병제 같은 경우 저는 찬성하지만 반대 입장에도 공감하는 바가 있기 때문에, 그럼 나를 진보로 규정할 것이냐 보수로 규정할 것이냐 물었을 때 질문 자체에 대한 거부가 있거든요. 일도양단으로 나를 규정하려 드는 질문 자체가 너무 싫고, 그래서 정치에 관심이 많지만 정치를 혐오하는 듯한 답변으로 나올 수밖에 없는 조건인 것 같아요.

이재훈: 《경향신문》이 진보·보수 성향과 지지하는 정당을 분류하는 약간 게임 같은 설문조사를 제시했었잖아요. 그 설문조사의 질문들에 대해서는 어떻게 생각하시나요?

박권일: 질문이 너무 피상적이었죠. 별로 잘 설계되지 않은 문항들이라고 생각해요.

이재훈: 척도가 그렇잖아요. 전혀 동의 안 함, 별로 동의 안 함, 대체로

동의함, 매우 동의함, 잘 모르겠음, 다섯 개인데 몇 가지 질문 중에서는 이거 자체를 그냥 판단할 수 없는 질문들이 있었어요.

정주식: 옳음과 좋음을 구별하지 않는 질문들이 있었던 것 같아요. 제입장에서 보자면 동성 결혼을 허용해야 되느냐, 이런 질문이 있었는데 통념상으로 보수·진보를 굳이 나눌 수는 있겠지만 질문이 유도하는 건 '너 동성애 좋아해?'잖아요. 차별이라는 옳고 그름의 문제를 좋음과 싫음의 문제로 환원한 거죠. 이런 식이라면 누군가는 응답 중에 이탈할 거라는 생각을 했습니다.

이재훈: 저는 제일 고민했던 질문이 '모두를 위한 복지정책이 아니라 필요한 사람에게만 복지정책을 펴야 된다'는 질문이었는데요. 이게 보편적 복지와 선별적 복지를 묻는 질문인데, 사실 제도마다 좀 다르다고 저는 생각하거든요. 어떤 제도에 따라서는 보편 복지로 가야 될 게 있고 어떤 부분에서는 선별 복지로 가야 될 게 있어서 이걸 고민하다 보니 처음에는 선별 복지로 답했다가 이게 맞나 싶어서 나중에 보편 복지로 바꾸기도 했던 것 같아요. 이런 부분들을 보자면 주식 님 말씀하신 대로 질문이 원하는 프레임 자체에 대해서 거부감을 가진 사람들 같은 경우는 여기에 포섭되지 않았다거나 혹은 심판자 중도로 들어간다거나 했을 거예요. 그런 부분에서 이 기사가 분석하는 심판자 중도의 성격이 이 기사의 분석하고는 그렇게 일치하지 않을 수 있겠다는 생각도 들고요.

박권일: 저는 한국에서 심판자 중도란 대부분 정치 혐오로 정치를 하는 시민들이 아닐까 합니다. 정치에 대한 혐오가 너무나 강한데 막상 사회를 보면 뭔가 잘못된 것 같긴 하잖아요. 그런 것들 때

문에 행동에 나선 시민들, 그러나 본인은 한사코 정치를 하는 게 아니라고 말하는 시민들이 바로 촛불시민이었죠. 촛불시위 때 연단에 올라가서 노동계급을 얘기한다거나 아니면 소수자와 약자가 탄압받고 그에 맞서 싸운 이야기를 하면 촛불시민들이 거기에 뭐라고 했습니까? 프락치라고, 우리 시위의 순수성을 훼손하는 외부세력이라고 비난했지요. 그러면서 자신은 '순수한 일반 시민'임을 강조했죠.

제가 '표준시민의 순수성 강박'이라고 불렀던 그런 성향이 이른바 심판자 중도 집단에도 상당히 발견될 거라 추정합니다. 그것이 극명하게 드러났던 상징적 사건이 2016년 이화여대 미래라이프대학 반대 시위였습니다. 이후에 스타벅스 트럭 시위라든가 소위 말하는 제3노조들의 잇따른 결성, 전교조를 대체하겠다는 새로운 교원노조 등등이 사실은 유사한 성격을 품고 있습니다. 결국은 정치 혐오적인 정치를 하겠다는 거거든요. 우리는 불의에 맞서지만 그건 정치나 이념과는 죽어도 무관한 것이라는 강박증. 한국에서 중도를 지향하는 사람들 상당수가 이런 강박이 있어 보여요.

세 토론자의 불만을 종합하면 기존의 진보·중도·보수 3분법으로는 복잡다단해진 한국의 시민들을 더 이상 해석할 수 없다는 것이다. 이는 한국의 정치 설문 일반에 관한 비판이기도 하다.

이재훈: 저는 특히 심판자 중도 성향을 지닌 사람들이 중도를 생각했을 때 떠올릴 법한 표현에 대해 비슷한 생각을 했는데요. 앞서 말

쓸드렸듯이 '실용주의적인 태도' '국민 통합 중시' '극단주의에 대한 반대' '균형추 역할' '양당정치에 대한 거부감' '이념보다 민생 중시' 이런 표현에 대해서는 긍정적인 반응이 높았고, 반면 '기회주의적인 행동' '방관자적인 태도' 이런 표현에 대해서는 부정적인 반응을 보였는데, 진보나 보수, 방관자 중도에서는 심판자 중도와 반응이 달랐단 말이죠. 그러니까 심판자 중도는 중도를 매우 긍정적으로 보고 있다는 걸 알 수 있는데, 이 부분에 대해서는 어떻게 보시나요?

정주식: 배가 고파서 식당에 갔는데 메뉴판에 먹을 수 없는 것들만 있는 거예요. 저는 내장류를 못 먹는데 곱창, 순댓국만 메뉴판에 있어요. 그 식당에서 주문을 안 한다고 해서 제가 배가 안 고픈 건 아니거든요. 당장 메뉴판에 있는 걸 고르지 않았다고 배가 안 고픈 줄 아는 게 중도를 바라보는 일반적인 시선인 것 같아요. 그 사람들은 불만이 있겠죠. "나도 먹고 싶은 게 있고 배가 고픈데 메뉴가 이 따위인데 나보고 어떤 걸 선택하라는 거냐."

이재훈: 주식 님이 생각하시는 심판자 중도는 그러니까 진보/보수를 나누는 프레임 자체에 불만이 있는 분들이라는 말씀을 하시는 거죠? 그렇다면 그 사람들을 담을 수 있는 어떤 정치적 그릇이 필요하다고 보는 건가요?

정주식: 결국 제도의 문제죠. 선거 때마다 중도에 관심을 두고 얘기하게 되는 건 중도표에 붙은 프리미엄 때문이거든요. 그런데 사실 민주주의에서 한 표의 비중을 보면 중도표나 진보표나 보수표나 다 균등하단 말이에요. 가치나 의미면에서는요. 그런데 한국 정치 양당체제 안에서는 중도정치나 중도표 자체가 일정

한 프리미엄을 가질 수밖에 없는 구조인 거죠. 말할 때마다 입 아프지만 민심을 왜곡하지 않고 그대로 반영할 수 있는 선거제 개혁이 우선입니다. 제도가 이렇다 보니까 중도라는 사람들이 하나같이 심판병에 걸려 있어요. 정치인들도 똑같은 선수이고 유권자들도 똑같은 유권자 1일 뿐인데 마치 자기들이 심판자 지위에 있는 것처럼 굴어요. 그렇게 무가치한 프리미엄이 붙다 보니까 중도에 대한 과도한 기획과 고평가가 벌어지는 것 같아요.

장혜영: 저는 말씀을 듣다 보니까 설문조사의 질문 디자인에 대한 생각이 더 깊어졌어요. 예를 들면 보편적 복지나 선별적 복지에 대한 질문을 할 수도 있고, 보유세를 많이 내는 것이 좋은지 아니면 적게 내는 것이 더 국민 복리에 부합하는지 이렇게 물어볼 수도 있지만, 좀 더 구체적으로 대한민국 3퍼센트 부자들이 내는 보유세가 대한민국 20·30 청년들이 내는 1년치 평균 월세보다 더 적은 것이 과연 정의롭다고 생각하는지, 이런 질문이 중도를 가를 수 있고 자기 성향을 판단할 수 있잖아요. 왜 이런 질문을 디자인할 수 없는 거지? 그런 생각이 오히려 좀 더 들어요.

이재훈: 질문이 전반적으로 너무 포괄적이고 그래서 디테일하게 뭔가 그 사람의 정확한 의견을 물어볼 수는 없지 않았나 하는 생각도 드네요. 그런데 아마 그거는 질문의 접근성을 좀 쉽게 해서 참여도를 높이려고 한 의도도 좀 있지 않았나 싶습니다.

박권일: 좋은 설문 설계는 명확하면서도 함축적이어야 하고, 그 안에 의미 스펙트럼이 균형 있게 들어가 있어야 합니다. 그런데 이건 너무 지시적이에요. 첫 질문부터가 '너는 진보냐 보수냐'잖

아요. 나머지 것들도 너무 뻔한 얘기들인 거죠. 문항 자체도 너무 옛날에 설계된 느낌이고 직접적이다 보니까 과하게 중화된 답변이 많이 나왔을 것 같아요.

정주식: 이건 조금 다른 얘기인데요. 언론사에서 인터렉티브 콘텐츠를 만들 때 고려하는 중요도의 비중이 기술적인 부분에 쏠리는 경우가 많아요. 만약 일반 텍스트 콘텐츠였다면 우리가 요구하는 근사치에 가까운 좋은 문항들을 뽑을 수 있었을 텐데요. 인터렉티브 콘텐츠를 만든다 그러면 그냥 애들 대상으로 장난감 같은 거 만든다고 생각하고……

이재훈: 약간 게임 형태로.

정주식: 예. 형식에 치중하는 측면이 있어요. 《경향신문》에 좋은 기자들이 얼마나 많은데 역량이 없어서 이런 문항을 뽑았겠어요. 인터렉티브 기사에 대한 일종의 환상이나 편견이 가미된 게 아닌가 싶어요. 디자인 같은 시각적인 부분이 내용보다 중요하다고 여기는 거죠.

장혜영: 결과적으로 '무엇이 궁금해서 이걸 했지?'라는 게 약간 불분명하게 만들어진 기획이 아닌가 생각이 들었어요. 중도라는 게 있다고 일단은 가정을 하고, 그걸 어떻게 포지셔닝할 건지에 대한 질문들을 최대한 사람들이 알고 있는 단어 수준에서 구사를 하다 보니까 사실 진짜로 그 기획의 질을 결정하는 디테일들이 불분명해진 상태로의 설문이 짜인 듯해요. 그러다 보니까 '이런 얘기는 예전에도 있었던 거 아닌가?'라는 정도의 결과물이 나왔던 것 같고요. 그런데 저는 언론사가 하는 되게 중요한 기능 중에 아젠다 세팅을 하는 기능이 있잖아요. 사람들이

정치 갈등 자체를 문제라고 얘기하는 것에 저는 별로 동의하지 않아요. 싸워야 되는 건 싸워야 되는데, 중요한 건 전선이 뭐냐가 되게 정확하고 생산적이어야 한다는 점이죠. 2024년에 진보랑 중도를 가르는 질문이라고 한다면 그 이슈가 무엇인지에 대해서 좀 더 뾰족하게 얘기할 수도 있지 않았을까 싶어요.

2024년에 중도와 진보는 어떻게 구분되는가? 단순해 보이는 장혜영의 질문은 진보정치의 가장 무거운 고민을 암시하고 있다. 중도가 두터워질수록 진보는 왜 협소해지는가?

이재훈 : 《경향신문》이 중도를 호명한 이유 중에 결정적인 건 결국은 중도를 잡아야 선거에서 이길 수 있다는 현실적 이유 때문 아닐까 싶습니다. 이런 기획 의도는 어떻게 보시나요? '중도층을 잡아야 선거에서 이길 수 있다'라고 하는 시선들, 이것도 어떻게 보면 철저하게 양당제 중심의 생각일 텐데요. 국민의힘은 더 왼쪽으로 가서 중도층 시민들에게 어필하는 얘기를 해야지만 선거에서 이길 수 있고, 민주당도 지금보다 더 오른쪽으로 가서 중도층을 포섭해야지만 선거에서 이길 수 있다고 하는 시선. 물론 이게 지금의 소선거구제 승자 독식 구조에서는 일견 일리가 있지만요. 다만 이 구조와 이 견해에 대해서 어떻게 생각하시는지도 좀 듣고 싶은데요.

정주식 : 여기서 '일리 있음'이라는 것 자체가 공학적 일리 있음이죠. 숫자 계산상의 일리 있음. 그러니까 그 이야기는 중도에 대한 관심 자체가 철저하게 공학적일 수밖에 없다는 것이고, 그렇기 때문에 이런 식의 '일리 있는 이야기들'이 오히려 제3지대 정치

를 위축시키는 요소라고 생각해요. 한국의 중도정치라는 건 양당제에 뿌리는 양념 같은 거죠. 양당제 판을 엎을 생각은 없고 오히려 양당제를 더 맛있게 하는 양념 같은 거예요. 한국에 나타났던 중도정치의 영향이라고 하는 건 선거 때 잠깐 양당을 긴장시키는 정도의 역할이죠. 그건 결국 양당을 더 공고하게 하는 기능인 거예요. 선거 때마다 돌아오는 중도에 대한 관심은 양당제를 더 공고하게 만드는 데 일조하는 것이지 양당제를 흔든다거나 이걸 개선시키는 데는 전혀 효과가 없었고 앞으로도 기대하기 힘들다는 회의론을 갖고 있습니다.

이재훈: 네. 권일 님은 어떻게 좀 보시나요?

박권일: 주식 님이 양념이라는 표현을 썼는데 저는 잔여 같은 느낌도 있어요. 양당이 싸우는 과정에서 생겨난 부산물 같은? 아까 제가 말씀드렸듯이 사람들이 원하는 정치적 변화라는 것이 어떤 성격인지, 우리 시대 중도가 과연 무엇인지 알기 위해서는 저런 피상적인 질문 문항들로는 크게 부족합니다. 보편 복지냐 선별 복지냐 같은 것들, 너무 규격화되어 그 답변이 어떤 성향으로 규정되는지가 정해진 질문들이잖아요.

이재훈: 정치 교과서에 나올 법한 얘기들이죠.

박권일: 맞아요. 정치학 교과서나 설문조사 교과서에 나올 것 같은 질문들을 통해서 지금 시대의 중도가 어떤 의미인지를 볼 수 있다? 납작한 질문을 던지면 납작한 답변만 나오기 마련입니다.

이재훈: 그렇다고 본다면 '토즐' 멤버들은 지금까지 우리가 계속 문제라고 얘기해왔던 극단적인 갈등이나 대립의 정치 이런 부분에서 중도가 갈등과 대립을 완화시키는 역할을 할 수 있다는 기

대는 없다고 보면 될까요?

정주식: 기능적인 의미는 부여할 수 있겠죠. 이렇게 설계된 제도 아래 중도표에 프리미엄이 붙는 건 구조상 기능적으로 어쩔 수 없는 상황인데 이 상황을 긍정하느냐는 얘기랑은 또 별개인 것이고요. 수학적으로는 이 사람들의 표가 약간 가중치가 있다는 거는 인정할 수밖에 없는 사실이고, 정당들이 선거 때마다 관심을 둘 수밖에 없는 것 또한 사실이죠. 그런 현실 자체가 불만스럽다는 생각이에요.

이재훈: 제 질문도 그건데요. 아주 극히 현실적이고 공학적인 이유에서 중도가 할 수 있는 역할이 있겠지만, 이런 역할을 한다고 해서 지금 우리가 비판점으로 삼고 있는 양당정치의 극한적인 대결이나 대립 정치를 중도가 완화할 수 있다고 기대를 가지는 거는 또 무리가 아닐까라는 생각이 들거든요.

정주식: 현실에 등장했던 중도정치의 예를 들자면 2016년 총선에서 국민의당이 성공했을 때 당시 호남 사람들의 몰표를 받았죠. 그때 그 사람들이 무슨 기대를 갖고 국민의당을 찍었냐면 '민주당 놈들 정신 차려야 돼' 딱 여기까지였어요. 국민의당이 국회에 진입해서 한국 정치의 판을 갈아엎는다거나 양당제를 무너뜨린다거나 이런 게 아니고 그냥 이번에 딱 한 번 저쪽을 찍어줘서 민주당이 정신 차리고 다시 우리한테 잘해주게 만들겠다, 정도의 기대였던 거죠. 이번 선거에서도 그 이상의 의미를 갖기는 어렵다는 생각입니다.

중도표에 붙은 프리미엄이 반민주적이라는 지적, 양당정치에 일조하는 중도정치의 역설은 기존의 중도 담론에서 보지 못했던 해석이다. 그러나 해법은 역시 선거제 개혁이라는 진보의 모범 답안으로 이어진다.

이재훈: 주식 님과 권일 님 말씀은 양념이나 잔여같이 중도층이 양당제를 깨거나 혹은 제대로 된 정치를 만들거나 이런 역할을 하기보다는 오히려 양당제를 강화하는 데 명분이 되는 역할을 하는 경우가 더 많다고 보는 것 같은데요. 말씀하신 대로 이번 설문에도 그런 내용이 담겨 있더라고요. 앞서 말씀드린 대로 양당 동시 심판론이 26퍼센트밖에 안 나왔다는 거죠. 2016년 총선에서 43.5퍼센트가 나왔던 것과 비교해보면 지금 상황을 양당의 대결 정치에 대한 비판이 극에 달한 상황이라고 볼 수 있을까, 의문이 들기도 합니다.

　우리가 중도를 분석하는 것에 대해서 조금 부정적으로 보고 또 이들의 역할이 양당정치나 대결 정치를 해결하거나 극복하는 데 크게 도움이 안 되는 상황임에도 불구하고 스스로 중도라고 생각하는 시민은 계속 증가하는 추세라고 《경향신문》은 주장하고 있습니다. 사실 《경향신문》만이 아니라 중도라는 정치적 공간에 대한 관심은 선거 때마다 계속 있어왔어요. 그런데 이렇게 중도가 계속 거론되고 있음에도 불구하고 중도가 한 번도 주류가 된 적은 또 없잖아요. 중도가 진보와 보수의 구도를 계속해서 치받았다가 끝나고 치받았다가 끝나는 그런 반복되는 구조가 있는데, 이런 구조는 왜 생기는 건지 이 얘기를 해봐야 될 것 같은데요.

박권일: 예전에 고 노회찬 의원이 불판론 얘기했었잖아요. 불판을 바꿔야 된다고. 근데 지금까지 중도의 역할은 불판을 바꾼다기보다는 불판을 이렇게 뒤집고 저렇게 뒤집고 불판의 앞뒤를 계속해서 바꾸는 역할에 가까웠다고 봅니다. 그것도 최대치의 영향을 발휘했다는 가정하에서요. 근데 불판은 똑같았죠. 이렇게 뒤집어서 굽는 거나 저렇게 뒤집어서 굽는 거나 구워지는 면만 다르지 사실 큰 변화는 없죠. 불판 자체는 수십 년째 똑같은 거예요. 안철수도 그렇고 문국현도 그렇고. 양당제에 자극은 줬는데 사실 아무것도 변화시키지 못한 채 사라져갔죠.

  그러면 왜 사람들이 계속해서 중도를 호명하느냐? 양당제가 혐오스럽기 때문이죠. 그런데 혐오스럽다면 그것을 바꾸기 위해서는 양당제가 아닌 제3의 대안적인 정치를 얘기해야 되고, 그 대안적인 정치라는 것은 양자의 중간지대에 머물거나 양자를 반대하는 것만으로는 안 되죠. 목표가 따로 있어야죠. 나름의 목표와 가치가 있어야 되고, 그 가치를 향해 가는 로드맵이 있어야 되고, 그리고 조직이 있어야 되겠죠. 과거에 그런 일을 진지하게 하려 했던 사람들이 바로 진보정당이었는데, 망했죠. 그래서 똑같은 일들이 반복된다고 생각해요. 지금 나오고 있는 금태섭 씨라든가 이런 사람들도 사실은 그 수준이에요. 다 문국현과 안철수 수준, 심지어 그보다도 못한 얘기들을 하고 있단 말이죠. 정말로 불판을 바꿀 수 있는 대안이라는 건 사실 평범한 사람들이 듣기에는 혁명적인 얘기일 수밖에 없어요. 지금 출산율이 0.7퍼센트 아래로 돌파하기 직전인데 이거를 바꾸려면 사실 한국 사회를 완전히 뒤집어엎지 않고서는 안

바뀌거든요. 지금 우리나라 불평등 지수는 그야말로 끔찍한 수
준입니다. 지난 30년 동안 일어났던 불평등 추세를 바꾸기 위
해서는 사회를 천지개벽하는 수준으로 바꿔야 되는데 그것을
하려면 엄청난 에너지가 필요하거든요. 지금 중도를 표방하는
사람들 중 누가 그런 얘길 하나요. 지금 중도는 불판을 이쪽으
로 뒤집을 것인가 저쪽으로 뒤집을 것인가를 결정하는 정도밖
에 안 되는 처참한 수준인 거예요. 결코 문제가 개선되지 않는,
절대로 구조가 바뀌지 않는 중도.

정주식: 만약 이 사람들이 바꾸려고 하는데 안 바뀌는 거라면 저는 응
원을 하겠어요. 그들은 바꾸려고 하지 않는 사람들이에요. 제
3지대 정치를 한다는 사람들은 대개 양당에 대해서 불만이 있
거나 그 불만을 이용하려고 하는 사람들인 거지 양당체제 자체
에는 아무 불만이 없어요. 양당이 정신 차리면 된다는 거예요.
지난번 제3지대 토론 때 말씀드렸듯이 제1지대와 제2지대의
파생 정당들이 나와서 잠깐잠깐 경쟁하는 거지 제3지대라고
엄밀하게 부를 만한 세력이 존재하는가는 개인적으로 의문이
있고요. 양당에 대한 불만을 얘기하라고 그러면 다들 필리버스
터급으로 얘기할 거예요. 그런데 그 문제를 잉태하는 양당체제
에 대해서는 별 의견이 없는 사람들이 양당체제에 변혁을 줄
수 없는 거죠. '양당에 잠깐 영향을 미치겠다' 혹은 '양당체제의
틈바구니 안에서 정치적 이득을 잠깐 취하겠다' 정도의 목적을
가진 사람들이 중도정치라는 걸 하고 있기 때문에 이 체제 자
체의 문제는 해결할 수가 없는 거죠.

정주식은 정치 문화로서의 양당제와 제도로서의 양당체제를 구분해 말하고 있다. 현실 정치에서는 대개 이 구분이 뭉개진 채 논의된다.

이재훈 : 제가 질문 드리고 싶은 거는 결이 조금 다른데요. 방금 말씀하신 거는 제3지대 정치를 주장하고 나선 정치인들의 얘기잖아요. 근데 우리가 지금 얘기하고 있는 사람들은 본인을 중도라고 생각하는 일반 유권자들의 이야기인데요. 이 유권자들의 여론조사를 봤을 때는 제3지대 정치에 대해서 별로 신뢰하지 않으니까 이들을 별로 지지하지 않는 걸로 나오고 있거든요. 그럼에도 불구하고 본인들은 중도층이라고 스스로를 규정하고 있는 거죠. 그럼에도 그들이 원하는 정치는 권일 님 말씀하신 대로 불판을 완전히 바꾸는 것까지는 아니라고 할 수 있을 것 같고요. "우리는 양당정치가 싫지만, 그렇다고 해서 양당정치로 다시 돌아갈 것처럼 보이는 지금의 제3지대 정치인들을 지지하고 싶지도 않다"고 하는 것 같거든요.

정주식 : 제 생각에는 유권자들의 정치적 기대도 정치가들 수준하고 크게 다르지 않은 것 같아요. 2016년에 호남 유권자들처럼 내가 원래 지지했던 정당이 좀 더 내 편에 서줬으면 좋겠다는 기대로 일탈적인 투표를 하는 것이죠. 항상 제3지대론이 나오면 회초리라는 단어가 정치권에서 등장한단 말이에요. 주로 집권 여당 쪽에 그런 일이 일어나는데 실제로 선거 때 전국에 트럭 타고 다니면서 회초리 투어를 했던 당대표도 있었어요. 이런 식으로 '양당 정신 차리기 미션' 정도를 유권자들도 기대하는 것 같아요. 실제로 정치 개혁·선거 개혁에 대한 여론조사를 해보

면 항상 전면적인 정치 개혁에 대해서 찬성하는 여론이 높았던 적은 별로 없거든요. 한 번도 없었어요. 정치 집단과 유권자들이 기대하는 수준은 그렇게 차이가 없는 것 같아요.

이재문: 그러면 여기서 또 진보정당을 위해서 이 질문을 드릴 수밖에 없는데요. 제3지대라고 하는 공간이 지금 계속 얘기되고 있고 제3지대의 핵심은 어쨌든 중도를 파고들어 가는 거잖아요. 그런데 우리가 얘기하는 제3지대라는 곳에는 중도만 있는 게 아닐 수도 있잖아요. 권일 님이 얘기하시는 것처럼 체제 자체를 완전히 바꿔주기를 원하는 진보나 개혁을 원하는 사람들이 어느 정도 포지셔닝하고 있는 것 같거든요. 그렇다면 정의당 같은 진보정당들은 중도가 아닌 제3지대를 어디까지 살펴보고 정치를 해야 할지 고민될 것 같아요. 이런 부분에 대해서는 혜영 님 어떻게 보시나요?

장혜영: 참 그게 어려운 질문인데 저는 질문의 순서에 따라서 되게 결론이 달라진다는 생각을 많이 해요. 권력을 잡는 거는 되게 중요한 목표이고 세상을 바꾸는 것도 되게 중요한 목표인데, 일단 권력을 잡고 그다음에 세상을 바꾸자라는 순서이기 때문에 아무것도 안 되고 있다는 생각이 들고요. 세상을 어떻게 바꿀 것인지에 대한 의지가 있고 그 수단으로써 권력을 잡자는 순서가 되면 저는 진보정당의 토대가 될 수 있다고 생각하죠.

　　구체적으로 생각하면 이런 거죠. 지난 대선에서 팔을 자르는 심정으로 심상정을 안 찍고 이재명을 찍었던 사람들을 중도라고 우리가 불러야 되나? 마포 지역에서 당연히 정청래가 될 거라고 생각하지만 그럼에도 불구하고 약자의 목소리를 국회에 전달할 사람이 필요하니까 장혜영을 지지해주자, 사표가 될 거라는 걸 알면서도. 이 사람은 그럼 중도인가? 이처럼 구체적인 사람들을 생각해봤을 때, 곧 죽어도 민주당을 지지하거나 곧 죽어도 국민의힘을 지지하는 그 당과의 일체감이 굉장히 강한 사람들 이외의 사람들이 있어요. 그런 제3의 길? 단어가 뭐가 있을까요? 중도라는 단어를 오늘 쓴다면 중도라고 표현할 수도 있을 것 같은데, 어떻게 사회를 바꿀 것인지에 대한 정당의 명확한 방향성 속에서 그 중도와 관계 맺고 소통해나가는 게 중요하겠죠. 그 포션이 다 우리 거라고 생각하는 순간 당이 되게 길을 잃는 것 같아요.

예를 들면 지난 4년 동안 정의당 당원들 생각의 방향이, 어떤 분은 '우리는 여전히 소금이자 등대로서 좌파의 가장 선명한 주장을 하는 것이 미션이야'라고 생각해요. 근데 또 굉장히 많은 분들은 '우리는 민주당의 견인차 역할을 해야 된다'라고 생각하는 거죠. 이분들은 정의당의 명운이 오가는 절체절명의 순간에 뭔가 전혀 다른 얘기들을 하거든요. 그리고 당 내에서의 알력 때문에 결국에는 지금처럼 선거를 앞둔 시기에 당의 기둥뿌리 하나 안 남아 있는 상황이 되어버렸어요. 그런 문제를 마주했을 때 그래서 우리의 지지자가 누군가? 그러니까 '우리가 어떤 세상을 만들고자 하는가'와 '우리가 대변하는 사람들이 누구인가'를 일치시키는 노력이 저는 중도를 논의하는 데 있어서, 정치를 하는 사람의 입장에서는 가장 중요한 전제가 아닌가 싶어요.

이재훈: 중도 안에도 진보를 원하는 분들이 일부 있을 거고, 또 진보층

안에도 민주당으로는 만족하지 못하는 분들이 있을 건데요. 말씀하신 대로 진보정당이 나아갈 지향점이 무엇인지가 정의당 내에서도 되게 혼란이 있었고 그 혼란 때문에 지난 몇 년 동안 선명한 지향을 시민들에게 설득할 수 없었던 것 같거든요.

장혜영: 우리가 누군지를 설명 못 한 상태였으니까요.

박권일: 설명하지 않았나요? '우리가 조국이다.'

멤버들: ㅋㅋㅋㅋㅋㅋ

이재훈: 너무 하신 거 아닙니까?

조국 사태 당시 정의당이 데스 노트에서 조국 전 장관을 삭제한 사건이 정의당을 향한 조롱의 밈으로 사용되고 있다.

장혜영: 빨리 말을 돌려야지……. 어제 《한겨레》에서 굉장히 좋은 기사가 났던데, 오스트리아의 화학기업 바스프 상속자가 서른한 살의 여성인데 이분이 한국 돈으로 360억 정도를 할머니한테 상속받았는데 그것의 거의 대부분을 사회에 환원하겠다고 내놓고 시민들 1만 명을 무작위로 추첨해가지고 어떻게 사용할지를 논의하는 프로젝트를 했대요. 그러면서 정부에 일침을 놨던 거죠. "이 돈은 내가 그 집안 사람이라는 이유만으로 내 손에 떨어졌는데, 정부는 이런 일이 일어나지 않도록 하는 게 역할인데 니들이 일을 제대로 하지 않았기 때문에 내가 이런 짓을 해야 되잖아." 나중에 알게 됐는데 그분은 오픈리 퀴어openly queer라고 하더라고요. 그래서 정말 아름다운 언행을 보여주셨는데, 예를 들면 저는 그런 분들은 중도이면서 진보일 수 있겠다고

생각하죠. 사실 '중도이면서'라는 말이 필요 없을 수도 있을 것 같아요. 결국은 사회가 어디로 가야 하는가에 대한 굉장히 명확한 방향성을 가지고 있는 사람이니까. 그 사람이 가지고 있는 자산이나 소득이 그 사람의 정치적 성향이 되는 게 아니라 사회 정의에 대한 감각과 가치관 이런 것들이 작용한 결과 그런 모습이 나올 수 있는 거니까. 그런 가치관을 가지도록 돕는 게 정당의 역할인 것 같고……. 열심히 하겠습니다.

이재훈: 말씀하신 그런 분 같은 사례가 아까 주식 님이 비판하셨던 것처럼 진보·보수·중도의 틀에 잡히지 않는 분이겠죠. 시스템 자체를 바꿔야 한다고 주장하는 분이니 기존의 정치 성향 분류로는 잡히지 않는 사람들이라는 얘기입니다. 저는 이런 분들이 지금의 정치 성향 분류에서 '진보'로 잡히길 원하지 않아요. 그 '진보'에 민주당도 포함되어 있기 때문이에요. 한국 사회에서는 민주당을 진보로 보지 않는 사람들도 있을 텐데, 그러면 이들은 자신의 정치 성향을 뭐로 표현할 수 있을까요? 제3지대라고 얘기하면 당연히 중도층이니까 양당에서 떨어져나온 세력이라고 할 게 아니라 진보적 제3지대도 존재한다, 그 진보적 제3지대를 견인하는 제대로 된 정당이 지금껏 없었기 때문에 이들이 정치를 방관하고 있는 건 아닌가, 이런 생각도 좀 들어요. 그렇다고 한다면 제3지대의 존재 의미가 무엇인가를 다시 한번 물어봐야 되지 않나, 이런 생각도 좀 듭니다.

박권일: 궁금한 건 그런 거죠. 아까 말씀하셨던 심판자 중도 중에서 절반 정도가 기존에 중도를 표방하는 세력을 지지하지 않는다고 얘기했잖아요. 그럼 누구를 지지하느냐? 이 사람들이 정의당

을 지지하는지 아니면 다른 곳을 지지하는지 그런 부분들에 대한 내용은 안 나온 것 같아요. 이번 《경향신문》 기획기사가 나중에 FGI(초점집단인터뷰)라든가 이런 것들이 들어가서 사람들의 얘기를 깊게 들을 수 있을지는 모르겠습니다마는, 제가 궁금한 건 그거예요. 이를테면 정치적인 활동도 활발하게 하는 교육받은 시민들은 어떠한 가치를 지향하고 있는가? 기존의 진보정당이나 대안세력을 지지하지 않는다면 구체적 이유는 무엇인가? 중도 기획이 의미가 있으려면 그런 것들이 제대로 조사돼야 한다고 생각해요.

과거에 한때 민주노동당이 잘나갔을 때는 민주노동당이라는 포스트가 있어서 그걸 중심으로 사람들이 정치적 의제에 대해 생각했던 것 같아요. 지금은 그런 것조차 없는 거죠. 그래서 모든 것이 양당제를 중심으로만 프레이밍framing이 되니까 모든 의제가 찬반토론처럼 됩니다. 갑자기 남규 님이 생각나네요. 남규 님의 책 《지금은 없는 시민》 말이에요. 제목 말마따나 우리가 '지금은 없는 시민'을 만들어야 진보정치가 가능한 게 아닌가 하는 생각을 해봅니다. 과거에는 운동권의 관성이든 뭐든 간에 지금 체제가 아닌 다른 체제를 상상하려고 했던 사람들, 그리고 약할지라도 그래도 다른 이야기를 했던 민주노동당이라는 정치적 공간이 존재했습니다. 지금은 아무것도 없어요. 글자 그대로 폐허인 상태예요. 양당제 중간에 물리적인 중간지대 말고는 어떤 대안도 생각하기 힘든 상황인 거죠. 대안이란 건 하늘에서 뚝 떨어지지 않습니다. 메시아는 없어요. 우리가 메시아가 되어야 합니다. 지금 없는 시민들을 우리가 만들어나가야 합니다. 우리가 그 시민이 될 수밖에 없습니다.

박권일은 존재하지도 않는 공간에서 시민을 규합하려고 할 것이 아니라, '지금은 없는 시민'을 발명해야 한다고 주장하고 있다. 닭이 먼저냐 달걀이 먼저냐. 시민이 먼저냐 정당이 먼저냐. 진보정치의 오랜 딜레마다.

이재훈 : 그러면 마지막으로 중도로 분류된 사람들이 정치적인 의미가 있을까, 꼭 선거에 이기고 말고 이걸 떠나서 지속 가능한 정치를 하는 세력으로 계속 존재할 수 있을까에 대해서 한번 말씀을 나눠보고 얘기를 마무리했으면 좋겠는데요.

장혜영 : 저는 중도라고 자기를 표방하는 사람들은 점점 더 늘어나지 않을까 생각합니다. 분류 자체는 유효할 것이다. 왜냐하면 점점 더 "나 양당 지지자야"라고 얘기하기 힘들어질 것이기 때문에 그렇다. 하지만 그것은 양당 지지자라고 밝혔을 때 돌아오는 사회적인 부끄러움으로부터 자기를 지키기 위한 방패에 불과하다. 실제로 능동적으로 자신의 한 표를 통해서 사회를 바꿔나가는 사람으로서의 정체성이 되기에는 그 자체로는 부족하다. 결국에 저는 진보정치인이니까 진보정치를 해나가고자 하는 정치인들과 뭔가 정치가 달라지기를 바라는 사람들 사이에 좀 더 창의적인 줄탁동시가 필요한 것 같아요. 그걸 만들기 위해서 노력해야 되는 각자의 몫이 있는데, 불을 댕기는 건 정치인들의 몫이니까……, 제가 잘하겠습니다.

정주식 : 점점 분류할 수 없는 사람들이 많이 분류되고 있다는 건 기존 틀로 유권자들을 해석할 수 없어진다는 이야기죠. 정치가 물어

野 할 질문은 '중도를 어떻게 할 것이냐'가 아니라고 생각해요.

야 할 질문은 '중도를 어떻게 할 것이냐'가 아니라고 생각해요. 정치는 이런 사람들이 늘어나게 만들면 안 될 책임이 있는 거죠. 정치가 먼저 의견을 제시하고 시민들이 그 의견에 따라갈 수 있도록 해줘야 되는데 정치가 그걸 못하고 있는 거예요. 마치 중도라고 하면 의견이 없는 사람들처럼 보이지만, 이번 기사를 통해서 확인된 건, 이 사람들은 언제든 의견을 낼 준비가 돼 있다는 거죠. 그런 길을 먼저 제시해주는 당이 없기 때문에 정치적 욕구가 피력되지 않을 뿐인 이런 사람들을 최소화하는 데 정치가 역할을 해야 되지 않나라는 생각입니다.

박권일: 저도 중도에 대한 이야기든 중도 계층이든 열망 자체는 앞으로 점점 커질 거라고는 생각이 들어요. 양당제에 대한 염증이나 혐오는 늘어나는 반면에 대안은 없기 때문입니다. 하지만 아까도 반복해서 말씀드렸듯이 이 행동하는 중도 혹은 심판자 중도의 기본적인 성향 자체의 핵심은 반정치주의이고 정치 혐오이기 때문에 그것을 통해서 할 수 있는 것들은 명확한 한계가 있죠. 그 한계가 바로 촛불의 한계였어요. 그렇게 수백만의 사람들이 참여한 어마어마한 저항이 결국 어떻게 귀결되었는가? 문재인 정권 하나 만들고 땡이었죠. 그 문재인 정권이 저질렀던 온갖 퇴행과 과오를 생각해보면 중도의 한계도 명확히 알 수 있다고 봅니다. 그런 면에서 저는 중도가 가지는 정치적 의미에 대해서 깊은 사회적인 탐구가 필요하다고 봅니다. 지금 《경향신문》에서 하는 기획이 의미 없다는 건 아니지만, 더 진전된 형태의 연구와 담론들이 나와야 한다고 생각합니다.

촛불의 뜨거움이 꺼진 자리에 중도의 냉담함이 들어섰다는 박권일의 분석은 좀처럼 달아오르지 않는 '2차 탄핵' 정국에 대한 설명이기도 하다.

이재훈: 저도 종합적으로 상황을 돌아보니, 4월 총선을 앞두고 정치공학적인 의미를 부여하면서 이 기획기사를 썼다는 것에 대해서 그 현실적인 이유를 외면하는 건 아닌데요. 사실 그런 현실적인 필요성만 얘기할 게 아니라 아까 말씀하신 '지금은 없는 시민들'에 대한 이야기, 그러니까 뭔가 정치적 에너지를 분명히 가지고 있는데 한국의 정치체제가 포섭하지 못하는 그런 사람들에 대한 이야기를 하면 어떨까 하는 생각도 듭니다. 아울러서 심판자 중도라고 하는 사람들을 아무리 생각해봐도 시류에 편승하는 성향을 보이거나 정치적으로 기회주의적인 성향을 보인다는 걸 부인할 수 없다 싶어요. 사람들이 '중도'가 아니라 더 급진적인 영역에서 문제 제기를 할 수 있어야 정치체제도 변할 수 있는 것 아닐까 싶습니다. 그렇지 않고 현재의 정치체제에 만족한 상태에서 중도로 자신을 얘기하는 사람들이 존재하는 한 이 사회는 되레 양당체제가 공고하게 유지될 수밖에 없지 않을까 싶어요.

　저는 결국은 보이지 않는 제3지대에 있는 사람들, 그러니까 한국 사회가 근본적으로 바뀌어야 한다고 열망하는 사람들, 하지만 그런 정치적인 견해를 표방할 수 있거나 대리할 수 있는 매개를 만나지 못한 사람들이 분명히 한국 사회에 있고, 이 사람들이 더 드러날 수 있는 정치세력화, 이런 것들이 필요하다 생각이 듭니다. 그러지 않은 이상은 선거 때마다 공학적으로 누가 이기고 누가 지고 거기에 어떤 세력이 어떤 역할을 하고 이런 얘기밖에 할 수 없고, 근본적으로 아무것도 바뀌지 않은 상황에서 비슷한 세력끼리 권력만 교체되는 상황이 이어지지 않나, 이런 생각들을 하게 되더라고요. 오늘 토론 여기까지 하겠습니다. 고생 많으셨습니다.

중도라는 단어는 사용 빈도에 비해 해상도가 매우 낮은 말이다. 그런 면에서 《경향신문》의 기획은 적절하고 의미 있는 시도이다. 하지만 토론자들은 이 기획에 대해 대체로 부정적인 의견을 냈다. 가장 문제가 됐던 건 설문 문항이었다. 기존의 진보/중도/보수라는 3분법으로는 더 이상 한국의 다양한 시민들을 설명할 수 없다는 것이다. 하지만 새로운 개념의 설명 역시 기존의 언어에 의존할 수밖에 없다는 점에서 《경향신문》의 고충을 이해할 여지가 있다. 기존 물리학의 언어로 양자역학을 설명해야 했던 과학자들의 곤란함이 이와 비슷하지 않았을까.

박권일은 심판자 중도의 핵심 성향은 반정치주의와 정치 혐오라고 규정한다. 정주식은 중도표에 붙은 무가치한 프리미엄 때문에 중도에 대한 과장된 착시가 생겨난다고 비판한다. 이들의 지적대로라면 한국의 중도정치는 그 자체로 문제가 된다. 하지만 토론자들은 중도정치의 성격을 부정적으로 바라보면서도 한국 정치에서 그들의 비중이 점차 커질 것이라는 데 의견을 같이했다. 장혜영은 양당정치가 부끄러운 샤이 보수/샤이 민주 지지자들이 점차 중도라는 우산 아래 모일 것이라고 예측한다. 하지만 이재훈은 현재의 정치체제에 만족하는 중도가 존재하는 한 양당체제는 더 공고하게 유지될 거라고 말한다. 선거철마다 요란하게 등장하는 제3지대 담론의 무상함을 보여준다는 점에서 이 토론은 의미가 있다. 그러나 이 토론은 기존에 등장했던 중도정치 비판에 치중하면서 바람직한 중도정치 모델을 제시하는 데는 실패했다.

토론 후반부로 넘어오면서 중도라는 주제에서 벗어나 진보정치의 미래라는 화두로 흘러간다. 토론자들은 중도정치의 규명이라는 본주제보다는 진보정치의 앞날에 관해 말할 때 더 진심인 것처럼 보인다. 이들 모두가 진보정치의 자장 안에 있는 사람들이라는 데서 비롯된 한계라 하겠다.

토론이 끝나고 남는 질문들

1. 정치를 혐오하지 않는 중도정치는 불가능할까?
2. 양당의 문제와 양당체제의 문제는 무엇이 다를까?
3. 한국에서 중도정치의 집권 조건은 무엇일까?

정치인 향한
테러가
끊이지 않는 이유

강남규 · 박권일 · 이재훈 · 정주식

2014년 극단주의 무장단체 '이슬람국가IS'는 세계 곳곳의 소외계층 젊은이들을 선동해 자생적 테러를 일으켰다. 이른바 '외로운 늑대'들의 테러였다. 일면식도 없는 사람들을 잔혹하게 살해한 범인들이 조용히 방구석에 은둔하던 외톨이들이었다는 사실은 세계인을 충격에 빠뜨렸다.

2014년 1월 2일 오전 이재명 더불어민주당 대표가 부산 가덕도신공항 건설 부지 시찰 직후 한 남성이 휘두른 검에 목을 찔리는 사건이 발생했다 가해자는 '내가 이재명'이라는 글귀가 적힌 종이 왕관을 쓰고 사인을 요청하는 척하며 이 대표에게 접근했다. 같은 달 25일 오후 국민의힘 배현진 의원이 강남구 신사동의 건물에서 한 중학생에게 돌로 머리를 가격당해 순천향대학교 응급의료센터로 이송됐다. 가해자는 "배현진 국회의원이시죠?"라고 물으며 접근했고 주먹만 한 돌로 10여 차례 배 의원의 머리를 내리쳤다. 2022년 3월에는 신촌에서 대선 후보 지원 유세를 하던 더불어민주당 송영길 대표가 한 유튜버에게 흉기로 후두부를 수차례 가격당하는 상해를 입었다.

정치인들을 향한 테러가 끊이지 않는 이유는 무엇일까? 정치인들이 테러의 대상이 된다는 것은 어떤 의미일까? 각기 다른 사건의 동기와 성격에도 불구하고 토론자들은 이 사건들을 관통하는 무언가가 있다고 진단한다. 일부 전문가들은 정치인을 향한 테러가 외로운 늑대의 소행이라고 분석한다. 미 대선 유세가 한창이던 7월 세상을 놀라게 했던 트럼프 전 대통령을 향한 총격 사건의 범인 역시 이런 유형으로 분류된다. 토론자들은 이 진단에 대체로 동의하면서도, 그렇다면 외로운 늑대는 왜 만들어지는지, 왜 정치인이 외로운 늑대의 타깃이 되는지 등의 구체적 질문을 던지며 이 현상이 극단화된 한국의 정치 문화와 얼마나 관련이 있는지 규명을 시도한다.

　뚜렷한 정치적 동기가 없는 외로운 늑대들이 정치인을 향해 폭력을 행사하는 건 어떤 이유인지, 증오정치라는 사회적 병리 현상과 외로운 늑대들이 만났을 때 어떤 일이 벌어지는지, 누군가를 증오하지 않고 친구를 만드는 방법은 무엇인지……, 이들의 토론을 따라가다 보면 정치인 테러 문제가 커다란 사회적 함의를 지니고 있다는 사실을 발견하게 된다.

66

이재훈 : 1월 27일 '토론의 즐거움' 시작하겠습니다. 최근 또다시 정치인 습격 사건이 발생했습니다. 최근 들어서 정치인을 공격하는 사건이 자주 발생하는 것 같습니다. 이런 일들이 왜 이렇게 자주 발생하는 걸까요?

정주식 : 정치인이 증오의 대상이 되고 있는 것 같아요. 가해자들에게서 뚜렷한 정치적 동기가 있지는 않은 것 같은데 일종의 '묻지마 범죄' 비슷한 사건들이 정치인들에게 일어나고 있는데요. 지난 토론 때 이야기했던 것처럼 인종혐오가 극심한 나라에서 묻지마 범죄의 피해자들이 주로 소수인종이 되는 것처럼, 여성혐오가 강한 사회에서 묻지마 범죄의 피해자들이 주로 여성이 되는 것처럼, 정치인들이 자꾸 묻지마 범죄의 피해자가 된다는 건 사회 일반에서 정치인들이 혐오의 대상이 되고 있기 때문이 아닐까 추정해봅니다.

이재훈 : 이재명 대표 습격범 같은 경우는 극우정치 유튜브를 많이 봤다고 하고, 미래통합당 당적을 오래 가졌다가 민주당 당적으로 최근에 바꾼 게 이재명 대표의 행적을 파악하기 위한 거 아니었냐, 이런 얘기도 나오는 상황인데요. 그래서 이 사건의 경우에는 어느 정도 이재명이라고 하는 정치인이 상징하는 정치에 대한 반감 때문에 나왔을 가능성이 크다고 추정할 수 있고요. 다만 이번 주에 발생한 배현진 의원 습격 사건 같은 경우는 아직 발생한 지 얼마 안 된 시점이어서 범행 동기가 잘 안 알려졌습니다. 이 습격범이 찾아간 미용실 직원의 증언 같은 것들을

들어봤더니, 이 친구가 들어와서 무슨 연예인 지망생을 찾다가 밖으로 나가서는 배현진 의원을 보고 배현진 의원도 일종의 유명인이니까 그 유명인을 대상으로 범행을 한 것 같다는 게 현재까지의 추정입니다. 물론 이 친구가 정치적인 유튜브 같은 것들을 많이 보고 그런 걸 단톡방에 올리기도 했다는 전언이 나온 걸 보면 이 친구도 정치적인 동기가 있었을 가능성은 있는데 아직까지는 구체적으로 밝혀진 건 없어요.

정주식: 해외 사례들도 그렇고 요즘 정치 테러범들의 동기를 분석해보면 논리성이 결여돼 있는 경우가 많아요. 최근에 우리 사회에서 벌어진 사건들도 그런 양상인 것 같아요. 그럼에도 확실히 알 수 있는 한 가지는 그 사람들이 정치인을 증오하고 있었다는 사실이죠. 각각 증오의 이유는 다르고 동기도 다르지만 사회 전반적으로 정치인이라는 직업 자체가 증오의 대상이 되어가고 있다는 추정은 해볼 수 있을 것 같아요.

이재훈: 맞습니다. 공격의 대상이 되는 집단에 관한 성격을 말씀하신 건데요. 우리 사회 전반에는 정치인들이 진영의 이익을 위해서만 복무하고 서로 싸우기만 할 뿐 시민을 위한 정치를 하지 않는다는 비판이 많죠. 그 비판의 수위가 지금 최고조에 달해 있는 것 같고, 그러다 보니까 정치인들이 쉬운 공격의 타깃이 되고 있다는 쪽으로 말씀하신 것 같은데요. 어떻게 보시나요?

강남규: 먼저, '정치 테러'라는 말이 적합한 규정인지에 대한 의문이 들어요. 습격한 개개인들이 어느 정당 소속이다, 어떤 정치 성향을 가졌다, 계속해서 분석하려고 들지만 결국은 일종의 외로운 늑대처럼 그냥 혼자 활동하는 사람들이란 말이죠. 어떻게 보면

정치에 과몰입된 그냥 개개인 유권자 혹은 시민인 이 사람들이 행한 행위를 정치 테러라는 거창한 표현으로 정리하는 게 맞을까? 제 관념상에서는 반대 정당에 대해서 이득을 취하기 위해 테러하는 걸 정치 테러라고 규정하는 게 맞지 않을까 싶고요. 작년에 한창 있었던 흉기 난동의 연속선상 정도로 보이고 이렇게 크게 얘기를 할 만한 사안인가에 대해서 자꾸만 고민이 듭니다.

강남규는 '정치 테러'라는 말의 부정확성을 지적한다. 정치인을 향한 묻지마 범죄라기보다는 정치인이 우연히 묻지마 범죄의 대상이 된 사건들이라고 본다. 정치 테러는 우연인가, 필연인가? 논의가 뒤에 이어진다.

이재훈 : 흉기 난동의 연속 현상에서 지금 이 일들이 벌어지고 있다, 그러니까 특정하게 이재명이나 배현진이라고 하는 사람을 타깃으로 두고 정치적인 목적을 가지고 한 것이 아니라?

강남규 : 이재명은 아마 그럴 수 있을 것 같아요. 워낙 유명한 당대표이고 대권주자였고 그런 상징성이 있기 때문인데, 배현진은……, 사실 배현진이 저는 아직 의원이라는 걸 이번 기사를 보고 새삼 깨닫게 돼가지고. (웃음)

이재훈 : 배현진으로서는 너무 굴욕인데요? (웃음)

강남규 : 정부가 바뀐 이후로 관직을 맡고 있다가 관두고는 뉴스 한복판에서 사라졌던 인물이거든요. 그러다가 이번에 이런 식으로 부각되었던 걸 생각을 해보면, 배현진이 지금 정치적인 최전선에서 무슨 역할을 하고 있었냐 하면 사실 아니거든요. 그런 점에서 그냥 유명해서 타깃이 되었다 정도이고, 정치인이라서 타깃

이 되었다고 생각하지는 않습니다.

이재훈: 그런 측면은 있을 수 있을 것 같아요. 배현진은 친윤 정치인 중에서 나름 앞선 행보를 했던 사람이고 이준석 대표와 꽤나 많은 트러블이 있었죠. 그래서 대단히 조심스러운 얘기입니다마는 혹시라도 습격범이 이준석 전 대표가 활동하는 커뮤니티에서 활동한 것 아니냐는 의혹을 제기하는 분도 있고 그렇더라고요. 이건 더 확인을 해봐야 하는 의혹 제기겠지만요.

다만 남규 님의 이 말씀은 맞는 것 같아요. 우리가 '테러'라는 명칭을 붙일 때는 정당하고 아니고를 떠나서 분명한 정치적인 목적이 있어야겠지요. 그런데 현재까지 배현진 의원 습격 사건에서는 테러라고 보기에는 좀 이르고, 정치적인 목적이 있느냐가 불분명한 상황이기 때문에 우리가 해석을 조심해서 해야 하는 상황인 것 같습니다. 다만 주식 님 말씀대로 정치인들이 쉽게 공격의 대상이 되는 사회에 대한 이야기는 우리가 좀 해볼 필요는 있을 것 같아요.

박권일: 일단 정치 테러라는 말이 적절하지는 않다 생각해요. 보통 정치 테러라고 하면 우리 역사 속에서 안중근 의사의 이토 히로부미 암살 같은 것들이 전형적이죠. 물론 우리는 의거라고 하고 테러라 부르지 않지만 제3자 입장에서 보면 분명히 정치 테러죠. 명확한 정치적 동기와 계획을 가지고 특정한 대상을 향해 폭력이 가해졌죠. 또한 그 과정을 혼자서 결정한 게 아니죠. 즉, 안중근은 소위 외로운 늑대가 아니었어요. 안중근의 암살은 조직적 결의에 따라 일어난 사건입니다. 정확히 그런 것들이 정치 테러라고 할 수 있습니다.

　이후에도 해방 전후 공간의 좌우익 간 대립 과정에서 소위 정치 테러들이 무수히 일어났습니다. 우리가 잘 모르는 사건들도 엄청나게 많아요. 대부분 정치적 확신범들에 의해서 조직적으로 일어난 테러들이거든요. 그런 것이 정치 테러라고 정의할 수 있는데, 지금 일어나고 있는 사건이 그러한가? 그렇지는 않아 보여요. 이재명 피습 사건 같은 경우에는 그나마 정치 테러적인 성격이 분명히 있습니다만, 배현진 의원 피습 같은 경우에는 제가 봤을 때는 망상장애나 분열증이 있는 사람이 일종의 무동기 범죄를 저지른 것에 가깝다고 생각합니다. 근데 우리가 전에도 얘기했듯이 강남역 살인사건을 여성혐오와 무관하다고 할 수 없어요. 그걸 묻지마 범죄라고 할 수 없는 이유는 결국은 사회 전반적인 분위기라는 것, 공기라는 것과 무관하지 않기 때문입니다. 다만 이런 정치혐오적인 분위기가 분명히 영향을 끼쳤을 것인데 그것이 어느 정도, 몇 퍼센트까지 영향을 미쳤는지는 단정해서 말하기 어렵죠.

　다만 배현진 의원 같은 경우에는 정치인이라는 측면보다는 셀럽이라는 측면이 크게 작용한 것 같아요. 뉴스를 잠깐 보는데 용의자가 연예인을 보러 신사역 인근을 한 두세 시간 정도 배회했다고 합니다. 그렇다고 하면 유명한 누군가라면 꼭 정치인이 아니어도 폭력을 행사할 수 있었다는 생각이 들어요. 그런 면에서는 정치 테러라기보다는 셀럽을 향한 일종의 무동기 범죄 성격이 강한 게 아닌가 싶고요. 이재명 씨 피습 같은 경우에는 조금 다른 명칭이 필요하겠습니다만 어쨌든 정확히 동질적인 사건들은 아닌 것 같아요.

사건들을 보면서 또 하나 떠올랐던 건 일본의 사상가 마루야마 마사오라는 사람이 예전에 했던 얘기였어요. 이 사람은 20세기에 활동한 일본 지식인인데 영향력이 매우 커서 '학술계의 덴노(천황)'라고 불린 인물입니다. 이 양반 테마 중에 하나가 '일본 사람들은 분명 근대화에 성공했는데 왜 서구와 같은 의미에서의 근대적 개인이 될 수 없는가?'였어요. 아시아에서 선진국이 가장 먼저 된 나라인데도 불구하고 마루야마 마사오나 다른 지식인들이 보기에 일본의 인민들은 서구적인 개인, 그러니까 자립적인 개인들이 아니었다는 거예요. 그렇다면 그냥 집단주의자들이냐? 그렇게도 보지 않았어요. 마루야마 마사오는 가로축과 세로축으로 사분면을 나누어 네 가지 종류의 개인을 구분합니다. 한 축은 '결사結社 형성적'이냐 아니냐이고, 다른 축은 권력에 가까이 가려고 하느냐 아니냐, 즉 '구심적'이냐 '원심적'이냐입니다. 우선 결사 형성적이고 구심적인 개인이 있어요. 그게 바로 민주화된 개인입니다. 또 하나는 결사 형성적이지만 원심적인 개인, 즉 자립적 개인이 있습니다. 이게 일반적으로 말하는 서구적 개인주의에 가깝습니다. 그리고 또 하나는 결사 형성을 피하면서 원심력이 강한 사적 개인이 있습니다. 프라이빗private한 영역을 강조하는 사람이죠. 이른바 일본 사소설私小說의 등장인물이 전형적인 사적 개인들이라고 할 수 있겠죠. 마지막으로 결사 형성을 피하면서 구심력이 강한 개인, 원자화atomization된 개인이 있습니다. 이른바 외로운 늑대형이라 요즘 불리고 있는 그런 개인입니다.

제가 지금 주목하는 건 원자화된 개인이에요. 마루야마 마사오는 일본의 개인이 서구적 의미의 자립적 개인, 즉 인디비주얼individual보다 원자화된 개인에 가깝다고 말하면서 분석을 전개합니다. 이 내용은 장황하니 여기선 생략합시다. 어쨌든 저는 최근 정치 테러처럼 보이는 범죄를 저지르는 사람들이 대부분 원자화된 개인들이 많다는 점에 주목하고 싶습니다. 조직적인 차원에서 이런 일들을 기획하는 것이 아니라 순전히 개인의 망상이거나 개인적 결단으로 행동에 나섭니다.

최근 들어 한국에도 그런 사람들이 많이 나타나고 있는 것이 아닌가 하는 생각이 들었어요. 이런 원자화된 개인들은 조직에 잘 적응하지 못하는 외톨이형이지만, 히틀러 같은 강력한 카리스마를 가진 독재자가 등장하면 거기에 맹종하고 극단적으로 몰입하는 모습을 보입니다. 파시즘의 가장 비옥한 토양이 되는 것이지요. 최근 급증하는 무차별 살인이나 무동기형 범죄들을 보면서 사실 그 대상이 연예인일 수도 있고 정치인일 수도 있고 그냥 자기보다 약한 여성일 수도 있고 장애인일 수도 있습니다. 원자화된 개인들의 어떤 폭력 성향들이 사회 분위기에 따라서 표출되고 있는 양상 중에 하나가 지금의 정치적인 폭력이 아닌가 하는 생각이 들어요. 물론 마루야마의 도식은 무리한 면도 있고, 근대화 초기 상황을 고려한 것이라서 지금 실정과는 좀 괴리된 측면이 있음은 염두에 두어야겠지요.

강남규: 정치가 과몰입의 대상이 된 상황에 저는 관심이 가요. 예전에도 사실 이런 식의 정치 과몰입이 있었는지 저는 어려서 잘 모르겠지만, 요즘 네이버 뉴스나 이런 댓글 보면, 많이들 보시잖아요, 스포츠 기사인데 거기에 정치인 욕을 달아요. 어떻게든

연결을 해서 정치인에 대한 욕을 달아요. 정치가 이렇게 과몰입 대상이 된 상황의 원인이 어디에 있는가, 누가 과몰입하게 만들었는가, 이런 걸 생각하면 시사 유튜브라든지 시사 방송이라든지, 24시간이 정치로 꽉 차게 된 상황 자체가 비정상적으로 느껴지거든요. 기자들도 그렇게까지 정치에 과몰입하지는 않잖아요. 24시간 내내 정치만 보지는 않잖아요, 정치부 기자들도. 근데 시민들은 24시간 내내 정치를 보려고 해요. 시사 유튜브를 틀면 하루 종일 시사에 대한 얘기를 하고 거기서 정쟁을 부추기는 발언들을 하고 증오를 부추기는 발언들을 하고, 유튜브 끄고 뒤를 돌면 다시 저기 종편에서 또 증오를 부추기는 정치 방송을 하고. 하루 종일 정치에 노출되게 만들어진 미디어 환경 변화도 어느 정도 지금 같은 상황에 영향을 미쳤다고 생각해요. 정치적인 목적보다도 그냥 과몰입 대상으로서 정치가 전면에 부각된 상황. 예전 같으면 연예인들이 그런 과몰입 대상이 되었거나 혹은 다른 종류의 이슈가 과몰입 대상이 되었을 수 있지만, 지금은 정치인, 정치가 과몰입 대상이죠. 이런 것들도 하나의 영향이 있지 않을까 생각이 듭니다.

정주식: 듣고 보니까 좀 이상하네요. 정치가 그렇게 모든 걸 덮고 있는 상황이요. 그런데 여기서 말하는 미디어들이 하루 종일 떠드는 '정치'는 사전적 의미의 정치라기보다는 그냥 승패에 몰입되어 있는 일종의 레알 폴리틱스Real Politics죠. 이기는 방식에 관한 이야기들이고요. 무엇이 더 나은 정치이고 실제로 사회를 어떻게 바꿔낼지에 관한 고민은 결여된 상태에서 지금 누가 이기고 있고 어떻게 하면 이길 수 있는가 하는 승부 이야기가 지면을

다 덮고 있단 말이죠. 그런 것들에 대해서 사람들 관심이 이렇게까지 모아지는 건 분명히 괴상한 상황인 것 같고요. 일부 호사가들이나 예전부터 정치면에 관심을 많이 가졌던 중장년 남성들이 정치에 몰입하는 양상들은 있었지만 지금처럼 전 분야의 네이버 댓글창이 정치와 관련된 댓글로 도배가 되는 상황은 일찍이 없었던 것 같기도 해요.

이 토론의 흐름을 따라가려면 다양하게 사용되는 '정치'라는 말의 의미를 이해해야 한다. 강남규가 말한 '정치'에 과몰입된 사람들의 이야기에 대해 정주식은 그런 것은 진짜 '정치'가 아니라고 말한다. 두 문장에서 '정치'가 담고 있는 의미는 각각 다르다.

이재훈: 이런 상황이 좀 아이러니한 것 같네요. 보통은 한국 사회에 정치혐오가 대단히 심각한 상황이라고 얘기되고 있고, 제 주변에 직업과 관련되지 않은 상황에서 만난 분들의 얘기를 들어봐도 이분들은 정치에 별 관심이 없고, 정치에 흥미를 느끼는 사람도 거의 없거든요. 정치 얘기를 꺼내면 그런 얘기를 왜 하냐고 타박을 많이 하죠.

박권일: 금기시되죠, 친할수록.

이재훈: 근데 지금 말씀하신 것들을 들어보면 오히려 정치 과몰입 현상은 점점 더 심해지고 있는 상황이라는 건데요. 저도 남규 님 말씀에 좀 동의를 하는 게 특히나 요즘 채널A나 TV조선이나 이런 방송들을 보면 '뉴스쇼' 형태의 프로그램을 많이들 내보내고 있는데요. 보통 사회자가 나와서 막 고래고래 소리를 지르는 방식으로 진행을 하고 양쪽에 거대 양당의 패널들이 나와서는 정

말 말도 안 되는 얘기들을 해요. 오로지 그 정당의 이해관계에만 충실한 이야기일 뿐, 논의되는 사안에 대한 분석이나 비평에는 전혀 관심이 없는 거죠. 그냥 자기네들의 이해관계에만 충실한 말 같지 않은 말들을 쏟아내거든요. 사회자는 그걸 또 엄청 부추기기도 하고요. 그걸 보고 있으면 머리가 아플 지경인데 근데 또 식당이나 이런 데 가서 보면 다 그걸 틀어놓고 보고 있어요. 이 간극은 도대체 무엇인가? 저는 이게 되게 궁금하거든요.

강남규 : 정치 얘기를 공동체 안에서 이렇게 말로 풀어내고 이래야 개개인이 외로운 늑대로서의 성향이 해소될 수 있을 것 같아요. 근데 다들 말씀하신 것처럼 실제로 만나면 사람들이 정치 얘기 안 해요. 골방에 앉아서 컴퓨터로 TV로 계속 정치를 혼자 소비하고 혼자 과몰입되게 되면 쌓이는 거죠. 그게 이런 흉기 난동으로 분출되는 경향도 있지 않을까 그런 생각도 좀 들고요. 아까 레알 폴리틱스 얘기하셨지만 정치를 모두 다 승패로 치환하는 문제, 이번에 이재명 대표 피습 사건 이후에도 트위터를 계속 봤거든요. 이낙연 지지자들이 곧바로 음모론을 꺼내요. 정말 곧바로 꺼내요. "저거 흉기 칼등으로 했는데 이재명이 과하게 반응을 한 거다" "부산대병원 가서 치료 안 하고 서울대병원으로 헬기 타고 간 거 봐라" "자작극이다" 이렇게 피습 사건 있고서 세 시간도 안 지나서 음모론이 바로 나오고 확산되고, 누군가 그 피습 사실을 믿지 않기 시작하는 패턴이 반복되는 거죠. 모두가 과몰입되어 있는 이 상황이 저는 문제인 것 같고요. 개인의 피습에 구조적인 원인이 있다, 이런 것보다도 파생적인 상황들에 조금 더 관심이 가고 문제점이 보이는 것 같아요.

정주식: 사람들이 정치에 관해서 누구와도 얘기하지 않는 것은 아니고 누군가와 이야기를 하죠. 누구랑 하느냐? 예를 들면 같이 김건희를 욕할 수 있는 사람, 같이 이재명을 욕할 수 있는 사람 앞에서만 이야기를 해요. 불특정 다수 앞에서 그런 얘기를 했을 때 사람들이 어떻게 반응할지 두렵기 때문에 얘기를 못하지만 그런 공동체에 소속되어 있는 사람들끼리는 마음 놓고, 오히려 앞장서서 그런 이야기를 꺼내죠. 그러니까 이 사람들은 정치 팬덤이라고 하지만 사실 일종의 증오 공동체에 가입한 거예요. 상대를 증오하기로 약속된 집단인 거죠. 예를 들어 이낙연 지지 그룹이라는 곳은 이재명을 증오하기로 약속되어 있는 집단인 거죠. 그래서 이재명이 그런 무시무시한 일을 당했음에도 불구하고 최대한 우스꽝스러운 일로, 최대한 이재명이 부각되지 않는 방향으로 그 사건을 몰고 가려는 악의로 가득한 집단이 되는 거죠.

권일 님이 과거의 정치 테러와 요즘 일어난 사건들과의 차이를 말씀하셨는데 제가 생각할 때 제일 큰 차이는 그런 것 같아요. 해방 공간에서 정치 테러들이 많았을 때는 백색 테러든 적색 테러든 자기들이 선하다는 믿음 정도는 갖고 있었어요. 이세상을 구원해야 되겠다는 열망으로 가득 찬 사람들이 주로 그런 테러를 저질렀던 거죠. 예를 들어 사회주의자들은 사회주의 유토피아를 만들기 위한 '선한 마음'을 가지고 상대를 죽였단 말이에요. 요즘 증오 집단들은 그런 믿음조차 없는 것 같아요. 자기들 스스로도 선하다는 걸 믿지 않기 때문에 더 열심히 상대를 악마화시키는 거죠. 예전에 민주당 지지자들에게 약간 그런 경향도 있었지만 그나마 조국 사태 이후에는 자기들이 선하다는 믿음이나 도덕에 대한 강박 이런 것들을 다 내던진 상태에서 증오의 전쟁을 벌이고 있어요. 이게 과거의 정치 테러 양상과 요즘 벌어지고 있는 진영 다툼의 제일 큰 차이인 것 같습니다.

'상대를 증오하자고 약속한 집단'에서 증오를 멈추는 행위는 일종의 '계약 위반'이 된다. 진영을 막론하고 모든 정치 팬덤에서 '배신' '의리'라는 단어가 공통적으로 자주 사용되는 이유이기도 하다.

이재훈: 더욱 문제는 사람들이 자기의 신념 부재나 대의 부재의 상황, 그리고 이기면 그만이라는 상황에 대해서 노골적으로 이야기한다는 점입니다. 이재명 대표 같은 경우도 피습당하기 전이지만 연동형 비례대표제 유지에 대해서 "멋지게 지면 무슨 소용이냐" 이런 발언을 했잖아요. 결국은 정치가 아무런 가치나 지향 이런 것들이 없는 상태에서 이기고 지는 게임에 불과하다는 자백을 한 거고요. 또 한동훈 비상대책위원장 같은 경우도 그래요. 이재명 대표가 피습 이후에 당무에 복귀하면서 "법으로도 죽여보고 펜으로도 죽여보고 그래도 안 되니까 칼로 죽이려고 하지만 결코 죽지 않는다"라는 발언을 했는데요. 저는 이 발언도 당무에 복귀하면서 한 발언치고는 너무 대결적이고 과잉 해석이 담겨 있는 발언이라는 생각을 하긴 했는데, 한동훈 비대위원장이 또 굳이 이렇게 말을 받았어요. "그 정도면 망상 아닌가"라면서 "칼로 죽여본다? 누가 죽여본다고? 제가? 아니면 우리 국민의힘이? 아니면 국민들이?"라고 되물으면서 "그건 그냥 굉장히 이상한 사람이 굉장히 나쁜 범죄를 저지른 것뿐이다"

이렇게 답을 했어요. 정치인들의 메시지라고 하는 건 정쟁을 하더라도 우리 사회를 어떻게 바꿀 것인가에 그 목적을 맞추어야 할 텐데, 그런 게 아니라 끊임없이 상대를 과잉 적대하거나 혹은 비아냥대거나 혹은 과잉 해석하거나 하는 방식으로 몰고 가요. 그러면서 일부 팬층에게만 정치를 과몰입시키는 거죠.

강남규: 박근혜 전 대통령이 피습당하고 나서 "대전은요?"라고 말했을 때 거기는 사실 비장함도 없고 비아냥도 없고 어떤 정치인 개인의 강렬한 의지를 담아낸 표현인 건데, 이번에 이재명이나 한동훈이나……. 배현진 의원도 이번에 피습되고서 병원에서 "엄벌을 원한다"는 말을 했다고 해요.

이재훈: 그거 아니라고 했습니다. 의원실에서 메시지가 잘못 나간 것이라고 얘기를 했고요. 그리고 "대전은요" 발언도.

강남규: 네. 잘 기획된 발언이었죠.

이재훈: 그 이후에 그때 박근혜 대표의 비서진이랑 윤여준 씨가 "서로 합의해서 만들어낸 발언이다" 이렇게 얘기를 했죠.

강남규: 어쨌거나 정치인이 피습이라는 큰 사건을 당하고 돌아왔을 때는 나름대로의 정치적 메시지를 만들어서 국민들한테 전해야 되는데 이재명 대표는 "칼로는 죽일 수 없다" 그러면서 진영논리 자체를 승인하면서 얘기한 게 전부라는 거죠. 한동훈 씨는 이런 피습 자체가 벌어지는 구조적인 문제를 얘기하지 않고 '어떤 정신 나간 개인의 문제다' 이렇게 치환해서 끝내버리고요.

정주식: "대전은요?"라는 날조된 발언이 어쨌거나 보수 유권자들에게 울림을 줬던 이유는 극적인 피습 상황에서 보여준 정치인의 이타성 때문이에요. 내가 이렇게 죽을 고비를 넘겼지만 선거를

생각하고 당을 먼저 생각하는 사람이라는 메시지가 보수 지지층에게 울림을 줬던 거죠. 이재명의 메시지는 그것과 정확히 정반대 성격을 띱니다. 내가 얼마나 대단한 존재인가에 관한, 본인의 불멸성을 과시하는 용도로 피습 사건을 활용했다는 점에서 박근혜의 메시지와는 정반대인 거죠. 윈스턴 처칠이 "총에 맞고도 살아난 것만큼 신나는 일은 없다"고 했어요. 이재명 대표는 자신에게 일어난 피습 사건을 해석하면서 과장된 개인의 운명론을 지어냈어요. 마치 전쟁 영웅 같은 행세를 하면서 내가 이런 상황에서도 죽지 않고 살아돌아온 기적 같은 사람이라며 토템 같은 이미지를 만든 거예요. 한동훈은 거기서 필연성을 다 제거해내고 그거는 그냥 지나가다가 돌뿌리에 걸려 넘어진 것처럼 우연과도 같은 일이라고 말하죠. 두 사람의 입에서 나온 양극단의 말은 그 사건에서 우리가 얻을 수 있는 교훈을 모두 소거해버린 겁니다.

이재문: 딱 지금 현재 시대를 보여주는 바로미터인 것 같다는 생각이 들더라고요. 박근혜 씨의 당시 발언이 지닌 메시지는 어찌 됐든 사회를 움직였어요. 선거 승리를 위한 발언이긴 하지만서도 나름 큰 틀에서 논의할 만한 가치가 있죠. 그런 면에서 본다면 그때 정치와 지금의 정치를 비교했을 때 지금의 정치가 얼마만큼 퇴행했는지를 살펴볼 수 있을 것 같고요. 그런 정도의 공적 메시지조차도 내지 못하는 정치가 얼마만큼 타락했는지도 우리가 알 수 있습니다.

강남규: 제가 이재명 대표라면요. 본인이 갖고 있는 가장 나쁜 이미지가 '자기를 지키는 정치만 하는 사람'이란 건데 자기가 이렇게

피해자가 되었을 때 오히려 대범하게 사회 전체를 걱정하는 발언을 하면서 복귀했으면 본인의 이미지를 희석할 수도 있었겠다 싶었는데 어떻게 "칼로도 죽일 수 없다"는 말을 하는지.

이재훈: 처음에 병원에서 퇴원할 때는 메시지가 안 그랬어요. 퇴원할 때는 "모두가 놀란 이번 사건이 증오의 정치, 대결의 정치를 끝내고 서로 존중하고 상생하는 제대로 된 정치로 복원하는 이정표가 되기를 진심으로 소망한다"는 얘기를 했거든요. 그때 그 발언이 비중 있게 다뤄지기도 했는데, 당무에 복귀할 때는 며칠 사이에 무슨 심경의 변화가 있었는지 모르겠네요.

박권일: 심경이 변화했다기보다 컨디션이 회복된 거죠.

강남규: 정치적으로도 예전에 선거 때만 되면 정당들이 중도로 어떻게든 확장하려는 정책들이 있었잖아요. 근데 이제는 진짜 그런 얘기조차 안 들리고, 자기네 팬덤을 지키는 쪽으로만 정치가 작동하는 것 같아요.

이재훈: 맞습니다. 중도로 모이는 메시지가 꼭 옳다거나 그런 건 아니고, 정치적인 지향에 따라서 발언을 하는 게 더 옳다고 저는 생각하는데요. 근데 이건 정치적인 지향을 위한 발언이 아니라 그냥 단순히 팬덤을 어루만지기 위한 발언들만 하니까.

윤여준이 날조한 "대전은요?" 발언과 이재명의 "칼로는 죽일 수 없다"는 발언. 토론자들은 두 메시지에서 느껴지는 차이가 퇴보한 정치 세태를 보여준다고 말하고 있다.

강남규: 팬덤을 지키면서, 김포 서울시 편입처럼 '중도화'와 전혀 상관 없이 이해관계에 적합한 정책을 내놓음으로써 그런 방식의 확

장만 꾀하는 게 지금의 정치인 것 같아요.

이재문: 민주당에서는 '당대표 정치 테러 대책위원회'라고 하는 거를 만들어서 기자회견을 열고 "테러 상황에 대한 1차 책임이 있는 국가안보실과 국정원이 테러 대응 책임자로서 역할과 책임을 제대로 했는지 묻고 싶다" 이런 얘기를 했죠. 그리고 민주당 대변인은 이재명 피습 사건을 가지고 특검이나 국정조사 가능성까지 얘기하면서 윤희근 경찰청장이랑 부산 경찰청장 등을 국회 행안위에 부르겠다는 얘기를 했어요. 이런 방식으로 이재명 피습 사건에 대한 일종의 음모론 같은 형태를 국회에서 지금 계속 확장하고 있습니다. 그리고 정청래 민주당 최고위원이 경찰 수사 결과 발표 후에 "이재명 습격범이 여덟 쪽짜리 변명문을 썼다. 그거를 언론에 당적이랑 같이 다 공개하라" 이런 이야기를 하기도 했는데요. 이 얘기도 좀 해봤으면 좋겠어요. 습격범이 왜 이런 테러를 했는지 동기를 밝히기 위한 변명문을 공개하라, 그게 국민의 알 권리다, 이렇게 얘기를 한 거죠. 어떻게 보시나요?

강남규: 변명문은 잘 모르겠고 이번에도 가해자가 어느 당이냐, 어느 당 사람이냐가 제일 먼저 보도로 나왔던 걸 봤어요. 근데 사실 요즘 세상은……, 이 사람이 국민의힘이면 그래도 간명하겠지만 더불어민주당 소속이라고 해도 말이 안 되는 게 아니에요. 이 사람이 더불어민주당 당원이라면 이낙연 지지자냐, 이재명 지지자냐를 놓고 또 따지려 들 거예요. 이처럼 세 가지 혹은 네 가지 경우의 수가 생기기 때문에 당적만으로 판단할 수도 없는 상황이죠. 마찬가지로 변명문이 어떤 내용으로 공개되든 간에

저는 동기를 파악할 수는 없을 거라고 봐요. 동기를 아는 것 자체가 큰 의미도 없는 것 같고.

이재훈 : 《한겨레》에서도 여덟 쪽짜리 변명문을 공개하지 않고 있는 경찰에 대해서 문제 제기를 하고 있는데요. 그 문제 제기도 일리가 있다고 생각하지만, 저 개인적인 생각으로는 이 변명문을 경찰이 일반에 공개하는 것은 좀 위험하지 않나 싶거든요. 왜 그러냐 하면 일단은 이재명 습격범 자체가 정치적인 목적에 따라서 습격했다는 게 어느 정도 알려진 상황이잖아요. 보통 이런 식으로 정치적 목적의 공격을 한 사람 같은 경우는 소영웅주의에 빠져서 본인이 엄청나게 사회적인 정의를 실현한다는 일종의 도덕적 망상 같은 거에 빠져 있어요. 그런 상황에서 이런 변명문이 공개되고 사회에 알려지는 게 어떻게 보면 이 사람한테는 훨씬 더 큰 승리를 의미하는 트로피가 되는 거거든요.

그래서 이 사람이 습격하기 전에 자기 건물주에게 여덟 쪽짜리 메모를 주면서 "이걸 공개해달라" 이렇게 부탁한 거잖아요. 이 사람은 혼자만의 상상으로 일종의 정치적 테러를 저지른 건데, 그런 행동에 대해 정당성을 부여하는 변명문을 공개하는 게 오히려 더 안 좋은 일들을 파생시키는 것 아닐까 싶습니다. 더 많은 잠재적 습격범들에게 자신들의 상상을 현실에서 펼칠 수 있는 정당성을 부여할 우려도 있고요.

그리고 하나만 더 이야기를 해보겠습니다. 정의당이 배현진 의원 습격 사건 이후 '공존 정치와 정치 폭력 추방을 위한 제정당 공동선언'을 제안하고 나섰어요. 증오정치나 혐오정치가 계속 이어지다 보면 총선까지 위험한 사건이 반복될 가능성이 크다고 얘기하면서 공동선언을 제안하고 나섰는데 당원으로서 이 제안을 어떻게 보십니까?

강남규: 말씀드린 것처럼 두 사건을 묶어서 뭔가를 얘기하려고 하는 게 사실 저는 안 맞는다는 생각이 들어요. 물론 그로부터 시사되는 부분들이 분명히 없지 않아 있겠지만요. 정치 과몰입이라든지 이런 문제들은 있겠지만 이게 무슨 무슨 위원회를 만들어서 풀어낼 문제일까요? 그 과몰입 상황 자체를 만든 양당 혹은 정의당 당사자들이(정의당도 물론 어느 정도 해당이 있을 거예요. 정의당 안에서도 보면 과몰입된 사람들 많이 있거든요) 모여서 무슨 얘기를 할 수 있을까 의구심이 드는데 일단 내용을 좀 못 본 상태라서…….

이재훈: 아직까지 선언 자체가 나오지 않았고, 그저 제안하고 나선 단계여서요. 이런 방식으로 한 당이 공동선언을 제안하고 나서는 방식이 엄청난 효과가 있다기보다는 상징적인 의미일 것 같은데 그런 부분에서는 어떻게 보시는지 의견을 묻기도 좀 그렇긴 하네요. (웃음)

강남규: 정의당이 뭘 하든 말든 중요한가요? (웃음)

정주식: 어떤 당이 뭘 하자고 해서가 아니라, 지금 증오정치가 극에 달해 있고 진영정치의 폭력성이 위험 수위에 닿아 있다는 진단만큼은 대부분 동의할 만한 내용이라고 생각해요. 정치세력들이 자체적으로 정화의 노력을 하는 것도 의미는 있을 것 같은데요. 상대적으로 진영정치로부터 자유로운 사람들이 구호를 외치는 것도 중요하겠지만 진영정치 내부에서 실질적인 이해관계를 끊어내는 것이 저는 훨씬 더 중요하다고 생각해요. 진영

123

정치의 토양에서 누군가 정치적 이득을 계속 얻고 있다면 이런 착한 선언이나 구호만으로는 끊어지지 않을 거예요. 예를 들면 민주당에 지난 5년간 가장 큰 손실을 안겨줬던 정파가 뚜렷이 있죠. 국민의힘도 마찬가지고요. 각 당 지도부가 뚜렷한 의지를 가지고 그들을 청산하는 것이 실질적인 진영정치를 청산하는 데 도움이 된다고 보고요. 외부에서 다른 세력이 "그런 거 하지 맙시다" 훈계한다고 해서 그들에게 큰 울림은 없을 거라는 생각입니다.

강남규: 의제 선점 정도의 기능밖에 없는 것 같아요.

박권일: 글을 봐야지 알 수 있을 것 같은데 선언 취지만 봤을 때는 좀 진부한 느낌이 들고요. 하나 마나 한 얘기라는 느낌이랄까요. "증오정치 때문에 이런 일이 벌어졌으니까 앞으로 우리 모두 증오정치를 극복하자!" 그런 얘기는 초등학생도 할 수 있는 거잖아요. 중요한 건 이 증오의 정체죠. 만연해 있는 증오 그리고 정치 혐오의 정체가 무엇인가를 정치인들 스스로가 정치의 새로운 언어로 구체화해야죠. 그래야 진정한 성찰과 변화도 가능합니다. 그 부분에 대한 이야기들은 누구도 하지 않는 것 같아요.

아까 과거 정치 테러에 대한 얘기를 하면서 어떤 차이가 있느냐를 얘기했었는데요. 가장 큰 차이는 정치 테러의 시대에는 가치에 대한 확신, 대의에 대한 확신이 있었다는 겁니다. 다만 절차적 민주주의, 민주적 형식이 부족했던 시대였죠. 근데 지금은 민주주의의 형식만 남아 있고 가치나 대의가 없습니다. 지금은 글자 그대로 민주주의라는 절차, 그리고 정치공학, 누가 이기고 지느냐 이런 것들은 너무나 명확하게 갖춰져 있어요. 이기기 위해서 그 틀 내에서 어떤 수를 써도 된다는 식의 온갖 권모술수가 난무하죠.

그 극단에 있는 것이 바로 위성정당 사태였습니다. 가치나 대의를 팽개쳐두거나 냉소하면서 법적 절차만 지키면 어떤 꼼수를 써도 괜찮다는 식의 사고방식이 거의 포르노적으로 표출된 사례였습니다. 그런 분위기가 오래 지속되다 보니까 사람들이 염증을 느끼고 모든 정치를 혐오하게 된 것이죠. '정치로는 절대 세상이 바뀌지 않는구나.' 내 고통이 줄어들지 않는다는 것을 알게 된 사람들은 정치를 극히 혐오하거나 선거에서 이기고 지는 정치공학에만 몰두하게 됩니다. 종편이나 뉴스 채널에서 사람들이 시사에 대해 떠들고 있는 것들은 정치 토론이나 공론장의 숙의가 아니라 그냥 말싸움이에요. 사람들은 싸움 구경하면서 그냥 소비하고 배설하는 거고요. 우리의 대의가 무엇인지, 정치의 비전이나 내용이 없기 때문에 경마 같은 것과 아무 차이가 없는 거죠.

강남규: 그런 게 잘 팔리니까 정치인들도 그런 것만 하려고 하고, 그런 것만 하니까 또 시민들이 그런 것만 팔아주고……. 그러니까 '토론의 즐거움'이 더 잘해야 된다!

박권일: 그런데 '토론의 즐거움'은 조회수가 이것밖에 안 나오고 '씨리얼' '오뜨밀' 조회수가 다 왜 이렇죠?

정주식: 왜냐하면 '토론의 즐거움'을 열심히 본다고 친구가 생기지 않아요.

멤버들: ㅋㅋㅋㅋㅋㅋ

정주식: 그런데 같이 김건희·이재명 욕을 하잖아요? 수백만의 친구가

한번에 생겨납니다. 사람들이 누군가를 증오하지 않고 친구를 사귀는 방법을 모르는 것 같아요.

이재훈: 중요한 말씀입니다.

정주식: 사람들에게 긍정적인 유대감·소속감을 우리 사회가 제공해주지 못하다 보니까 정치 팬덤이라고 불리는 증오 공동체에 너도 나도 가입을 하는 거예요. 누굴 같이 욕해주기만 하면 날 너무 따뜻하게 대해주니까 계속 그 따뜻함을 즐기게 되는 거죠. 그보다는 나은 우정을 만드는 방법을 우리 사회가 제공해주지 못하는 게 아닌가 싶습니다.

이재훈: 대의가 실종된 시대가 되었는데, 주식 님 말씀처럼 증오하는 행위로 누군가에게 인정받고 공동체에서 소속감을 느끼는 일들이 이어지다 보면 증오의 에너지는 더 강화되고 그런 사회적 분위기가 팽배해지다 보니까 정치인을 습격하는 돌출 행동들이 나오는 것 같습니다. 지금 당장 정치인들은 본인들의 정치공학적 이해관계를 떠나서 큰 틀에서의 공존 정치, 대의를 위한 정치, 이런 것들을 위하는 모습을 보여줘야 할 텐데요. 저는 그 시작점 중에 하나가 선거제도 개혁이 될 수도 있다는 생각입니다. 승자가 독식하는 절멸의 정치가 아니라 다양한 정치세력이 국회에 진입해서 다양한 사람들의 생각을 반영할 수 있어야 극한의 대결 정치가 종식될 수 있을 것 같아요. 그런 제도를 만드는 게 중요한 것 같습니다. 오늘 토론은 여기까지 하는 걸로 하겠습니다. 고생 많으셨습니다.

2006년 한나라당 박근혜 대표 커터칼 피습 사건의 가해자는 단지 세간의 주목을 끌기 위해 범행을 계획했던 것으로 밝혀졌다. 2007년 더불어민주당 송영길 대표를 피습한 가해자 역시 정치적 동기는 희미했다. 토론에 언급된 피습 사건 가해자들의 양상도 비슷했다. 70~80년대 망상에 시달리던 많은 정신질환자들이 안기부가 본인을 감시하고 있다고 믿었다. 2024년 심신이 불안정한 외로운 늑대들은 유명 정치인을 처단해야 할 악인이라고 믿는다. 정치인이 피해망상의 대상이 된다는 것은 어떤 의미일까?

강남규는 24시간 내내 정치 뉴스를 보는 정치 과몰입 문제를 꺼내며 종편, 정치 유튜브 등 미디어 환경이 미치는 영향에 관해 지적한다. 정주식은 이러한 과몰입이 오로지 승부의 문제에만 몰입된 가짜 정치, 즉 레알 폴리틱스 세계에 불과하다고 선을 그었다. 그들이 몰입한 것이 진짜 정치이든 가짜 정치이든 정치인을 향한 테러의 동기가 된다면 진지한 분석이 필요할 것이다. 그러나 최근의 정치 테러범들은 정치 팬덤이라는 증오 공동체에 적극적으로 참여하던 사람들로 보이지 않는다. 그렇다면 점점 격렬해지는 정치 팬덤 양상은 이 문제와 관련이 없는 것일까?

이에 대해 사회자 이재훈은 정치를 향한 증오의 에너지가 팽배한 사회적 분위기가 정치인을 습격하는 돌출 행동을 부추긴다고 종합한다. 정치의 극단화가 정치인이 피해망상의 대상이 되는 풍조와 관련이 있는지, 정치 팬덤이라는 증오 공동체가 정치 테러를 유발하는 온상이 된 건 아닌지, 이 토론에서 그것들의 상관관계는 '느낌적 느낌'으로만 설명된다. 본격적인 사회학적 연구가 필요한 대목이다.

토론이 끝나고 남는 질문들

1. '외로운 늑대'의 탄생을 막을 방법은 무엇일까?
2. 정치 팬덤을 증오 공동체로 만드는 원인은 무엇일까?
3. 같은 정치 팬덤에 가입한 사람들 사이의 유대감은 진실한 우정일까?

인구 문제를 과장함으로로써 은폐되는 것들

강남규 · 박권일 · 이재훈 · 정주식

지난해 4분기 합계출산율이 0.6퍼센트대까지 떨어졌다는 통계청 발표가 큰 충격을 줬다. 2월 28일 발표된 통계청 자료에 따르면 작년 합계출산율은 0.72명으로 직전 해의 0.78명보다 0.06명 낮아졌고 작년 4분기 합계출산율은 0.65명으로 사상 처음으로 0.6명대로 내려왔다. 이 추세대로 2072년이 되면 한국은 인구의 절반 이상이 환갑을 넘는 나라가 된다. 언론에서는 '인구 절벽' '인구 쇼크' 같은 공포스러운 단어들이 경쟁적으로 등장했고, 저출산과 반려견 증가 현상으로 개 사료 판매량이 아기 분유 판매량을 앞질렀다는 웃지 못할 보도도 나왔다. 전문가들은 이 추세대로라면 급격한 인구 감소를 견디지 못해 사회가 붕괴될 것이라는 전망을 앞다투어 내놓았다.

토론자들은 인구 감소의 심각성에 공감하면서도 한국 사회에서 이 문제가 다뤄지는 방식에 대해서는 조금씩 다른 관점을 제시한다. 한국의 인구 감소를 흑사병 시대 유럽에 비유한 외신의 우려에 대해 정주식은 오히려 흑사병 이후 나아진 노동자들의 삶에 대해 이야기한다. 강남규는 인구 부양을 강조하면서도 이민자와 혼외 출산을 냉대하는 국가의 이중성을 지적한다. 이들은 이미 태어나 있는 사람들의 고통 경감의 결과로 출산율은 자연스럽게 높아질 것이라고 입을 모은다. 그렇다면 존재하는 시민들의 고통을 어떻게 경감시킬 것인가가 인구 문제를 푸는 가장 중요한 해법이 된다.

　이 연결 과정에서 드러나는 인구 문제를 둘러싼 공동체와 개인 사이의 갈등은 이 토론을 관통하는 핵심 주제이다. 노동시간과 출산율의 관계, 현금 지원과 출산율의 관계, 국가별 혼외 출산 비율과 저출산의 관계 등이 차례로 논점으로 등장한다. 또 저출산 문제를 과잉 보도하는 보수 언론의 저의에 관한 의혹도 제기된다. 그러면서 360조 원이 투입된 대한민국 출산 장려 대책의 무상함이 드러난다. 그 돈을 쓰고도 문제를 악화시킨 책임은 누구에게 물어야 할까. 그렇게 큰 돈을 써야 한다면 우선순위를 어디다 두는 것이 효과적일까.

　토론자들은 정부의 저출산 대책의 기조를 비판하며 나름의 해법을 내놓는다. 하지만 '어떻게 인구를 늘릴 것인가'는 이 토론의 핵심 질문이 아니다. 토론이 진행될수록 이 문제가 현재 인간과 미래 인간 사이의 긴장, 사회와 개인 사이의 긴장과 같은 숫자 너머의 질문들을 던지고 있다는 사실을 알게 된다.

66

이재문: 3월 2일 '토론의 즐거움' 시작하겠습니다. 총선을 앞두고 온통 공천 관련된 뉴스만 쏟아지고 있는데요. 물론 정치가 중요하지만 너무 이 문제가 모든 한국 사회의 문제를 다 덮고 있는 것처럼 다뤄지다 보니까 정작 중요하게 여겨야 될 문제들은 잘 논의가 안 되는 상황입니다. 그 와중에도 저희가 짚어봐야 될 이슈가 하나 있었는데요. 사흘 전 통계청에서 기사가 나왔습니다. 지난해 4분기 합계출산율이 1년 전보다 0.05명 줄어서 0.65명이 됐다는 뉴스였는데요. 이 수준의 합계출산율을 계속 유지하게 되면 한국의 총 인구가 50년 뒤인 2072년에는 3천 6백만 명대로 줄어들 것으로 추산된다는 보도도 나왔습니다. 합계출산율은 여성 한 명이 평생 낳을 것으로 예상되는 평균 출생아 수인데요. 그러니까 합계출산율 0.65명이라는 건 부부 1백 쌍의 자녀 수가 65명에 불과하다는 뜻입니다. 첫 질문으로 각자가 생각하는 계속 급전직하하고 있는 인구 절벽, 출산 파업의 가장 큰 이유가 뭐라고 생각하시나요?

박권일: 출산율 0.65라고 발표되던 날, 제 카톡방에서 한목소리로 하는 얘기가 "아직도 0.6이나 된다니!" 아직도 너무 높다는 거였어요. 물론 주로 여성들입니다. 그런 반응들에서 한국 사회가 여전히 미소지니misogyny 사회라는 것을 느낄 수 있었습니다. 출산율이 당연히 사회적으로 문제인 건 맞지만 지금 이 상태로 한국 사회가 변하지 않고 쭉 갈 바에는 저는 이렇게 계속 멸종되어가는 것이 맞지 않나 하는 생각도 들어요. 예전에 쓴 칼럼

에서, 출산율이 그때는 0.7대였는데요, 이렇게 낮은 출산율은 한국의 젊은 세대가 얼마나 이성적이고 합리적인지를 보여주는 거라고 쓴 적이 있었습니다. 쇼펜하우어가 《세상의 고통에 대하여》라는 책에서 그런 얘기를 한 적이 있어요. "세상의 모든 아이들이 순수이성에 의해서 세상에 나온다면 과연 인간이라는 것이 존재할 수 있을까?" 그러니까 아이를 낳는다는 것 자체가 그만큼 비합리적인 행동이라는 얘기겠죠. 저는 지금의 한국 사회의 출산율은 이렇게 될 만했다. 그리고 더 떨어질 가능성도 있다고 봅니다.

이렇게 만든 이유가 여러 가지 있겠죠. 여론조사 기관에서 세대별로 왜 출산율이 이렇게 됐다고 생각하는지 물어보기도 합니다. 객관식 문항을 주고 거기에 대해서 답변한 내용을 정리한 것들도 몇 개 봤는데요. 최근에 본 조사 중에서 가장 답변이 많았던 게 너무 긴 노동시간이었어요. 젊은 세대들 같은 경우에 특히 이 답변이 많았고 나이 든 세대로 갈수록 젊은이들의 이기주의 때문이라는 식의 답변이 많아집니다. 저는 노동시간도 굉장히 중요한 요소라고 봅니다마는, 《한국의 능력주의》 저자답게 능력주의라는 이유를 꼽고 싶습니다. 오랜 역사적인 과정을 거쳐서 한국 사회에 정착한 능력주의적인 세계관·제도·문화 이런 것들이 결국 사람들로 하여금 삶 자체를 과도하게 경쟁에 몰아넣고 공포와 불안을 갖게 만들기 때문에 아이를 아예 낳을 생각을 못하게 된다고 봅니다.

이재훈: 네. 주식 님 어떠신가요?

정주식: 저는 이 문제에 대해서 문제의식 자체가 사실 별로 없어요. 사

람들이 '출산 파업'이라고 이야기하는데 출산을 업으로 본다는 것에 대해서 거부감이 있고요. 이걸 국가가 관리해야 될 사회문제라고 인식하는 것 자체가 개인적으로는 불쾌한 편이에요. 물론 국가를 운영하는 관료가 원인 분석을 할 수 있겠죠. 사람들한테 왜 안 낳느냐고 물어본다면 아마도 지금 자기가 겪고 있는 제일 큰 고통이 뭔지를 떠올릴 것 같아요. 당장 주거 문제로 고통받는 사람은 그것 때문에 안 낳는다고 할 것이고, 교육비 지출이 부담된다고 느끼는 사람은 그것 때문에 안 낳는다고 할 것이고, 각자의 고통을 비출산의 이유로 들 것 같은데요. 이런 설문으로 안 잡히는 이유도 있을 것 같아요.

모옌의 《개구리》라는 소설이 있어요. 중국 정부가 '계획 생육'이라는 강압적인 출산 제한을 실시하던 시대를 배경으로 산파가 주인공인데요. 국가가 출산을 장려할 때는 아이를 받는 인민영웅으로 칭송받다가 국가가 계획 생육을 실시하게 되니까 강제 낙태 시술로 활약을 하게 되는 참혹한 이야기예요. 60년대 중국 사람들은 엄청나게 고통스럽게 살았죠. 먹을거리도 없고 대기근으로 1년에 수백만 명씩 죽는 시대였고요. 이런 시대에 계획 생육이 실시됐는데 몰래 애를 낳다가 적발되면 정부에서 마을 전체를 싹 다 밀어버립니다. 연대 책임 같은 걸 물어서요. 그런 와중에도 사람들은 도망다니면서 기를 쓰고 애를 낳으려고 해요. 고통스러운 삶과 국가의 통제에도 불구하고 그 사람들이 그렇게까지 애를 낳으려고 했던 이유는 관습 때문이었어요. 아이를 낳아야 한다는, 대를 이어야 한다는 관습.

여기 모인 우리가 아이를 낳지 않은 건 그런 관습에서 어느 정도 해방된 사람들이기 때문이라고 생각해요. 만약에 우리가 20~30년대에 태어난 사람들이라면 같은 조건에서 그런 선택지를 생각하지 못했을 가능성이 크죠. 여론조사에서 왜 아이를 낳지 않느냐 물어보면 "내가 사회적 관습에서 벗어났기 때문이다" 이런 이야기는 하지 않겠죠. 우리도 분명 《개구리》 같은 시대가 있었죠. 요즘 사람들은 〈전원일기〉 같은 이야기를 그냥 사극처럼 느껴요. 대를 이어야 된다는 사회적 압력이 굉장히 높았던 시대에서 차츰 벗어나서 출산을 선택으로 생각할 수 있는 시대가 열렸어요. 보통 저출산 문제를 이야기할 때 지금 사람들의 고통의 총량이 커져서 아이를 안 낳는다는 관점이 일반적이지만 또 한편에서는 관습의 쇠퇴로 인해 출산 압력 자체가 낮아진 것도 지금 한국 사회의 저출산을 설명하는 데 중요한 요인이라고 생각합니다.

이재훈: 저도 주변에 저보다 조금 더 위 세대, 386세대들 말 들어보면 그런 얘기들을 많이 하더라고요. 우리 때는 그냥 당연히 낳아야 되는 줄 알았다, 이렇게 안 낳는 게 비정상이라고 생각했고.

박권일: 시쳇말로 '무지성'인가요? (웃음)

전통 관습의 쇠퇴는 진보진영에서 덜 중요하게 여겨지는 경향이 있다. 사회구조의 개혁에 관심이 많은 사람들에게 전통의 붕괴는 (마땅한 것이기에) 중요한 관심사가 아닌 듯하다.

이재훈: 그때는 그렇게들 생각을 하니까, 그리고 원체 또 한국 사회가 집단으로 서로를 관습으로 얽매고 있는 사회였고 출산을 하지

않으면 그 사람에게 계속 관심을 가지고 물어보죠. "왜 아기를 안 낳지?" "너네는 뭐 때문에 아이를 안 낳는 거야?" 이런 식으로 계속 얘기하니까 아이를 안 낳는 것 자체가 아주 극단적으로 비정상적인 상황이 돼버린 거고. 그냥 결혼을 하면 자연스럽게 아이를 낳아야 되는 거 아니냐, 그리고 또 아이를 낳으면 한 명이면 너무 외로우니까 또 두 명 정도는 낳아야 되는 거 아니냐, 이런 생각을 하면서 지냈던 것 같아요. 그러다 보니까 출산이 주식 님 말씀대로 선택이다, 이렇게 생각할 수 있는 여유가 없었던 것 같고 그런 부분이 제일 큰 것 같긴 한데요.

또 그런 생각은 좀 듭니다. 주식 님 말씀하신 부분 중에서 당연히 개인의 선택 문제에 대해서 대단히 국가적 과제인 것처럼 얘기하는 게 좀 과장돼 보이기는 하지만, 또 한편으로는 사회 시스템을 유지하기 위해서, 예를 들어 사회복지 시스템이나 건강보험 시스템 같은 최소한의 복지망을 유지하기 위해서 생산 가능 인구들이 고령 인구나 저연령 인구를 사회적으로 부양하는 형태로 공적 구조를 만들잖아요. 주로 20대부터 60대 정도까지 일을 하는 사람들이 월급이나 아니면 자영업으로 얻은 소득의 일부에서 세금이나 건강보험료나 국민연금을 내서 이 돈을 바탕으로 고령자나 병자들이나 장애인들이나 영유아 세대들을 양육하는 비용을 우리가 쓰거든요. 근데 한국 사회가 급변하다 보니까 갑자기 인구가 확 줄어들어 버리면 특정한 생산 가능 인구가 너무 많이 줄어서 다양한 사회복지 시스템 자체가 붕괴될 우려가 있고, 그런 측면 때문에 언론에서 인구 문제를 계속 얘기하는 거 아닌가라는 생각도 좀 있거든요.

강남규: 그리고 자영업 문제도 있는데요. 예를 들어 망원동 상권이 1만
명이 있어야 유지된다고 하면 인구가 줄어듦에 따라서 사실 자
영업들은 다 철수될 수밖에 없어요. 한국의 자영업 시장이 너
무 기형적으로 거대하잖아요. 그거를 다른 분야로 잘 이전시키
기 어렵기 때문에 인구 부양을 해서 상권을 유지해야 된다, 이
런 압박도 아마 있을 거예요.

이재문: 급격한 인구 감소 때문에 사회가 그 속도를 견디지 못하고 붕
괴되는 이런 상황에 대해서는 어떻게 보실까요?

정주식: 국가가 인구 정책을 펴기 시작한 게 국민국가가 만들어지고 나
서인데요. 국민국가 초창기에는 관료들이 상비군을 유지해야
되기 때문에, 국민국가 간에 경계선이 그어지니까 우리가 인접
국가와 전쟁이 벌어질 경우 경쟁력을 갖춰야 되기 때문에 아이
를 많이 낳아야 한다는 정책을 폈죠. 현재 부양 구조상 하부구
조를 튼튼하게 해야 되니까 아이가 필요하다는 논리가 상비군
이 필요하다는 논리와 기본적으로 다르지 않다고 봐요. 미래의
인간을 도구화시키는 태도이기 때문에 저는 비슷하게 불순하
다고 봅니다. 기본적으로 이미 태어난 사람들이 만들어낸 문제
는 그 사람들끼리 잘 상의해서 극복해야 된다고 생각해요. 그
걸 아직 안 태어난 사람들에게 전가하려는 건 불순한 발상이라
고 생각하고요. 그럼에도 불구하고 국가 관료들은 미래를 설계
해야겠죠. 다만 출산 대책을 세울 때 무슨 공산국가에서 공장
생산량 할당하듯이 계획을 짤 것이 아니라 이미 태어난 사람들
의 고통 해소라는 관점에서 접근하는 게 옳다고 봐요. 이미 태
어나 있는 사람들의 고통 경감의 결과로 출산을 이끌어낼 수

있겠죠. 아이 숫자를 계량화해서 목표로 두는 방식의 캠페인은 성공하기 어려울 거라고 봅니다.

강남규: 저는 주식 님 말씀이 되게 중요한 문제라고 생각해요. 무슨 출산율 대책 나올 때 "낳아야 한다" "너희도 낳아야 한다" 약간 이런 식으로 저희 청년들한테 강요하니까 반감부터 들고, '얘네는 나의 삶을 필요로 하는 게 아니라 나의 애를 필요로 하는 거구나'라는 인식이 너무 잘 들잖아요. 말씀하신 것처럼 "낳든 말든 너희가 알아서 하고 그냥 우리는 태어난 사람들이 행복하게 살게 해줄게"라는 사회를 만들면 청년들은 낳고 싶어할 거예요.

저도 주변 친구들에게 항상 많이 물어보거든요. "너는 애를 갖고 싶니?" 왜냐하면 난 애를 갖고 싶은 생각이 전혀 없어서요. 그래서 "낳고 싶은 마음이 있느냐?"라고 물어보는데, 의외로 낳고 싶다는 친구들이 많이 있거든요. 그렇지만 여러 환경상 안 되는 거죠. 심지어 환경상 안 되지만 이미 낳아서 키우고 있는 친구들도 있죠. 낳고 싶은 욕망이 워낙 커서 환경이 안 되지만 낳아서 키우는 거예요. 그런 거 생각하면 낳고 싶어 하는 사람들이 제법 많아 보여요. 그렇지만 욕망을 누를 수밖에 없는 환경들이 있는 거죠. 그 환경을 개선해주는 게 먼저지 "제발 낳아주세요. 낳아주세요" 이렇게 아무리 애원하고 "낳으면 돈 줄게요" 이렇게 해봤자 낳을 일은 없다고 생각합니다.

출산을 의무라고 받아들이는 세대와 선택이라고 생각하는 세대가 충돌하는 지점이다. 정책을 짜는 사람들은 대체로 전자이고 출산을 결정하는 사람들은 대체로 후자이다.

박권일: 합계출산율이 0.7이다 0.6이다, 이렇게 자꾸 수치를 부각하는데요. 사실은 숫자 자체보다는 속도가 더 중대한 문제입니다. 우리가 산업선진국가라고 부르는 나라들 대부분도 어느 시점부터 꾸준히 인구가 줄었어요. 어떤 나라는 급격하게 줄기도 하고 어떤 나라는 좀 완만하긴 하지만 대부분 후기 근대로 오며 점점 출산율은 떨어지고 사람들은 애를 안 낳는 방향으로 가고 있단 말이죠. 그거는 사실 인류 전체의 경향성입니다. 한국의 문제는 뭐냐 하면 그 경향성이 너무 극단적이고 빠르다는 거죠. 속도가 다른 나라가 상상할 수 없을 정도로 빠르다 보니까 대처할 시간도 없죠. 상당수 전문가들도 사실 수치적 목표는 적절치 않다고들 말하거든요. 15년 넘는 기간 동안 거의 수백조 원의 예산을 썼음에도 불구하고 지금…….

이재훈: 2006년부터 17년 동안 360조 원을 투입했다고 합니다.

박권일: 간접적인 비용을 다 합쳐서 그 정도 될 테지요. 그 돈을 쓰고도 안 된 거죠. 결국은 잘못된 방향으로 돈을 썼기 때문이죠. 실패한 이유는, 남규 님이 말씀하셨듯이, 지금 이미 존재하는 젊은 세대의 삶을 들여다보지 않고 숫자만 봤기 때문입니다. 지금 존재하고 있는 사람들이 행복하다면, 낳고 싶어 하는 사람들은 낳을 겁니다. 저같이 반출생주의 철학에 동의하는 사람은 안 낳겠죠. 반출생주의자들은 태어나는 것은 고통이 훨씬 크기 때문에 태어나지 않는 게 낫다는 입장입니다. 하지만 분명한 것은, 지금 존재하고 있는 사람들, 지금 살고 있는 사람들의 고통을 경감하는 방식으로 삶을 계속해서 바꾸어나가면, 다시 말해 불평등을 완화하고 존엄한 삶을 사는 사람이 대다수가 된다면

출산율은 급격하게는 아니어도 일정하게 오를 겁니다.

청년 세대는 바보가 아닙니다. 기성세대가 무엇을 원하는지 다 알고 있어요. 하지만 본인의 삶을 생각했을 때 가장 합리적인 방식을 택하는 거거든요. 물론 1억 원 준다고 하면 낳을 사람은 낳겠죠. 이른바 헝가리 모델입니다. 헝가리 같은 나라들이 출산자들을 대상으로 해서 돈을 쏟아붓는 방식으로 수치상 출산율을 끌어올렸기 때문에 지금 민주당과 국민의힘이 모두 이런 방식의 출산율 제고 정책을 자꾸 도입하려 합니다. 사실 이건 한계가 있습니다. 한국 사회가 이미 돈 때문에만 살아가는 사회가 아니거든요. 한국은 헝가리보다 경제적으로 잘사는 사회이고 훨씬 민주적인 나라입니다. 돈을 아무리 준다고 해도 애를 낳기 싫어하는 사람들은 안 낳거든요. 아이를 낳을지 고민하는 사람도 순전히 돈 때문에 그런 결정을 하진 않습니다. 애를 낳을 수 있는 사회적인, 종합적인 여건을 보는 거죠. 그런 부분들에 대해서 정치가들이 장기적인 플랜을 짤 만한 자세가 되어 있는가, 인식이 제대로 박혀 있는가 물어보면 저는 아니라고 봐요.

노골적으로 얘기하면 그들은 시민을 가축으로 보니까 돈 많이 주면 사람들이 출산을 더 많이 할 것이라는 식의 굉장히 즉자적이고 단편적인 논리로 정책을 만드는 거예요. 저는 지금처럼 정치가 정신 못 차리고 헝가리 모델이나 따라 하다가는 출산율 0.6은 당연히 돌파할 것이고 0.5까지 내려갈 거라고 예상합니다.

강남규: 저희 단지는 정말 애들이 많거든요. 제가 LH 공공임대랑 공공

분양이랑 섞여 있는 아파트 단지에 살잖아요. 거기는 정말 애들이 많아요. 일단은 분양 세대가 훨씬 더 많은데 분양이 5백 세대, 임대가 250세대, 다들 집을 구한 상태라는 거죠. 임대 세대도 6년이 보장되고 애를 낳으면 10년까지 보장되거든요. 분양은 말할 것도 없고. 집이 일단 구해졌으니까 환경 요인 하나가 해소되었죠. 고양시에 있는 LH 행복주택을 구하려면 고양시에 오래 살수록 청약 조건이 좋아져요. 바꿔 말하면 고양시에서 어릴 적부터 살았던 사람들이고, 다시 말해서 부모들이 고양시에 있는 사람들이라는 뜻이에요. 언제든 애를 돌봐주러 와주는 부모들이 바로 근처에 있다는 거. 그러니까 양육을 해결할 수 있고, 주거가 해결되었으니까 애를 낳는 거죠. 그게 너무 자연스럽게 보이더라고요. 그런 것들을 잘 해결해주면 애를 낳을 사람은 낳을 것이다. 저는 이번 단지에 한 2~3년 살면서 너무 잘 느꼈어요.

이재훈: 어떤 수치를 목표로 하지 않는다고 하더라도 예를 들어서 아이를 낳는 가정에 상대적인 혜택을 준다든지, 임대주택은 원래 기간이 6년인데 10년을 준다든지 이런 상대적인 혜택을 주는 정책 자체는 필요하다고 보시는 건가요?

강남규: 그게 약간 애매한 것 같아요. 똑같이 애를 둘, 셋 키우고 있어도 청약에서 될지 안 될지 모르는 상황인 거잖아요. 그건 불확실한 상황인 거죠. 주거가 일단 주어지면 애를 낳는다? 이거는 저는 명확한 개연성이라고 생각하지만, 애를 더 낳아야 청약에서 이길 수 있다? 이걸로 애를 낳고 싶은 마음을 갖게 될까에 대해서는 사실 저는 부정적인 것 같아요. 근데 주변에 공공기관이

나 되게 안정적인 직장을 다니는 사람들은 그런 식으로 플랜을 짜더라고요. 애를 몇 연도까지 두 명, 세 명을 낳아서 청약을 넣고 분양을 얻는다, 이런 플랜을 갖고서 살아가는 사람들이 공공기관 직원들 중에는 있어요. 왜냐하면 이분들은 직장 자체가 안정화돼 있고 소득이 안정화돼 있기 때문에 사실 그 청약 정책에서 실패해도 어쨌든 주거를 안정적으로 가져갈 수 있는 조건이란 말이죠. 그렇기 때문에 일종의 애를 낳고 보자는 베팅을 할 수가 있는데, 그게 아닌 사람들은 이 베팅에 들어갈 동력이 없죠.

이재훈 : 최근에 오타니가 결혼 발표를 했잖아요. 오타니가 근데 만다라트인가 무슨 인생 계획표에 스물여덟에 장남을 낳고 이런 계획들이 다 있더라고요. 인생 계획을 저렇게까지 다 짜놓고 살면 얼마나 재미없고 무미건조할까.

박권일 : 너무 이상한 인간 아니에요? (웃음) 쓰레기를 주우면 자기한테 운이 돌아와서 그게 도움이 될 거라고 만다라트에 적어놨는데 그거 보고 약간 이상한 사람이라고 생각했던 기억이 나요.

강남규 : 그거는 근데 저희 K리그 수원삼성 팬들도 갖고 있는 마인드 중에 하나입니다. (웃음) 작년에 강등 얼마 앞두고서 우리가 업보를 청산하고 선행을 쌓아야 우리 수원삼성의 잔류로 돌아올 거다, 하면서.

박권일 : 칸트가 보면 질색할지 몰라요. 아니 보상을 바라고 선행을 한다고?

강남규 : 그래서 강등당한 것 같아요.

멤버들 : ㅋㅋㅋㅋㅋㅋ

박권일: 또 한편으로 저는 금전 살포로 출산율을 제고하려는 헝가리 모델이 결국은 자식을 낳지 않거나 낳지 못하는 사람들한테 역차별 논란을 반드시 불러올 것이라고 예상합니다. 출산에 대한 현금보상은 결과적으로는 반민주주의적인 방식이에요. 아이를 낳든 안 낳든 모든 시민들은 평등합니다. 자식을 낳았다고 1억씩 주면서, 1인 가구로 자식 없이 혼자 사는 사람들이나 노인들은 내팽개쳐 둔다면 그게 무슨 민주주의 사회고 공화국인가요. 좀 생각을 하고 정책을 만들라고 말하고 싶습니다.

정주식: 실제로 최근 영국 보수당에서 출산자들에 대한 현금 지원 정책을 폐지하자고 주장하고 있어요. 그걸 주장하는 사람들은 대개 미혼모를 문제 삼아요. 미혼모들이 현금 지원을 바라고 소위 '출산 테크'를 한다는 거죠. 애를 낳으면 바로 돈을 주니까 그런 식으로 미혼모들이 한몫 잡는 게 불편하다는 건데요. 물론 미혼모에 대한 차별적인 공격이긴 한데 어쨌든 그런 식으로 사람들의 박탈감이 이미 정치 쟁점화되고 있다고 합니다. 거기도 시작은 한국처럼 애를 안 낳으니까 신혼부부들에게 도움을 좀 주면 더 낳지 않을까 하는 선의의 아이디어였는데 막상 거액의 보상을 받아가는 사람들을 주변에서 보니까 사람들의 반감이 생겨났다는 거죠.

　출산과 여러 사회문제 간의 상관관계가 명쾌하게 증명된 연구는 없다고 해요. 저출산의 원인 분석도 각 나라마다 다 다르고요. 집값이 비싼 영국에서는 주거 문제 때문이다, 복지국가 프랑스에서는 복지 후퇴 때문이다, 개인주의 문화가 강한 미국에서는 MZ세대가 섹스를 안 해서 그렇다는 거예요. 뭐 하나 상관관계가 제대로 증명된 게 없는데 그나마 유의미하게 상관관계가 드러난 것이 비혼 출산과의 상관관계예요.

옌신 청이라는 대만 학자가 쓴 국가별 비혼 출산 비율과 저출산의 관계를 분석한 논문이 있어요. 유교 문화와 저출산의 상관관계를 분석했는데 유교 문화에서는 미혼모와 비혼 출산에 대한 엄청난 사회적 차별이 있어서 비혼 출산이 상당히 억압돼 있고 그렇지 않은 서구에서는 비혼 출산 비율이 높게 나타난다는 거죠. 보통 서구 문화에서는 30퍼센트대 정도의 비혼 출산이 있고 프랑스 같은 나라에서는 인구의 절반이 비혼 가정에서 태어나는 데 비해 한국은 경우에 비혼 출산 비율이 2퍼센트 미만이거든요. 극단적으로 낮아요. 국가별 경향을 분석해봤더니 비혼 출산 비율과 출산율 저하 그래프가 거의 일치했어요. 우리보다 빠르게 저출산 문제를 겪었던 서구에서는 오히려 저출산 문제가 완화되고 있다고 해요.

강남규: 애를 낳는 거를 국가가 도구화한다, 물화한다고 말씀하셨잖아요. 거기에 하나 더해서 정상가족에 대한 국가의 이념성, 혹은 민족주의 이런 것들이 또 거기 함께 담기면서 그 정책의 목표 자체가 달성이 안 되는 거죠. 인구를 부양하는 것, 그리고 산업구조를 안정화시키고 국가의 부양 구조를 안정화시키는 것이 가장 큰 목표라고 하면 이주민을 들이고 비혼모의 출산을 돕고 성소수자 부부들이 아이를 입양해서 키울 수 있게 해주면 되는 거잖아요. 그렇게 안 하잖아요. 거기서 오는 분명한 정책적인 충돌들이 있는 것 같고 이도 저도 아니게 되는 거죠. 저도 가끔 그냥 그런 실없는 생각을 하는데 17년간 360조? 그 예산을 전

부 다 예를 들어 노동 정책에 투자했거나 아니면 주거 정책에 투자했다면 결과가 어떻게 달라졌을지 많이 궁금해요.

강남규는 인구 부양의 중요성을 주장하면서도 이주민, 비혼 출산, 노동·주거 문제 개선에는 냉담한 국가의 모순에 대해 말하고 있다. 그대로 대한민국을 설명한다면 인구는 늘리고 싶지만 인종주의와 가부장제, 빈부격차는 포기하지 못하는 괴물 같은 국가가 된다.

이재훈 : 그렇죠. 예산을 어떻게 쓸 것이냐가 중요한 게, 이 정책이 2006년부터 시작된 거니까 아마 수없이 많은 정책들이 다른 방향으로 또 다른 형태로 나왔을 거고 또 정부가 바뀔 때마다 기조가 바뀌었을 거예요. 그런 측면에서 아까 권일 님 말씀하신 일관된 장기 플랜을 가지고 움직이는 것이 아니라 단기간의 성과 눈에 띄는 성과에만 집착해서 어떤 특정한 예산을 투입했다가 실패하고 실패하고 실패한 것들이 반복해서 쌓인 금액이 아마 360조가 된 것이죠.

강남규 : 노동 문제만 해도 출산을 방해하는 요인이 한두 가지가 아니잖아요. 여성 같은 경우에는 경력 단절 문제, 애를 낳고 싶은 욕망만큼이나 커리어를 이어가고 싶은 욕망도 같이 있는 거죠. 저임금이라서 애를 못 낳는 문제도 있을 거고 노동시간이 너무 길어서 애를 못 낳을 수도 있고 고용 불안정, 애를 낳았다가 언젠가 해고가 됐을 때 어떻게 해야지? 하는 불안정도 있는 거고요. 노동만 봐도 이렇게 여러 가지 요인들이 섞여 있고, 주거만 봐도 또 여러 가지 문제들이 섞여 있는데, 저출산 대책은 그것

들을 되게 흐린 눈으로 추상화해서 바라본단 말이죠. 그런 부분들이 문제인 거 같아요. 그래서 결국은 좋은 사회에서 안정적인 출산이 되는 거죠. 출산만 이렇게 열심히 장려하고, 좋은 사회가 될까에 대해서는 전혀 생각을 못 하는 것 아닌가.

이재훈: 최근에 윤석열 정부에서 오후 8시까지 학교에서 아이들을 돌봐주는 늘봄학교 정책을 발표했는데 의외로 발표 당시에는 반응이 되게 좋았어요. 그런데 또 내밀한 얘기들을 들어보니까 결국은 8시까지 돌봐준다고 하는 거는 노동시간을 그대로 유지한 상태에서 아이들을 돌봐줄 수 있다는 뜻이잖아요. 노동시간을 줄일 생각은 없으면서 저출산 상태를 해결하려고 늘봄학교를 만든 거 아니냐는 비판이 나오고 있어요. 또 한편으로는 그런 상황에 놓인 부모들이 아이들을 늘봄학교나 이런 데 맡기다 보면 늘 특정한 아이들만 마지막에 남게 되죠. 계속 연락이 온대요, 엄마한테. "아이가 지금 한두 명밖에 안 남아서 혼자 있을 때 되게 외로워 보인다. 빨리 데려가는 게 어떻겠느냐" 이런 식으로요. 그러면 그 부모들은 8시까지 시간이 정해져 있어도 그때까지 못 맡기는 거죠. 그런 상황들이 계속 있으니까, 결국은 말씀하신 대로 노동시간을 줄이고 퇴근을 빨리 하게 만들어야 육아를 할 수 있는 조건이 되는 건데 그냥 돌봄 시간만 늘려서는 되는 게 아니다, 이런 얘기를 하더라고요.

강남규: 애를 직접 돌보는 보람과 애와 시간을 가짐으로써 갖는 교감 때문에 출산하고 싶은 욕망이 생기는 거지, "애를 돌볼 시간이 없으니까 길게 길게 돌봐줄 거고 너는 애를 찾아가기만 해" 그러면 누가 애를 낳겠냐고요.

정주식: 그거는 공산주의식 탁아소 아닌가요.

박권일: 주식 님이 언급하신 대만 학자가 쓴 논문을 저도 읽어봤어요. 기사로 소개가 많이 돼서 직접 찾아서 읽었습니다. 흥미롭고 유익한데, 좀 유교 환원주의적인 데가 있더라고요. 특히 동아시아 이슈에 대해 유교 문화 때문이라고 서술하는 논문을 서구 학계가 참 좋아하는 경향이 있어요. 저는 그런 의문이 들더라고요. 그렇게 따지면 사실은 가톨릭 문화권이 혼전 순결을 훨씬 더 강조하고 혼외 출산에 억압적인 문화인데, 가톨릭 국가는 출산율이 한국이나 대만보다 훨씬 높은 편이거든요. 유교 문화 때문이다, 뭐 때문이다, 이렇게 환원하기에는 출생이라는 문제는 너무 고차방정식입니다. 이유들을 하나로 환원할 수가 없어요.

예를 들어 한국은 노동 관행이 너무나 처참해서 일하다가 사람들이 다 번아웃돼버리기 때문에 아이들과 같이 교감하고 같이 놀고 하는 그런 짬을 내는 것 자체가 힘들어요. 젊은 사람들은 아이를 낳기 전에 이미 다 간접적으로 보고 들은 게 있어서 아는 거예요. 결혼도 하기 전에 본인의 미래가 그려지기 때문에 사실은 낳지 않는 거거든요. 지금 생존 자체가 고민인데 어떻게 아이를 낳고 그 가족을 이루겠습니까. 그런 부분들을 봤을 때 사실은 어떤 원인 하나로 딱 집을 수는 없는 것 같아요. 한국은 사람을 갈아넣는 문화, 이념적으로는 능력주의, 이런 것들이 출산율을 이 지경으로 만든 것이라고 봅니다.

얼마 전에 무슨 조사를 보니까 한국 청년들의 성욕이 역대 최저라고 하더라고요. 가장 성욕이 왕성한 20대 남성·여성을 대상으로 설문조사를 했는데 다른 세대에 비해 실제 성관계만이 아니라 욕망 자체가 확연히 낮아요. 과장하면 거의 무성애자에 가까운 수준인 거예요. 이것도 다 관련이 있는 현상 아닐까 해요. 중요한 것은 결국 애를 낳든 안 낳든 한 사람이 살든 여러 사람이 살든 개개인 시민들이 행복해야 한다는 점이에요. 출산은 나중 일이에요. 출산율에 초점을 맞추면 맞출수록 계속 과녁에서 빗나갈 겁니다.

이재훈: 인간이 존재 자체만으로 고통이라면서요? (웃음)

박권일: 저는 존재하지 않는 것이 존재하는 것보다 언제나 더 낫다는 입장이지만, 이미 존재했다면 그 존재하는 사람들을 자살하라고 얘기하지는 않거든요. 반출생주의 철학의 기수인 데이비드 베너타 같은 사람들도 이미 태어났다면 그대로 살라고 얘기하거든요. 게다가 가급적 행복하게 살라고 얘기해요. 그 사람도 그렇게 악독한 사람은 아니에요. 쇼펜하우어도 당시 평균 수명에 비해서 굉장히 장수했어요. 인류 최강으로 염세적인 사람이 그렇게나 오래 살았단 말이죠. 그러니까 이미 태어난 마당에는 자살을 할 게 아니라 고통을 줄이면서 살 필요가 있다는 거죠.

강남규: 한창 커리어를 쌓아가는 여성 입장에서 봤을 때도 행복한 모델이 안 보이는 거죠. 결혼을 해서 전업주부가 되었어요. 남편의 외벌이가 소득 수준이 높지 않아요. 그런 집안의 전업주부는 정말 괴로운 삶을 살겠죠. 예를 들어 〈고딩 엄빠〉라든지 그런 예능에서 많이 보이잖아요. 근데 부잣집이랑 결혼해서 전업주부로 사는 친구도 한창 커리어를 쌓아가는 여성 입장에서는 그렇게 막 행복하기만 한 모델은 또 아닌 거죠. 애를 돌보느라 외

146

부 활동을 못하게 되고 여러 가지 커리어를 쌓을 수 있는 경로도 끊겨 있고, 그런 모습이 좋아 보일 리 없죠. 그렇다고 커리어를 이어가면서 아이를 낳은 사람의 모습은 행복한가? 노동시간이 너무 길어서 애를 돌보랴 회사에서 치이랴 고생하는 모습을 보잖아요. 결국 노동시간을 줄이면서 아이도 돌보고 안정적으로 커리어를 이어나가는 여성 모델이 있어야만 '저 길을 가면 행복하겠구나' 하는 설계가 되는데 그걸 볼 수 없는 상황이라는 거죠.

이재훈: 노동을 할 수 있는 생산 가능 인구가 지금은 너무 많으니까 보통 회사나 갑질하는 회사들을 보면 늘 그런 얘기들 하잖아요. "너 말고도 일할 사람은 많아." 그런데 일할 사람이 줄어들면 그만큼 노동에 대한 존중이 늘어나지 않을까라는 예측을 하기도 해요. 뭐냐 하면 최근에 일본에서 보도가 나왔는데요. 일본 사회가 2010년대에 들어와서 노동 인구가 급격히 줄면서 일본 청년들의 취업난이 자연스럽게 해결되는 과정들을 겪었다고 해요. 그래서 오히려 일본 청년층은 지금 기업에 지원만 해도 쉽게 취직이 되는 상황으로 가고 있고, 그러다 보니까 오히려 지금 '오야카쿠'라는 현상이 발생하고 있다고 합니다. 이게 뭐냐 하면 일본 기업들이 입사가 내정된 사람들의 부모에게 입사를 허락받는 현상이 생겼대요. '오야'가 부모라는 뜻이고 '카쿠'가 확인이라는 뜻인데 그러니까 입사를 하게 되면 부모들한테 가서 도장 같은 걸 받는대요. "당신 자식이 입사하게 됐으니까 이 자식이 우리 일을 잘하게 만들고 돌보겠다. 그러니까 입사를 허락해달라"라고 부탁하는 현상들이 생긴다는 거예요. 생산

가능 인구가 줄어드니까 이런 현상이 생기는 거고 한국도 아마 조만간 그렇게 되지 않겠느냐. 그렇게 치면은 차라리 생산 가능 인구를 줄이면 노동에 대한 존중이 늘어나지 않겠느냐, 이런 얘기를 하는 분들도 계세요.

정주식: 페스트로 인구의 3분의 1이 증발했던 중세 유럽에서도 비슷한 일이 일어났어요. 《캘리번과 마녀》라는 책에 중세 유럽 농노들의 삶을 기록한 사료들이 나오는데요. 페스트 전후에 농노들의 드라마틱한 삶의 변화를 설명하는데 일단 농노와 영주 사이의 권력 관계가 뒤바뀌었다는 거예요. 페스트 전에 농노는 말 그대로 노예와 같은 비참한 삶이었고 영주가 하라는 대로 일하지 않으면 굶어 죽어야 하는 상황이었는데 노동인구가 급감하고 나서는 노동력이 귀해지니까 오히려 농노들이 영주에게 유리한 노동 조건을 요구할 수 있었던 거죠. 식탁에 올라오는 음식 묘사가 나오는데 피죽도 못 먹던 농노들이 페스트 이후에는 풍성한 음식을 먹었다고 해요. 저자의 주장에 따르면 페스트로 인한 인구 급감이 유럽 프로레타리아들의 해방을 이끌어냈다고까지 묘사를 하는데요. 2차 세계대전 직후에 일본에서도 이와 비슷한 일이 일어났다고 해요. 남자들이 다 죽어나가서 노동인력이 우대받는 문화가 생겼다는 거죠. 꼭 그런 역사 사례들이 아니어도 노동자들이 사회적으로 존중받지 못하는 이유들이 인구 변화로 상당 부분 사라질 것이라는 전망을 해볼 수 있죠. 그래서 인구가 안 태어나는 게 좋다는 주장을 하려는 건 아니지만 저출산에 대한 공포가 지나치게 과장되지 않나 하는 생각이 들긴 해요.

인구 부양론자들은 개체가 늘어야 사회가 안정된다고 말한다. 정주식은 개체의 수와 개체의 행복이 꼭 일치하는 건 아니라고 말하고 있다. 사회의 안정과 개인의 행복이 대립할 때 무엇을 우선에 두어야 할까.

박권일 : 저는 한국이 일본과 다를 수도 있다고 생각합니다. 한 20년 전쯤에 이민 정책 기사를 쓰면서 관련된 논문들을 살펴본 적이 있어요. 우파 경제학자들이나 이민 전문가들이 그때 이미 했던 얘기를 보면, 이 추세로 가다 보면 출산율이 굉장히 떨어지고 노동력이 부족할 것이기 때문에 이민 정책 전환을 고민해야 된다고 했어요. 그러면서 지금 노동자들은 너무 많은 임금을 받고 있기 때문에 돈을 더 올려줄 수는 없다, 그러면 기업들이 다 망하니까 싼값에 쓸 수 있는 외국 인력들을 어떻게든 많이 들여와서 써야 된다고 얘기해요. 지금으로 치면 조정훈 씨 같은 사람들이 이중임금제를 도입해서 동남아 가사도우미를 들여오자고 하는 식의 주장을 이미 그때부터 했던 겁니다. 일본의 지금 청년 세대들이 과거에 비해서 취업도 잘 되고 높은 임금을 받으면서 회사를 골라 갈 수 있는 것은 일본이 여전히 굉장히 경직된 방식으로 이민 정책을 운영하고 있기 때문이에요. 근데 한국이 과연 일본의 전철을 따라서 그렇게 갈 것인가? 저는 한국의 저질 자본가들과 신자유주의에 경도된 정치가들이 그렇게 할 것 같지 않거든요. 그들은 기업을 살리고 한국 청년들을 다 죽이는 방식으로 갈 가능성이 매우 높습니다. 그래서 일본과는 좀 다르지 않을까라는 생각을 해봅니다.

이재훈 : 이미 국민의힘에서도 이민 정책 관련해서 특정한 노동력이 떨

어지는 쪽에 동남아 인구들을 많이 받아서 거기에 저임금 노동을 활용하면 될 것이라는 얘기들을 하고 있기 때문에 일본하고는 말씀하신 대로 상당히 다를 것 같기도 하고요.

박권일: 그냥 한마디로 얘기할게요. '멸종이냐 평등이냐' 중에서 택하라고 하면 한국의 우파들, 정책 결정자들은 멸종을 택하지 평등을 택하지 않아요.

강남규: 아까 페스트 얘기하실 때 생각났던 이슈가 르완다가 세계적으로 성평등이 제일 잘된 나라 중 하나라고 해요. 아프리카에서 드물게 성 격차 지수가 2019년 세계경제포럼 조사에서 9위였대요.

이재훈: 그 나라가 국회의원의 절반이 여성인데 그거를 제도적으로 강제했습니다.

강남규: 맞아요. 여성이 60퍼센트대예요. 2020년 기준으로 할당제는 30퍼센트인데 실제로는 60퍼센트. 이렇게 된 배경을 살펴보면 90년대 초반에 집단 학살이 있었어요. 부족 간 학살이 있었는데 그때 남성들이 너무 많이 죽어서 성비가 여성 70퍼센트 남성 30퍼센트, 그렇게 되다 보니까 여성이 상대적으로 너무나 중요해진 거죠. 사회 전체적으로 여성의 일할 권리가 중요해지고, 여성이 일을 하고 또 애를 낳을 수 있어야 사회가 다시 복원되니까 이런 것들이 아주 잘 보장된 거예요. 그러다 보니까 이렇게 성평등한 나라가 되었다, 이런 얘기들이 있더라고요. 결국 말씀하신 것처럼 조금 더 엎어지면 나아질 수도 있겠다 싶으면서도 권일 님 말씀하신 것처럼 멸종과 평등이 있으면 멸종을 택하는 나라에서 어느 방향으로 갈지, 참 이게 두고 봐야 알

것 같아요.

정주식 : 사회구조상 젊은 사람들이 안 태어나서 노년층 부양이 힘들 것이라는 전망이 맞다면 젊은 사람들이 많던 시절의 노인들은 풍요로운 삶을 살아야겠죠. 과연 그랬는가 의문이 들고요. 다시 말씀드리지만 기본적으로 이미 태어난 사람들의 문제는 태어난 사람들끼리 잘 상의해서 해결하는 게 맞다고 봐요.

이재문 : 두 가지 생각이 드는데요. 하나는 베이비붐 세대들이 한참 생산 가능 인구로 뛸 때, 그때는 우리 사회에 그런 복지제도 자체가 없었죠. 건강보험도 그렇게까지 탄탄하게 구성되지 않았기 때문에 노년층들도 상당히 힘들었어요. 물론 지금도 여전히 힘듭니다. 우리 노인 빈곤율이 거의 세계 1위니까요. 그나마 그래도 이런 복지 시스템을 1990년대 후반 2000년대 초반 이렇게 만들어가지고 그걸 제대로 굴려보려고 하는데 생산 가능 인구가 확 줄어드니까 그런 말씀이 나오는 것 같고요. 또 다른 한 측면에서는 국민연금에 대해서 위기론 계속 얘기하잖아요. 국민연금 고갈론·위기론에 대해 또 특정한 학자는 그런 얘기도 해요. "아니, 우리 한국이 지금 GDP가 얼만데 국민연금이 고갈된다고 떠드냐, 세금만 걷어가지고 국민연금이 돌아가는 줄 아느냐, 이미 연금 규모가 커서 연금으로 굴릴 수 있는 여러 가지 자금들을 생각하면 그렇게까지 쉽게 연금 고갈 안 된다, 너무 위기가 과장돼 있다."

　주식 님 말씀대로 이 두 가지 측면이 다 있는 것 같고, 위기를 과장하는 사람들의 얘기에 너무 그렇게까지 대응할 필요는 없다고 생각합니다. 하지만 하나의 복지 시스템을 구축하는 과정에서 그런 우려들이 있는 게 사실이고, 그 우려들을 어떻게 해결할 것인가에 대한 고민을 진보도 같이 하는 게 맞지 않을까. 왜냐하면 그저 한 개인의 행복지수 등을 높이는 것도 중요하지만, 사람들이 서로서로 건강하게 나름 일을 할 수 있고, 일하는 사람들이 다른 약자들을 부양할 수 있는 시스템을 구축하는 것이 결국은 사회의 공공 영역을 만들어가는 데 있어서 핵심적인 테마가 아닌가 싶어서요.

정주식: 동의하면서, 한국 사회에서는 그 앞에 전제가 하나 더 필요한 것 같아요. 우리나라 노인들, 약자들이 불행한 이유가 인구수가 모자라서인가요? 인구수가 부족해서 사회복지 비용 충당이 안 되는 걸까요? 이런 질문을 할 수밖에 없어요. 누구한테 거둬서 어떻게 나눌 것인가에 대한 문제를 단순히 머릿수의 문제로 환원하는 것은 또 다른 은폐라고 생각해요. 한국의 사회 재분배 방식을 생각할 때 머릿수가 부족해서 가난한 사람들이 가난한 게 아니라는 거죠. 충분히 정의로운 방식으로 재벌·고소득층에게서 재원을 확보한 뒤에도 인구의 절대 부족으로 재원이 부족하다면 모두가 합심해서 인구문제를 고민해야겠죠. 그런데 지금 한국의 재분배 구조가 그런 식으로 되어 있냐는 거예요.

과연 인구가 부족해서 사람들이 불행한가요? 저의 이 의심을 보수 언론들이 매일 확인시켜줍니다. 인구 소멸 관련 보도에서 가장 극단적으로 공포심을 조장하는 매체가 《조선일보》예요. 《조선일보》의 인구 관련 기사들을 보면 거의 SF물에 나오는 디스토피아처럼 묘사하더라고요. 한국의 미래는 20XX년에 끝장난다고 단언하는 식으로 써요. 저 신문의 다른 스트레이트 기사에서 그런 묘사가 들어가는 경우는 없습니다. 그들이 언제부터 복지 재원 마련에 그렇게 열성적이었는지 의문이고 요. 그럴수록 인구문제를 과장함으로써 은폐되는 불평등 구조 문제를 이야기해야 된다고 생각해요.

정주식은 사회변혁을 불편해하는 보수진영이 의도적으로 인구문제를 과장하고 있다는 의혹을 제기한다. 대체로 보수진영이 인구문제에 예민한 것이 사실이라 해도 그러한 의도가 개입돼 있다는 근거는 빈약해 보인다.

강남규: 다른 얘기지만 한편으로 그런 생각도 들어요. 우리가 인구를 다시 회복하는 정책을 펴는 것도 중요하긴 한데 줄어든 인구에 맞게 이 사회를 다시 재편하는 데도 고민을 많이 해야 되지 않을까 싶어요. 이루어지지 않을 희망에만 매달리느라 정작 현실에서 해결해야 할 문제들을 해결하지 못하고 있는 거 아닌가.

박권일: 최근에 '심층 적응'이라는 표현을 많이 쓰기 시작합니다. 보통 기후문제 연구하거나 생태학 하시는 분들이에요. 영어로 deep adaptation이죠. 이미 우리는 파국을 피할 수 없다는 거예요. 파국은 닥쳐왔고 피하거나 되돌릴 수 있는 방법은 없다는 거죠. 그렇다면 우리는 그 파국의 여파들이 약자들한테 비교적 덜 집중되도록, 고르게 나누어서 부담되도록 제도와 문화를 같이 만들어가며 적응해나가야 한다는 거예요. 일리가 있는 이야기라고 생각해요. 지금 우리는 인구만이 아니라 모든 분야에서 파국을 앞두고 있다고 느끼잖아요. 그 파국에서 가장 고통받는 사람들이 누구인가? 그 사람들과 우리 자신을 어떻게 같이 돌

153

보면서 살아갈 것인가? 이런 질문을 던져볼 필요가 있습니다. 그리고 이런 질문이 저는 심층 적응이라는 말에 들어 있다고 생각해요. 출산율, 인구문제에서도 우리가 몇까지 수치를 올리 느 데만 애쓰던 차원에서 벗어나 이미 줄어든 인구 속에서 어 떻게 서로를 돌볼 것인가를 고민해야 합니다. 그게 바로 심층 적응이기도 합니다.

이재훈: 그렇습니다. 기성 언론들에서 볼 수 없는 이야기들을 해보고 싶었는데 마지막쯤에 와서 그런 얘기들이 나와서 좋았고요. 우 리가 숫자를 넘어서는, 국가주의적인 생각들을 넘어서는 상상 들을 좀 해봐야 미래 사회에 맞춤한 시스템을 구축해갈 수 있 지 않을까 생각하면서 오늘 토론을 종료하도록 하겠습니다. 모 두 고생 많으셨습니다.

99

인구 증가와 개인의 행복이 비례하지 않는다는 지적은 인구문제를 둘러싼 사회와 개인 사이의 긴장을 드러낸다. 대체로 한국 정부의 저출산 대책은 아이가 필요하니 국민의 삶의 조건을 바꾸겠다는 것이다. 토론자들은 삶의 조건이 달라져야 아이를 낳을 거라고 주장한다. 동어반복처럼 들리지만 두 관점에는 무엇을 앞에 두느냐의 차이가 있다. 정부는 출산율이 높아져야 사회가 안정된다는 기본 입장을 갖는다. 풀어서 말하면 미래의 인간을 도구 삼아 현재 인간에게 다가올 불행을 막겠다는 논리다. 예산 360조 원을 쓰고 나서야 알게 된 것은 사람들은 그런 논리에 따라 출산을 선택하지 않는다는 것이다. 토론자들의 대안을 거칠게 요약하면 인간에 대한 존중이다. 현재의 인간을 존중하지 않는 사회에서 미래의 인간은 태어나지 않는다.

인구 공포가 과장되었다는 비판은 도발적이다. 인구문제가 불평등 구조의 알리바이가 된다면 인구 정책은 하나의 이데올로기가 된다. 하지만 이런 주장을 강조하기 위해 사회 부양 시스템 문제를 과소평가한 것 아니냐는 지적이 나올 수 있다. 박권일은 과도한 경쟁으로 몰아넣는 능력주의 이데올로기 문제를, 강남규는 출산 욕구를 억압하는 노동시간 문제를, 정주식은 인구문제 뒤에 은폐된 불평등 구조 문제를 지적한다. 이것들은 출산 대책이 아니더라도 토론자들이 평소 마땅히 해결되어야 한다고 믿는 주장들이다. 그렇게 본다면 인구문제에 기존 본인들의 주장을 관성대로 덮어쓰기하고 있는 것은 아닌지 의심스럽다. 한국의 출산율이 단기간에 반등할 가능성은 없어 보인다. 인구문제가 정말 과장된 공포인지 현실적 위협인지 우리는 머지 않은 장래에 알게 될 것이다.

토론이 끝나고 남는 질문들

1. 가장 효과적인 인구 부양 대책은 무엇일까?
2. 왜 보수 언론들이 인구문제 보도에 더 적극적일까?
3. 개체를 늘리고 싶은 욕망은 사회적 욕망일까, 생물학적 본능일까?

카리나는
몇 살부터 연애하면
됩니까?

강남규 · 박권일 · 이재훈 · 정주식

3월 4일 에스엠엔터테인먼트 사옥 앞에 시위 트럭이 나타났다. 트럭 전광판에는 '카리나, 팬이 너에게 주는 사랑이 부족한가? 당신은 왜 팬을 배신하기로 했나? 직접 사과해달라. 그렇지 않으면 하락한 앨범 판매량과 텅 빈 콘서트 좌석을 보게 될 것'이라는 경고 문구와 '당신이 직접 당신의 진로를 망쳤다. 당신의 모든 노력이 연애 소문으로 인해 부정되고 있다. 당신은 만족하냐'는 비난 문구가 적혀 있었다. 팬들이 분노한 이유는 걸 그룹 에스파의 멤버 카리나와 배우 이재욱의 교제 사실이 드러났기 때문이다. 트럭 시위 다음 날 밤 카리나는 자신의 SNS 계정에 한 장의 사과문을 올렸다. 사과문에서 카리나는 '그동안 저를 응원해준 마이들이 얼마나 실망했을지 그리고 우리가 같이 나눈 이야기들을 떠올리며 속상해하고 있다는 것도 잘 알고 있다'면서 '그 마음을 저도 너무 알기 때문에 더 미안한 마음이 든다. 이 마음이 조금이나마 전해졌으면 하는 마음에 편지를 쓰게 됐다'고 했다. 결국 분노한 팬들의 트럭 시위는 하루 만에 카리나가 자필 사과문을 게재하는 결말을 맺었다. 영국 BBC는 이 사건에 대해 '분노한 팬들이 자신을 배신했다며 비난하자 K팝 스타는 비굴한 사과문을 발표했다'며 '한국의 스타들은 압박감이 크기로 악명 높은 산업에 종사하고 있다'고 보도했다.

지난 1월에는 또 다른 아이돌 그룹 뉴진스의 멤버 민지가 '칼국수 발언'에 대해 사과글을 올렸다. 민지는 2023년 유튜브 방송 중 "칼국수가 뭐지?"라고 물었다가 1년 동안 '어떻게 칼국수를 모르냐'는 비난에 시달렸다. 이후 민지는 라이브 방송에서 "여러분, 제가 칼국수를 모르겠어요?"라고 응수했는데 '말투가 기분 나쁘다'는 팬들의 항의가 나오자 결국 사과문을 올렸다.

예전 스타들은 마약을 하거나 도박을 하다 적발됐을 때 팬들에게 사과를 했지만, 요즘 아이돌은 연애를 하거나 칼국수를 몰랐다고 하면 사과를 해야 한다. 이 기괴한 사과 문화에는 화려한 K팝 산업 성공신화의 어두운 이면이 담겨 있다. 카리나 열애설이 보도된 이후 소속사 에스엠엔터테인먼트의 주가가 연일 하락했다는 사실은 K팝 산업이 무엇을 판매하고 있는지를 정확히 보여준다. 팬들은 언제부터 스타의 감정마저 소유하기 시작했을까? 스타의 진정성은 어떻게 입증되는 걸까? 아이돌 산업의 감정노동은 어떤 성격을 띠고 있을까? 그래서 카리나는 몇 살부터 연애하면 되는 걸까? 토론자들은 이 황당한 이슈를 어떻게 다룰 것인가?

이재훈: 3월 16일 '토론의 즐거움' 시작해보겠습니다. 최근에 정치 얘기를 계속해왔는데 이번에는 정치 외곽에서 벌어지고 있는 어이없는 일에 대해서 이야기해볼까 하는데요. 남규 님, 오늘 주제가 어떤 거죠?

강남규: '카리나 사과 사건'이라고 (웃음) 카리나가 사과를 한 사건입니다. 걸 그룹 에스파의 가장 인기 있는 멤버인 카리나의 열애설이 최근에 보도됐어요. 배우 이재욱 씨랑 열애설이 나왔고 이례적으로 빨리 양쪽에서 인정하면서 열애설이 끝나는가 했더니 에스파 팬덤을 '마이'라고 하거든요. 팬덤이 갑자기 카리나 열애에 대해서 분노하면서 여러 가지 반응들을 보입니다. 팬덤이 굉장히 강하게 카리나를 비판했던 거죠. 에스파가 빨리 성장해도 모자랄 판에 지금 연애가 무슨 일이냐, 연애를 할 때가 아니라 에스파가 성장해야 할 때인데 집중하자, 이런 식으로 목소리들을 내기도 하고, 카리나가 어떻게 나를 배신하고 연애를 할 수가 있느냐, 이런 유사연애적인 반응도 있었고요. 그런 식으로 팬덤이 거세게 반발하자 카리나가 사과를 했습니다. 자필로. 그런 거 아니고 열심히 할 거고 예쁘게 봐달라, 이런 식으로 사과문을 썼어요. 근데 여전히 이슈가 사그라들지 않았고, 아마 외국인으로 보이는 팬들이 에스엠엔터테인먼트 사옥에다가 트럭을 보내서 어떻게 우리를 배신할 수 있느냐……

박권일: 트럭 시위는 한국이 수출한 문화 아닌가요?

정주식: 고엽제전우회가 개척했지요.

강남규: 트럭 전광판에는 이렇게 적혀 있었어요. '당신은 왜 팬을 배신하기로 선택했습니까? 직접 사과해주십시오.' '팬이 너에게 주는 사랑이 부족한가?' '그렇지 않으면 하락한 앨범 판매량과 텅 빈 콘서트 좌석을 보게 될 거다.'

이재훈: '아이돌은 연애를 할 수 없다. 이건 업계 규칙이다. 팬들이 당신에게 돈을 주고 사랑을 주는 것은 당신이 싱글인 경우를 기반으로 한다. 만약 당신이 남자 친구가 있다면 당신은 당연히 모든 것을 잃게 될 것이다.' 이런 경고장도 보냈더라고요. 그냥 연예계 사건이라고 넘기기에는 이런저런 의미들을 내포하고 있는 것 같아서 한번 토론을 해보려고 하는데요. 아이돌을 좋아하는 권일 님은 이 사건에 대해서 어떻게 생각하시는지?

박권일: 저는 뉴진스 팬인데 에스파의 윈터를 좋아하긴 합니다.

이재훈: 저번에 카리나 좋아한다고 얘기했었던 거 같은데요?

박권일: 제가 또 환승을 많이 하는 사람이어서……. (웃음) 이 사안이 단순히 연예계의 해프닝이 아니라 사실 저는 굉장히 일반적인 사회현상이라고 생각해요. 예컨대 팬덤 현상이라는 게 정치권에서도 되게 문제가 되고 있잖아요. 이 부분에 대해서 단순히 그냥 극성맞은 팬들의 예외적인 일탈 행동이 아니라 최근 한 10년 사이에 굉장히 보편화된 현상이고 한국만의 현상도 아닌 것 같아요. 세계적인 차원에서 벌어지고 있는 현상이죠. 그래서 저는 일종의 미디어 사회학적인 분석 같은 게 필요하다. 예컨대 매체의 변화랑도 관련이 있는 것 같고 또 어떤 면에서는 경제학자들이 분석한 경제학적 행동이기도 해요. 구매자들이 어떤 식으로 행동할 것인가에 대한 문제이기도 하기 때문에 그

159

런 이야기들을 해보고 싶다는 생각을 해봤습니다.

이재훈: 주식 님은 어떻게 보셨나요?

정주식: 팬들의 항의 내용을 들으니 아찔하네요. 인간의 마음이 있는 곳 어디에나 고통이 있는 것 같습니다. 항의하는 팬들도 팬들인데 저는 자필 사과문을 썼다는 것이 독특한 포인트 같아요. 팬들의 항의는 예전부터 있었던 현상인데 크게 달라진 것은 그것을 대하는 소속사와 아티스트의 태도로 보여요. 팬들에게 연예인이 자필 사과를 쓰는 문화가 K팝에서 비교적 근래에 생겨난 풍습 같은데요. 과거에는 연예인들이 마약 하다 걸렸다거나 음주운전 하다 걸렸다거나 이런 식으로 형사처벌을 받을 만한 일과 연루됐을 때 사과를 했다면, 요즘에는 연애하다 걸려서 사과하고 칼국수를 몰랐다고 사과하고 이렇단 말이에요. 팬들의 요구가 굉장히 찌질해지고 있고 그에 대해서 소속사와 가수들이 납작 엎드리고 있어요. 또 누구도 아티스트 개인이 자발적으로 사과문을 썼다고 생각하지 않죠. 소속사의 지시에 의해서 썼다는 걸 모두가 알고 있는 상황. 그 얘기는 아이돌이라는 존재 자체가 이미 사라지고 없는 게 아닌가라는 생각이 들었어요.

이재훈: 아이돌이 사라졌다고요?

정주식: 아이돌이라고 하면 한국말로 보통 '우상'이라고 번역하죠. 과거에는 팬들이 저 높은 곳에 있는 동경의 대상으로 아이돌을 바라봤다고 하면 요즘에는 그런 전통적인 의미의 아이돌은 없는 것 같고요. 아이돌이라고 불렸던 스타들과 팬들 사이에 계급적인 변화가 일어난 것 같습니다. 요즘 가수들의 태도를 보면 팬들 발 밑에 납작 엎드려서 조아리고 있어요. 그 이유에 대해서

는 다시 이야기하겠지만, 예전에 대표적인 1세대 아이돌 중에 HOT의 멤버 문희준 씨와 베이비복스 간미연 씨 사이에 열애설이 났었어요. 그때 문희준 씨 팬들은 간미연 씨 사진에서 눈을 파낼지언정 문희준 오빠한테 감히 사과를 요구하지는 못했단 말이죠. 스타의 열애설이 터지면 항상 팬들은 슬퍼했지만 내가 좋아하던 스타한테 "너가 나한테 잘못했으니까 나한테 사과를 하라"는 요구를 하는 걸 본 적이 없거든요. 그런 걸 당당히 요구할 수 있는 건 스타의 감정까지 내가 원하는 방식으로 다스려야 한다는 소유의식 때문이에요. 팬덤 사이에 스타에 대한 이런 소유의식이 생겨난 건 비교적 근래의 일인 것 같아요.

인간은 자기가 소유한 것을 동경하지 않는다. 정주식은 스타에 대한 소유의식이 생겨나면서부터 전통적 의미의 아이돌이 사라진 것이 아닌가 의심하고 있다.

이재훈 : 약간 그런 생각은 드는데요. 문희준이 남성 연예인이기 때문에 그랬던 건 아닐까요? 여성 연예인을 대상으로 했을 때는 1980~90년대에도 탤런트나 이런 분들이 열애설 같은 게 나면 사람들이 순수성이 사라졌다면서 막 싫어하던 경우도 많았고.

박권일 : 미소지니도 섞여 있긴 한 것 같습니다. 여성혐오적인 부분들이 당연히 있을 것 같고요.

이재훈 : 최근에 있었던 현상 중에서도 남성 아이돌들이 무슨 연애했다고 해서 사과했던 일은 없었잖아요?

강남규 : 있습니다. 연애는 모르겠고요. 서른 살에 아빠가 됐다고, 속도위반으로 결혼을 했어요. 그래서 사과하고, 탈퇴를 요구받아서

실제로 탈퇴하고, 그런 사례들은 여럿 있었죠.

정주식: 과거의 팬들은 비난을 했을지언정 "연애를 했으니까 나한테 사과하라"는 식의 요구는 하지 않았어요.

이재훈: 저는 여성 연예인을 향한 일종의 소유욕 같은 것들이 더 있지 않을까, 이런 생각은 좀 듭니다. 권일 님이 말씀하셨던 미디어 사회학적 측면에서 이 현상을 어떻게 봐야 되는지부터 얘기해 볼까요?

박권일: 최근에 아이돌 팬덤 판이 돌아가는 것이 과거와 달라진 점이 보입니다. 뭐냐 하면 과거에는 기본적으로 방송이나 매체, 소위 말하는 레거시 미디어라는 데가 있었잖아요. 거기가 굉장히 큰 힘을 발휘했었고, 또 대중적인 음반 판매가 큰 시장이었죠. CD라든가 그 이전의 카세트 테이프라든가 대중적인 음반 시장이 지금보다 훨씬 활성화돼 있던 시절에는 팬덤의 영향력이 지금처럼 크지는 않았어요. 물론 팬덤이 그때도 있었고 팬덤이 가수들한테 끼치는 영향이 있었지만, 그것이 지금에 와서 이렇게까지 강해진 이유는 레거시 미디어가 약해지고 대중 음반 시장이 약해지다 보니까 결국은 차트라든가 음반 판매 혹은 굿즈라고 불리는 아이돌 관련 상품 시장이 어마어마하게 커졌어요. 결국은 강성 팬덤들이 주도하게 돼버린 거죠. 그러다 보니까 소수 강성 팬덤, 물론 숫자는 많습니다마는 과거 대중에 비하면 훨씬 적은 숫자의 소수의 강성 팬덤들의 입김이 굉장히 커진 거죠. "내가 이만큼 사줬으니까 너네들도 이렇게 우리의 욕망에 복종해라" "우리의 판타지를 침해한 것에 대해서 사과해라"라고 당당하게 얘기할 수 있는 것이고요.

　그런 면에서 저는 이 현상이 정치 팬덤과도 연결된다고 생각해요. 양당제나 일당 지배 등 선택지가 별로 없는 상태에서 그 당에 있는 유권자들이 무기력해지는 것이 아니라 내부에서 항의하는 목소리가 굉장히 강해지고 그런 강성 팬덤이 원하는 바대로 당이 굴러갈 확률이 높아집니다. 이미 1970년에 앨버트 허시먼이라는 유명한 천재 경제학자가 쓴 책에 이런 얘기들이 나옵니다. 과거 주류 경제학계에서는 소비자의 행동을 두 가지 함수로 설명해요. 구매할 것이냐 아니면 이탈할 것이냐. 선호라는 차원 아니면 이탈이라는 차원, 이 두 가지로 소비자의 행동을 설명했단 말이에요. 그랬는데 앨버트 허시먼이 보기에 그 두 가지 외에도 한 가지 차원이 더 있다는 거죠. 바로 항의 목소리를 내는 차원입니다. 이 사람은 이걸 수학적으로 분석해서 경제학에 도입한 거죠. 그 논의가 고전적인 책이 됩니다. 한국에도 번역되어 있습니다. 《떠날 것인가 남을 것인가》라는 제목입니다.

　그 책에 보면 항의하는 소비자는 어떤 조건에서 발생하는지 등에 대한 이야기들이 나오는데 굉장히 재밌습니다. 책에서 앨버트 허시먼이 하는 얘기의 요지는 소비자가 이탈하지 않고 항의하게 되는 조건들 중에서 중요한 게 '로열티'라는 겁니다. 충성도, 충성심이죠. 어떨 때 이 소비자가 충성심을 발휘하는가? 소비자가 차지하는 매출이 매출 전체에서 차지하는 비중이 높을 때가 첫 번째 조건이고요. 두 번째 조건이 비싼 상품일 때입니다. 매몰비용sunk cost이 많을 때라고도 할 수 있죠. 두 개의 조건 다 사실은 지금 우리나라 팬덤 시장이랑 일치하죠. 특정한 팬덤 소비자들이 굉장히 많은 돈을 쓰잖아요. 안 사본 분들은 잘 모르실 텐데 되게 단순한 상품들을 아이돌 굿즈라는 이름으로 엄청난 가격을 붙여서 팔아요. 그것을 통해서 매출을 올리는 형태로 굴러가는 아이돌들이 많거든요. 음반 역시도 사실상 요즘은 MP3 파일, 스트리밍이 대부분이기 때문에 그것을 굿즈라는 형태로 다시 구매하는 사람들은 다 팬덤들밖에 없어요. 이런 매출들을 주도하는 사람들이 다 소수 소비자층이라는 거죠.

나아가 생각해보면 그것이 아이돌 팬덤에만 적용되는 게 아니라 양당제 정치에도 적용이 돼요. 양당제 정치라는 것도 결국은 한쪽 정당 지지자가 다른 쪽을 거의 부모님을 죽인 원수 대하듯이 나라의 역적 취급을 하면서 서로 반대하잖아요. 제3의 대안이 없는 상태에서는 도망갈 구석이 없는 거예요. 그런데 사람들은 이탈을 하는 것이 아니라 내부에서 엄청나게 강하게 항의의 목소리를 내기 시작하고, 결국 그 강성 팬덤이 원하는 바대로 정당이 흘러가기 쉽다는 거죠. 결국 허시먼이 했던 얘기는 합리적 선택 이론을 정치에 적용해서 유권자 행동을 설명한 거예요. 물론 저는 합리적 선택 이론rational choice theory이 모든 사안에 적용된다고 전혀 생각하지 않지만 적어도 아이돌 팬덤 판을 설명하는 데는 굉장히 유용한 도구라고 생각합니다.

강남규: 최근의 팬덤 강성화에는 두 가지 요인이 있을 것 같아요. 〈프로듀스101〉 이후로 아이돌과 팬덤의 관계가 초기에 우상화 관계에서 조금 달라졌죠. 팬들이 뭔가를 투자하고 개입하면은 내가 사랑하는 이 아이돌을 좀 더 높은 순위로 올릴 수 있다는 인식 체계가 생기고, 그걸 방송국이나 기획사들도 부추기는 시스템

이 생긴 거죠. 3세대·4세대 아이돌들이 우수수 등장하면서 외부 경쟁이 엄청나게 격화됐고 또 한편으로는 내부 경쟁도 생긴 것 같아요. 팬덤 간 내부 경쟁. 최근에 K팝 아이돌이 급격하게 글로벌화되면서 팬덤의 규모가 엄청나게 커졌잖아요. 글로벌 시장까지 생겼어요. 예전에 일본이나 중국 정도 있었지만 지금은 미국·동남아 등 엄청나게 커지면서 팬덤 안에서도 일종의 주목경쟁이 일어나는 게 아닌가. 경쟁에서 이기기 위해서는 더 많은 굿즈를 사야 되고 더 많은 CD를 사서 팬사인회 참여 확률을 높여야 한다는 그런 흐름이 생긴 것 같다는 생각이 듭니다.

박권일: 유사연애라고도 하는데 동시에 '유사육성'이기도 해요. '유사육아'라는 표현을 쓰기도 하고요.

스타에게 인간적인 감정까지 나누기를 요구하는 팬덤이 어느 순간 가장 비인간적인 훈육자로 돌변하는 모습은 아이러니하다.

강남규: 만약에 그 아이돌이 국내에서 팬 사인회를 1년에 네 번을 해요. 그러면 경쟁이 조금 덜 치열해지겠지만, 그러지 않고 1년에 거의 10개월은 외국에 나가 있고 나머지 2개월만 한국에 들어와서 약간의 투어를 하고 팬 사인회를 한다고 하면 그 경쟁은 훨씬 더 치열해질 수밖에 없지 않을까, 그런 부분도 있을 것 같습니다.

박권일: 말씀하신 대로 팬덤들은 자기가 좋아하는 아이돌들을 일등으로 만들기 위해서 계속해서 육성 시뮬레이션을 해요. 일종의 대치동 '돼지엄마'화하는 거예요. 돼지엄마들이 대치동 아이들의

성적을 올리기 위해서 전국 등수를 올리기 위해서 어떤 식으로든 계속 계획을 짜고 거기에 맞춰가지고 아이들을 육성하듯이, 팬덤 역시도 굉장히 치밀한 전략과 전술을 써가면서 내부에서 토론하고 그것에 맞춰서 회사한테 압력을 넣고 아이돌한테 얘기를 하고, "니가 지금 이렇게 놀 때가 아니다, 지금 순위가 떨어지고 있다, 지금 빡세게 투어를 돌든지 뭘 해야 된다" 이런 식으로 온갖 잔소리를 하는 거죠. 결국은 이게 유사연애라는 차원은, 팬이 아이돌과 사랑에 빠져서 그 아이돌이 잘되길 바라고 굉장히 좋아해서 하는 그런 간섭의 측면도 있지만, 육아를 하는 사람의 입장이 돼가지고 자기가 좋아하는 아이돌의 순위를 올리기 위해서 성과주의적인 훈육과 교육을 하는 측면도 있죠.

이재훈: 약간 게임 캐릭터 같은 느낌도 있네요. 게임 캐릭터에 아이템을 사가지고 장착시켜서 육성하는 그런 느낌이 있는 거죠. 또 기본적으로 팬들이 프로듀싱을 한다는 느낌을 가지는 것 같아요. '너는 우리의 상품인데 니가 지금 여기서 돌발행동을 하면 우리의 프로듀싱이 엉클어진다' 이런 생각을 하는 거죠. 아까 말씀하신 것 중에서 "데뷔한 지 3년이 막 지났는데 벌써 연애를 하냐" 뭐 이런 반응들은 딱 거의 소속사에서 할 법한 말이잖아요.

박권일: 그러면 몇 년부터 해야 돼요? 기준을 정해주든지.

강남규: 상병부터 네스퀵 먹을 수 있는 것처럼.

멤버들: ㅋㅋㅋㅋㅋㅋ

정주식: 이게 BTS 모델인데요. 예전의 아이돌들은 내 눈에서 보이지 않는 곳 어디선가 만들어진 다음에 갑자기 내 앞에 나타나 내 마음을 사로잡았죠. 그렇게 갑자기 나의 우상이 되는 방식이 아

이돌의 등장이었다면 BTS의 등장은 그것과 달랐어요. 지금은 BTS 소속사가 엄청 큰 회사가 됐지만 초창기에는 굉장히 영세한 소속사의 아이돌이었어요. 그래서 본인들이 직접 트위터로 팬들과 일거수일투족을 소통하면서 음악이 제대로 만들어지기 전부터 개개인의 정체성이 먼저 만들어진 거죠. 이 모델을 보고 많은 그룹들이 SNS를 통해서 팬덤을 확보하는 게 더 중요하다는 걸 알게 되고 이런 비즈니스가 생겨난 건데요. 갑자기 내 앞에 나타난 아이돌을 사랑하게 된 것과는 애착을 맺는 방식 자체가 완전히 다른 거죠. 그래서 말씀하신 대치동 돼지엄마 모델이 나타나고 팬들이 스타에게 지분을 갖고 있다고 생각하게 된 건데요.

그 지분의 성격이 뭐냐면 아이돌 멤버의 감정까지 내가 소유하고 있다고 느끼는 것 같아요. 여기서 아이돌 감정노동의 성격에 관해서 이야기를 해야 되지 않나 싶어요. 시장 논리에 따라서 그들이 팬덤에 종속되어가고 있는 것 같은데 그러면 이게 과연 정상적인 현상이냐는 거죠. 그 안에서 극한의 감정노동에 노출되어 있는 아이돌 멤버들의 노동권과 인격권이 이 문제의 핵심이 아닌가 싶어요. 팬들은 아이돌의 감정을 소유하고 있기 때문에 "너는 내가 요구하는 대로 감정을 다스려야 돼"라고 주장을 하는 건데, 그런 주장이야 팬들이 워낙 많으니까 누군가는 그런 이상한 소리를 할 수 있다고 생각해요. 여기서 결정적으로 아이돌의 감정노동을 승인하는 건 소속사의 대응이에요. 멤버에게 사과를 하게 함으로써 자기네 가수들이 팬덤에게 감정을 팔고 있다는 걸 인정해버린 셈이죠. 저는 이 대목이 팬들의 항의보다 더 중요한 문제라고 생각해요.

어느 날 갑자기 눈앞에 나타난 대상을 훈육할 수는 없다. BTS 이후 기획사들이 전략적으로 아이돌의 성장 과정을 노출하면서부터 그들의 운명은 결정되어버렸다.

이재훈: 네. 자필 사과문이라고 하는 것도 되게 독특한 현상인 것 같은데요. 직접 이렇게 손으로 써가지고 사과문을 올리게 하는 모습도 소속사에서 어느 정도는 시켜서 했을 가능성이 되게 크잖아요. '진정성 있는 사과'란 무엇일까요?

박권일: 진정성이라는 게 되게 중요한 차원이 된 것 같아요. 진정성이라는 것을 보통 우리는 개인의 내면에 들어 있는 부분이기 때문에 확인할 수 없는 거라고 생각하고 간접적으로 확인하거나 어떤 직관에 의해서만 확인될 수 있는 거라고 생각을 많이 하는데, 최근에 이런 자필 사과문이나 진정성에 대한 강조 같은 것들을 특히 젊은 세대들이 많이 얘기합니다. 이런 것들을 보면 이 진정성이라는 게 어떤 식으로든 외화되어서 보여질 수 있는 것이었나, 궁금해졌어요. 그러니까 그 외화되는 진정성이라는 것이 무엇인지를 좀 봐야 될 것 같아요.

카리나의 자필 사과문처럼 한 글자 한 글자 꾹꾹 눌러쓴 그런 편지라든가 아니면 또 심하게는 혈서를 쓴다거나 그런 것들, 결국은 그런 물질성을 보여줘야지 그 사람의 내면에 있는 진짜 속내, 곧 진정성을 보여준다고 생각하는 것 같아요. 결국은 개인이 가지고 있는 어떤 내밀한 부분들을 다 까서 밖으로 보여줘야 된다는 것, 모든 것이 다 감시되고 모든 것을 다 보여줘야 된다는 강박 같은 것들을 진정성이라는 말을 통해 보여주는 것 같아요. 그래서 진정성이 되게 소름 끼치는 거예요.

과거에 김홍중 서울대 교수가 《마음의 사회학》이라는 책에서 386세대가 진정성의 주체라고 한 적이 있습니다. 라오넬 트릴링의 구분, 신실성과 진정성이 왜 다른지를 얘기하면서 386은 진정성의 주체이고 그래서 옹호해야 된다는 식의 386 옹호론을 쓴 적이 있거든요. 개인적으로 저는 말도 안 되는 개똥철학이라고 생각합니다마는, 진정성의 주체라고 386을 부르고 싶은 그 마음 자체는 분석 대상이라고 생각해요. 왜 우리는 386을 그렇게 진정성의 주체로 계속해서 옹호하고 사랑하고 싶어 하는가? 386세대 스스로든 아니면 386세대 이전 세대든 그 이후 세대든 간에 왜 386세대를 그렇게 계속 숭배하는가? 결국은 사람들이 그 진정성의 주체를 통해서 자기가 가지지 못한 어떤 숭고성을 거기에 투사하고 싶어 하는 거예요.

실제로 그 카리나가 어떤 생각을 하는지 우리는 모르잖아요. 실제로 속으로는 '진짜 이거 뭐 같네'라고 생각하면서 그걸 썼는지 우리는 알 수 없는 거예요. 근데 그 자필 사과를 통해서 우리는 진정성이 보인다고 평가를 하잖아요. 진정성이란 말은 결국 우리가 얼마나 소름 끼치는 감시사회 속에 있는가, 이걸 보여줘요. 사실 진정성이란 말 자체는 텅 빈 기표라고 생각해요.

강남규: 그런 부분은 있을 것 같아요. 디지털로 쓰면은 이게 누가 썼는지 알 수가 없다. 기획사가 써주고서 그냥 카리나 이름으로 업로드한 거 아니냐. 하지만 자필로 쓰면 최소한 내용을 누가 써줬든 간에 글씨 자체는 카리나가 쓴 게 맞지 않느냐.

이재훈: 카리나 글씨인지 아닌지 어떻게 알아요?

강남규: 그거까지는 너무 과도한 과도한 의심이지 않을까요? 신뢰를 좀 가지십시오.

박권일: 진짜 진정성 있으려면 카리나가 자필로 쓰는 영상을 올려야 하지 않나요.

정주식: 그것도 안 됩니다. 광화문 광장에 나와서 오프라인으로 써야 됩니다. (웃음) 육필이라는 것에서 느껴지는 육체성이 있죠. 그런 걸 통해서 진정성을 확인하려고 하는 것 같은데요. 제가 보기에는 진정성에 대한 요구는 사실 '너의 마음에 대한 나의 소유권을 인정하라'는 '굴복 강요'의 의미인 것 같아요. 우리가 너의 소유권을 이만큼 갖고 있는데 네가 나의 소유를 배반했기 때문에 그것에 대한 보상으로 나에게 굴복의 의미로 육필 사과문을 쓰라는 거죠. 사과를 받는 사람들도 바보는 아니거든요. 소속사가 시켰을 거라는 걸 모르지도 않고 카리나의 진짜 마음은 알 수 없다는 것도 본인들은 알고 있다고 생각해요. 그러면 내가 카리나에게 요구할 수 있는 건 무엇이냐? '최대한의 성의 있는 굴복의 자세를 나에게 보여라'라고 하는 소비자주의인 것이죠. 자필 사과를 통해 진짜로 카리나의 팬들에 대한 사랑을 느끼는 사람들은 그중에 아주 극소수 이상한 사람들이겠죠.

진정성을 외화하라는 요구와 굴복의 요구. 자필 사과 요구에 대한 다른 해석이다. 비슷한 것 같지만 둘은 사과에서 기대하는 바가 다르다. 굴복은 진정성과는 관계없는 형식적 요구이기 때문이다.

박권일: 일본의 독특한 문화 중에 도게자どげざ라는 게 있죠. 무릎을 꿇고 엎드려서 사죄를 해야지 그것이 최대치의 사과죠. 일본에는 사과의 층위가 명확하게 나뉘어 있습니다. 우리나라는 사과의 수위가 그렇게까지 명쾌하게 칼로 자르듯이 단계가 설정돼 있지 않지만 일본은 도게자부터 해서 가벼운 사과까지 층층이 명확하게 의례적으로 구별돼 있거든요. 한국은 일본에 비해선 덜 형식화되어 있죠.

강남규: 일본처럼 기준을 좀 정해줬으면 좋겠어요.

멤버들: ㅋㅋㅋㅋㅋㅋ

이재훈: 근데 요즘은 사과의 정석이라고 해서 사과에는 어떤 내용이 들어가야 되고 이런 내용들도 팬층이나 SNS에서 막 정해가지고 이 사과문은 이게 부족하고 이 사과문은 저게 부족하고, 분석하고 첨삭하잖아요.

강남규: 그 정석에 따라 정확하게 쓰인 사과문을 가끔 보거든요. 오히려 너무 진정성이 없어 보여요. (웃음) 사람이 좀 변명도 들어가고 이래야 인간적이고 진정성 있어 보이는데, 너무 명확하게 착착착 쓰니까 변호사 코칭받았네 싶어지는 게 있어요. 진정성 얘기하니까 조금 더 생각해보면 사실 사과뿐만 아니라 요즘은 아예 기술이나 서비스의 발전 때문에 진정성을 요구하는 범위 자체가 넓어지고 있다는 생각도 들어요. 아이돌이 팬들이랑 직접 채팅으로 소통할 수 있는 '버블'이라는 앱이 있어요. 아이돌이 퇴근한 이후의 일상을 채팅으로 올리는 거예요. '나 접속했어' '오늘 무슨 일 있었고 뭐 먹었어' 이런 얘기를 하는 공간인데요. 예전 같으면 아이돌이 굳이 들어가지 않았을 서비스가 생겨나면

서 팬들에게 진정성을 증명해야 하는 창구들이 하나둘씩 더 생긴 거죠. 예를 들면 직캠이라든지 V라이브라든지 그런 식으로. 예전에는 그냥 무대에 올라갔다가 거기서 이렇게 쇼 한번 하고 내려오면 끝나는 거였는데 이제는 더 많은 소통을 요구하게 되었다는 거죠. 버블 접속 빈도 같은 것도 따지면서요.

외화된 몸짓과 표정을 통해 누군가의 진정성을 확인할 수 있다는 생각이야말로 감정노동이 성립되는 조건이다. 팬덤의 과도한 소통/사과 요구는 아이돌 산업이 감정노동을 기반으로 삼고 있다는 증거이다.

박권일: 아이돌들이 쉬는 시간이 없어요. BTS 이후부터 생겨난 문화 같아요. BTS 이전에는 아이돌들이 자기 일상을 브이로그화하지 않았거든요. 활동할 때는 물론 노출이 많이 되지만 활동을 안 하는 시간에 대한 이야기들을 올리는 건 사실 그렇게 흔한 일은 아니었거든요. 근데 BTS가 엄청난 성공을 거둔 다음부터는 이 브이로그는 그냥 의무사항이 된 거예요. 공식화된 일정이죠. 사적인 일상을 올리지만 이거는 업무의 일환인 거예요. 우리로 치면 회사를 다니는데 회사 퇴근하고 나서도 계속 채팅으로 '제가 지금 여기 와서 차를 마시고 있습니다' '여기 괜찮습니다' 이런 것들을 부장님한테 계속 얘기해야 되는 거죠.

강남규: 그리고 버블에 접속하고 소통하는 빈도가 아이돌이 그 팬들에게 보여주는 진정성의 척도가 된 거예요. 한 그룹에 열두 명의 멤버가 있으면 이 중에 아홉 명은 버블에 되게 자주 접속하는데 세 명은 자주 접속하지 않는다? 팬들에 대한 진정성이 없다.

근데 이 접속하지 않는 멤버 중에 한 명이 나중에 알고 보니까 비밀 연애를 하고 있었다? 이러면 그게 고리가 맺어지면서 '얘는 팬들에 대한 진정성이 없는 멤버'라고 낙인이 찍히죠. 최근에 아이돌 남자 중에 한 명이 그런 식으로 이슈가 됐던 적이 있어요. 버블 접속 횟수가 점점 줄어들더니 알고 보니 어떤 여자 셀러브리티랑 연애를 하고 있었더라. 그게 막 여러 가지 커플링이니 귀걸이니 폰케이스니 이렇게 탈탈 털리고 비난받은 적이 있거든요. 그런 식으로 진정성을 좀 더 증명해보라는 창구들이 점점 많아지고 있는 거예요.

이재훈 : 진정성이기도 하지만 사실상 게임 캐릭터니까 나의 캐릭터가 나의 감시망, 내가 바라보고 있는 눈길 안에서 사라지는 것 자체를 참지 못하는 그런 것도 좀 있는 거 같네요.

강남규 : 예전에는 50 정도의 진정성이 맥시멈이었다면 이제는 5백, 1천, 이게 맥시멈이 되어버린 거죠.

박권일 : 아까 주식 님이 잠깐 얘기하시다가 다른 얘기로 넘어갔는데요. 감정 관리라는 측면, 감정노동이라는 측면도 중요한 것 같아요. 인권의 문제이기도 하고요. 이게 사실은 아이돌만 해당되는 게 아니라 우리 삶 자체가 전부 지금 감정노동이나 감정 관리의 문제가 너무 중요해졌어요. 에바 일루즈라는 사회학자가 쓴 책 중에 유명한 감정에 대한 책이 있어요. *Cold Intimacy*, '차가운 친밀성'이란 제목인데 한국어로는 《감정 자본주의》라고 출간돼 있습니다. 거기 보면 친밀성을 연출해야 된다는 얘기가 나옵니다. 저 사람과 내가 친밀하다는 것을 실제로 친밀하지 않더라도 계속해서 보여줘야 되고 그것 자체가 노동의 일

환이 되어버리는 거죠. 오래전에 앨리 혹실드의 '감정노동'이라는 개념이 나온 이후부터 지금까지 계속해서 학계에서도 논의가 되는 것이 인간의 감정이라는 내면적인 것, 보여줄 수 없는 것, 이것을 자본주의가 어떻게 우리가 보여줄 수 있게 만들고 양적으로 측정할 수 있게 만드는가라는 문제입니다. 자본주의가 되게 놀라운 게 그걸 측정할 수 있게 만들었다는 거예요. 특히 신자유주의 시대 이후에.

많은 학자들이 얘기해왔는데 아이돌들이야말로 정말 극한의 감정 관리와 감정노동을 보여주고 있습니다. 그리고 이것은 아이돌만의 현상이 아니라 감시 자본주의 사회를 살아가는 우리들 모두의 노동 조건이기도 해요. 우리가 어떤 식으로든 어떤 사람과 대화할 때 예컨대 서비스직인데 표정이 좀 굳어 있다 이러면 바로 갑질 들어오잖아요. "왜 친절하게 웃지 않느냐." 특히 여성 노동자들한테 그런 감정노동에 대한 압박이 굉장히 강하게 주어지고요. 또 여성 노동자가 남성 소비자한테 너무 웃어줘도 안 돼요. 그럼 결혼까지 생각해버리니까…….(웃음) 적절한 웃음의 선을 지키면서 결혼이 연상되지 않을 정도, 오해를 발생시키지 않으면서 친절한 친밀성을 표현할 수 있을 정도의 감정을 계속해서 연출해야 된다는 거죠. 사회적 의례로서의 감정이 세분화되어 관리되고 있는 거죠.

이 모임에서 박권일은 가장 많은 책을 소개하는 토론자다. 박권일의 책 추천은 상당히 신뢰도가 높다.

강남규: 팬 사인회 농담 중에 그런 거 있잖아요. 자주 팬 사인회를 하다 보면 자주 가는 사람들이 생기죠. 가서 "저, 저번에 왔었는데 혹시 기억하세요?" 했는데 그 아이돌한텐 그냥 한 명의 팬일 뿐이잖아요. 그래서 정석화된 대답을 하는 거예요. 무슨 말을 하든 "아, 진짜요?"

멤버들: ㅋㅋㅋㅋ

강남규: "기억나세요?" 했는데 "아, 진짜요?" 이렇게 강유미가 패러디한 게 있는데 팬들도 자꾸 그런 걸 요구하는 거죠. '나를 알아봐야 된다, 내가 몇 번이나 왔었고 네가 저번에 나를 알아본다고 했는데 왜 이번에 알아보지 못하느냐, 저번에 날 알아본다고 한 그 말은 진정성이 없는 게 아니냐' 이게 사실 팬과 아이돌의 거리가 너무 가까워지도록 기획사가 조장하고 그 창구를 너무 많이 만들어놓은 문제가 아닌가.

정주식: 감정노동에 대해서 사회적인 규범이 필요한 것 같아요. 일부 생기고는 있죠. 대표적인 감정노동 직업이라고 하면 콜센터 직원 같은 사람들인데요. 이제는 콜센터 연결하기 전에 안내음이 나오잖아요. '이분들이 누군가의 귀한 가족이고 험한 말 하면 어떻게 된다' 이런 경고들이 들어간 지가 10년이 안 된 것 같은데요. 그런 식으로 감정노동자들에 대한 사회적인 환기가 이루어지고 있단 말이에요. 그게 가능했던 건 어쨌든 콜센터 노동자들이 최소한의 노동권을 존중받는 직업군에 있고 노동조합이 편에 서기도 했기 때문이지 자발적으로 고용주가 그들의 감정을 보살피지는 않는단 말이죠. 이에 반해서 아이돌의 감정노동은 극한으로 치닫고 있는 데 비해서 이 문제에 관해서는 딱

히 목소리가 나오지 않는다는 거죠. 팬들의 무리한 요구에 대해서 지적하는 사람들은 많지만 정작 그 아이돌의 감정노동을 어떻게 제어할지에 대해서는 별로 아이디어가 나오고 있는 것 같지 않아요. 결국에는 아까도 이야기했듯이 소속사의 태도 문제거든요. 직원들을 그런 식의 감정노동으로 몰아서는 안 된다는 최소한의 규범이 사회적으로 마련될 필요가 있어요.

박권일: 대형 기획사 같은 경우에는 치료 프로그램 같은 것들이 있다고 들었습니다. 최근 들어서 생겼죠. 예전에 스페인 언론과 인터뷰에서 BTS RM이 그런 얘기를 했었어요. 한국의 아이돌이 공장처럼 찍어내고 혹사되고 감정노동시키고 이런 비판들이 많다는 것에 대해서 RM이 방어를 하면서, 요즘 대형 기획사에서는 심리 상담도 하고 아이돌들의 멘탈을 관리하는 것들도 잘하고 있다는 식으로 얘기를 했는데요. 그것도 물론 중요합니다. 근데 그거는 사후적인 대응인 거잖아요. 아이돌의 우울증이라든가 심리적인 상처라든가 이런 것들의 원인을 건드리지 않고서, "그거는 너네들이 일단 버텨라. 나중에 치료는 우리가 알아서 해주겠다"라는 거잖아요.

정주식: 고쳐서 다시 전장에 내보내고, 다쳐 오면 또다시 치료해서 또 내보내고.

박권일: 그렇죠. 일종의 야전병원 같은 것들을 만들었다는 건데 그게 뭐가 그렇게 자랑스러운 일인지 모르겠어요. 애초부터 인권, 노동권을 짓밟아서 만들어진 친밀성을 통해서 아이돌들이 계속해서 감정적으로 혹사받고 신경이 끊어질 듯이 일을 하고 있는데 말이죠. 물론 돈을 많이 벌고 사회적으로 위상이 높다고

는 하지만 그들 역시도 저는 노동자라고 생각해요. 노동자의 노동권을 제대로 보장하지 않으면서, 치료를 해줬으니까 책임이 없다는 식의 얘기는 너무 무책임하다고 생각합니다.

이재훈: 저는 가끔씩 아이돌 중에서 몇 명이 제가 보기에는 좀 가식적으로 보이는 행동이나 이런 것들을 하면, 아내랑 같이 TV나 이런 걸 보다가 "저런 행동을 왜 하지?" 이렇게 지적을 해요. 그러면 아내가 항상 이렇게 말해요. "쟤네는 어릴 때부터 저렇게 훈련을 받아서 그래. 그러니까 이해해." 생각해보면 우리 노동자들은 그래도 최소한 중학교, 그리고 고등학교까지 학교 교육을 받다가 어느 순간 노동시장으로 나가가지고 거기에서 노조의 보호도 받고 여러 가지 권리들을 어느 정도 인지한 상태에서 일하기 시작하는데, 아이돌들은 거의 10대 초반부터 아예 학교도 거의 나가지 않은 상태, 사회랑 차단된 상태에서 무조건 훈련만 받으면서 자라잖아요. 게다가 '너는 아무런 권리도 없다'는 쪽으로 훈육을 받을 수밖에 없는 상태이기 때문에 이들에게 두 분이 말씀하시는 노동권 문제 인권 문제 이런 것들을 인식할 수 있는 기회도 없죠.

게다가 그런 문제에 대해 혼자 싸울 수는 없잖아요. 여러 명이 같이 이렇게 뭉쳐서 연대하고 싸워야 되는데, 그때 연대해야 할 옆에 있는 사람들은 죄다 경쟁자인 상황, 심지어 같은 팀에 있는 친구하고도 얼마만큼 더 주목을 받는지를 경쟁해야 되는 상황이란 말이죠. 이런 것들을 좀 어떻게 풀지 막막하기는 한 것 같아요.

정주식: 저는 아동 학대라고 생각해요. 예전에 트와이스의 맴버 쯔위가

방송에서 대만 국기 흔들었다가 중국인들의 항의가 들어와서 카메라 앞에 서서 정말로 무슨 죄인이 석고대죄하듯이 "저는 중국 사람입니다. 중국이 자랑스럽습니다" 뭐 이런 얘기하는 걸 찍었어요. 그때 쯔위 나이가 열여섯이었어요. 그런 걸 찍게 하는 건 진짜 아동 학대 아닌가요? 저는 사과문에 진정성이 있냐 없냐를 따지는 것도 무의미한 것 같고 대중 앞에서 그런 식으로 고개를 숙이게 한다는 것 자체가 극한의 감정노동이라고 생각해요. 산업혁명 초기에 아동 노동이 저절로 없어진 게 아니잖아요. 많은 사람들이 이건 너무하지 않냐는 문제제기와 고발들이 있었기 때문에 아동 노동이 제도적으로 없어진 것처럼 아이돌의 감정노동도 그런 과정이 필요하겠죠. 이제는 K팝 기획사들이 으리으리한 사옥에서 위세를 과시하지만 그들이 만들어놓은 노동의 성격을 들여다보면 원시적이기 짝이 없어요. 사람이 사람한테 그런 식으로 대하면 안 된다는 사회적 환기가 필요합니다.

강남규: 요즘 팬덤들은 나름의 자정 활동을 하잖아요. 기획사가 어떤 아티스트를 엄청 빡세게 굴린다든가 과도한 투어를 시킨다든가 하면 팬들이 먼저 나서서 안 된다고 말을 해요. 이렇게 과도하게 굴리면 안 되고 아티스트를 보호해야 되고……. 아티스트들에 대한 유언비어가 퍼질 때 왜 바로바로 대응하지 않느냐며 기획사한테 막 전화 돌리고 채근하는 문화들이 있어요. 특히 BTS가 그런 것 같은데 RM이 여기 전시회 가고 어디 박물관 가고 이러면은 거기서 RM을 마주쳐도 절대 아는 척을 안 해야 된다, 모른 척해줘야 된다, 그의 사생활을 노출시키면 안 된다 등

등 나름의 합의된 문화가 생겨나고 있습니다. 근데 팬덤이 아무리 그렇게 자정 활동을 해봤자 기획사가 청소년들을 대중 앞에 노출시키는 것 자체가 사실은 그냥 그 위험에 던져놓는 문화라는 거죠.

기획사가 스타의 인격을 보호해줄 거라는 기대는 무리다. 애초에 스타를 팬덤의 욕망에 맞춰 이상화한 것은 바로 기획사이기 때문이다.

정주식: 그것 역시 '팬덤이 허락한 인권' 같은 느낌이에요. 건강 챙기고 무리하게 혹사시키면 안 돼, 하지만 연애하는 거 걸리면 알아서 해, 이런 거잖아요. 팬덤의 요구로 멤버들을 챙긴다는 것조차 결국 팬들이 불편해하니까 너무 많이 뛰면 안 돼, 이런 식의 소비자주의라는 거죠. 이런 건 보편적 인권하고는 거리가 있는 이야기인 것 같아요.

강남규: 마마무한테 누구도 그런 감정노동을 요구하지 않거든요. (웃음) 20대 때는 그렇게 감정노동을 요구당했던 소녀시대 지금 30대 돼서 다 연애하고.

박권일: 아, 병장 달고 나서는 해도 되나요?

정주식: 근데 마마무는 데뷔할 때부터 병장이었잖아요. (웃음) 그 차이가 뭐냐면 아티스트의 주체성을 어떻게 팬들이 인식하고 있느냐인 것 같은데요. 예전에 RM 인터뷰를 보고서 어떤 독자가 그런 댓글을 달았어요. '사상 교육 잘 받은 중국인 유학생 같다.' 많은 사람들이 왜 K팝 스타들은 외국 나가서 인터뷰하면 하나같이 국뽕 대표마냥 획일적인 인터뷰만 하느냐, 왜 이렇게 로

봇 같은 인터뷰로 일관하느냐, 그게 의문스럽다는 얘기를 했는데요. 그 이야기가 결국 주체성 없는 아이돌의 한계라는 거죠. 팬들에게 감정노동을 요구받는 아이돌들은 주체성 없이 우리한테 종속되어 있다는 걸 팬들이 스스로 느끼는 거예요. 마마무같이 내가 뭘 요구해도 씨알도 안 먹힐 것 같이 주체성이 느껴지는 연예인들에게 감히 그런 요구를 안 한다는 거죠. 이것도 아이돌이라는 특수 직군의 지위 하락과도 연관돼 있는 문제가 아닌가 싶습니다.

강남규: 애초에 기획사 자체가 그런 욕구를 자극하는 식으로 아이돌 기획을 하고 팬덤도 사실 그걸 원해서 형성된 상황에서 아무리 기획사한테 아티스트 보호해라 어쩌고저쩌고 해봤자 그 구조 자체는 그대로 있다는 거죠. 애초에 마마무처럼 그런 식으로 기획을 하고 그런 식으로 무대에 들어가면 누구도 그런 요구를 하지 않죠. 그 차이가 분명히 있을 것 같아요.

이재문: 〈프로듀스101〉이나 아니면 이전에 〈슈퍼스타K〉나 이런 걸 생각해보면 10대 초반 친구들이 나와서 경쟁하는 모습들을 많이 보였잖아요. 트로트계 쪽 경연 프로그램에서도 보면 꼬마들이 나와가지고 막 엄청나게 화장도 진하게 하고 노래도 부르고 열광을 받고 그러더라고요. 그렇게 해서 나름 유명해진 친구도 있잖아요. 정동원이라는 친구. 그 친구를 모델 삼아서 엄청나게 많은 어린 꼬마들이 트로트를 부르고 있어요. 저는 트로트 자체를 따로 봐야 한다고 생각하지는 않지만, '정말 저 아이들이 트로트라는 장르를 원해서 저 노래를 부르는 걸까'라는 생각을 합니다.

정주식: 옛날에 전국의 모든 아이들이 어른들 앞에서 개다리춤을 춰야 했던 것처럼 어른들한테 아부하기 대회를 펼치는 것 같아서 개인적으로 그런 프로그램을 별로 좋아하지 않습니다.

이재훈은 혹사의 관점에서, 정주식은 아부의 관점에서 오디션 프로그램을 비판한다. 정주식은 개다리춤을 아부로 볼 정도로 아부, 아첨에 예민하다.

강남규: 설리와 구하라 죽고 나서 10대 아이돌을 좋아하는 일에 대해서 엄청난 거부감이 생겼어요. 결국은 어떻게 가도 그 경로를 피하기 어렵지 않을까. 10대가 대중 앞에 던져지는 순간 그런 식의 비판이나 비난들은 있을 수밖에 없고. 대중이 고쳐지기를 바라는 건 너무 과도한 일인 것 같고. 애초에 그럼 10대를 거기에 던져놓으면 안 되는 게 아닌가? 이런 문제의식이 계속해서 생겨나고. 그럼에도 어쨌든 새로운 아이돌이 데뷔를 하니까 '그냥 좋아하지 말아야지' 생각도 들더라고요.

정주식: 다시 팬덤 정치에 대해서 생각해보면, 유난스러운 팬덤에 시달리는 건 정치인들의 숙명이라고 이야기할 수도 있겠지만, 또 한편으로 근래 들어서 강성해진 정치 팬덤 문화는 정당들이 그 팬덤의 요구에 스스로를 동기화시키고 방조하고 키워온 데서 비롯된 면이 크다고 봐요. 특히 최근에 개딸 같은 민주당 팬덤의 비상식적인 요구를 당내 의사결정 과정에서 전폭적으로 수용하면서 그들의 격동을 유발시킨 측면이 크다고 봐요.

　마찬가지로 K팝 팬덤이 그렇게 아이돌에게 무리한 요구들을 했을 때 소속사가 대응하지 않거나 오히려 아티스트를 보호하는 대응을 했다면 그들이 그런 무리한 액션을 하고 나서 효능감을 느끼지 않았을 것이고 그러면 팬들의 갑질 심리가 자가발전하지 않았을 거라고 생각해요. 어떤 아이돌 팬덤이 아티스트에게 무리한 요구를 했을 때 소속사가 자필 사과를 시켜서 굴복을 시켰다? 그러면 다른 팬덤에도 영향이 가죠. '저쪽 가수는 저렇게 납작 엎드렸는데 왜 우리 가수는 왜 이렇게 뻣뻣해? 건방지네?' 적어도 이런 생각은 하지 않을 수 있다는 거죠. 그래서 요즘의 극성스러운 팬덤의 요구들은 그간 기획사들의 대응이 불러온 자업자득적인 측면이 분명히 있다고 봐요.

박권일: 결국은 정치가 그런 부분들에 대해서 제어를 하고 규범을 제시해줘야 되는데 정치 스스로가 팬덤 논리에 따라 굴러가고 있는 게 문제죠. 예전에 문재인 대통령의 '양념론'이 대표적이죠. 이름난 정치인들이 그런 팬덤에 대한 문제의식을 별로 내보이지 않고 오히려 거기에 편승하는 모습을 보이는 게 큰 문제입니다. 아까 제가 서두에서 앨버트 허시먼의 분석을 통해서 팬덤이라는 현상을 얘기했잖아요. 물론 그런 구조적인 압력은 있는데 그것을 바꿀 수 있다고 봐요.

결국은 윤리예요. 타자를 타자로 인정하는 거. 팬덤이 아이돌한테 집착하는 것이나 정치인에 집착하는 것의 공통점은 모두 과도한 동일시거든요. 그 사람이 자기가 원하는 대로 해줘야 되고 내가 바라는 대로 움직여줘야 된다는 것인데, 정치든 어떤 사회든 간에 결국 타자는 나랑 다른 존재입니다. 아무리 동일시를 해도 마지막엔 까만 공백으로 남을 수 있다는 가능성이 바로 타자라는 거거든요. 그런 타자의 가능성을 인정하지 않으면 그건 파시즘이 됩니다. 이 부분에 대해서 우리가 이게 자본주의 논리고 소비자 논리니까 어쩔 수 없다고 해버리면 안 됩니다. 그렇게 따지면 '게임판은 남성 소비자가 원하는 대로 가야 돼'라는 논리에 굴복할 수밖에 없잖아요. 모든 것이 다 소비자가 원하는 대로 바뀔 수밖에 없다는 걸 우리가 인정해버리는 거죠. 근데 그것을 거스를 수 있는 건 결국 타자를 생각하는 윤리입니다. 타자는 우리와 다를 수밖에 없고, 타자가 자기의 존재를 걸고 결정하는 부분에 대해서 우리는 간섭할 수 없다는 것. 그런 최소한의 윤리를 지켜야 되는 거죠.

내가 아이돌에게 판타지를 가질 수 있지만 그 아이돌들이 반드시 판타지대로 움직여야 된다는 법은 없는 거예요. 내가 돈을 얼마만큼 썼든 간에 그 아이돌 역시도 나랑 똑같은 동등한 시민인 거예요. 민주사회에서 타자를, 시민성을 인정하지 않고 아이돌들을 내 마음대로 할 수 있는 인형처럼 생각하는 건 민주주의가 아니에요.

아이돌을 내 마음대로 하고 싶은 팬덤의 욕망을 정주식은 소유욕으로, 박권일은 동일시로 바라본다.

이재훈: 감정도 감정이지만 그런 아이돌들에게 일상의 시간을 줘야 된다는 생각이 저는 되게 큰 것 같습니다. 시간 자체가 없으니까 모든 상황에서 연예인으로서의 존재만 있는 거지 개인으로서의 존재가 망실되어 있는 상황이죠. 〈트루먼쇼〉처럼 TV 앞에 있는 상황들이 거의 24시간 계속되는 거잖아요. 그런 상황들이

지금 개인을 완전히 망가뜨리는 쪽으로 가고 있어요.

정주식: 누구에게나 뒷무대가 필요하죠. 자기의 24시간이 다른 사람들 앞에 노출된 생활은 누구도 견딜 수 없는 거예요. 만약에 표준계약서를 만든다고 하면 이런 조항을 생각해볼 수 있을 것 같아요. '우리는 소속 가수의 감정을 판매하지 않습니다' 같은. 선언적으로라도 이런 식의 표준계약서를 마련한다고 하면 소속 가수들을 대하는 기획사의 태도도 많이 좀 달라지지 않을까 싶고요. 팬들에게도 환기가 좀 필요한 것 같아요.

박권일: 조금 다른 사례로 한번 얘기해보고 싶은 건 최근에 르세라핌의 허윤진 씨가 스타벅스 커피를 마시고 있는 자기 일상 사진을 올렸는데 거기에 또 팬들이 몰려와서 '공부 좀 해라' '스타벅스가 어떤 기업인지 아느냐. 지금 가자지구 학살에 가장 큰 책임이 있는 기업이다'라고 비난을 한 사건이 있었어요. 이걸 가지고 JTBC에서 저녁에 하는 프로그램이죠, 패널 모아놓고 잡다한 뉴스 늘어놓는 〈사건반장〉이라는 프로그램에서 팬들의 갑질이라고 엄청나게 비난하더라고요. 해외 팬들이 한국 연예인한테 왜 이런 얘기를 하느냐고요.

　　저는 이 얘기는 조금 다른 측면에서 볼 여지도 있다고 생각해요. 팬들이 하는 얘기는, '내가 이만큼 사줬는데 왜 내 판타지대로 움직이지 않느냐'라는 측면은 물론 있습니다마는 또 다른 기준도 있어요. 예컨대 시민성이라는 차원에서 비판을 하는 부분도 있어요. 지구시민, 코즈모폴리턴적인 세계시민으로서 반인권적인 전쟁에 대한 반대, 아동 노동에 대한 반대 이런 것들을 언급할 수 있는 거잖아요. 이스라엘이 자행하고 있는 학살에 대해서 저는 보편적인 인권 차원에서 충분히 얘기할 수 있다고 생각합니다. 특히 한국 연예인들이 인종주의적인 발언을 해서 해외 팬들한테 질타를 받은 경우도 많았잖아요. 이번에 스타벅스 건도 그래요. 물론 허윤진 씨가 스타벅스의 그런 부분들에 대해서 몰랐을 수도 있고, 과도하게 비난을 받았다고는 충분히 얘기할 수 있다고 생각합니다마는 그런 비난 자체가 무조건 팬들의 갑질이니까 잘못됐다? 그건 그렇지 않다고 생각해요. 그런데 JTBC〈사건반장〉은 한국 스타벅스는 법인이 지금은 스타벅스 본사 법인과 독립돼 있다는 식으로 실드를 치더라고요. 이미 한국 기업이다, 거기는 스타벅스 본사와 다른 기업이다, 이런 얘기를 하는데 말도 안 되는 소리죠. 스타벅스라는 이름을 쓰고 있는데 무슨 그런 말도 안 되는 변명을 하고 있는지 모르겠어요. 어쨌든 그 스타벅스라는 이름과 이미지가 가지고 있는 문제에 대해서 다른 나라 팬들이 지적을 한 거잖아요.

강남규: 팬덤의 다른 모델을 만들어야겠는데 양육자도 아니고 소비자도 아니고 유사연애도 아닌 뭔가 다른 관계가 가능할까, 고민은 들어요. 허윤진 일에서 스타벅스는 다른 법인이라고 피의 실드부터 치고 보는 것, 그게 양육자 모델이거든요. 반대로 허윤진이 팬덤 내부에만 알려진 어떤 문제가 있었다고 하면 팬덤이 오히려 먼저 나서서 고치라고 요구할 거예요. 근데 '내 새끼는 내가 때린다. 밖에서 때려서는 안 된다'라는 룰이 적용됐다고 봐야죠.

이재훈: 아까 얘기하신 허윤진 씨 사례 같은 경우랑 비슷한 사례가 예전에 BTS의 지민 씨가 원폭 사진이 들어 있는 티셔츠를 입고 나오는 장면을 두고 많은 해외 팬들이 우려를 한 적이 있죠. 그

때도 BTS 팬들은 '그게 본뜻이 아니다. 그리고 한국은 피해자 아니냐' 이런 식으로 피의 실드를 쳤던 것 같아요. 어쨌든 일본이 전쟁 가해국이라는 거하고 별도로 당시 많은 사람들이 피해를 입은 비극적인 상황을 굳이 글로벌 활동을 하고 있는 연예인이 입고 나와서 한 국가의 민족주의적 감정을 자극하는 것은 좀 부적절한 부분이 있다는 지적이 있었죠. 근데 그때도 팬덤들은 또 다른 방식으로 막 실드를 치더라고요.

연예인들도 시민이고 당연히 10대 시민들이 가지고 있을 만한 인권 의식이나 노동권 의식 이런 것들을 배울 기회가 없었던 부분에 대해서도 우리가 우려를 하는 게 맞지만, 또 다른 측면에서는 자신의 언행을 책임지는 한 명의 시민으로서 역할을 생각한다면 조심해야 할 것들, 주의해야 될 것들, 그리고 다른 사람들의 지적들을 어떤 부분에서는 받아들여서 바꿔야 할 것들도 분명히 있다고 봅니다.

박권일: 시민으로서의 아이돌도 사실은 어떤 면에서 사회적 책임을 갖고 있는 사람이거든요. 예컨대 아이돌들이 일회용품을 함부로 쓴다든가 이런 부분에 대해서 지적할 수 있는 거예요. 시민으로서 지적할 수 있는 부분인데, 그런 것이 아니라 아이돌이 3년이 지나지 않았는데 연애를 하면 안 된다거나 그런 개인의 자유권과 관련된 영역을 비난하는 것은 저는 구별해서 얘기해야 된다고 생각합니다.

이재훈: 네. 오늘 모두 고생 많으셨습니다. 감사합니다.

언제 부터인가 자필 사과문이 K팝 산업의 관행이 됐다. 연애를 했다고 사과하고, 칼국수를 몰랐다고 사과한다. 그런 일로 죄의식을 느껴야 할 사람은 없다. 죄의식을 강요해 자백하게 하는 K사과문 관행은 학대의 성격을 띤다. 소속사가 스타의 인격을 보호해줄 거라 기대하는 건 무리다. 애초에 스타를 팬덤의 욕망에 맞춰 이상화한 것은 바로 기획사이기 때문이다. 팬덤과 기획사 사이의 이러한 공모는 K팝 산업의 기반이다. 카리나는 굴욕적인 사과를 했지만, 기획사는 이 굴욕을 다시 자본과 교환한다. 항의 트럭에 붙은 '카리나는 팬들이 주는 사랑이 부족하냐'는 문구에서 알 수 있는 것은 현실과 가상의 혼동이다. 이들에게 현실과 가상을 연결해주는 것은 버블·유튜브 등 각종 소통 채널들이다. 여기서 판매되는 상품이 아이돌 멤버들의 감정이다.

토론자들은 화려한 K팝 산업 성공의 이면에 숨어 있는 착취적 성격에 주목한다. 으리으리한 사옥을 자랑하는 K팝 기획사들의 위세와 비교할 때 그들이 만들어놓은 노동의 성격은 놀라울 정도로 원시적이다. BTS의 대성공 이래 K팝 아이돌에게는 팬들과의 상시적 소통 의무가 부과됐다. 스타의 감정 구매에 익숙해진 팬들은 당당히 소유권을 주장하기 시작했고, 인간을 헤아리는 능력을 잃어버렸다. 대상화된 인간의 고통을 없애는 방법은 대상화를 멈추는 일이다. K팝 산업에서 이것이 그토록 어려운 이유는 이 산업이 인간이 다른 인간의 내면의 감정을 소유할 수 없다는 단순한 사실을 부정하기 때문이다.

토론이 끝나고 남는 질문들

1. K팝 연습생들의 '자발성'은 어떻게 바라봐야 할까?
2. 사람의 마음을 판매할 수 있을까?
3. 그래서 카리나는 몇 살부터 연애하면 될까?

진보정치는
왜 망했을까?

강남규 · 박권일 · 신혜림 · 이재훈 · 정주식 · 장혜영

망한 것에 관해 이야기하는 것은 고통스럽다. 토론자들은 지난 총선 결과를 보고 '진보정치는 망했다'는 진단을 내렸다. 그래도 토론을 해야 했다. 망한 정치도 정치니까.

제17대 총선에서 약 370만 표를 얻은 민주노동당은 여섯 명의 의원을 당당히 국회에 입성시켰다. 첫 국회 등원 날 고 노회찬 의원은 "당사에서 여기까지 걸어오는 데는 5분밖에 걸리지 않았지만, 우리 서민들, 노동자, 농민 대표가 여기까지 오는 데 사실 50년이 걸렸어요"라고 말했다. 한국 정치사에서 진보정당이 원내에 들어간 지 20년 뒤 독자적 진보정당은 원내에서 다시 사라졌다.

4월 10일 치러진 22대 국회의원선거는 175석을 얻은 더불어민주당의 압승으로 끝났다. 2당인 국민의힘은 108석으로 개헌 저지선을 가까스로 지켰고 조국혁신당은 창당 3개월 만에 12석을 획득하며 3당으로 뛰어올랐다. 이번 총선에서 독자적 진보정당은 두 개의 정당이 참여했다. 비례의석 투표 기준으로 녹색당과 정의당이 연합한 녹색정의당이 14퍼센트를 득표했고 노동당이 0.09퍼센트를 득표했다. 21대 국회에서 여섯 석의 의석을 갖고 있었던 정의당은 이로써 20년 만에 원외정당이 됐다. 진보정당으로 분류되는 진보당과 새진보연합(기본소득당+사회민주당)은 더불어민주당의 위성정당인 더불어민주연합에 참여하며 원내 진입에 성공했다. 이 결과를 진보정치의 성취라고 바라봐야 할지, 이들 정당의 위성정당 참여와 원내 진입을 어떻게 바라봐야 할지는 이 토론의 주요 논점 중 하나이다.

양당에 대한 혐오 정서는 왜 진보정치의 득표로 이어지지 못했을까. 정의당은 어떻게 했어야 원내에 남을 수 있었을까. 백화점식 진단들이 쏟아져나오는 가운데 진보정치가 쇠락한 진짜 원인이 무엇인지는 여전히 안갯속에 있다. 토론자들은 넓게 보면 모두 진보정치의 자장 안에 있는 사람들이다. 그렇다면 이 토론 자리에서는 본인들의 문제를 스스로 진단해야 하는 어려움이 있다. 자신들이 선 자리를 얼마나 객관화했는가가 토론의 성패를 갈랐을 것이다. 얼마나 의미 있는 토론이 되었는지 판단은 독자들의 몫으로 남긴다.

66

이재훈: 5월 4일 '토론의 즐거움' 시작하겠습니다. 4·10 총선이 끝나고 독자적 진보정당이 원내에서 사라지는 결과를 얻은 뒤 한 달 사이에 많은 분들이 진보정치의 패퇴에 대해 분석들을 내놓고 있습니다. 진보정치가 망한 게 맞는지, 또 길게 봤을 때 여의도 정치 이외에 전반적인 진보정치의 쇠락에 대해서도 이야기해 볼 수 있을 것 같습니다.

박권일: 총선 결과 나오고 나서 〈300대 0의 정치〉라는 칼럼을 《한겨레》에 썼어요. '300대 0'은 2004년 민주노동당 의원 열 명이 의회에 진출한 이후 20년 만에 독자적 진보정당이 사라진 현실을 가리키는 말이었습니다. "기본소득당도 있고 진보당도 있는데 왜 다 사라졌다고 얘기하느냐?"라고 얘기할 수도 있어요. 저는 '독자적 진보정당'과 '기생적 진보정당'을 구분해서 독자적 진보정당이 사라졌고, 그래서 '300대 0'이라고 얘기했습니다. 근데 이 칼럼에 대해 기생적 진보정당을 지지하거나 기생적 진보정당에 속한, 그래서 기생적 진보정치를 하시는 분들이 부아가 나신 것 같아요. 지금도 제 생각은 확고합니다. 얼마 전 돌아가신 홍세화 선생님 말을 빌리자면 우리의 과정은 목표를 닮아야 합니다. 진보를 지향하는 사람이라면 더욱 그렇죠. 우리가 진보라는 이유로, 혹은 세상을 좋게 만들겠다는 이유로 사람을 억압하고 때리고 죽여서야 되겠습니까. 최소한의 민주적 절차를 다 어겨서야 되겠습니까. 위성정당 편승이 바로 그런 짓입니다.

이재훈: 주식 님은 어땠습니까?

정주식: 진보정당이 왜 0석이 됐는지에 대해서 여러 가지 얘기들이 나오고 있는데요. 그중에서 뭐가 중요하고 뭐가 덜 중요한 문제인가, 혹은 어떤 걸 수용해야 하고 어떤 건 수용할 수 없는가를 변별해내는 일이 중요한 것 같아요. 백화점식으로 비판이 쏟아진다고 해서 그걸 다 수용할 수도 없는 것이고, 그중 무엇이 진보정치 발전에 도움이 되는지를 가리는 작업이 더 중요하지요.

이재훈: 남규 님은 지금 권일 님 말씀하신 것처럼 진보정당을 독자적 진보정당과 기생적 진보정당으로 나눠서 보는 거에 대해서 어떻게 생각하시나요? 일반 시민 유권자들 이야기를 듣다 보면 그게 잘 구분이 되지 않는다는 느낌을 받거든요. 녹색정의당과 다른 진보정당에서 하는 이야기가 크게 다르지 않은데, 위성정당에 참여해서 어떻게든 뭔가를 얻어내야 되는 거 아니냐는 거죠.

강남규: 저는 결과적으로 소위 진보정당의 바운더리 안에 포함되는 분들이 더불어민주연합에 참여함으로써 진보정치에 대한 시민들의 객관적인 평가를 불가능하게 만들었다고 생각해요. 이들이 위성정당에 섞이면서 각각의 세력이나 진보정당 전체의 지지세를 파악하기 어려워졌어요. 그래서 지금 진보정치가 어느 정도 출발선에서 다시 시작해야 하는지 알 수 없게 되어버렸고요. 저는 그게 그분들의 잘못 중에 하나라고 생각해요.

22대 총선에서 더불어민주연합은 26.69퍼센트를 득표했다. 강남규는 이 연합정당에 참여한 진보당과 새진보연합(기본소득당+사회민주당)의 득표가 민주당의 득표 안에 흡수되면서 독자적 득표력을 파악할 수 없게 된 점을 지적하고 있다.

이재문: 회사원이나 일상에 쫓기는 분들 입장에서는 그런 생각들을 많이 하시는 것 같아요. 그래서 그런 얘기를 많이 듣는 저는 늘 고민이 되더라고요. 우리가 생각하는 뚜렷한 가치가 일반 시민 유권자들에게 잘 전달되지 않으면 그걸 어떻게 해야 할지.

박권일: 민주당에 기생해서라도 원내 진출을 해서 진보적 정책을 추진하고 싶다는 입장은 가능하다고 생각합니다. 저는 그런 부분들에 대해서 존중하거든요. 제가 화가 나는 거는 그런 짓을 하면서도 일말의 부끄러움이 없다는 거예요. 반성이나 성찰 같은 게 있었다면 그렇게 세게 얘기하지 않았을 겁니다. 하지만 그런 반성을 제대로 하는 사람을 본 적이 없습니다. 다들 너무나 당당해요. 심지어 이번 총선에는 저번 총선과 달리 위성정당에 대한 문제의식 자체가 공적 지면에서 사라졌어요.

이재문: 《한겨레21》에서는 썼는데요? 우린 표지로 썼습니다!

박권일: 훌륭하게도 《한겨레21》 정도만 문제의식을 보였지요. 대다수 매체들은 아예 다루지조차 않더라고요. 충격적이었죠. 정당정치 시스템 자체를 해킹한 사건이 심지어 두 번이나 반복되었음에도 제대로 문제제기를 하거나 심판하지 않고 이번 총선이 치러졌다는 것, 굉장히 소름 끼치는 일입니다.

이재문: 더불어민주연합에 참여한 정당이 지난 총선보다 더 많아졌잖아요. 독자적인 진보정당은 지난 총선 때보다 더 축소된 상태에서 선거를 시작했단 말이죠. 그러면 일반 시민 유권자들 입장에선 더불어민주연합을 그냥 진보정당이라고 생각했던 건 아닐까라는 생각도 좀 들거든요. 거기에다가 조국혁신당이 있었잖아요. 이런 선거 구도 자체가 녹색정의당의 진보성이 부각

되지 않게 만든 건 아닐까라는 생각이 자꾸 들더라고요.

장혜영 : 민주당에 기생해서 의석을 얻은 진보정치와 독자적인 노선을 간 진보정치를 나누어서 이야기할 수 있도록 담론의 지형을 제 공한 권일 님의 칼럼은 굉장히 유의미하다고 생각해요. 독자적 진보정당과 기생적 진보정당이라고 하는 것이 대중들에게 잘 구별되지 않을 수는 있으나, 대중들에게 생각의 단초를 제공하 기 위해서라도 너무너무 필요한 개념이라고 생각합니다.

이재훈 : 또 다른 이야기들을 해보겠습니다. 정의당에서 류호정 전 의원 이나 박원석 전 의원 그리고 배복주 전 부대표 등등 정의당의 기본 포션을 차지했던 분들이 많이 이탈했잖아요. 그러면서 전 반적으로 정의당이 위축됐고 정당이 가지고 있던 특정한 가치 들이 형해화된 게 아니냐, 이런 이야기들도 나와요. 문제는 어 떤 특정한 가치 때문에 분열을 했다면 떨어져나간 사람들이 한 쪽으로 모여서 뭔가를 만들어야 되는데 그게 아니라 뿔뿔이 흩 어졌잖아요. 그런 모습들 자체가 정의당이 추구하려고 했던 가 치의 불분명성을 보여주는 거 아니냐는 지적도 있었거든요.

사회자의 질문은 모호한 면이 있다. 정당에서 이탈한 사람들의 가치 불분명을 남아 있 는 정당의 문제로 환원할 수 있을까.

박권일 : 제 칼럼에도 그 얘기를 썼어요. 녹색정의당이 망한 이유에 대 한 세간의 분석을 크게 두 가지로 나눴습니다. 한 가지는 녹색 정의당이 너무 페미니즘에 올인해서 망했다는 주장들입니다. 그리고 또 한 가지는, 이건 주로 업계 전문가들이나 정치학자

193

들이 주장하는 건데, 정의당이 너무 여러 가지 의제를 좇다가 집중을 못해서, 그러니까 선택과 집중을 못해서 망했다는 겁니다. 근데 그 두 가지는 사실 형식논리적으로 모순이죠. 한 가지는 너무 집중해서 망했다는 것이고 한 가지는 너무 집중을 못해서 망했다는 것이니까.

정의당이 페미니즘에 집중해서 망했다는 것은 그냥 근거 없는 얘기라고 생각합니다. 대표적으로 장혜영 의원이나 류호정 의원이 정의당 시절에 발의했던 법안 수만 봐도 그렇죠. 과거에 남규 님이 일일이 통계를 내셨더라고요. 그걸 제가 빌려서 반박을 했습니다. 의정활동 전반을 봐도 정의당은 페미니즘을 표방하거나 명실상부 페미니즘 정당이라고 할 수 없는 수준이에요. 그 부분은 그냥 팩트를 가지고 반박할 수 있는 얘기지요.

나머지 한 가지, 정의당이 너무 다양한 의제를 좇다가 대중들한테 선명한 어떤 인상을 주지 못하고 결국은 망한 거 아니냐, 이런 건데 저는 그래도 그거는 페미니즘 때문에 망했다는 주장보다는 좀 일리가 있는 것 같긴 해요. 정의당이 실제로 여러 가지 의제를 추구하긴 했으니까요. 그런데 저는 지금 시점에 이런 제도권 정당이 하나의 단일하고 선명한 의제를 주장하는 것이 가능한가? 하는 의문이 있습니다. 가능할 수 있을지 몰라도 그것이 바람직한가라는 부분에 대해서 저는 굉장히 회의적이거든요. 과거 노동계급 당파성이라는 것이 진보 좌파의 최우선 가치일 때는 가능했을지 모르겠지만, 지금처럼 여러 가지 의제들이 다 중요한 시대에, 그리고 그 의제들 각자가 나름의 담론과 이론을 갖고 있는 시대에는 더 이상 하나의 대오로 하나의 전선을 긋고 싸우는 방식, 통일전선 운동이 불가능하다고 봐요. 그 부분에 대해서는 아마 많은 전문가들도 원론적으로 인정할 겁니다.

이런 객관적인 상황을 인식했다면 정의당식의 다양한 의제를 좇는 방식은 최선은 아닐지 몰라도 어쨌든 불가피한 방식이 아니었냐는 거죠. 그래서 저는 녹색정의당의 실패를 분석할 때 조금 더 깊은 차원에서 면밀하게 들여다봐야지, 단순히 페미니즘 때문에 망했다, 의제가 많아서 망했다, 이런 방식은 너무 피상적인 접근이 아닌가 합니다.

이재훈: 주식 님은 어떻게 보십니까?

정주식: 페미니즘 때문에 망했다는 얘기랑 이슈를 집중하지 못해서 망했다는 얘기는 사실 같은 얘기 아닌가요? 소위 구좌파들이 보기에는 페미니즘도 하고 기후도 하고 뭣도 하느라 옛날에 하던 걸 잘 못했으니까 그래서 망한 거 아니냐, 이 얘기를 완곡하게 하는 거 아닐까요? 실제로 그랬을 수 있다고 봐요. 페미니즘 싫다는 사람들이 많이 나갔다고 하면 그럴 수도 있죠. 그렇다면 그들의 요구를 수용할 수 있었느냐? 그럴 수 없는 요구였던 거예요. 페미니즘 싫다고 나간 사람을 진보정당에서 어떻게 붙잡습니까? 그렇다고 진보정당이 페미니즘을 안 합니까? 그런 시각으로 비판을 한다면 본인이 무슨 정치를 하고 있는지 생각을 좀 해봐야 되는 거고요.

다만 페미니즘 캠페인을 어떻게 했느냐에 대해서 방법론적으로 뜯어볼 부분이 있을 것 같지만요. 지금 나오는 비판들이 그런 결의 이야기는 아닌 것 같습니다. 이런 식으로 양립할 수 없는 주장들이 동시에 나오는데, 민주당과의 관계성에서도 그래요. 민주당 2중대 해서 망했다는 사람도 있고 민주당과 결별해서 망했다는 사람도 있죠. 그러면 여기서 어떤 게 당에서 수용할 수 있는 비판이고 어떤 게 수용할 수 없는 비판인지를 명확히 해야 될 것 같아요. 이런 식으로 하나를 취하면 하나를 버려야 되는 상반되는 비판들이 나오는데 여기서 당이 가르마를 잘 타야 될 것 같다는 생각이 듭니다.

강남규: 축구팀도 비슷해요. 잘되는 팀에 대해서는 다들 분석이 똑같아요. 이 팀은 이래서 잘된다. 망한 팀들에 대해서는 선수들이 문제다, 감독들이 문제다, 프론트가 문제다, 팬들이 문제다, 경기장 상태가 문제다, 별별 말이 다 나와요. 결국 정의당의 문제에 대해 온갖 말들이 나온 건 사실 정의당이 쇠락하고 있었기 때문인 거지, 그 분석들 하나하나가 충분히 뭔가 고민을 해서 나왔다고 존중해줄 필요는 없다고 봐요.

축구를 좋아하는 강남규는 강등된 팀의 팬이 되는 습관이 있다. 그는 정의당이 0석 정당이 된 직후 이 당의 당직자가 되었다.

이재훈: 민주노동당 시절 지지 기반은 노동자·농민이었죠. 그런데 정의당으로 넘어오면서 주로 기후 시민들, 페미니즘 관련된 여성들, 그리고 젠더 정치 관련된 성소수자들처럼 다양한 분들의 지지를 받는 세력이 됐는데, 이들이 과거 노동자·농민보다 결집력이 덜하다는 말도 있어요. 한국 사회에 33.5퍼센트 정도 있다는 기후 시민들은 왜 녹색정의당을 찍지 않았나, 왜 결집력

이 떨어질까. 이건 어떻게 좀 보시나요?

강남규: 반대로 지금 노동자·농민들은 결집력이 강할까요? 어떤 시민이든 어떤 의지 하나로 결집되는 시대가 지났다는 게 좀 더 맞는 말인 것 같아요. 하다못해 민주노총만 해도 조합원들 중에서 대체 얼마나 방침에 따라서 투표를 했냐고요. 노동자 결집성 자체가 약화된 상황이죠. 마찬가지로 기후 시민, 페미니즘 시민들도 비슷하게 된 거고요. 거기서 출발해야 되는 게 맞는 것 같아요.

이재훈: 모두가 결집력이 떨어지면 그럼 어떤 대상들을 위해서 무슨 정치를 해야 할까요?

강남규: 그걸 이제부터 얘기해봐야죠.

정주식: 양당이 '지지층을 결집시킨다'고 말할 때는 '결집'이라는 표현이 적절한 것 같아요. 그런데 진보정치에서는 적절하지 않은 것 같아요. 결집이라는 건 기존에 있는 걸 모은다는 얘기잖아요. 진보정치가 결집이 안 되는 이유는 애초에 결집할 대상이 없기 때문이라고 봐요. 진보정당이 노동자에게 집중을 안 해서 노동자들이 옛날만큼 안 모이는 게 아니라, 노동자들이 진보정당에 관심이 없으니까 결집의 대상 자체가 못 되는 거죠. 기후 유권자도 마찬가지예요. 그 설문으로 나타난 것은 기후에 대한 시민들의 어렴풋한 관념이죠. 기후 유권자라는 표현은 희망이 많이 섞인 조어인 것 같아요. 실제 선거에서 기후 유권자는 존재하지 않고 그냥 막연하게 기후가 걱정스러운 시민들이 있을 뿐이죠. 이걸 XX 유권자로 묶어서 결집을 바란다는 건 한국 정치 기반에서 너무 어려운 일이고요.

만약 선거에서 '결집'을 목표로 삼는다면 진보정치의 과제가 기술적인 과제로 환원이 돼버려요. 있는 걸 모으려고 하면, 이건 기술이거든요. 없는 걸 발명한다는 건 기술적인 노력보다 본질적인 거예요. 저는 진보정치가 자기들이 누구인지에 대한 질문부터 다시 시작하는 게 맞다고 생각해요. 자꾸 있는데 못 모은다고 생각하니 선거 때마다 여기저기 기술자들한테 조언만 들으려고 해요. 그 사람들 조언 아무리 들어봐야 애초에 결집 대상이 없는데 공허한 거죠.

이재문: 정의당이 20대 총선 때 비례 득표가 7.23퍼센트였고 21대 총선 비례가 9.67퍼센트였어요. 그럼 이들은 진보정치를 보고 정의당을 찍은 게 아니었다고 볼 수 있을까요?

정주식: 저는 유권자들이 달라졌다고 생각해요. 기본적으로 한국 사회의 평등 의식 자체가 약해진 게 크다고 생각해요.

이재문: 4년 사이에요?

정주식: 20년 사이에 점점 줄어왔다고 생각해요.

신혜림: 저는 4년 사이에 줄었다고 생각해요. 조국혁신당이 다 가져간 거죠. '지민비정'이 없어지고 '지민비조'가 생겼기 때문이죠.

지민비정: 지역구 투표는 더불어민주당, 비례 투표는 정의당

지민비조: 지역구 투표는 더불어민주당, 비례 투표는 조국혁신당

박권일: 우리가 착각하고 있었던 부분이 뭐냐 하면 노동자·농민을 위한 정치를 민주노동당이 했고, 그 사람들을 당이 결집시켰다는 생각입니다. 노동자·농민이 결집한 것이 아니라 노동자·농민

의 일부 조직이 조직력을 가지고 결합을 했지요. 근데 민주노동당의 전성기 시절에도 전체 유권자에 비하면 그 비율이 되게 적었습니다. 그럼에도 불구하고 민주노동당이 약진할 수 있었던 이유는 뭐였을까요? 노동자·농민을 위한 정책을 만들고 치열하게 활동하는 것을 본 시민들, 특히 진보적 성향의 시민들이 그때는 민주노동당을 지지하거나 우호적이었기 때문입니다. 그 시민들이 같이 뭉쳤기 때문에 그 정도라도 성과를 냈던 거거든요. 지금은 진보정당이 그런 보편적 설득력을 상실한 거죠.

그렇기 때문에 제가 그 칼럼 말미에서 얘기를 했던 '민중의 발명'이라는 것은 결국 과거에나 지금이나 사실 본질적으로 달라졌다고 생각하지 않아요. 지식인들이 관념적으로 얘기하던 그런 '민중'은 과거에도 존재하지 않았습니다. 노동자들도 사실 되게 보수적이에요. 노동계급이라고 해서 노동계급을 위한 정당을 지지하지 않거든요. 지배 이데올로기에 찌들어 있는 사람들이 대부분입니다. 삼성 이재용이 어묵 먹는 거 보면서 이재용 불쌍하다며 감정 이입하는 노동자들이 얼마나 많은데요.

그래서 저는 주식 님 말씀에 동의하는 부분들이 많습니다. 없는 사람들을 결집시킬 수는 없는 거예요. 그런 상황에선 결집 이전에 뭔가 바운더리부터 만들어야 되는 겁니다. 근데 지금은 진보정치의 바운더리가 없고 이를 규정할 새로운 언어도 부족합니다. 기후 시민은 어떤가요. 그 사람들은 기후보다 중요한 다른 이슈들에 대해서 얼마든지 변심해서 표를 줄 수 있는 사람들이고 기후가 그 사람들한테 가장 중요하지 않을 수 있는 거예요.

신혜림: 설문에서 정확한 문항은 이래요. '내가 평소에 지지하는 세력이 있어도 기후 공약이 마음에 들면 거기를 지지하겠다.' 평소 지지와 상관없이 기후 공약을 우선해 투표하겠다는 사람이라면 '기후 유권자'라는 거죠. 물론 성평등, 경제정책 이런 식으로 딱딱 대응해가지고 만들어진 여론조사는 아니지만 이 정도 문항이면 충분히 기후 유권자라고 불릴 만큼은 된다고 생각을 해요. 다만 현실적으로 투표장에서 완전히 실현되진 않을 거라는 거는 우리가 예상할 순 있죠.

이재훈: 주식 님, 권일 님이 결집할 대상을 발명해야 된다고 하셨잖아요. 근데 과연 지금 결집할 대상이 없는 현실 위에서 어떻게 그것이 가능하냐라는 질문을 했을 때는 되게 막막하다고 생각해요. 저희는 지금 그 얘기를 해야 되지 않을까, 생각이 들거든요. 그건 좀 어떻게 볼 수 있을까요?

정주식: 결집과 발명의 차이는 정치세력의 주체성과 관련된다고 생각해요. 결집의 정치라고 하면 정당이 지지자들에게 가면 되는 거죠. 지지자들이 어디에 있는지, 지지자들이 지금 바라는 게 뭔지를 따라가게 되는 거고요. 그런데 지지가 없는 상태라고 하면 질문이 정치 주체에게 돌아오거든요.

이재훈: 진보정치의 발명이라고 하는데, 구체적으로 무엇을 위한 진보인지가 있어야 되잖아요. 지금 기후 정치도 안 되고 노동자 정치도 안 되고 농민 정치도 안 되고, 결집된 시민들이 없다고 하면 뭘 위해서 정치를 해야 되나요?

장혜영: 저는 그런 의미로 듣지는 않았어요. 발명이라고 하는 키워드가 저도 굉장히 반가웠는데, '없다'라고 하는 게 '존재하지 않는다'

가 아니라 '모여 있지 않다'라는 의미라고 생각했거든요. 기후 의제나 성평등 의제 혹은 노동자 정치가 제일 중요하다고 생각하는 개인들은 있을 수 있는데 이 개인들이 어떻게 정치적으로 특정한 시점에 집단적인 선택을 하게 할 것인가에 대한 기획이 부족하다는 의미로요. 그 기획을 어떻게 만들어갈 것인가가 진보정치의 발명에 있어서의 실천적인 역할이라고 생각합니다.

이재문 : 정당은 기반이 대단히 중요하잖아요. 말씀하신 방식은 결국은 흩어져 있는 개인들을 플랫폼으로 모으는 방식이 될 텐데, 플랫폼은 일시적인 걸 텐데요.

장혜영 : 반드시 그럴까요? 결집을 하려면 조직이 돼 있든지 아니면 이번에 민희진 씨처럼 사건을 일으키든지 뭔가 기제가 있어야 될 텐데, 그 기제가 무엇일 것이냐는 구체적으로 얘기할 수 있다고 생각하거든요. "플랫폼 노동자들 조직 안 돼"라고 얘기를 해왔지만 이번에 라이더 대행진을 했잖아요. 실제로 뭔가를 물밑에서 만들어내는 사람들이 조직을 만들어내기도 하고, 지금 같은 미디어 환경에서는 어떤 상식적이지 않은 사건으로 사람들이 쫙 갈리면서 순식간에 담론장이 형성되는 방식의 정치들도 가능하다는 걸 보고 있어요. 민희진 씨 기자회견이 그렇죠. 그런 점에서 좀 더 할 수 있는 것이 있다고 봐요.

박권일 : 진보정치는 대의할 사람을 결집시키는 게 아니라, 조직되어 있지 않은 사람들이 스스로 각성하고 실천할 수 있게끔 만들어주는 플랫폼이 되어야 한다고 봅니다. 알튀세르라는 철학자가 논문에서 파스칼의 구절을 인용한 유명한 대목이 있습니다. '사람들은 교회에 가서 무릎을 꿇는다. 기도를 한다. 그러면 그들

은 믿게 된다.' 어떤 믿음이 먼저 존재하고 나서 사람들이 기도하고 무릎 꿇고 하는 것이 아니라 매일같이 교회 나가서 무릎 꿇고 기도하다 보니까 믿음이 생긴다는 거예요.

저는 이데올로기라는 것이 그렇게 굉장히 신체화되고 실천적인 방식으로 작동한다고 생각합니다. 그런 실천의 과정들을 우리가 어떻게 즐거운 과정으로 만들어내고 사람들이 참여할 수 있게끔 만들어내는가가 중요한 거죠. 그런 의미에서 제가 '민중의 발명'이라는 말을 했던 것이지요.

강남규: 저는 이번에 녹색정의당에서 그나마 희망적인 장면을 두 개 봤어요. 심상정 의원이 국토위 활동하면서 전세 사기 문제에 꽤 주도적으로 접근을 했단 말이죠. 민주당이나 국민의힘이나 사실 둘 다 전세 사기 문제에 대해서 일종의 가해 공범이거든요. 그런 상황에서 정의당 심상정 의원이 나서서 전세 사기 피해자들을 위한 활동을 했어요. 결국 이번에 전세 사기 피해자 몇 분이 정의당 입당과 지지 선언을 하고 기자회견까지 나섰어요. 그 과정 자체가 진보정치의 모델이라고 생각해요. 민주당이나 국민의힘은 오지 않는 그 현장에 진보정치가 가서 "이런 방식으로 문제를 해결합시다"라고 얘기했을 때 그 사람들은 체감하게 되는 거죠. '아, 진보정치가 이 문제를 해결해주는 유일한 대변자구나.' 그런 체감이 결국 입당과 지지 발언으로 이어지는 거라고 생각해요.

이재훈: 그 말씀은 결국은 진보정당이 정책 중심 정당으로 가야 된다는 말과 비슷하다고 볼 수 있을까요?

정주식: 결국 '무엇을'보다는 '어떻게'가 훨씬 중요하다는 것 같아요. 기

후가 중요해, 노동이 중요해, 페미니즘이 중요해, 이런 말들은 '무엇'을 바탕으로 우리를 규정하는 것이죠. 10년째 정의당에서 공회전했던 게 뭔가요. 페미니즘에 집중해야 된다, 노동에 더 집중해야 된다, 기후에 집중해야 된다, 이런 식의 무엇을 선택하냐의 문제였죠. 지금 얘기하신 사례는 무엇에 집중했냐 보다는 '어떻게 했냐'에 더 가까운 얘기예요. '무엇을'에 대한 질문에서 조금 벗어날 필요는 있는 것 같아요. 예전에 민주노동당 시절 열 명 의원들의 활약상을 어렴풋이 생각해보면 그 사람들이 무엇이 더 중요하다고 말했는지는 기억에 없거든요. 그 열 명의 사람들이 각자 어디에 나가 있었는지가 더 기억이 나요. 그런 걸 보면 진보정치는 현장이 중요하고 지역이 중요하고 '어떻게'가 정말 중요한 정치가 아닌가 싶어요. 민주당도 그런 걸 하지만, 체구가 크지 않은 진보정당 입장에서는 그게 굉장히 중요한 무기인 거죠.

강남규: 정책 중심이란 말도 맞지만 관계 중심이라는 말이 더 맞을 것 같아요. 나랑 계속해서 소통을 했고 내 카톡 친구 목록에 뜨는 정치인을 지지해야겠다는 마음은 무시 못하는 거거든요. 결국은 그 현장에 누가 있었느냐, 누구와 더 친하냐, 저는 그 문제도 충분히 중요하다고 생각해요.

박권일: 정책의 레벨을 나누자면 매크로 레벨이 있고 마이크로 레벨이 있고 중간에 메조 레벨이 있는데 지금까지 진보정당의 정책 수준이 매크로에서 메조 사이를 왔다 갔다 하는 수준이었고, 마이크로까지 내려가는 경우가 꽤 드물었다고 생각해요. 왜냐하면 마이크로, 미시 레벨까지 정책이 내려가면 굉장히 복잡하고 시

간이 오래 걸리는 조사나 연구들이 필요하기 때문이에요. 근데 그걸 해야 되는 거죠. 마이크로 레벨까지 내려가서 정책을 만들지 않으면 실재로 와닿지 않아요. 마이크로 레벨의 정책을 하기 위해서는 현장에 가서 실제로 거기 있는 사람들과 결합을 해서 계속 라포rapport를 쌓아가며 굴러야 되는 거죠.

그 궂은 일을 하기 싫고, 그러다 보니까 다들 그냥 여의도 중앙 정치 얘기만 하고, 그러다 보니까 점점 현장에서 멀어지는 과정들이 아닌가 합니다. 결국은 남규 님이 말씀하신 것처럼 정책을 잘 만들고 똑똑한 사람들이 결합하고 이런 문제가 아니라 현장에 얼마만큼 결합을 하고 그 사람들과 관계를 계속 유지하고 있는가라는 거거든요. 그 부분에 대해서 정의당에서 정치하는 분들이 과연 얼마만큼 문제의식을 갖고 있는지는 모르겠습니다.

장혜영: 이런 논의를 할 때 특히 당내에서도 제가 놓치지 않으려고 하는 게, 우리가 권력을 얻으려고 뭔가 여러 가지 얘기를 할 수는 있고, 권력을 얻지 못한 것에 대해서 반성을 할 수는 있죠. 근데 그 이전에 '우리는 왜 정치를 하지?'라는 질문을 자꾸 생략하게 돼요. 그래도 세상을 바꾸고 싶어서 정치를 하는 것이라는 암묵적인 합의가 있었다고 생각했는데, 요새 돌아다니는 얘기를 듣다 보면 '진짜 그런가?'라는 생각을 하게 되는 거죠. 바뀐 세상에 적응하는 것도 힘겨워하는 듯한 느낌이고, 취사 선택적으로 적응하고 싶어 한다는 느낌이 들어요. 정의당은 어쨌든 바뀐 정치적 현실에 적응하기 위한 기획이었다고 생각해요. 과거의 어떤 실천적 부분들을 포기하거나 일부 가치를 내려놓고 대신 현실 타협적인 길을 갔던 기획이었고, 그 기획이 20년째에

한 번 끝난 거죠.

이재훈: 10년 정도겠죠.

장혜영은 정의당이라는 진보정치의 기획을 이전 진보정당들(민주노동당, 진보신당 등)의 연속선상에서 파악하고 있지만, 이재훈은 정의당의 실패한 기획이 이전 정당들의 그것과는 달랐다고 말하는 것 같다.

장혜영: 네. 정의당에 한정한다면 십 몇 년 정도. 근데 그 길을 위성정당에 올라타면서 갈 수도 있었지만 가지 않은 거거든요. 그럼 가지 않은 선택을 우리는 왜 한 것인지, 어떤 정치를 하고 싶어서 그 선택을 한 것인지에 대한 이유와 평가 같은 게 있어야 되는데, 자꾸 그 지점들이 사라져요. 우리가 왜 의석을 하나도 얻지 못했나, 하는 거에만 집중돼서 얘기가 되죠. 저는 그걸 가장 경계해야 된다고 생각해요.

위성정당을 통해서 기생적 진보정당 의원님들이 국회에 들어가셨죠. 개인을 평가하자면 훌륭하다고 생각하는 분들도 있지만, 그분들을 통해서 22대 국회가 세상을 바꿀 수 있다고 생각하지는 않습니다. 양극화는 훨씬 심해질 거고, 저출산 경향도 더 심해질 거고, 심지어 전쟁 위험도 높아지겠죠. 그런데 이 어려운 정치 현실 속에서 그래도 진보 정치가 필요한 건 변화를 만들어야 되기 때문이잖아요.

왜 망했냐고 할 때 "이것 때문에요"라고 한마디로 말하는 게 어렵지만, 우리는 분명히 방 안의 코끼리에 대해서는 말해야 해요. 그것은 민주당과의 관계죠. 지금은 '민주대연합'을 해야 된다고 생각한 많은 사람들의 이탈을 통해서 일정 정도 분화가 이루어진 상태라고 생각합니다. 하지만 여전히 남아 있기 때문에 반드시 그 토론을 관통하지 않으면 안 된다고 생각해요.

강남규: 어떤 점에서는 원내에 남아 있어야 한다는 생각이 민주당과의 관계를 정확하게 진단하지 못하게 만든 문제일 수도 있죠. 지금은 원내가 아니게 되었으니까 조금 더 자유롭게, 조금 더 열린 마음으로 논의됐으면 좋겠습니다.

장혜영은 방 안의 코끼리에 관해 답해야 한다고 말하고 강남규는 이제야 그걸 말할 수 있는 기회가 왔다고 말한다. 0석이 된 지금까지도 민주당과의 관계 속에서 당의 정체성을 파악해야 한다는 건 비극적이다.

정주식: 아까 혜림 님이 얘기한 조국혁신당과 평등 의식의 관계와 관련해서, 저는 그 두 개가 관련이 있다고 생각해요. 조국을 지지하는 사람들이 원하는 세상은 평등한 세상이 아니라고 생각해요. 전통적인 진보의 가치에서 봤을 때 그들이 원하는 세상은 딱 '반칙 없는 세상'까지죠. 누구도 무임승차하지 않고 룰을 어기지 않는 것, 룰을 잘 정비해서 룰에 어긋나는 사람들을 벌주는 것까지요.

이재훈: 조국한테요?

정주식: 조국 지지자들은 조국이 반칙하지 않았다고 생각하죠.

장혜영: 조국한테 한 만큼 한동훈한테 해라, 이런 건가요?

정주식: 조국혁신당의 대표적인 공약이 사회연대기금이에요. 대기업 노동자들을 노동자의 표상으로 규정해놓고 '쟤들을 돕는 건 반

칙'이라고 말하는 거예요. 약한 사람들을 도와야 한다는 것이 평등 의식이라면, 저들의 정치는 '저 사람들을 돕는 건 반칙'이라는 생각이죠. 평등에 대한 사람들의 의식을 잠식한 게 이런 식의 '공정'이라고 생각해요. 신혜림 PD가 4년 사이에 급격히 약화된 부분이 있다고 이야기했는데 중요한 계기가 조국 사태였겠죠. 그때 반칙을 가리는 일, 반칙을 잡는 일에 온 사회가 다 매몰됐어요. 그런 과정에서 공정과 반칙에 대한 강박만이 남았고 그 외의 것들은 다 증발했어요. 그러면서 우리가 믿었던 '약한 사람들을 도와야 된다'는 관념 자체가 크게 쇠퇴했다고 생각해요. 지금 사람들이 생각하기에 정의당은 자꾸 누구를 도와주자고 하는 당인 거예요. 조국혁신당이나 이준석 같은 사람들은 그런 사람들을 돕지 말자는 게 메인 슬로건인 정치를 하거든요. 그 둘의 대비가 말해주는 바가 있다고 생각해요.

강남규 : 조국 사태를 계기로 공정이라는 개념이 발명됐고, 그게 평등을 대체하면서 지금의 사태가 됐다는 거죠. 그런 점에서 혜림 님이 말씀하신 '4년 사이에 바뀌었다'라는 부분이 어느 정도 이해가 됩니다.

신혜림 : 아까 기도를 하다 보면 믿음이 생긴다고 하신 것처럼 조국혁신당이 나타난 거예요. 그 사람을 찍을 수 있는 선택지가 나한테 놓여진 순간이죠. 정의당을 찍어볼까 하는 의식이 완전히 사라지고 다른 믿음이 대체한 건데, 다른 믿음을 다시 발명해야 되는 상황들이 왔다고 봐요.

박권일 : 이번에 민희진 씨 기자회견 보면서도 이 엄청난 감정의 정치를 어떻게 진보정치가 활용할 수 있을까, 그런 생각도 문득 들더

라고요. 진보정치에 문제점이 많겠지만 중요한 것 하나는 '냉담함'이라고 봐요. 늘 사람들의 고통에 대해서 얘기하고, 현장에 가서 결합하고 정책도 만들고 하는데, 그 고통이나 감정들에 대해서는 오히려 되게 냉담한 태도라는 인상을 받아요. 전세 사기에 대해서 심상정 의원이 했던 일은 사기 피해 당한 억울한 사람들에게 그게 당신들 탓이 아니라고 해준 거잖아요. 너네들이 멍청하거나 판단을 잘못했거나 운이 나빠서가 아니라, 구조적인 문제라고 얘기해준 거예요. 무엇보다 그들 고통에 공감하며 그 자리에 함께했기 때문에 피해자들이 정의당 입당도 하신 거잖아요. 그런 면에서 그 억울함 같은 사람들의 다양한 정서들이 어디서 발생하는지 민감한 촉수를 가지고 현장을 다녀야 하는 거죠.

　조국 사태 때 정의당이 오판한 이유는 그 촉수가 그 순간 끊겼기 때문이라고 생각해요. 사람들의 감정이 어디로 흘러가는지를 감지하지 못한 거죠. 정치적으로 우리가 이렇게 해주면 민주당으로부터 뭘 받고, 이런 방식으로만 생각했기 때문이에요. 세상의 감정들이 어떻게 흘러가는지를 몰랐던 거죠. 모르는 척하고 싶었던 걸 수도 있고요. 정책이나 가치 이런 것도 당연히 필수적이고 중요하지만, 정치를 한다면 순간순간 바뀌는 이런 감정의 흐름들에 대한 촉수를 예민하게 유지하는 것도 되게 중요하다고 생각합니다.

이재훈: 불행하게도 방금 권일 님이 말씀하신 그 억울함, 이번 총선만 봤을 때는 가장 억울한 사람은 조국이었던 거죠.

박권일: 그렇죠. 그것에 공감하는 사람들이 많았던 거죠.

이재훈: 조국하고 똑같은 짓을 하는 사람들은 지금 권력을 잡고 있는데 조국은 4년 동안 그렇게 고통을 받아왔고, 한동훈도 그렇게 돼야 되는 거 아니냐라는 정서가 엄청 강했던 거고.

박권일: "너희가 뭐가 억울한 거냐, 진짜 억울한 사람은 따로 있다" 이런 식으로 받아치고 그걸 기세 좋게 밀어붙였어야 하는데 그걸 못했어요.

정주식: 정의당은 그 순간에 자기가 누군지 잊어버린 거예요. 내가 그 길로 가서는 안 된다는 걸 망각한 거죠. 저 사람들이 정의당의 밭이라고 착각을 한 거예요.

이재훈: 하나만 더 얘기를 했으면 좋겠는데요. 어떤 정치세력에 대해 이야기할 때 우리가 제일 많이 보는 게 '스피커'들이잖아요. 조국이나 신장식, 김어준 같은 사람들이요. 근데 지금 녹색정의당이나 노동당에 그들하고 맞설 만한 스피커들이 있었느냐고 하는 얘기들도 있거든요. 이 부분에 대해서는 좀 어떻게 보시나요?

강남규: 제일 많이 고민하는 부분 중에 하나이긴 해요. 스피커가 없는 건 바꿔 말하면 팬덤을 만들지 못하는 거라고 생각하는데요. 왜 우리는 팬덤이 없는가, 왜 우리는 한 번만 삐끗해도 이렇게 저 사람이 불신하게 되는가, 왜 믿음을 더 못 주는가. 근데 그 대안적인 모델을 못 만들겠어요. 생각이 나지 않아요. 거기서 항상 막히는 것 같아요. 팬덤과 정치 소비자 혹은 냉담한 비평가, 이 사이에서 좀 더 균형 잡힌 동료 시민, 동료 당원, 그런 개념을 만들 필요가 있겠다 싶어요.

정주식: 정의당이 지난 10년 동안 매력이 별로 없었던 당이었던 같아요. 매력 있는 스타 정치인이 없기도 했고, 밖에서 보기에 저 집

안은 자기들끼리 우울해요. 항상 우환이 있어요. 이번 국회에
여섯 명이 들어갔는데, 이번에는 더 우울했어요. 자기들끼리도
마음이 안 맞는 것 같고, 의원총회 하다가 싸우고 그러는 장면
이 중계되기도 했잖아요. 민주당·국민의힘처럼 서로 죽이니 살
리니 하지는 않지만, 자기들끼리 으쌰으쌰 하고 이런 분위기가
안 나서 선뜻 저 사람들하고 같이 뭘 해볼까 하는 생각이 잘 안
들었던 것 같아요.

진보정당은 우울해서 인기가 없는 것인가, 인기가 없어서 우울한 것인가.

박권일: 없는 집구석일수록 서로 더 으쌰으쌰 해주고 힘을 줘도 이길까
말까 한데, 없는 집안에서 서로 불신하고 냉소하니까 사람들이
떨어져나갈 수밖에 없는 거죠. 저도 남규 님 말씀하신 것처럼
진보정치의 스피커 부재, 이런 것들을 많이 느끼고 있어요. 그
런 스피커를 어떻게 만들어야 할지 어렵고 답도 없습니다마는,
그럼에도 불구하고 계속 새로운 언어와 개념을 만들어서 제시
하는 게 중요한 것 같아요.

위성정당 문제가 마치 존재하지도 않는 것처럼 총선이 아무
렇지도 않게 시작되고 끝나버리는 것들을 보면서 초현실적이
란 느낌이 많이 들었어요. 이게 말이 되는 건가? 이런 일이 대명
천지에 일어나고 있는데 언론에서 아무도 얘기하지 않는다고?
이런 부분들을 누군가는 적극적으로 얘기해야죠. 근데 얘기를
하되 그것을 너무 시니컬하고 냉소적인 방식이 아니라, 누군가
를 막 까고 막 죽이고 이런 방식이 아니라, 뭔가를 만들어내고

연대하는 방식으로 해야겠습니다.

정주식: 위성정당을 비판하는 방식이 크게 두 가지가 있을 것 같아요. 하나는 거기 참여한 사람들을 욕하는 방식이 있겠죠. 그런데 사실 그들을 비판할 수 있는 것도 거기 참여하지 않은 진보정당들이 있기 때문이거든요. 이들이 만약에 거기 합류하려고 했거나 합류했다면 위성정당을 비판할 공간 자체가 사라졌을 거예요. "안 하는 놈이 어디 있어?" 이렇게 물으면 할 말이 없었겠죠. 그래도 원내에 여섯 석이나 가지고 있던 당이 그렇게 손쉽게 갈 수 있는 길을 거부하고 원외로 나앉았다는 사실 자체가 비판의 공간을 열어준 셈이에요. 그렇게 거기 참여하지 않은 정당들을 응원하는 방식으로 위성정당 문제를 이야기할 수 있을 것 같아요. 이놈이 잘못했네, 저놈이 잘못했네만 얘기하다 보면 사람들이 지겹다고 해요. "아직도 위성정당 욕하냐", 이렇게 얘기하는 사람들도 봤거든요. 조금 포지티브한 방식으로 이야기를 풀어갔으면 하는 생각이 드네요.

박권일: 스피노자는 슬픔을 없애기 위한 유일한 방법은 기쁨뿐이라고 얘기해요. 슬픔이라는 감정은 어떤 사유나 지성으로도 없앨 수 없어요. 오직 기쁨을 통해서만 슬픔을 몰아낼 수 있어요. 슬프죠. 진보정치는 늘 슬픕니다. 어느 나라나 마찬가지예요. 왜냐하면 사회의 고통에 가까이 있고 늘 아픈 사람들 곁에 있기 때문입니다. 근데 그럴수록 우리끼리는 기쁘게 그걸 해야 되는 거죠.

강남규: 민주노동당 시절에는 분회 같은 게 있어가지고 분회끼리 맨날 수시로 만나고 자기들끼리 밥 먹고 운동회 하고 이랬다면서요. 그런 즐거움, 진보정치의 가치를 중심으로 모이긴 했지만 그냥

평범한 동네 친구들처럼 활동하고, 거기에 나가는 게 즐거워져야 조직력이 생기는 것 같아요. 그런 부분들을 앞으로 정의당이 어떻게 만들 건가 고민해봐야 될 것 같습니다.

박권일: 우리가 뭘 하든 어떤 식으로든 환상을 피할 수는 없어요. 어떤 판타지 같은 게 있어야 뭐든 할 수 있어요. 민희진 씨는 실제로 자기가 세상에서 제일 중요한 일을 하고 있다고 믿잖아요. 진짜로 그렇게 믿고 있는 것처럼 보여요. 민희진 씨는 자기가 세상에서 제일 중요한 작품을 만들고 있는데 골프나 치러 다니는 '개저씨'들이 그걸 방해하는 걸 참을 수 없는 거예요. 진보정치도 민희진 씨와 같은 판타지, 기세 이런 게 있어야 된다고 생각해요.

정주식: 자기에 대한 믿음을 너무 잃어버렸어요. 정의당이 "우리는 뭐 해야 돼요?"라고 물어보고 다닌 게 벌써 10년째인데.

강남규: 끝내시죠.

멤버들: ㅋㅋㅋㅋㅋㅋ

이재훈: 아까도 말씀드렸지만 이게 한두 시간에 다 얘기할 수 없고, 정말 오랫동안 여러 가지 일들이 있었기 때문에 아쉬운 대목들이 많은데요. 그럼에도 불구하고 우리는 이 얘기를 계속 해야 한다고 생각합니다. 오늘 토론은 여기까지 하도록 하겠습니다.

99

이재훈은 독자적 진보정당과 기생적 진보정당의 구분이 대중에게 얼마나 의미가 있느냐 묻는다. 장혜영은 바로 그 대중에게 생각의 단초를 제공하기 위해 필요한 개념 구분이라고 답한다. 대중을 따르지 않고 앞에서 이끌어야 한다는 장혜영의 응답은 본인이 지향하는 진보정치의 방향이 무엇인지 드러낸다. 결집이라는 유령 찾기에서 벗어나야 한다는 정주식의 말도, 지금은 없는 시민을 발명해야 한다는 박권일의 말도 이런 정치관에 호응한다. 그러나 사회자 이재훈은 끝내 이들의 답이 성에 차지 않는다. 새로운 시민을 발명해야 한다는 주장은 '머슴론'이 지배하는 한국 정치에서 유권자의 심기를 정면으로 거스르는 일이다. 이런 정치에서 즐거움이란 정말로 가능한가? 박권일은 진보정치는 늘 아픈 사람들 곁에 있어서 함께 아프다고 말한다. 그런 정치라면 아플지언정 망하지 않을 것이다. 어쩌면 지금의 진보정치는 아프지 않아서 망한 게 아닐까.

양당에 대한 깊은 혐오 정서는 왜 진보정당의 득표로 흡수되지 못했을까? 정주식은 조국 사태 이후 공정 담론이 맹위를 떨치는 동안 진보정당은 자신들이 갖고 있었던 가장 큰 무기를 잃었다고 분석했다. 조국 사태 이후 평등이라는 가치가 퇴색되었다는 데 토론자들은 대체로 동의한다. 공정과 평등은 어떻게 다른가. 평등은 좋은 일자리를 나누는 데 관심이 많지만 공정은 누가 정규직이 되느냐에 관심이 많다. 평등은 게임의 룰을 바꾸는 데 관심이 많지만 공정은 질서를 유지하는 방법에 관심이 많다. 이런 시대에 진보정당의 가치는 평가절하될 수밖에 없다. 그러면 진보는 이제 무엇을 해야 하는가. 이들의 주장에 동의할수록 답답해지는 토론이다.

토론이 끝나고 남는 질문들

1. 진보정당 사람들은 왜 늘 우울해 보일까?
2. 정의당은 어떻게 했어야 의석을 유지할 수 있었을까?
3. 시민들은 자신이 '발명'의 대상이 되기를 바랄까?

영피프티는
언제까지 젊을까?

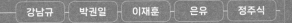

강남규 · 박권일 · 이재훈 · 은유 · 정주식

《아프니까 청춘이다》로 알려진 서울대학교 소비자학과 김난도 교수가 6월 '영피프티'
라는 화두를 던졌다. 매년 《트렌드 코리아》를 발간하며 한국 사회의 트렌드를 진단해
온 김 교수는 6월 25일 개최된 '트렌드 콘서트'의 주제를 영피프티로 잡으며 50~60
세대를 주목해야 한다고 말했다. 김 교수는 한 언론 인터뷰에서 50대에 접어든 70년
대생들을 '체력은 40대고, 패션은 30대 같은, 회사에서 나이는 X세대 부장님인데 퇴
근 후에 밴드 활동을 한다거나, 인스타그램을 열심히 하면서 신입사원과 비슷한 취향을
가진 세대'라고 정의했다. 그러면서 '영피프티'는 연령을 뛰어넘어 다른 세대와 계속 교
류하고 배우는 성향이 강하며 어렸을 때는 아날로그, 나중에는 디지털로 완벽하게 전환
한 세대여서 두 가지 문화를 아우르면서 문화적 경험이 풍부하다고 설명했다. 사람들의
반응은 엇갈렸다. 젊어 보이고 싶은 50대의 추한 몸부림이라는 반응이 나오는가 하면
요즘 50대가 과거에 비해 실제로 젊게 사는 것은 사실이라는 반응도 나왔다.

통계청이 발표한 〈2023 한국의 사회지표〉에 따르면 50대의 2022년 기준
연평균 소득은 84,040,000원으로 모든 세대 중에서 가장 높았고 연평균 지출은
34,450,000원으로 40대(36,610,000원)에 이어 두 번째로 높았다. 높은 구매력

으로 소비를 주도하는 세대라는 점에서 이들이 마케팅 업계의 주요 타깃으로 부상하는 건 자연스럽다. 하지만 토론자들은 김 교수의 영피프티 개념이 10년 전 유행했던 '영포티' 담론의 지루한 반복이라고 규정했다. 젊음(젊어 보임)에 대한 이 세대의 유별난 집착은 어디서 비롯된 것일까. 개념의 모호성과 발화자의 낮은 신뢰도 등을 문제 삼으며 조어를 만들어낸 의도에 관한 부정적인 인식을 드러냈다.

그렇게 뻔한 결론으로 내달릴 것 같았던 토론은 흥미로운 논점들이 불쑥 던져지면서 식상함을 벗어던진다. 젊음의 숭배와 찬양과 늙음－죽음 사이에는 어떤 관계가 있는 것인지, 트렌드라는 유령이 갖고 있는 사회적 저의는 무엇인지, 트렌드를 1도 모르는 김난도 씨는 어떻게 트렌드 전문가가 될 수 있었는지, 하나하나 규명해나가는 과정이 흥미롭다.

66

이재훈 : 6월 22일 '토론의 즐거움' 시작하겠습니다. 오늘 주제는 '영피
프티'입니다. 1970년대생들이 상대적으로 과거보다 젊게 산다
는 걸 강조하면서 결국은 기업들에게 이런 세대 트렌드에 맞춰
서 상품을 만들어서 팔라고 이야기하는 건데요. 이 '트렌드'라
는 것은 도대체 무엇이고 '영피프티'라고 하는 규정은 어떤 것
이며 김난도 교수는 왜 욕을 먹고 있는지 한번 이야기를 해보
겠습니다. 먼저 영피프티라는 규정에 대해 주식 님은 어떻게
생각하세요?

정주식 : 우습다고 생각합니다. (웃음)

이재훈 : 왜 웃기다고 생각하세요?

정주식 : 젊게 사는 것 자체가 우스운 건 아닌데 그걸 이런 식으로 언어
화한 것에서 작위성이 강하게 느껴져요. 장자가 신발이 발에
잘 맞으면 신발의 존재를 잊어버린다고 했어요. 신발을 의식하
는 사람은 신발이 불편한 사람인 거예요. 젊게 사는 사람들은
젊음을 의식하지 않아요. 젊음에 강박을 느끼면서 젊을 수는
없어요. 내가 어떤 세대에 속해 있는지를 의식하고, 젊게 살아
야 한다는 강박을 갖고 있는 사람은 젊을 수 없다고 생각해요.
젊음은 젊음을 의식하지 않는 사람의 특권이에요.

이재훈 : 김난도 교수의 설명으로는 20대랑 30대들이 보기에 영피프티
들이 젊어 보인다고 얘기한 거잖아요. 이 모습도 약간 웃기다
고 생각하는데, 20~30대가 어떻게 생각하는지 김난도 교수가
어떻게 알까요? 그걸 그들이 정말 그렇게 생각하는지도 모르

잖아요.

정주식: 일단 인터뷰를 읽어보면 김난도라는 사람이 트렌드에 대해서 얼마나 까막눈인지를 확실하게 알 수 있어요. 그 사람이 이야기한 젊은 50대의 상들이 있잖아요. 퇴근 후에 밴드를 하고 인스타그램을 하고, 뭐 이런 얘기를 하면서 젊음을 묘사하는 걸 보면 트렌드를 1도 모르는 사람이 트렌드 전문가로 활동하고 있다는 걸 알게 돼요. 트렌드라는 말이 얼마나 공허한가를 트렌드 전문가 김난도 씨를 통해서 알 수 있었습니다.

이재훈: 밴드를 한다는 것도 지금 트렌드가 아닌 것처럼 보이고 또 인스타그램을 한다는 것도 그게 무슨 지표가 되지는 않는다, 이런 말씀이신 건가요?

정주식: 네. 현실과 동떨어졌다는 측면도 있고요. 이분이 소비자학과 교수여서 그런지 자꾸 소비라는 기호를 통해서 어떤 집단의 정체성을 규정하려고 하는데, 사람의 젊음과 늙음이라는 것을 그런 기호를 통해서 분류할 수 있나? 하는 개념적인 의문이 들기도 해요.

이재훈: 은유 님, 어떻게 보셨어요?

은 유: 제가 '영'은 아니지만 피프티 당사자여서. (웃음)

박권일: 드디어 당사자가!

은 유: 오늘을 위해 제가 '토즐'에 들어왔습니다. 제 경우에 하나하나 대입해 보면 영피프티가 체력은 40대라는데, 건강검진에 신체나이 50대로 나와요. (웃음) 패션 30대도 아니죠. 왜냐하면 제 친구들 보면 예전에 50대 엄마들처럼 꽃무늬 원피스 입거나 막 펑퍼짐한 옷 입고 이러진 않거든요. 왜냐하면 젊었을 때부터

청바지 입던 사람이 자기가 편한 옷을 그냥 계속 입는 거예요.
친구들을 봐도 30대 패션을 지키려고 한다기 보다 다들 자기가
입던 옷, 익숙한 옷을 입는 거 같아요. 인스타그램을 저도 하긴
하지만 인스타그램을 한다고 제가 젊다고 생각 안 해요. 왜냐
하면 쇼츠랑 릴스를 해야지. (웃음) 저는 예전보다 세대 교류가
잘 되는지는 잘 모르겠어요. 지금 오히려 좀 더 단절되지 않았
나? 저도 공연을 다니긴 하지만 아까 말한 옷이랑 비슷해요. 즐
기던 걸 그냥 계속 즐겨서 하는 거지 내가 젊게 살려고 공연에
가는 건 아니거든요. 그래서 몇 가지 특성으로 특정 세대를 규
정하는 시도 자체가 억지스럽다는 생각이 들어요. 각자 추구하
는 삶의 다양성이 있으니까요. 예를 들면 내가 공연을 간다니
까 누군가가 "너 영피프티니?", "역시 영피프티야!" 이러면 좀
불쾌할 것 같아요. 뭐래? 하는 느낌. 저는 굳이 영피프티가 되고
싶지 않고 그냥 내츄럴 피프티로 살고 싶습니다.

**은유는 김난도가 열거한 '영피프티'의 특성들을 본인의 라이프 스타일에 대입하며 그
것들과 '영'이 별 관계없음을 말하고 있다. 은유의 말을 들으며 세대론에서 의외로 당사
자 세대 여성의 목소리를 듣기 어렵다는 사실을 깨닫는다. 토론 후반부에 이와 관련된
질문이 제기된다.**

박권일: 김난도는《아프니까 청춘이다》가지고 욕도 많이 먹었죠. 그때
저도 이런저런 비판을 공적 지면에 쓰기도 했었는데요. 제가
김난도를 결정적으로 경멸하게 된 이유는 '아프니까 청춘이다'
라는 말 자체보다 그 비판에 대한 변명 때문이었어요.《아프니

까 청춘이다》라는 책이 베스트셀러가 되고 여기저기서 유명해지니까 당연히 반발도 나왔습니다. 특히 젊은 세대들은 아프면 환자지 무슨 청춘이냐고 매섭게 비판했죠. 김난도 교수가 당시 거기에 해명하는 인터뷰 같은 걸 했는데 이런 얘길 했어요. "나는 모든 청춘들한테 얘기한 게 아니다. 서울대 제자들한테 한 얘기다." 그걸 보면서 진짜 경멸스럽더라고요. '야, 지금 저걸 변명이라고 하고 있는 거야?' 그럼 그 책은 서울대 청춘들한테만 읽혔어야죠. 그렇게 사람들의 시선으로부터 멀어지는가 싶더니만 김난도는 《트렌드 코리아》 시리즈로 화려하게 부활합니다. 매년 나오는 책인데 나올 때마다 베스트셀러가 됩니다. 가끔 교보문고 갈 때마다 읽어보는데 정말 하찮은 얘기들로 꽉 차 있습니다.

주식 님이 서두에 얘기했던 대로 저는 영피프티가 현실과 동떨어진 허구적인 이야기라는 데 백 퍼센트 동의합니다. 하지만 그럼에도 불구하고 영피프티 담론에 사회적 효용이 없지는 않다고 생각해요. 베네딕트 앤더슨이 민족을 '상상된 공동체'라고 불렀잖아요. 그런데 동시에 상상된 공동체는 실재하거든요. 사람들의 망상과 상상을 통해서 만들어진 공동체인데 그 망상과 상상을 통해서 민족이라는 결과물이 생겨났다는 거죠. 영피프티도 비슷합니다. 중장년들의 아직 젊다는 망상과 젊고 싶다는 욕망이 그런 상상의 공동체를 만들어내는 거예요. "나 아직 젊은이랑 별 차이 없어! 밴드도 한다니까?" 김난도의 호명을 통해 사람들이 자기도 몰랐던 자신을 깨닫고 SNS에서 "이거 봐라, 내가 이런 사람이야"라고 과시하기도 하면서 그런 사람들의 공동체가 탄생하는 거죠. 그 부분이 꽤 흥미로운 사회현상인 거지요.

이재훈: 네. 김난도가 선언하고 말고를 떠나서 우리 사회가 다 그런 분위기잖아요. 상대적으로 젊어 보이는 거에 대해서 되게 자랑스러워하고 50~60대 몸짱 얘기도 많이 하고 바디 프로필도 많이 찍고 그런 시대적인 흐름들이 있기 때문에 이런 얄팍한 얘기도 나오는 거 아니냐, 이런 말씀이신 것 같은데 여기에 대해서는 어떻게 생각하세요?

화자의 신뢰도 문제와 별개로 현상은 그 자체로 존재한다는 사실을 사회자가 환기하지만 이야기가 계속 김난도 주위를 돌며 이어진다. 화자의 캐릭터가 논의의 흐름을 방해하는 상황.

은 유: 제 딸이 지금 20대 초반인데 제가 옷 입고 "나 어때?" 물어보면 "젊어 보여" 이래요. 그 말은 이미 젊지 않다는 거잖아요. "젊어 보여" 이러면 씁쓸하거든요. 근데 그게 약간 인사같이 된 거죠.

박권일: 노력했네, 애썼네, 뭐 이런 느낌.

은 유: 그냥 사회적 인사치레의 관용구가 된 거죠.

이재훈: "왜 이렇게 동안이세요?" 이러면서.

은 유: 우리가 '얼평' 이런 거 많이 하긴 하는데 일단 그거에 대한 말이 좀 없어져야 되는데 그러기가 너무 어려운 환경이죠. 제가 무슨 다큐멘터리 제목을 하나 봤는데 〈죽는 것보다 늙는 게 두려워〉인데 이게 딱 규정하는 것 같아요. 늙음에 대한 엄청난 배척이 있고 두려움과 공포가 있어요. 늙음을 왜 이렇게 사람들이

싫어할까? 생각을 해보면 그냥 늙음을 실패로 규정하는 것 같아요.

우리 사회가 실패를 허용하지 않는 것과 저는 연관이 있다고 생각하거든요. 늙음은 곧 자기 관리의 실패인 거죠. 식단의 실패 운동의 실패. 비만을 게으름으로 보는 것처럼 실패를 허용하지 않는 사회가 늙음도 자기 관리의 실패로 규정하면서 그 반대급부로 관리 잘된 몸, 나이에 비해서 건강한 몸, 이런 거에 대한 찬양을 하는 게 아닌가. 이런 담론을 저도 좀 깨고 싶어서 예전에 여성민우회에서 그런 캠페인 한 적 있거든요. '외모에 대해서 말하지 않는 일주일 살기' 근데 그거 진짜 어려워요. 그런 젊어 보임에 대한 동경 혹은 망상 이런 걸로부터 좀 우리가 벗어나야 하는데, 자본주의 벗어나는 것보다 어려운 것 같습니다.

정주식: 젊음에 대한 욕망과 젊음을 보여주고 싶은 마음은 다른 차원인 것 같아요. 아까 은유 님이 공연을 다니지만 젊게 살기 위해서 가는 게 아니라 공연이 좋아서 가는 거라고 말씀하셨잖아요. 만약에 공연을 가는 목적이 젊어 보이기 위해서라면 그 공연은 재미있을까요? 그 공연을 보면 정말 젊은 걸까요? 젊음을 의식하면서 공연장에 가는 순간 젊음은 달아나는 거예요. 그런 건 젊음이라기보다는 일종의 소비 동조화에 가까워요. 영피프티라는 말이 피프티에게 아부하기 위해서 만들어낸 말이겠지만 저는 이 마케팅은 실패라고 봐요. 피프티들이 영피프티라는 말을 듣고 "나 아직 젊어!" 하면서 생기를 얻을 것 같지는 않거든요. 오히려 영피프티라는 말에서 연상되는 건 '나한테 남아 있

는 시간이 얼만큼인가?' 하는 물음이고 그걸 떠올리는 순간 늙
음과 죽음이라는 두려움이 엄습해오는 거죠.

이재훈: 주식 님은 그렇지만 페이스북 일각에서는 또 그런 얘기를 보고
"봐봐라, 우리 이렇게 젊게 사는 사람들이다"라면서 교수가 뭔
가 이런 얘기를 해주니까 인증받은 거라는 쪽으로 얘기하는 사
람들이 또 있어요. (웃음)

**영피프티라는 조어가 트렌드 마케팅의 일환이라는 데에는 모두 동의했지만, 이 마케팅
이 성공했는가에 대해서는 의견이 엇갈렸다.**

은 유: 문화센터에서나 통용될 것 같아요. 아무리 생각해도 너무 우스
꽝스러운 말이에요. 공연 하니까 생각나는데, 제가 공연 갔다
오면 인스타에 한번씩 올리거든요. 근데 저랑 동갑인 친구가
꽤 재밌어 보였나 봐요. 그래서 "다음에 나도 좀 데려가" 이러는
데 제가 친구를 못 데려가는 게, 공연은 노래를 모르면 재미가
없거든요. 그 밴드의 음악을 알고 어느 포인트가 공연에서 라
이브로 어떻게 달라졌는지 느끼고 그러는 게 사실 감동 포인트
인데, 분위기가 좋아 보인다고 무작정 가면 즐길 수 없어요. 공
연은 노래 모르면 사실 지루해요. "영피프티는 이렇게 살아야
해" 그렇게 해서는 따라 하기는 애매하단 말이죠.

이재훈: 보통은 문화적인 취향이 어느 정도 공고하게 쌓인 사람들, 그
게 꼭 계급적으로 돈이 많고 중산층이고 이런 걸 떠나서 소비
력이 떨어져도 어느 정도 자기 취향이 확고한 사람들이 있잖아
요. 그렇게 자기 취향이 확고한 사람들에 대한 부러움 같은 것

들이 일부 사람들에게 있는 것 같아요.

은 유: 취향과 취미는 절대적인 시간이 필요한 거잖아요. 자본주의에서 시간은 돈이고. 그래서 아까 소비력이 없어도 취향이 있을 수 있다고 하지만 그런 경우가 현실적으로 많긴 어렵지 않나요. 김난도가 자꾸 이런 거 만들어내는 걸 제가 비판적으로 보는 거는 너무 계급적 관점이 없기 때문이에요. 모든 사람이 다 그럴 수 있는 것처럼 얘기하면서 어떤 계층을 배제하고 누구나 소비 주체가 될 수 있는 것처럼, 학과적 한계가 있긴 하겠지만, 그렇게 말하는 게 좀 위험한 것 같아요. 젊게 사는 50대도 많지만 암병동 가도 아마 50대가 제일 많을 거예요. 뭘로 프레이밍 하느냐, 그 교수가 뭘 보고 뭘 정상으로 규정하느냐, 이런 걸 놓치는 부분이 있으니까 위험한 거죠.

정주식: 사람들은 암병동 이야기보다 김난도가 말하는 이상화된 50대의 이야기가 훨씬 더 솔깃할 거예요. 그들과 동질화되고 싶은 마음이 더 크니까요. 장 보드리야르가 말한 파노플리효과 Panoplie effect라는 게 있죠. 어떤 계층의 소비를 따라 하면 내가 마치 그 계층에 속한 사람이 되는 것 같은 기분을 느끼는 거예요. 김난도가 그런 심리를 노리고 자꾸 이런 아부의 말을 만드는 건데요. 영포티든 영피프티든 마음껏 소비문화를 즐길 수 있는 사람들이라는 하나의 이상을 심어놓고 사람들이 따라오고 싶도록 만드는 것, 그런 게 '트렌드'의 주요한 산업적 기능이 아닌가 싶고, 그런 산업의 첨병 역할을 해온 사람이 김난도라고 봐요. 그래서 사람들이 트렌드를 따라 하기 전에 이것이 어떤 사회적 저의를 갖고 있는지 생각해봐야 한다고 생각해요.

이재훈: 김난도 씨가 이 얘기를 던진 것 때문에 욕을 엄청 먹고 있잖아요. 담론이 욕 먹는 걸까요, 아니면 김난도가 욕을 먹는 걸까요?

박권일: 전력이 있으니까요. 아까 얘기했던 《아프니까 청춘이다》 사태도 있고, 워낙 악명이 높잖아요. 특히 젊은 사람들이 굉장히 싫어해요. 또 한 가지는 우리 사회의 소위 '개저씨' 혐오 같은 것들이 작동하는 면도 있어 보입니다. 영피프티라는 담론이 버튼을 누른 거죠. 어떤 식으로든 경험할 수밖에 없는 수많은 한국 사회 중장년 남성들에 대한 기억, 불쾌감을 말이죠. "우리 부장도 지가 되게 젊은 줄 알면서 꼰대 같은 소리 한다" "야, 니네 부장도?" 등등.

그래서 둘 다인 것 같아요. 김난도에 대한 반감, 그리고 '내가 개저씨' 이런 것들이 복합적으로 작동하는 게 아닌가. 물론 일부는 거기 아랑곳없이 자기만의 안온한 상상적 공동체 속에서 영피프티가 된 자신을 향유하겠지만 사실 대부분의 사람들, 특히 젊은 세대들이 보기에는 그냥 더럽고 추한 거죠.

직장인들 사이에서 가장 꼴불견은 젊은 척하는 사람과 자기가 젊어 보이는 줄 아는 사람이다. 모두가 젊음을 동경하지만 '가짜 젊음'은 혐오의 대상이 된다.

정주식: 기사를 보면 김난도가 트렌드를 해석하는 방식에서도 희극성이 나왔다고 봐요. 이 사람이 크게 두 가지 개념에 대해서 자기 식대로 해석하는데요. 하나는 70년대생, 50대가 된 X세대에 대한 해석을 해요. X세대가 처음에 개념화됐을 때는 개성 있고 능동적이고 독창적인 세대로 포장됐지만 지금 2024년에 X세

대라는 건 낡았는데 안 낡은 척하는 '젊꼰'의 이미지로 문화적으로 흘러왔단 말이에요. 그런데 김난도가 30년 전에 X세대의 죽은 이미지를 그대로 가져다 기계적으로 반복한 거예요. 거기서 나오는 웃음 포인트가 하나가 있죠. '저 사람은 X세대를 아직도 저렇게 생각하고 있구나' 하는 우스꽝스러움.

또 영피프티라는 말은 누가 봐도 영포티라는 말을 의식해서 나온 개념인데요. 이 개념에 대한 이해도 비슷해요. 영포티라는 개념도 처음에 이걸 만든 사람은 긍정적인 기운으로 만들었죠. '40대가 이렇게 젊고 에너제틱하게 살고 있습니다. 우리 모두 이런 40대가 됩시다.' 이런 캠페인 비슷한 거였어요. 그랬는데 이것도 사회적으로 받아들여진 주류 해석은 늙었는데 안 늙은 척하는 개저씨의 이미지로 굳어졌어요. 20대 알바생 꼬셔보려고 개수작이나 거는 아저씨들의 이미지가 영포티의 전형적인 상이 되었죠. 김난도는 최초에 만들어졌던 말의 형식적인 껍데기만 이해한 거예요. 두 개의 잘못 해석된 개념을 가져다가 아름다운 영피프티라는 새로운 개념을 창조해야 되니까 무리수가 발생하는 거죠. 너무 우스꽝스러워요.

철학자 앙리 베르그송이 희극성의 원리를 설명하면서 살아 있는 것을 경직된 방식으로 표현할 때 웃음이 나온다고 했어요. 말과 개념이라는 건 시대에 따라 살아 움직이고 사회적 맥락에 따라서 다시 해석되는 건데요. 김난도는 X세대, 영포티라는 말에서 형식적인 껍데기만 따다가 기계적으로 경직된 해석을 반복한 거예요. 그래서 우리한테 큰 웃음을 준 거죠.

박권일: 끔찍한 기억이 갑자기 생각나네요. 영포티 담론 전후로 영포티

대표 드라마가 나왔었습니다. 〈신사의 품격〉이라고. 그게 진짜
영포티를 상징하는 드라마로 회자가 됐었죠. 늙은 남자 배우들
이 자기 연배의 배역을 맡은 것까진 좋은데 너무 젊은 척, 쿨한
척, 젠틀한 척을 하는 거예요. 토할 것 같더라고요. 저는 그 드라
마를 일종의 사회학적 자료라고 생각하면서 봤어요. 거기서 김
민종 씨가 맡은 배역이 20대 여성이랑 연애를 합니다. 진짜 개
저씨 판타지의 끝을 보여주는 드라마였습니다.

이재훈: 심지어 20대 여성이 김민종 캐릭터를 엄청 좋아하고 김민종은
계속 밀쳐냅니다. (웃음)

**왜 사람들은 '영포티' '영피프티' 하면 남성을 떠올릴까? 세대론에서 잘 다뤄지지 않는
성별 표상과 관련한 질문이 나왔지만 명쾌하게 설명되지 못한다.**

박권일: 그런 중년 남성들이 가지고 있는 판타지들을 계속해서 자극하
려는 의도들이 뻔히 보여요. 이게 40대를 넘어 50대까지도 계
속 이어지고 있다는 게 소름 끼치는 거죠. 저는 좀 재밌게 생각
하는 부분이, 영포티 담론에서 특별히 성별을 지정하지 않았는
데 특정 성별로 수용된다는 점이에요. 원래는 그냥 세대명 같
은 거잖아요. 영피프티도 마찬가지고요. 굳이 이성애자 남성을
지정하지 않았거든요. 근데 사람들 대다수는 영포티, 영피프티
를 말하면 남성을 떠올립니다.

은 유: 왜 그럴까요?

박권일: 어떤 징후라고 봅니다. 그만큼 한국 사회의 중장년 남성들에
대한 미학적·정치적·윤리적 반감 같은 것들이 공유되고 있다

는 방증 아닐까요. 다들 중장년 남자에게 데인 경험들을 갖고 있다 보니까, 특정 성별을 지정하지 않았음에도 특정 성별을 떠올릴 수밖에 없는 상황이 되는.

은 유: 그래서 저는 김난도 교수나 이런 사람들이 계급성이나 젠더적 관점을 고려하지 않고 자꾸 정상성이나 이상화된 삶을 만들어 내는 게 참 위험한 것 같아요. 그렇게 못 살면 내가 뒤처진 것 같고 게으른 것 같은 박탈감도 주고. 근데 어쨌든 이렇게 계속 소비자학과 교수가 하는 일은 돈 쓰게 하는 거 아닌가요? 그래서 이렇게 치고 나가서 뭔가 규정을 만들어주고 "이렇게 사는 게 잘사는 거야"라고 제시하는 거죠. 저는 김난도가 자기 할 일 하는 것 같아요.

박권일: 저는 영포티부터 영피프티까지 이어지는 담론이 사회적 차원에서는 '벌거벗은 임금님' 집단을 만드는 과정이라고 생각해요. 자기가 '빤쓰'까지 벗어던졌다는 것을 본인만 의식하지 못하는 거대한 인구학적 집단들이 있고, 그 집단들을 대상으로 사회는 문화적으로는 그들을 비난하고 조롱하지만 경제적으로 존중하는 척 추켜세우는 거죠. 어쨌든 그들은 돈을 쓰니까요. 소비자가 갑질을 해도 많은 경우 참고 넘어가는 건 결국은 그 사람들이 물건을 팔아주기 때문이잖아요.

동화 《벌거벗은 임금님》은 한 사기꾼에게 속은 임금님이 부끄러운 줄도 모르고 벌거벗은 채 거리로 돌아다닌다는 이야기다. 박권일은 '사기꾼'에게 속은 일부 중년들이 부끄러운 줄도 모른 채 젊음을 과시·소비하고 있다는 의미로 영피프티를 이 동화에 비유하고 있다.

이재문: 그런 차원에서 트렌드라는 개념에 대해서 한번 우리가 이야기 해볼 필요가 있는 것 같은데요. 김난도 교수가 매년 내는 책 제목도 《트렌드 코리아》인데, 트렌드라는 것은 도대체 무엇인가? 실체가 있는 것인가? 트렌드라는 개념을 어떻게 보시나요?

박권일: 트렌드라는 게 번역하면 그냥 '유행'인데 소위 말하는 우리 사회의 어떤 대세, '요즘 뭐가 유행한다더라' 하는 것들을 보여주는 거죠. 김난도 씨가 재직하는 소비자학과가 사실 그런 것들을 연구하는 곳이죠. 산업 현장에서는 주로 이런 일을 하는 사람들이 마케터들이죠. 마케팅이라는 것이 얄팍하고 뭔가 없어 보이고 심지어 주술적으로 보이기까지 함에도 불구하고 계속해서 살아남는 이유는 있다고 생각을 해요. 망상도 많은 사람들이 그렇게 믿으면 현실이 되니까요.

아까 얘기했듯이 상상된 공동체가 형성되고 나면 없던 수요도 생겨나는 마법이 실제로 일어나거든요. 고도성장기엔 수요도 같이 늘어나니 굳이 마케팅을 빡세게 안 해도 물건이 팔려나갑니다. 근데 불황에는 많이 팔아야 되는데 수요가 적기 때문에 마케팅 역량이 상대적으로 더 중요해집니다. 사람들이 물건을 안 사려고 하는데도 어떻게든 사게 만들려면 소비의 명분과 판타지를 계속해서 만들어내야 돼요. 요컨대 거품을 만들어내는 역할이 바로 이 마케팅이라는 영역인 거죠. 이게 김난도 같은 사람들이 하는 일의 본질이라고 봅니다.

이재문: 이 이야기랑 연관되어서 많은 사람들이 소비를 아예 안 할 수는 없지만 그래도 기후위기 때문에 최소화해야 하는 것 아니냐

고 해요. 옷 같은 경우도 그렇다고 남규 님이 저한테 그러더라고요.

은 유: 남규 님이 오셨습니다.

(강남규 등장)

이재훈: 소비가 위축되어 있는 사회가 죽은 사회라고 생각하고 조금이라도 더 소비를 활성화하기 위해서 키워드를 만들고 트렌드를 만들고, 소비해야 젊은 사람이고 상대적으로 각광받는 사람이라고 얘기하는 담론이 있다는 것 자체가 상당히 모순적이라는 생각이 들거든요.

정주식: 쉽게 말해서 김난도가 "옷을 안 사는 것이 올해의 트렌드입니다"라는 말을 할 수 있느냐는 거죠.

이재훈: 남규 님, 오늘 저희가 토론하기로 한 영피프티 이야기를 하기 싫은 이유가 무엇인가요?

박권일: 얼마나 싫었으면 한 시간이나 지각을……

이재훈: 제가 아는 남규 님은 지금까지 토론하면서 지각한 적이 없었던 걸로 알고 있는데.

강남규: 그렇게 싫어하지는 않고요. 어느 정도 나름대로 현상을 반영한 말이라고 생각은 해요. 사실 여기 계신 지금 40대·50대 분들도 보통의 20대들이 생각하는 40대·50대의 상보다 많이 젊거든요. 보통의 20대·30대 애들이 50대나 40대 후반을 떠올리면 되게 전형적으로 그려지는 개저씨들의 모습이 있잖아요. 사실 그렇지 않고, 파타고니아 입고 있잖아요? 그런 걸 입으려고 하는 50대들이 있다는 게 영포티 담론의 핵심인 것 같아요. 그러니까 영피프티를 긍정하는 개념으로서가 아니라 그 현상 자체를

설명하는 담론으로서 의미가 있을 수 있다. 물론 근데 김난도 같은 사람들은 그거를 마치 긍정적인 담론으로 내세우고 뭔가 사회가 건강하게 진화하고 있다는 트렌드로 내세우면서 동시에 그거를 가속화하려는 그런 의도를 갖고 있잖아요.

그런 점에서 비판적인 측면은 있을 수 있겠지만, 20대·30대 MZ세대를 설명하는 개념 중에서 《커밍 업 쇼트》라는 책이 있잖아요. 거기서 핵심은 지금의 40대·50대·60대들과 달리 지금의 30대·20대들은 뭔가 삶의 생애 주기를 맞춰가는 속도가 너무 느리다, 빨리 결혼을 못하거나 졸업을 못하고, 충분한 자산을 쌓아서 독립을 하거나 이런 것들이 점점 늦어지고 있다고 얘기해요. 그러면서 소위 '키덜트' 같은 현상들이 등장하고, 예전 20대·30대와는 다르게 좀 느려지는 경향이 있지 않느냐는 거죠. 50대도 그런 측면에서 바라볼 수 있지 않을까 싶어요. 애는 자랐지만 그 애가 결혼을 안 해서 할아버지 할머니가 되지 못하는 그런 어려움 속에 있지 않나. 그러면서 좀 자연스럽게 젊어지는 경향도 있지 않을까라는 생각은 들었어요.

상대적으로 '피프티'에 가까운 멤버들은 영피프티 현상의 허구적인 측면에 주목했지만 MZ세대 강남규는 영피프티 현상의 실재성을 긍정한다. 그러나 강남규의 이 긍정은 젊은이 특유의 젊음에 관한 무관심에서 비롯되었다는 것이 드러난다.

정주식: 트렌드라는 장르가 갖는 선행성이 문제인 것 같아요. 현상을 설명하는 키워드로써 사회학적 의미가 있을 수 있겠죠. 그런데 '사람들이 이러이러한 행동을 하더라'라는 분석이 후행 지표로

나온다면 그건 이미 트렌드가 아닌 거죠. 트렌드라고 하는 건 사람들의 행동을 이끌어내는 선행 지표로서 의미를 갖기 때문에 김난도라는 트렌드 전문가의 입에서 그 얘기가 나왔다는 건 사회적 현상에 대한 설명과는 성격이 다를 수밖에 없는 것 같아요.

은 유: 그렇군요. 근데 김난도가 이런 영피프티의 삶을 살 수 있는 사람이 그 세대 집단의 몇 퍼센트다, 이렇게 하면 나는 신뢰할 수 있을 것 같아요. 현상으로서도 의미 있고. 근데 마치 모두가 이렇게 살아야 하고 살고 있는 것처럼 이야기하는 거는 좀 문제다. 그래서 이렇게 살려면 연소득이 얼마여야 될까, 저는 그 생각을 해보고요. 외모와 신체의 계급성이 분명히 있거든요.

박권일: 트렌드라는 말이 가지는 폭력성이 있죠. 트렌드는 지금 무엇이 대세인지를 보여주기보다 무엇을 감추는가가 사실은 더 중요한 기능이라고 생각합니다. 영포티, 영피프티 담론도 앞서 얘기했듯이 우리 시대가 무엇을 가장 공포스럽게 생각하고 혐오하고 싫어하는가를 보여줍니다. 나이보다 훨씬 젊어 보이고 싶다는 욕망을 과도하게 부추기는 일은 결국 늙고 아프고 약하고 장애가 있는 존재를 얼마나 혐오하고 배제하는가를 드러내는 것입니다. 모든 트렌드가 그런 건 아닙니다마는 대부분의 트렌드들이 결국은 그 사회가 가장 보기 싫어하는 것들을 은폐하는 기능을 합니다.

그런 측면에서 보면 영피프티, 영포티 담론도 일종의 에이블리즘Ableism이 아닌가 해요. 에이블리즘은 '비장애인 중심주의'인데요, 모든 것을 장애가 없는 사람을 기준으로 보는 이데올로기를 뜻합니다. 일종의 능력주의죠. 힘·능력·스펙을 갖추고 있고 젊어 보이는 사람들만 계속해서 보여주고 추앙한다는 것은 결국 그렇지 못한 사람들을 계속해서 사회로부터 지워내는 과정일 수밖에 없거든요. 그게 바로 에이블리즘입니다. 그것은 극단으로 나아가면 차별과 인종주의가 될 수 있습니다.

은 유: 트렌드가 자본주의에서는 엔진 같은 거 아닌가요? 마르크스는 '상품이 자본주의 세포다' 이런 말을 했는데 어쨌든 상품을 계속 만들어내야 되는 거잖아요. 그래서 뭔가를 낡은 거로 규정해버리고 또 '이게 새로운 트렌드다' 하고. 제가 작년에 냉장고가 고장 나서 정말 오랜만에 가전 매장을 갔는데 냉장고가 되게 파스텔 색깔로 예쁜 거예요. 더 옛날에는 자주색 냉장고 이런 거 있었거든요. 막 이렇게 꽃 그림 있고 보석 박혀 있고. 백색 가전에서 자주색 가전에서 또 파스텔 가전으로 트렌드를 계속 바꾸고 티셔츠도 크롭에서 긴 옷으로 바꾸고요. 계속 무언가를 사게 만들고 구매 욕구를 만들어내고 하는 것은 자본주의에서 피할 수 없는 공기 같은 것 같아요. 그래서 사게 만들고 소비하게 만들고 소비 역량이 곧 내 삶의 역량인 것처럼 사람들에게 이데올로기를 심어주고. 그게 김난도 같은 소비자학과 교수의 할 일이고, 우리는 또 그걸 무비판적으로 수용하면서 삶의 공허를 소비로 메우는 거죠.

박권일: 기후 생태 위기라는 것들이 결국 우리가 쓸데없이 소비를 너무 많이 하기 때문이기도 하잖아요. 지인들은 다 알겠지만 저도 새로운 물건이나 장비 좋아하는 사람이긴 하지만, 이제는 갈수록 뭘 살 때마다 되게 죄책감을 느끼게 됩니다. 담론에는 늘 대

항 담론이 있듯이 카운터 트렌드라는 것들도 우리가 충분히 얘기해볼 수 있지 않을까 해요. 소비에 대한 저항, 절약은 과거엔 경제를 침체시키는 것이라고 비난받았지만, 이제는 아니죠. 저는 그런 감각이야말로 카운터 트렌드, 대항 트렌드라고 생각합니다. 영포티·영피프티라는 말에 생각 없이 우쭐대는 개저씨도 있지만, 그런 유행들에 반감을 가지고 지금까지와는 다른 방식으로 더 윤리적으로 살기 위해 고민하는 중장년들도 다수는 아닐지언정 확실히 생겨나고 있다고 봅니다.

정주식: 사람들의 소비가 트렌드를 좇아가는 현상은 자본주의에서 계속 있어왔던 일이지만 요즘 한국 사람들이 좇아가려고 하는 트렌드가 '젊음'이라는 것에 조금 더 특이점이 있는 것 같아요. 왜 젊음을 유독 그렇게 좇아가고 싶어 하는가, 젊음 자체가 트렌드가 됐는가 하는 점이요. 트렌드라고 하면 패션이나 음악이나 영화 같은 것들인데 지금은 젊음이라는 것 자체가 하나의 커다란 인생의 대전략처럼 인식되고 패션이든 음식이든 거기에 부속된 하위 영역인 것처럼 취급된단 말이에요.

　은유 님 말씀하신 것처럼 좋은 삶이 무엇인지 상상할 수 없는 현실이 제일 큰 원인인 것 같아요. 젊음이라는 건 어쩔 수 없이 육체적인 것이죠. 육체적인 것을 추구한다는 것은 가장 원초적인 가치일 텐데, 그거보다 더 높은 차원에서 인생의 의미를 못 찾은 거예요. 그래서 오로지 좇아갈 수 있는 게 젊음밖에 없다는 거죠. 정신적 삶이 없는 거예요. 젊음의 의미 과잉은 곧 늙음은 무의미가 되는 거죠. 사실 인간의 삶에 그런 육체적인 면만 있는 건 아니거든요. 아흔 살, 백 살까지도 인생의 참 의미를 느끼고 살다 간 사람들도 많이 있는데, 요즘 한국인들의 시 각에서 볼 때 그런 삶은 비참한 삶이겠죠.

이재훈: 저는 그 말씀에 너무 동의하면서 또 한편으로는 그런 생각도 좀 들어요. 나이가 들어보니까 생각 외로 내 몸은 빨리 늙어가 는데 내 정신은 성숙하지 않는단 말이에요. 여전히 계속 나는 어린 시절의 생각들에서 벗어나지 못하고 어린 시절의 욕망에 서 벗어나지 못하고 있는데, 무슨 마흔이 되면 불혹이 되고 이 런 거 말도 안 되는 얘기라고 생각해요. 이제 마흔일곱이 돼도 그래요, 잘 모르겠어요. 체력적으로는 되게 힘든데 반면 정신 적으로 '나는 성숙했다' 이런 생각이 잘 안 드니까 그나마 그래 도 육체적으로라도 좀 젊어 보이려는 그런 모습이 있는 거 아 닌가 싶기도 합니다.

강남규: 재밌는 건 《아프니까 청춘이다》 나오기 전까지는 20대들이 '아픈데 우리 때는 어쩔 수 없지' 약간 이러고 있었거든요. 근데 김난도에 의해 그게 규정이 되니까 젊은 사람들 개빡쳐가지고 "왜 아프니까 청춘이야!" 하면서 튀어나왔단 말이에요. 근데 영 포티나 영피프티는 현상을 설명하는 언어로 등장을 했지만 영 포티나 영피프티들이 그 말에 반발하지 않아요.

은 유: 반발합니다! (웃음)

정주식: 그런가요?

전체 구성원의 특징을 묘사하면서도 결코 모든 구성원을 묘사할 수 없다는 것이 모든 세대론의 한계이다. 당사자 세대가 '영피프티'를 어떻게 생각하는지 확언할 수 없는 것 이 이 토론의 답답함이다.

강남규: 특히 영포티가 나온 초반에 제 페이스북이나 이런 데 연결된 소위 지식인 계층이나 이런 포티들께서 약간 자조적이긴 했지만 그걸 막 크게 반발하거나 하지 않았어요.

이재훈: 맞아요. 제가 아까 얘기했잖아요. 그런 분들이 많다고요. (웃음)

정주식: 놀랍네요.

은 유: 근데 일반적으로 우리 엄마 세대보다 우리 세대가 더 외모적 젊음은 있잖아요. 그러니까 그런 거는 틀린 말은 아니죠. 수명도 길어지고 하면서.

강남규: 외모적으로도 젊어지고 생애 주기적으로도 그렇고.

은 유: 문화적으로도 그렇고.

이재훈: 90년대나 80년대에 이렇게 뉴스 인터뷰한 사람들의 짤 같은 것들 보면 '이게 서른한 살이라고?' 이렇게 보이는.

박권일: 예전에 홍세화 선생님이 성장이 아니라 성숙이라는 말씀을 하셨잖아요. 성장이라는 말을 사람들이 너무나 자기 계발적 의미로만 사용하다 보니까 어느 순간부터 성장이라는 것을 뭔가 스펙을 쌓고 많이 소비하고 양적으로 쌓아가는 과정으로서만 생각하는 거예요. 긍정적이고 윤리적인 의미에서 성장이라는 게 사라져버렸다는 거죠. 나이가 들어가면서 삶의 의미 혹은 무의미를 보다 깊이 인식하는 것이 결국 흔한 말로 철이 드는 것일 텐데 점점 철들기 싫다는 사람들만 늘어나고 철이 드는 사람은 사라지는 느낌입니다. 재훈 님은 나이 들었는데 정신은 계속 어린 것 같다고 얘기하는데, 저는 누가 20대로 돌아가게 해준다고 하면 절대 안 돌아갈 거거든요.

은 유: 저도 안 돌아가요.

박권일: 그때 저는 정신적으로도 미숙했을 뿐만 아니라 굉장히 능력주의자였고 모든 면에서 지금보다 훨씬 혐오스러운 존재였습니다. 정말 저는 그때의 나 자신이 싫거든요. 지금의 나 자신은 그때를 통과해서 조금 더 나아졌다고 생각하고 심지어 건강 상태나 체력도 지금이 더 좋아요. 물론 외모는 어릴 때가 조금 더 싱그럽지만 그래 봐야 뭐. (웃음) 그때는 진짜 병을 달고 살았어요. 담배도 너무 폈고 술도 너무 많이 먹었어요.

은 유: 그걸 드러내기가 너무 어려운 거예요. 가령 저도 얼마 전에 30대 말 후배를 만났는데 내가 그런 얘기를 했거든요."야, 나이 드니까 너무 좋아. 생리 안 하니까 너무 좋아." 갱년기 힘들지만 생리 안 하니까 너무 좋은데 그런 거는 외화되기가 너무 어려워요. 근데 물질로 치장하는 거는 쉽게 보여줄 수 있잖아요. 보톡스 한 대 맞고 나면 주름 펴지고 이러는 것처럼. 근데 정신적인 가치는 보여주고 타인을 설득하고 교감하고 감화시키고 이게 좀 오래 걸리는 거잖아요. 삶의 결을 같이해야 보이는 것들이고 하니까요.

박권일: 잘못하면 꼰대 소리 듣기 좋죠.

지금의 나 vs 과거의 나

여기에서 어떤 '나'가 더 나은가 하는 것은 중요치 않다. 시대의 트렌드가 된 젊음의 절대성에 대해 의문을 제기하는 질문이다.

강남규: 20대·30대들이 40대·50대를 너무 싫어해요. (웃음) '꼰대 같다' '시대 못 따라간다' 이런 말들이 많이 나오잖아요. 그들에 대한

방어 심리로.

이재훈: 우리가 20대 때 그랬어요. 우리도 386 정말 싫어했어.

은 유: 헤테로hetero 남성에 국한된 건 아닙니까?

이재훈: 세대를 거쳐가면 거쳐갈수록 전성기를 누렸던 특정한 세대와 그다음에 치고 올라오는 세대 사이에는 어느 정도 세대 간 혐오 혹은 세대 간 갈등 이런 것들이 있는데 지금 가장 문제는 뭐냐 하면 이 40대·50대들이 20대·30대한테 욕 먹기 싫어한다는 거죠. 욕 먹기 싫어서 그 자리에서 그냥 자기네들이 위대한 것처럼 계속 떠드는, 그런 게 제일 문제인 것 같아요. 그냥 욕을 먹을 때 좀 먹고, 하지만 또 자기가 살면서 배운 여러 가지 많은 것들을 후배 세대들에게 좀 전수해야 되는데, 그러지 않고 그냥 "우리가 옳아" "우리는 그냥 그대로인데 왜 자꾸 우리를 욕해?" 이런 피해의식이 좀 강하지 않나.

박권일: 이 주제는 재훈님과 제가 개인적으로 몇 번이나 얘기했던 부분이기도 합니다. X세대들은 꼰대 소리 듣는 걸 너무 두려워하는 경향이 있는 것 같아요.

정주식: 피터팬 콤플렉스가 있어요.

꼰대론과 세대 전승에 관한 이재훈의 오랜 문제의식은 《최소한의 시민》의 〈끊임없이 누르는 자, 끊임없이 치받는 자〉에서 자세히 만날 수 있다.

강남규: 저는 언제나 우리 20대·30대들과 40대·50대들이 사이 좋게 잘 지내는 게 좋겠다고 생각하는 편이고요. 골프 웨어 조금만 덜 사시고 파타고니아를 차라리 입으셔라, 이왕이면. 젊어 보

인다.

정주식: 이렇다니까요. 젊은 사람들은 젊음에 대해 진지함이 없어. 젊음에 대해서 생각을 안 해. 자기가 그냥 젊기 때문에.

박권일: 이상은의 명곡이 떠오르네요. '젊은 날엔 젊음을 모르고 사랑할 땐 사랑이 보이지 않았네~.'

이재훈: 오늘은 김난도 교수 때문에 일어난 영피프티 사태에 대해서 한번 이야기를 해봤습니다. 오늘 토론 마치도록 하겠습니다.

99

소비를 통해 자신을 빚어낼 수 있다고 말하는 '트렌드 전문가'는 몇 가지 소비 기호로 이상화된 젊음을 표상해냈다. 소비가 곧 자신이라고 여기는 사람들은 트렌드를 소비하면 젊음에 닿을 수 있다고 생각한다. 김난도는 젊음의 양태를 어리숙하게 설명했지만 사람들의 욕망만큼은 정확하게 포착한 것이다. 토론자들은 트렌드 - 소비 - 젊음(젊어 보임)으로 이어지는 고리에 의문을 제기한다. 젊음이 과연 그런 것인가 하는 의심에서 출발한 이 토론은 영피프티 담론의 비판적 검토를 거쳐 젊음 숭배 이면에 자리한 욕망을 고찰한다. 소비를 통해 젊음에 닿을 수 있다면 늙음(늙어 보임)은 곧 실패이며 경멸의 대상이 된다. "왜 이렇게 동안이세요?"라는 질문은 칭찬이 되지만 "왜 이렇게 늙으셨어요?"라는 질문은 비난으로 인식된다. 토론자들은 젊음에 대한 과도한 찬양의 이면에는 실패에 대한 경멸과 늙음에 대한 두려움이 자리한다고 주장한다.

소비에 길들여진 우리는 수동적이고 종속적인 인간이 된다. 소비는 우리 삶의 주체성을 빼앗고 지구를 파괴하지만 소비 없이 살아가는 것은 불가능하다. 이 벗어날 수 없는 곤란함 속에서 우리는 무엇을 할 수 있을까. 트렌드가 내포한 사회적 저의를 의식할 때 우리는 보다 자유로운 인간이 될 수 있다는 것이 토론에서 도출된 잠정적 결론이다.

한국인들은 행복을 미래로 유보하는 데 특화된 사람들이다. 오늘이 고통스러울수록 미래는 더 밝게 빛날 거라는 믿음으로 살아간다. 그런데 행복이 '지금' 있다는 생각은 이런 삶의 양식에서 볼 때 불경스럽다. 행복이 저 멀리에 있어야 하는 것이라면 젊음은 고통의 터널이어야 하니까. 영피프티란 어쩌면 젊음을 그렇게 흘려보낸 사람들에게 뒤늦게 찾아오는 회한이 아닐까.

토론이 끝나고 남는 질문들

1. 당사자들은 '영피프티'란 말을 좋아할까?
2. '영피프티'가 주로 남성으로 표상되는데 MZ세대는 왜 여성으로 표상될까?
3. '영피프티'는 언제까지 젊을까?

거부권 중독
윤석열 대통령의
심리 상태

강남규 ┤ 박권일 ┤ 은유 ┤ 장혜영 ┤ 정주식

윤석열 대통령이 역대 신기록을 세웠다. 윤 대통령은 21대 국회 마지막 본회의가 열린 직후인 7월 29일 4개 법안에 대해 재의요구권, 즉 거부권을 행사했다. 임기를 절반도 채우지 않은 상황에서 벌써 14건째 거부권 행사다. 1987년 이후 대통령 일곱 명이 행사한 거부권 횟수가 총 16번인 것을 감안하면 놀라운 숫자다. 양곡관리법을 시작으로 간호법, 노란봉투법, 방송3법, 쌍특검법(김건희·대장동), 이태원참사특별법, 채상병특검법, 민주유공자예우법, 전세사기특별법, 농어업회의소법, 한우산업지원법 등의 법안이 거부 대상이 됐다. 대통령은 '야당이 일방적으로 통과시킨 법안'에 대해서는 원칙적으로 거부권을 행사하겠다는 입장을 밝혀왔다.

거부권은 행정부 수장인 대통령이 입법부를 견제할 수 있는 수단으로 제헌 당시부터 부여된 권한으로, 우리처럼 대통령제를 채택하고 있는 미국에도 같은 제도가 있다. 거부권 행사 대상은 국회에서 의결된 법안이다. 국회에서 법안이 통과되면 정부로 이송되고, 대통령은 15일 이내에 이송된 법안을 공포하도록 되어 있다. 거부권은 이 과정에서 대통령이 법안을 다시 논의하라고 국회로 되돌려보내는 방식으로 행사된다. 거부당한 법안은 다시 국회에서 의결해야 하는데, 이때는 재적의원 과반수가 출석하고 출석한

의원의 3분의 2 이상이 찬성해야 가결된다. 재적의원 과반수 출석에 과반수 찬성시 의결이 1차 의결 기준임을 감안하면 거부권 이후 재의결 기준이 확 높아져 법안 통과가 사실상 어려워지는 셈이다. 2차 의결에서 부결되면 법안은 최종 폐기되고, 가결되면 대통령이 공포를 거부해도 국회의장의 직권 공포가 가능해진다.

　　22대 총선에서 압승한 더불어민주당은 대통령의 거부로 폐기된 법안들을 이번 국회에서 재발의하겠다는 입장이다. 정권 후반부 민심 이반의 원인 중 윤 대통령의 거부권 정치가 한몫하고 있다는 것이 토론자들의 진단이다. 토론 전반부에는 윤 대통령이 상식을 파괴하고 거부권 정치를 반복하는 이유에 대한 다양한 진단이 나온다. 후반부에는 야권에서 조심스럽게 나오고 있는 윤 대통령 탄핵론과 관련한 깊은 고민이 이어진다. 사람들은 어떤 '조건'이 충족되었을 때 다시 광장에 나갈 수 있을까.

박권일: 탁월한 사회자셨던 재훈 님을 대체할 수는 없겠지만 한 주 빠지셔서 어쩔 수 없이 대타를 맡게 됐습니다. 양해를 부탁드리겠습니다. '토론의 즐거움' 오늘 주제는 윤석열 대통령의 거부권 정치입니다. 윤 정권 들어 의회 입법안들에 대한 대통령 거부권이 역대급으로 많이 행사되고 있습니다. 사실상 대통령에 의한 의회정치 방해 혹은 훼방, 나아가 민주주의의 침해라는 우려들이 나오고 있습니다.

　마침 엊그제 윤석열 대통령 직무 수행 평가 수치가 나왔습니다. 한국갤럽 조사인데 긍정 평가가 21퍼센트로 취임 뒤 최저치를 기록했습니다. 부정 평가도 70퍼센트로 최고였습니다. 이런 상황의 배경에는 윤석열식 거부권 정치가 있다는 분석이 나오고 있습니다. 이번 주 '토론의 즐거움'에서는 윤석열 대통령의 거부권 행사를 어떻게 볼 것인지를 다뤄보면서, 덧붙여 대통령 탄핵 국면이 올 것인지도 논의합니다. 일단 윤석열 대통령의 거부권 남발을 보면서 느꼈던 감상을 돌아가면서 말씀해주실까요. 주식 님?

정주식: 쉽게 말하면 상도덕이 없는 정치를 하고 있는 것 같아요. 상도덕이라는 건 그 업계 질서 속에서 몸을 맞춰서 살아온 사람들이 지켜내는 암묵적 규범이죠. 같은 업계에 있는 종사자들끼리 지켜야 할 최소한의 신용, 아무리 나의 이익을 위해 장사를 하고 있지만 이 판에서 얼굴을 들고 다니려면 이 정도 원칙은 지켜야 한다는 규범인데요. 일단 이분은 한국의 대통령을 번갈아

배출해온 양당정치 계보에서 굉장히 돌출된 사람이에요. 질서 밖에 있었던 사람이고 외부 세계의 사람이다 보니 그동안 다른 대통령들이 존중해왔던 정치의 관습에 대해서 '그런 건 나랑 상관없는 일이야'라는 생각이 기본적으로 강한 것 같아요. 역대 대통령들이 의회를 존중해왔고 거부권을 최소한으로 행사해왔던 원칙에 대해서 '내가 왜 너희들의 규칙을 지켜야 되냐'는 태도예요. 스스로 직업으로서의 정치인이라는 자각 자체가 굉장히 희미하지 않나 싶고요. 그래서 기존의 정치 문법으로 설명되지 않는 행동을 반복적으로 하는 것 같습니다.

박권일: 윤 대통령은 정치 신인인 상태에서 전혀 경험 없이 갑자기 대통령이 됐잖아요. 정당 활동을 열심히 했던 것도 아니고요. 그러다 보니 제도정치라는 장field에 대한 어떤 감각이 없어 보이긴 합니다. 직업인은 자기가 속해 있는 장이 어떤 질서와 암묵적 룰에 의해서 굴러가는지 감이 있어야 적절한 행동을 할 수 있는데, 윤석열 씨는 그게 생길 틈도 없이 대통령이 돼버렸죠. 어떤 면에서는 철없는 아이가 너무 큰 무기를 쥐고 휘두르는 형국 같다는 느낌도 드네요.

은 유: 얘기 들으면서 약간 궁금한 거는 그 장에 대한 감각이라는 게 그냥 일반 시민 수준의 상식을 초과하는 엄청난 어려운 건 아니지 않나.

멤버들: ㅋㅋㅋㅋㅋㅋ

은 유: 국회에서 보좌관도 해보고 이런 사람만 터득할 수 있는 건 아니잖아요.

박권일: 사실 사람이면 누구나 알 만한 상식을 파괴하고 있긴 하지요.

정주식: 개인의 특성이 개입된 부분이겠지만, 설령 그런 성정의 소유자
일지라도 그 자리에 가면 원칙을 지켜야 한다는 압박 같은 것
들이 생기기 마련인데 그런 압박으로부터 자유로운 외부인의
정체성이 있는 것 같아요.

강남규: 이 맥락에서 말씀을 더 드리자면, 윤석열 개인 자체는 장에 대
한 감각이 제로일 수는 있겠지만, 그를 둘러싼 여러 비서진이
라든지 관료들이라든지 이 사람들은 그 장에서 오랫동안 훈련
을 받아왔고 이게 어떤 의미인지 안단 말이죠. 그럼에도 이게
통제가 되지 않는다는 건 통제를 안 하고 있거나 통제를 못하
고 있거나, 어느 쪽이건 저희가 좀 이따 얘기할 심기 경호 맥락
에서도 이 부분이 좀 다뤄지지 않을까.

**윤석열 대통령의 전횡의 원인에 대해 다양한 의견이 제시된다. 모든 토론자들이 동의
하는 한 가지는 이러한 정치가 전례 없이 상식 파괴적이라는 점이다.**

박권일: 말 나온 김에 남규 님이 쭉 말씀을 해주시죠. 거부권 국면에 대
한 감상, 어떠신가요?

강남규: 저는 주식 님 얘기한 거랑 거의 맥락이 같은 느낌인데, 거부권
을 행사한다는 건 대통령으로서는 엄청난 책임을 져야 하는 일
인 거잖아요. 국회라는 공간은 총선을 통해서 국민들이 만들어
놓은 하나의 입법 공간이고, 삼권분립 원칙에서 행정부와 거의
동일한 권력을 갖고 있는 기관인데, 여야가 합의를 안 했거나
야당이 단독으로 통과를 시켰건 어쨌건 간에 절차에 맞춰서 통
과된 법안에 대해 대통령이 거부권을 행사한다는 건 무게감이

상당한 일이란 말이죠. 그래서 이승만 대통령 시절 국회라는 공간의 권위가 안 서 있을 때나 거부권이 45회 행사되고 했던 거거든요. 그런 무게감 있는 권한인데 그걸 무시하고 이렇게 남발하고 있다는 것 자체가 대통령이 국회라는 공간을 어떻게 바라보고 있는지 보여주죠. 바꿔 말하면 국민들이 국회를 어떻게 바라보고 있는지를 알고 있기 때문에 이렇게 거부권을 행사하고 있는 건 아닌가, 이런 생각들도 많이 들었습니다.

박권일: 그러면 이제는 돌아와 전직 국회의원이자 '최소한의 시민'의 한 분이 되신 혜영 님, 어떻게 보셨는지요?

장혜영: 정치 행위를 하면 최소한 정치인은 설명 책임이라는 걸 느끼거든요. 자신의 행위에 대해서 시민들이 이해할 수 있게, 동의해주지 않더라도, 설명해야 한다는 책임의식을 기본적으로 느끼게 되거든요. 근데 윤석열 대통령이 거부권을 쌓아가면서 설명 책임을 하나도 제대로 이행을 안 하는 걸 보면서, '아 진짜 민주주의라고 하는 게 정말 형식만 남은 상태로 형해화되고 있구나, 관습적이고 문화적인 민주주의를 이루는 근간들이 뭔가 완전 새로운 차원에서 무너져 내리는구나' 이런 생각을 되게 많이 했고요.

사실 저는 거울상 같은 거라는 생각을 하죠. 국회의 기능 정지 반대편에 거부권 누적이 있다고 느끼기도 했었어요. 국회에서의 논의 과정이 정상적으로 굴러가면 사실은 거부권을 행사하기 되게 어려운 구조로 되어 있거든요. 실제로 국회 위원회가 정부 부처의 섀도 캐비닛shadow cabinet 같은 느낌으로 배당되어 있잖아요. 국토부가 있으면 국토위가 있고, 기재부가 있으면 기재위가 있고, 이런 방식으로 정부의 일을 견제하고 짝을 이루죠. 그러면서 의제들에 대해서 전체회의, 소위 이렇게 아주 촘촘하게 의견을 주고받을 수 있고 협상을 할 수 있는 절차들로 구성이 돼 있거든요. 근데 이제 그 모든 절차가 형해화된 상태에서 무조건 수로 밀어붙이니까, 대통령실 차원에서는, 시민들 입장에서는 전혀 납득이 안 되지만, '그래? 그러면 거야의 폭주를 막아야지' 이렇게 대응한 거죠. 그런 형식논리적인 거부권 행사의 명분이 지난 2년 동안 쌓여왔다고 생각해요.

이렇게 얘기하는 게 어떻게 들리실지는 모르겠지만, 21대 국회에서 정의당 국회의원 입장에서는 민주당이 이게 진짜로 실효될 거라고 생각했을 때는 통과시키지 않을 법을 어차피 거부권 행사할 거니까 통과시키는 경우를 봤어요. 대표적으로 노란봉투법이죠. 그래서 우리가 마주하고 있는 건 윤석열 대통령의 누적된 거부권이라고 하는 가장 나쁜 통치이지만, 그 이면에는 국회의 기능 정지, 사보타주도 있었다고 저는 생각해요.

박권일: 말씀처럼 국회도 책임이 없지 않고, 한 명이 속된 말로 '깽판'을 치면 나머지가 그걸 제지하면서 정상화하는 것이 아니라 나도 같이 깽판을 치겠다는 방식으로 대응을 하고, 그것이 악순환을 일으키는 방식으로 흘러가고 있는 것처럼 보입니다.

정주식: 대통령이 일종의 신념 윤리를 강하게 갖고 있는 것 같아요. 이분에게 윤리라는 말을 붙이기가 좀 어색하긴 한데요. 두 분이 말씀하신 책임 없는 정치, 심지어 설명 책임조차 지지 않는 정치의 이유를 생각해보자면, 정치인에게서 책임이라는 말의 반대편에 있는 것이 본인이 옳다고 믿는 확신, 신념 같은 말이라

고 생각해요. 윤 대통령은 상대 세력을 굉장히 악한 존재라고 생각하고 이걸 막아야 할 자기만의 소명 같은 게 있다고 생각하는 것 같아요.

정권 지지율이 20퍼센트대로 떨어진 게 이번이 처음이 아니죠. 2022년 7월에도 그랬는데 그때 윤석열 대통령이 했던 말이 인상적이었어요. 자기는 지지율 같은 거 별로 신경 쓰지 않는다는 거예요. 남들이 뭐라고 하든 나는 나의 길을 가겠다는 전형적인 신념가의 말이죠. 신념이라는 게 꼭 공부를 많이 하고 대단한 철학이 있어야 생기는 게 아니거든요. 어쩌면 반대의 경우 더 쉽게 생길 수도 있어요. 그냥 어떤 상대를 두고두고 증오하다 보면 상대방의 반대편 신념을 갖게 되기도 하죠. 윤 대통령이 늘 집권의 당위로 내세웠던 것이 586의 폭주를 막아야 된다, 운동권 정치를 청산해야 된다는 거였죠. 그런 걸 계속 말하다 보니까 실제로 그게 본인의 신념이 된 게 아닌가 싶어요.

은 유: 전형적인 반응 정치 아닌가요? 자기의 소신과 신념이 있는 게 아니라 누가 싫으면 그거에 대한 반응으로 하는 정치 행위예요. 자기의 어떤 사유나 이런 거는 전혀 없는 거잖아요.

박권일: '토즐'에서도 예전에 그런 얘기를 나눈 적이 있습니다. '윤 대통령은 뭘 하고 싶은 건지 잘 모르겠다.' 인수위 시절 정책을 봐도 이 사람은 뭘 하고 싶은 건지 알기 어려웠습니다. 그렇게 뭘 하고 싶은 게 없으니까 상대 진영에 대한 원한만 남는 거죠. 최근 재밌는 얘기를 하나 들었어요. 윤석열 대통령 당선 이후 우리나라에 존재하는 출판, 책과 관련된 예산을 거의 다 삭감 또는 폐지해왔잖아요. 출판 지원이나 도서관 예산 등등. 그 이유가

문재인 대통령이 책방을 하기 때문이라는 말을 누가 하더라고 요. (웃음)

은 유: 설득력 있어…….

정주식: 워낙 돌출 행동을 많이 하는 분이라 자꾸 개인에게서 정치 행위의 원인을 찾게 되는데요. 왜 그런 정치를 하게 됐는지를 이분의 정치사적 관점에서 본다면, 윤석열이라는 사람이 정치의 복판에 뛰어든 무렵에는 이미 의회정치가 제 기능을 하지 못할 때였어요. 박근혜 탄핵 무렵에 검사로서 정치로부터 호출되기 시작했고 실제로 정치인으로서 등장했을 때는 이미 국회가 진영정치로 인한 극한의 대립과 패스트 트랙 파국으로 정상적으로 작동하지 않을 때였어요. 심지어 이분은 상대 진영에서 어쩌다 넘어온 이적생이란 말이에요. 본인 진영에서 계승할 것도 없고 물려줄 것도 없어요. 정치의 레거시로부터 굉장히 자유롭기 때문에 본인의 개성이 정치 행위에 미치는 영향이 다른 대통령보다 클 수밖에 없다는 거죠.

물론 그런 성격을 갖고 있다고 다 그런 정치를 하는 건 아니거든요. 상도덕이 있고 주위에서 그 사람에게 기대하는 바가 있고 또 본인의 치적 욕심이라는 게 있기 때문에 그 자리에 가면 이전과는 다른 사람이 되는 게 보통인데 이분은 그냥 원래 살아온 그대로 정치를 하는 거예요.

박권일: 그 얘기도 한번 해보죠. 윤 대통령의 거부권 남발과 관련해서 노무현 대통령 시절의 거부권 행사와 비교하는 이야기가 올해 1월쯤 나온 적이 있습니다. 법무부에서 보도자료를 냈는데 저도 이 자료 보고 황당했던 기억이 나요. 윤석열 대통령이 자기

가족 문제를 보호하기 위해서 거부권을 행사하는 것에 비난 여론이 비등하니까 법무부가 보도자료를 내서 '노무현 대통령도 자기 측근 비리 특검법을 거부했다'는 얘기를 했습니다. 쉽게 얘기하면 "쟤도 그랬는데 왜 나만 갖고 그래?"라는 거죠. 이건 어떻게 볼 수 있을까요?

강남규: 노무현 측근 비리 특검법은 어떤 취지의 법이었어요?

박권일: 가족은 아니고 대통령 측근들의 비위에 대한 특검법이었습니다.

정주식: 일단 "쟤도 그랬어요"라고 일러바치는 심리에는 듣는 사람에 대한 예단이 담겨 있죠. '나의 거부권 행사를 비판하는 사람들은 정치적 반대파이기 때문에 노무현은 잘못이 없다고 말할 것이다. 때문에 내가 노무현의 문제를 거론하면 할 말이 없을 것이다'라고 생각하는 거예요. 그야말로 틀에 박힌 진영논리에 절어 있는 생각이죠. 온 국민이 자기들처럼 진영논리로 사고할 거라고 낮잡아 보는 거예요. 윤석열의 행위를 비판하는 사람들이라면 당연히 노무현의 같은 행위도 비판할 거라는……. 그러니까 저들은 합리적인 생각을 못하는 거예요.

일단 그걸 전제로 하고, 두 대통령이 행사한 거부권의 차이를 떠오르는 대로 얘기하자면, 우선 두 사람이 견지하던 정치적 위치가 달랐죠. 노무현 때는 검찰 권력과 대통령 권력이 대척점에 있었고, 그 첨예한 갈등 관계 속에서 대통령 본인의 방어권 행사 차원으로 이해할 수 있는 측면이 있었어요. 물론 그에 동의하는 사람도 있고 안 하는 사람도 있겠지만요. 반면 윤석열은 직전 정권에서 본인이 검찰 조직을 장악했던 총장 출신이고 그런 권력 관계의 맥락에서 보면 다른 점은 있다고 봐요.

하지만 기본적으로는 윤석열의 거부권이 잘못됐다고 생각하는 사람이라면 다른 누군가가 같은 행위를 했더라도 윤석열을 비판할 거라고 생각하는 게 상식적인 사람의 생각이겠죠.

돼지 눈에는 돼지만 보인다, 진영논리에 절어 있는 사람의 눈에는 진영주의자만 보인다는 것이 정주식의 주장이다. 상대를 진영주의자로 전제하는 공격의 자기 고백적 성격에 관해 말하고 있다.

박권일: 법무부 보도자료 직후 《한겨레》가 김종철 연세대 로스쿨 교수 인터뷰를 했습니다. 법무부가 얘기한 노무현 정부의 거부권과 비교하는 논리에 대해서 비판하는 취지였습니다. 김종철 교수는 노무현 정부를 옹호하면서 윤석열의 거부와 노무현의 거부는 다르다고 말합니다. 크게 세 가지 이유를 들었는데, 한 가지는 방금 주식 님 말씀하셨던 거랑 비슷합니다. 특검은 검찰권이 제대로 행사되면 불필요한 것인데 노 대통령은 검찰을 장악한 게 아니라 오히려 검찰과 갈등했고 그때 '검사와의 대화' 하면서 막 싸웠잖아요. 그랬기 때문에 사실은 거부권을 행사할 만한 이유가 있었다는 것입니다. 두 번째 이유는 측근 비리하고 가족 비리는 차원이 다르다는 것이고, 세 번째 이유는 노무현 측근 비리 특검법은 당시에 국민적인 지지가 낮았지만 지금 윤석열 가족 비리 특검법은 국민적인 지지가 높다는 거였습니다.

정주식: 두 번째 세 번째 이유는 그렇게 썩 납득되는 논리는 아니네요.

강남규: 측근과 가족이 썩 다른가?라는 생각이 드네요.

장혜영: 게다가 특히나 채상병 특검이나 윤 대통령 가족 관련된 특검이

본회의에 올라오면 법무부장관이 제의할 때는 상정 이유 같은 거를 얘기하는데, 한동훈이 이번에도 필리버스터처럼 말하고 그랬었는데, 그 모든 얘기를 그래도 귀담아 들어보거든요. 상대의 논리가 뭔지 이해하기 위해서, 비판하기 위해서라도 알아야 되잖아요. 근데 듣는데 다 상황 논리밖에 없어요. "노무현 때도 했는데" 이건 사실이 본질은 아니잖아요. 정작 "야, 근데 너 왜 그때 국방부장관 호주대사로 빼돌렸어?"에 대해서는 답이 안 되는 거죠.

은 유: 논점 회피 아니에요?

장혜영: 네. 빈칸을 채워서 분량이 끝나면 페이지가 넘어가는 방식으로 말을 하고 있을 뿐이지 사실 한 번도 의혹에 대해서 제대로 답하지 못했죠.

강남규: 지난 총선, 지방선거에서 국민의힘과 정부의 전략이라는 게 '국민들이 민주당을 이만큼 싫어할 거야. 그러니까 우리는 민주당이 싫다는 사람들의 그 반응을 열심히 일으켜세워서 그걸로 우리가 승리할 거야'라고 내세웠다가 두 번 다 깨졌잖아요. 근데 여전히 전략을 안 바꾸고 있다는 게 참 무능하네요.

은 유: 아니, 이렇게 시소 게임처럼 계속 힘겨루기 양상으로만 가지, 어떤 본질이나 진실을 밝히거나 뭔가 구조적인 안전책을 마련하고 이런 거에 관심이 1도 없네요.

강남규: 22대 국회는 달라질까요?

장혜영: 더 심해질 거예요. 이제 거의 윤석열 대통령을 포기하는 느낌이죠. 보수 언론들도 뭔가 그전에는 그래도 이 사람을 필요하다면 비판을 해가면서 어떻게든 고쳐 써보자라는 느낌이었는

데……. 지난 28일에 21대 국회가 마지막 본회의가 있었고 30일부터 새 임기가 시작이니까 거부권을 쓰려면 딱 하루밖에 없었어요. 21대에서 넘어간 건 거기서 끝이니까. 근데 진짜 하루에 그 네 개를 날리는 걸 보면서 제 마음속에서 이 사람은 어떻게 안 되겠다, 이제 스스로 몰락의 길을 재촉하는 것을 어떻게 막을 수 없겠다.

박권일: 여기서 거부권 행사당한 개별 법안들에 대해 짚어볼 수도 있을 것 같습니다. 개인적으로 정말 어처구니 없었던 건, 노란봉투법을 거부하던 윤 대통령이 갑자기 노동법원을 만들자고 한 것이었습니다. 그러면서 하는 얘기가 '노동시장에서 취약한 노동자들을 우리가 보호해야 된다'는 겁니다. 이를 위해 노동법원을 만들고 노동 약자 지원과 보호를 위한 법률을 자기가 직접 만들겠다고 선언했더라고요. 아니, 취약한 노동자들을 보호하자는 취지로 10년 동안 전문가와 시민사회에서 논의되고 노동계가 강력하게 요구해온 노란봉투법에 대해서는 거부해놓고, 갑자기 노동법원이라뇨?

노동법원은 실은 노동계에서 오랫동안 요구해왔던 것이긴 합니다. 워낙 우리나라 임금 체불 문제가 심각하고 산재 사망률도 높은 상황에서 이런 부분들을 따로 다루는 법원이 필요하다. 그래서 노동법원을 노동계 일각에서 요구해왔습니다. 근데 이걸 이 타이밍에 꺼내는 걸 보면서, 그것도 노란봉투법에 거부권을 행사해놓고 이걸 얘기하니 너무 황당하더라고요. 이외에 또 어떤 게 있을까요?

강남규: 간호법이 제일 재밌죠. 자기가 거부해놓고서 의료 파업이 일어

나니까 사실상 간호법을 일시적으로 시행시키는 시행령을 도입한 그런 웃기는 상황인데요. 이전에는 간호사가 직접 의료 행위를 할 수 없게 돼 있는데, 이제 간호사가 의료 행위를 직접적으로 할 수 있게 허용하는 거예요. 근데 아시다시피 의료계에서는 이미 간호사들이 사실상의 의료 행위들을 하고 있는 상황이죠. 병원 가보면 아시겠지만 PA 간호사들이 직접적으로 다 해주세요. 잘 알려지기로는 간호조무사가 거의 몇 백 건의 의료 행위를 직접 했음에도 사고 한 번 없었다는 놀라운 기록도 있고요. (웃음)

그런 식의 법안인데 이거를 대통령이 또 여야 합의가 되지 않았다는 이유로, 물론 그거는 표면적인 이유겠고 의료계에서 강하게 반대하고 있었던 것도 분명한 이유가 됐겠죠. 그런 이유로 거부했던 법안인데, 아까 말씀드린 것처럼 이번에 의대 증원 사태가 일어나면서 의사들이 의료 현장에서 이탈했고, 그러면서 부랴부랴 간호사들도 직접적인 의료 행위를 해도 처벌받지 않도록 일시적인 조치를 취한 거죠.

정주식: 혜영 님한테 궁금한 거 있어요. 노란봉투법 같은 법안은 윤석열이 거부권을 행사할 수 있겠다고 우리가 예측을 할 수 있었잖아요. 근데 이런 것까지 거부할 줄은 몰랐다 하는 법안이 있나요?

장혜영: 이태원참사특별법이 그랬죠. 결국은 그때 합의 처리가 됐죠. 영수회담 끝나고 나서 유일하게 합의 처리돼서 튕겨나오지 않은 게 이태원참사특별법이에요. 이태원참사특별법에서 사실 여당에서 무리하다고 느낄 만한 것들은 이미 다 뺀 상태였거든요. 해를 넘기지 않고 통과시키기 위해서 되게 노력을 많이 했

는데, 저도 되게 마음에 안 드는 상태로 그걸 동의를 해줬던 건데 그걸 튕겨내는 걸 보면서, 저는 자꾸 무속 얘기를 하면 짜증 내는 스타일이거든요. 우리가 검증할 수 없는 가설을 가지고 사람의 행위를 설명하려 하지 마라, 그렇게 생각하는 편인데 이 사람은 진짜 약간 나의 이해 영역 밖에 있는 논리로 움직이는 사람이라고 느꼈어요.

정주식: 대통령이 채상병 사건을 대하는 태도와 이태원 참사를 대하는 태도에서 유사한 면이 느껴져요. 잘잘못을 떠나서 내가 지키고자 했던 사람이 처벌받는 것에 대해서 극한의 거부감을 갖고 있는 것 같아요. 좋게 말하면 보스 기질이 있다고 표현하기도 하는데 윤석열 대통령이 검사 시절부터 제일 많이 들어왔던 말이 그런 말이라고 하잖아요. 엊그저께 밝혀진 내용을 보면 채상병 사건 수사 초기에 왜 이렇게 혐의자를 많이 올렸냐며 최초 수사 보고에 대해서 혐의자를 줄이라고 직접 지시를 했다는 거예요. 설사 처음에 본인이 그렇게 이야기를 했더라도 상황이 달라지면 조금 물러나야 되겠다는 생각도 할 법한데 그런 면에서는 절대 물러서지 않는 모습을 보면서 저 사람은 본인이 누구를 지키겠다는 결단이 한번 들어서면 누구도 고집을 꺾을 수 없는 사람이구나 하는 생각이 들었어요.

장혜영: 너무너무 공감해요. 이태원 참사 때 이상민 장관 감싸는 걸 보면서 지금 김계환 사령관 감싸는 거하고 약간 비슷한 기시감 같은 거를 느꼈거든요. 이 사람 머릿속에는 본인이 희생양으로 정치를 시작했잖아요. 기본적으로 정치가 희생양을 만든다, 민주당은 희생양을 만든다는 생각이 머릿속에 있고, 그 이태원

참사 때도 장관들에게 책임을 묻고 행안부장관에게 근본적인 책임을 묻는 거에 대해서 굉장히 히스테리컬하게 반응했거든요. 그래서 이 김계환 사령관까지 올라오는 걸 보면서 '또 같은 일이 반복되는구나'라고 확 짜증이 났던 건 아닐까.

은 유: 책임 정치의 전례를 만들면 안 된다는 소신이 있는 것 같아요. 그러니까 채상병으로 인해서 누가 물러나게 되면 이태원도 물러나야 되고 무슨 일이 있을 때마다 그럼 장관들이 다 물러나야 되고, 이렇게 되는 거를 어떻게든 막으려는 거죠.

장혜영: 그렇지 않은 전례를 남기고 싶은 느낌이네요.

강남규: 누군가 측근이 '당신의 모델은 트럼프'라고 강요하고 있는 것 같은 느낌이 드네요. 기성 정치를 깨는 게 트럼프의 한 측면이면, 또 하나의 측면은 자기의 이미지를 극대화하는 방식이죠. 스트롱맨이라는 이미지를 극대화하는 식으로 정치를 해왔잖아요. 윤석열이 지금 보여주고 있는 거부권 행사도 그렇고, 책임자를 문책하지 않는 방식도 정치 관행을 깨는 방식일뿐더러 자기가 검사 시절부터 쌓아온 의리와 신념을 꺾지 않는 소신파, 절대 사람에 충성하지 않는 검사, 이런 이미지를 스스로 곡해해서 지금 대통령으로서 밀어붙이고 있는 게 아닌가.

은 유: 근데 이태원하고 채상병 사건은 완전 다르잖아요. 채상병 사건은 해병대에서도 자기 주된 지지층에서도 반발이 일어나고 있는 사안인데 여기에서까지 이렇게 무리수를 둔다는 게 조금 납득은 안 돼요.

정주식: 최대 오판인 것 같긴 해요.

은 유: 왜 이렇게까지 하지?

토론자들은 다양한 방식으로 윤석열 대통령의 행동에 대해 이해를 시도하지만 결국에는 도무지 이해할 수 없다는 사실을 인정한다. 바로 이 '이해할 수 없다'는 표현이야말로 윤석열 대통령을 가장 잘 이해한 말이다.

박권일: 거부권이 이렇게 남발되는 배경에 대해서 전문가들도 많은 글을 쓰고 기사들도 나오고 있습니다. 크게 두 가지 이유가 있을 것 같아요. 한 가지는 아까 지금까지 우리가 얘기했던 성격적인 이유, 캐릭터가 그래 가지고 이렇다는 거죠. 근데 구조적인 이유도 있지 않을까요? 예컨대 여소야대 국면 같은 것, 특히 거부권이 많이 나온 경우들이 대부분 여소야대 국면에서 나왔거든요. 그런 측면에서 봤을 때 대통령의 거부권이 계속해서 이렇게 정치에 걸림돌이 되는 상황을 만들어내는 우리 정치의 구조적인 이런 문제들도 있지 않을까 하는 생각도 드는데 이 부분은 어떻게들 보시나요?

강남규: 첫 번째 구조적인 환경은 여소야대라는 거고요. 두 번째로는 그렇게 거부권을 남발해도 국민들이 더 이상 큰 반발을 하지 않는, 여론조사나 이런 데서 지지율이 깎여나갈 수는 있어도 들고일어나지는 않는 구조가 됐다는, 그 정도 정치적 무관심이 있다는 것도 분명한 측면인 것 같아요. 세 번째로는 그렇게 정치를 해도 콘크리트 지지 기반이 있다는 거죠. 그리고 그 팬덤과 팬덤의 충돌을 국민들이 심드렁한 눈빛으로 보고 있게 됐다. 저는 뭐 그런 측면들이 분명히 있을 것 같습니다.

장혜영: 저는 수직적 당정 관계 문제가 가장 크다고 생각해요. 대통령이 이렇게까지 국회 일에 밀착해서 관여하나?

박권일: 저도 처음 봅니다, 이런 경우는.

장혜영: 저는 국회에서 전반기 2년 동안 문재인 정부였고 후반기가 윤석열 정부여서 나름의 비교가 됐는데, 그때는 정부가 있기는 한데 대통령은 좀 먼 느낌이었어요. 국회의 공간감을 존중한다고 해야 할까? 그래서 사실 여당의 원내대표가 되게 중요한 역할을 하죠. 국회 차원에서 합의해버리면 거부권을 쓸 명분이 없잖아요. 그래서 당과 정이 뭔가 일체감이 있다는 느낌이라기보다, 말하자면 여당 원내대표로서의 공간을 존중해서 그걸 자기 정치적 공간으로 활용하는 그런 느낌이었어요. 하지만 지금은 김기현이 당대표가 되는 그 과정에서 이준석을 잘라내는 모습도 비슷하고, 당을 대통령에게 완전히 복속시키는 그 과정에서 거부권까지 가는 걸 막을 수 있는 안전장치 하나가 사라졌다는 느낌도 있어요.

정주식: 예전에 박근혜가 거부권 행사했던 때를 생각해보면, 그때도 제왕적 권력이 있었고 대통령에게 줄서기하는 정치가 횡행했지만 그럼에도 그 당 안에서 반대의 목소리가 나왔거든요. 대표적으로 유승민이 국회법 개정안 거부권 행사를 비판했다가 찍혀나갔죠. 대통령이 당의 권력을 아무리 강하게 쥐고 흔든다고 해도 나름 소장파라는 말이 붙여진 그룹이 있었고, 지금처럼 무균실에서 반대파를 박멸하는 수준으로 당을 이끌지 않았어요. 그런데 지금의 국회는 여야 공히 그런 면에서 굉장히 취약한 상황인 것 같아요. 두 당 모두 내부 반대파를 거의 박멸 수준으로 없애놓고는 아주 편안한 정치를 하겠다는 보스들이 있는 거죠. 두 당이 똑같이 그런 정치를 하고 있다는 것도 굉장히 특

이한 상황인 것 같아요. 사무엘 헌팅턴이라는 사람이 그런 말을 했어요. 드러난 권력은 약화된 권력이라고요. 두 당의 당권자들은 지금 굉장히 취약한 상태로 보입니다.

강남규: 삼김정치 시절 이후로 보스의 정치는 끝났다고 했었는데 돌고 돌아 다시 이재명과 윤석열이라는 두 보스가 당을 거의 휘두르고 있는 상태가 됐다는 거죠. 이전에 당 대표의 권한이나 이런 것들을 줄이는 식으로 많이 개혁이 되어왔음에도 다시 돌아갔다는 건 정치를 작동시키는 원리 자체가 좀 바뀌었다, 새로운 뭔가가 추가되었거나 뭔가가 죽었거나 그런 부분들이 있지 않을까 싶어요. 다시 팬덤 정치 얘기를 하게 되네요.

장혜영: 그래서 고민하게 되는 게, 그럼 이 정국을 어떻게 돌파해야 하는 건가. 총선 때 너무너무 압도적으로 '윤석열 대통령 저렇게 내버려두면 안 된다'라는 사람들의 생각이 있었던 거고, 앞으로는 계속 이 거부권 정치를 멈춰세워야 된다는 국민적인 공감대가 커질 거예요. 이제 어떻게 이걸 견제할 거냐, 임기를 단축시키는 방식의 개헌을 할 거냐, 아니면 진짜 그냥 탄핵을 해버릴 거냐, 이런 여러 가지 얘기들이 나오고 있어요. 그게 다 '싫어서 하는 정치'의 연장선상이잖아요. 근데 그거 저희가 한번 해봤던 건데, 그 싫어서 하는 정치 안에서 지금 정치가 다뤄야 할 많은 의제들이 다 또 사라지는 그런 시간이 다가오고 있다는 생각이 들어서 사실 마음이 되게 어두워요.

박권일: 사실 우리가 예측하는 게 별 의미는 없습니다만 예측을 한번 해볼까요? 과연 이 거부권 정치 끝에 탄핵이라는 국면이 올 것인가?! 어떻게 보십니까?

강남규: 탄핵은 사실 되게 형식 요건이잖아요. 어떤 위법이 명확하게 있어야…….

장혜영: 의외로 그렇지 않을 수 있다고 생각해요. 그것도 하나의 프레임이다.

강남규: 탄핵을 가결할 수는 있어도 헌재에서 인용되긴 어려운 구조이지 않나요?

장혜영: 헌재 단계가 남아 있기는 한데 저는 헌재 역시 사회의 일부라고 생각합니다.

은 유: 《조선일보》랑 《동아일보》 사설에서도 되게 강도 높게 비판하더라고요.

박권일: 《조선일보》도 나오는 사설이나 기사 보면 윤 정권을 손절한 분위기이고요. 주식 님, 어떻게 보세요? 탄핵 국면까지 갈 것 같습니까?

정주식: 저는 탄핵까지 안 갈 것 같습니다. 탄핵을 할 정도로 사람들의 감정이 격렬하게 폭발하는 일은 어느 정도 정권에 대한 기대가 있을 때 가능한 거거든요. 기본적으로 윤석열 정부는 기대 없는 정권이기 때문에 사람들이 실망한다고 해서 저놈을 끌어내리는 데 지난번처럼 나의 시간과 열정을 열심히 쓰지 않을 것 같아요.

은 유: 정치 무기력증인가요?

정주식: 윤석열은 취임 백 일이 되기 전에 지지율이 20퍼센트대로 떨어진 유일한 대통령이죠. 처음부터 기대 없던 대통령이라 최순실 건 같은 결정적인 국정농단의 증거가 드러나지 않는 이상 시민들이 그렇게 자발적으로 화를 낼 것 같지 않아요 그냥 '너

싫어' 정도의 여론조사 결과로는 표집이 되겠지만 그 여론이 거리를 가득 채울 정도의 분노로는 발전할 것 같지 않다는 개인적인 의견입니다.

박권일: 개인적으로는 저도 비슷해요. 에너지가 느껴지지 않아요. 분노라든가, 어쨌든 강렬한 감정이라는 게 있어야 되는데 그런 게 별로 느껴지지 않으니까 과연 이게 탄핵까지 갈 수 있을까 의구심이 드는 거예요. 탄핵 얘기는 계속 나올 테고, 정치권에서도 계속 언급이야 하겠지만 이게 실행되려면 대중적인 동력이 있어야 되는데 그게 느껴지지 않는 거죠.

토론자들은 대통령이 된 과거 탄핵의 영웅이 이제는 탄핵 무용론으로 보호받고 있는 아이러니한 상황에 대해 말하고 있다.

정주식: 탄핵 무용론이 있죠. 탄핵 그거 해봐야 별거 없다는 걸 우리가 근래에 경험을 했죠. 그 한겨울에 나가서 생고생해서 대통령 바꿔냈는데 그래서 어떻게 되었느냐, 그 짓을 또 해야 되느냐 하는 회의가 있죠. 저는 지난 대선 날 정치에 걸었던 아주 소박한 바람 두 가지가 있었어요. 하나는 전직 대통령이 감옥에 가지 않았으면 좋겠다, 또 하나는 현직 대통령이 임기를 마쳤으면 좋겠다는 거였어요. 그 두 개는 민주주의를 유지할 수 있는 최소한의 작동 요건이라고 생각해요. 대통령이 자꾸 감옥 가는 나라에서 어떤 좋은 사람이 대통령 하려고 하겠어요? 임기를 못 마치고 물러나는 대통령은 정파를 떠나 국민적인 불행이죠. 잘못을 하고도 유지해야 된다, 이건 아니지만 누가 되든 최소

한 대통령 임기 5년 정도는 지켰으면 좋겠다는 바람이 있었는데, 벌써 이렇게 탄핵이라는 말이 지면을 달구고 있는 상황이 왔다는 게 참 비극적이라고 생각해요.

박권일: 혜영 님은 어떻게 보십니까?

장혜영: 굉장히 어려운 얘기인데요. 근데 채상병 사건은 정황 증거들이 쌓이고 있는데 실제로 국가권력을 통해서 그 죽음의 은폐에 개입했다고 하면 저는 그거는 탄핵 사유가 된다고 생각하거든요. 그래서 저렇게 정말 안면 몰수하고 막고 있는 거라고 생각하고요. 근데 이렇게 거부권이 누적돼서 사실상 국회의 기능을 정지시키는 일이 반복된다면 과연 대통령이 제대로 된 직무를 수행하고 있는 상태라고 보아야 하는가에 대한 판단은 한번 해볼 수 있지 않을까라는 생각은 하죠. 해악이 너무 크다는 점, 그게 모든 게 다 윤석열 대통령 때문만은 아니겠지만, 그럼에도 불구하고 사람들의 인내심이 다해가고 있다는 느낌은 있거든요. 저희 세대의 사람들은 아닐 수도 있지만 대한민국의 인구 구조를 고려했을 때 대한민국에서 가장 많은 에너지와 기득권과 인구 구성을 차지하고 있는 세대들의 분노는 약간 역치를 넘어서고 있는 것으로 느껴집니다.

장혜영의 말을 뒤집어보면, 젊은 세대는 대통령 탄핵 문제에 별 관심이 없다는 이야기다. 이 차이는 어디서 발생하는 걸까.

박권일: 은유 님, 어떻게 보세요?

은 유: 모르겠어요. 저도 채상병 사건 때문에 너무 충격받고 죽음의

원인이 은폐되고 막 이러니까 그래서 뭔가 국민의 힘으로 좀 이걸 견제하고……, 아, 국민의힘?!

박권일: 우익적인 발언이네요. (웃음)

정주식: 드디어 '토즐'에도 우익 인사가 들어왔군요.

멤버들: ㅋㅋㅋㅋㅋ

은 유: 국민이 힘을 보여줘서 뭔가를 막고 '나도 뭐 해야 되지 않아?' 이 생각이 저도 조금 들긴 했었어요. '어디 뭐라도 나가야 돼? 그러지 않으면 어떻게 막을 수가 없겠다' 이런 생각이 들면서도 왜 내 몸이 이렇게 움직여지지 않을까 답답했어요. 그리고 채상병 사건에 대해서도 SNS에 몇 번 썼다가 그냥 지웠거든요.

박권일: 왜 지우셨어요?

은 유: 모르겠어요. 너무 마음도 복잡하고 그냥 분풀이 표현에 그치는 것 같고 여러 생각이 들더라고요. 어떻게 해야 되지? 제 안에서도 그냥 뭔가 부글부글 끓고는 있어요. 이대로는 안 된다, 그런 생각만 하고 있어요. 채상병의 이 억울한 죽음의 책임자를 감옥에 꼭 보내고 싶다, 윤석열이 지시를 했으면 윤석열을 보낼 수 있으면 좋겠다, 이런 생각을 하게 돼요.

장혜영: 은유 님이 '국민의 힘'으로 견제해야 된다고 하셨잖아요. 근데 저는 그 중의적인 '국민의힘'으로 해야 된다는 생각이 있어요. 그러니까 거부권을 무력화하는 건 2백 석이거든요. 그거는 국민의힘 안에서, 윤석열 대통령 입장에서 보면, 배신자가 나와야 되는 일인데, 그거는 정치인이 하는 역할이죠. 예를 들면 지금 국민의힘 당대표 선거를 하고 있는데 하다못해 한두 분이 이제 침몰하는 윤석열 정부에서 구명 보트를 만들어서 탈출해

가지고 그 2백 석을 만들어주거나, 아무튼 이 국면을 돌파할 수
있는 힘은 국민의힘에 있다고 봐요. 그러니까 탄핵이나 큰 촛
불이나 이런 방식이 아니라 좀 더 정치적인 수단으로 할 수 있
는 힘은 국민의힘이 쪼개지는 거라고 생각을 하죠. 근데 이제
그런 종류의 용기가 있는, 내지는 그런 종류의 야망이 있는 정
치인이 그 안에 있나…….

박권일: 만약에 '2차 탄핵'이라 부를 수 있다면, 저도 이 2차 탄핵 국면
은 결국은 우파의 움직임에 달려 있지 않을까 합니다. 보수 우
파 내부에 지금 윤석열 대통령에 대한 비토 정서는 결국 채상
병 건과 가장 밀접하게 결속되어 있어요. 이거는 사실은 우파
입장에서도 용납이 안 되는 사건인 거예요. 이게 윤석열 대통
령 입장에서도 큰 위험 요소이고 관리를 하거나 제거를 해야
되는데 제거가 안 될 경우에 결국은 우파가 크게 분화되거나
분열되는 뇌관이 될 거예요. 그럴 경우에는 그 촛불집회도 과
거 우리가 알고 있던 진보진영이 주도하는 게 아니라 우파가
주도하거나 좌우합작 형태의 시민사회 저항이 될 수도 있다는
생각도 듭니다. 물론 말씀하셨던 제도정치 내부에서 일단 탄핵
통과 숫자를 만들기 위한 싸움들도 당연히 벌어질 것이고요.

**'1차 탄핵' 당시 깊게 분열됐던 보수정치를 떠올리게 하는 예측이다. 박권일은 그때보
다 더욱 넓고 깊은 탄핵의 강을 예견하고 있다.**

은 유: 저는 〈서울의 봄〉 같은 영화가, 이번 채상병 사건 1년 동안의 그
걸 정리한, 조직적 은폐 이런 거를 정리한 영화가 빨리 만들어

져서 천만 명이 봤으면 좋겠다, 혼자 이런 상상도 했어요. 사람들이 너무 복잡해하고 안건을 자꾸 놓치게 되고 이게 어떤 구조적인 은폐 시도가 있었는지에 대해서 일괄된 시야를 갖기가 어렵잖아요. 한눈에 정리해주는 그런 영화가 좀 있으면 좋겠다, 이 생각을 어저께 뉴스 찾아보면서 했어요.

박권일: 조금 층위가 다른 얘기긴 한데 우리나라 대통령제를 두고 제왕적 대통령제라고 얘기하잖아요. 거부권도 이 제왕적 대통령제의 한 현상이라고 하는 분도 있습니다. 반면 어떤 사람들은 제왕적 대통령제 같은 말은 그냥 정치 잘 모르는 사람들이 하는 얘기고 한국 대통령은 제왕적 대통령 아니다, 실제로 할 수 있는 거 별로 없다고 얘기하는 사람들도 있습니다.

예컨대 거부권이라는 것도 국회에서 올라온 법안들을 거부할 수 있을 뿐이지 자기가 뭔가를 하려고 했을 때는 할 수 있는 게 별로 없다는 거예요. 특히 경제부처의 관료들이나 당정의 관계라든가 이런 것 때문에 대통령이 막상 정말 하고 싶은 것들을 할 수 있는 구조가 아니라고 얘기하는 전문가들도 꽤 있습니다. 실제로 참여정부 당시에 노무현 대통령이 그런 얘기를 여러 번 했어요. 대통령 되면 자기는 마음먹은 정책을 시행할 수 있을 줄 알았는데 막상 되고 나니 의도대로 되는 게 아무것도 없다고 말이죠. 관료가 못하게 하고 야당이 못하게 하고. 이런 측면에 대해서는 어떻게들 보시나요?

강남규: 약간 다르게 볼 필요는 있는 것 같아요. 거부권 얘기를 해보면 일단 제도적인 얘기긴 한데 거부권의 맥락 자체가 미국에서 나온 건데요. 처음에 영국 왕정이 입헌군주제로 변화하는 과정에

서 의회가 승인한 거를 왕이 거부할 수 있는 권한을 주자, 왕인데 그 정도는 주자, 이런 식으로 시작했대요. 그러다 미국에서 처음 헌법으로 보장되었는데, 미국 같은 경우에는 대통령이 입법권이 없어요. 대통령은 행정권·집행권만 갖는다는 거죠. 그런 차원에서는 의회가 올린 거를 대통령이 거부하는 게 형식적으로 말이 될 수 있는 거죠.

한국 같은 경우에는 정부도 입법을 할 수 있잖아요. 그런 차원이라고 보면 정부가 입법권을 갖고 있으면서 동시에 입법 가결된 것에 대한 거부권을 가지는 게 형식적으로 말이 되는가라는 얘기도 나오고 있어요. 아까 인용하신 김종철 교수 인터뷰에도 그런 얘기가 나와 있더라고요. 그런 부분도 있고, 대통령이 권한이 없는가 했을 때는 사실 대통령령·시행령 정치도 윤석열 정부에 들어와서 같이 나오는 얘기거든요. 출범 1년 기준으로 나왔던 건데요. 87년 이후 대통령들 중에서 1년간 시행령·대통령령을 가장 많이 공포한 게 또 윤석열 정부였다는 거예요.

대통령령의 절차는 국회를 통하지 않죠. 입법예고를 하고 법제처 심사를 하고 차관회의 국무회의, 이렇게 거치는 순서예요. 국회를 거치지 않아도, 입법을 통하지 않아도 대통령이 사실상 입법의 효과를 내서 정책을 할 수 있는 권한이 있다는 건데, 그런 부분들을 생각하면 단순히 그런 제왕적 대통령제가 아니다고 얘기하는 논리들에 대해서 숙고할 부분이 있어 보여요.

박권일: 남규 님 말씀 들으니까 명료해지는 부분들이 있군요. 확실히 윤석열 대통령은 시행령 정치와 거부권, 이 두 가지를 가지고 명백하게 반의회적이고 반삼권분립적인 정치를 하려는 게 보

입니다.

정주식: 정치 문화가 성숙되면 그 제도가 갖고 있는 결함도 조금 무뎌지는 경향이 있죠. 폭군의 등장을 대비해서 이런저런 견제 장치들을 마련해놓은 것인데 거부권도 그런 일환이에요. 입법과 행정 양측에서 서로를 견제할 수 있는 무기를 쥐여준 거죠. 사람들이 민주화 이후에 이렇게 생각했던 거예요. '우리 정치가 이 정도 됐으면 그런 것까지 우리가 걱정할 필요는 없겠다.' 민주화가 진척된 상황에서는 거부권과 시행령이라는 제도를 이렇게 악용해서 폭주하는 대통령이 나올 거라고 생각을 못했던 거예요. 그런 면에서 윤석열 대통령은 우리가 잊고 있었던 민주적 절차에 대한 고민을 다시 상기시켜주는 존재인 셈이죠.

강남규: 문재인 정부 때 "선진국 됐다" "가불선진국이다" "눈 떠보니 선진국이다" "추월의 시대다" 얘기했던 사람들 많았잖아요. 근데 대통령이 바뀌고 2년 만에 똑같은 사람들이 "후진국이다" "나라가 망했다" 얘기하고 있다는 거는 대통령의 힘이 그만큼 강하다는 뜻 아닌가 싶어요.

눈 떠보니 선진국이 되었다고 환호하다가, 갑자기 그 나라가 2년 만에 망했다고 한탄하는 사람들은 세상이 어떻게 돌아가는지 잘 이해하지 못하는 사람들이다.

정주식: 그렇죠. 윤석열이 조금 특이한 경우라고 하지만 그것도 대통령제라는 기본적인 토양이 있었으니까 그 사람의 특이함이 발현된 조건이 된 거겠죠.

박권일: 저는 그럼에도 불구하고 우리 사회의 퇴행을 대통령 탓으로만

266

돌리는 논의에 동의할 수 없기도 합니다. 아까 서두에 혜영 님도 잠깐 말씀하셨지만 의회의 기능부전도 분명히 작용했다고 생각합니다. 특히 위성정당 사태, 이거는 민주주의의 근간을 무너뜨린 짓인데 윤석열 대통령이 한 게 아니라 사실은 의회가 기획하고 실행한 시스템 해킹입니다. 이런 부분들을 우리가 간과하면 자꾸만 모든 퇴행이 전부 윤석열 탓이며 윤석열만 바꾸면 나라가 더 좋아질 것이라는 현실 호도로 흘러갈 수 있을 것 같습니다.

정주식: 재밌는 주제네요. 대통령이 문제냐, 의회가 문제냐.

강남규: 앞으로 어떻게 해야 될까요?

박권일: 혜영 님! 우리는 어떻게 살아야 됩니까?

장혜영: 22대 국회가 잘해야 되는데, (웃음) 작은 목소리를 존중하는 게 민주주의의 핵심이잖아요. 큰 목소리는 어느 시대에나 다 존중받아왔죠. 큰 목소리를 존중하는 건 너무 쉬운 일이고. 하다못해 법안 하나를 논의하는 절차만 봐도 열 명을 모아서 발의할 수 있다는 것 이외에 모든 게 다 큰 힘들이 결정하거든요. 선입선출의 원칙 이런 것도 지켜지지가 않아요. 먼저 들어온 법안이면, 양당이 아무리 지들이 하고 싶은 법안이 뒤쪽에 있어도 그게 논의는 될 수 있게 해준다든가 하는 방식으로 그 사회의 압력을 계속 빼주고 목소리 작은 요구들이 반영될 수 있는 방식의 정치가 국회에서 이루어진다면 과연 지금 같은 상황까지 갔을까? 저는 그렇게 생각 안 하거든요. 그래서 모든 것을 기승전 윤석열 때문이라고 얘기를 할 때 발생하는, 아까 주식 님이 얘기했던, 은폐되는 의회 권력의 문제를 반드시 경계해야 된다.

박권일: 오늘 대통령 거부권을 주제로 윤석열 대통령의 문제점들에 대해서 많은 얘기를 했는데요. 그럼에도 불구하고 윤석열 만의 문제로 모든 것을 환원하는 함정에 빠져서도 안 된다는 부분들도 마지막으로 짚어봤습니다. 오늘 우리 기둥이었던 재훈 님의 부재로 제가 피치 못하게 사회를…….

장혜영: 자꾸 그러시니까 돌아가신 것 같잖아요.

정주식: 묵념으로 마무리할까요?

박권일: 여기까지 하고요. 새로운 주제로 다시 찾아뵙겠습니다.

윤석열 대통령의 거부권 정치를 이해하려면 그가 무엇을 거부하고 있는가를 먼저 파악해야 한다. 윤 대통령은 지난해 4월 양곡관리법에 대해 거부권을 행사하면서 "국회에서 제대로 된 토론 없이 일방적으로 통과시킨 법안"이라고 비판했다. 주호영 국민의힘 원내대표 역시 "여소야대 상황에서 무리한 법을 막을 방법은 재의요구권밖에 없다"고 거들었다. 이처럼 대통령은 거부권을 행사할 때마다 '야당의 무리한 입법 폭주'라는 명분을 내세웠다. 즉 대통령은 법안 자체가 아니라 야당의 '태도'를 거부한 것이다. 다수 의석을 가진 정당의 입법을 폭주로 규정한다면 여당이 반대하는 법안은 통과가 불가능해진다. 윤 대통령은 이에 대한 해법으로 '충분한 토론'을 주문한다. 그는 후보 시절 "정책 토론을 하는 게 도움이 안 되는 것 같다"면서 "토론 많이 해봐야 싸움만 난다"며 상대 후보와의 TV 토론을 거부한 바 있다. 이런 전력을 봤을 때 토론 부족이라는 거부권 행사의 명분은 텅 빈 구실에 불과하다는 생각을 지울 수 없다.

야당의 법안 강행 처리 역시 비판의 대상이 될 수 있다. 그러나 대통령과 의회의 힘겨루기라는 일반론적 관점으로는 지금의 상황을 제대로 이해할 수 없다. 이 토론의 포인트는 전임 대통령들이 여소야대 국면에서도 의회를 존중해왔던 협치의 전통을 현 대통령이 송두리째 깨뜨렸다는 점이다. 그런 점에서 거부권 정치는 탄핵이라는 '방법'과 만난다. 하지만 탄핵론은 곧바로 탄핵 무용론과 만난다. 박권일은 모든 문제를 대통령의 문제로 돌리는 윤석열 환원론을 경계해야 한다고 말한다. 이런 경계심을 갖게 된 까닭은 우리가 '1차 탄핵'의 결말을 보았기 때문이다. 토론자들의 말에 따르면 지금은 탄핵론과 탄핵 무용론 사이의 균형·긴장 상태에 있다고 볼 수 있다. '2차 탄핵'은 과연 임계점을 넘어 현실화될 것인가.

토론이 끝나고 남는 질문들

1. 대통령의 거부권 행사를 법으로 제한하는 것이 옳을까?
2. 입법 과정에서 합의가 어려울 때 토론은 어느 선까지 보장되어야 할까?
3. 내가 찬성할 수 있는 대통령 탄핵의 조건은 무엇인가?

대한민국이 양궁협회처럼 운영된다면…

박권일 ┤ 신혜림 ├ 이재훈 ┤ 은유 ├ 정주식

'양궁협회처럼' '축구협회처럼'

올여름 대한민국은 스포츠 때문에 울고 웃었다. 7월 13일 대한축구협회는 남자축구 대표팀 감독으로 홍명보 울산HD 감독을 공식 선임했다. 발표가 나자마자 축구 팬들과 전문가들은 맹비난을 쏟아냈다. 불투명한 감독 선임 과정의 문제와 함께 지난 월드컵부터 누적된 축구협회의 난맥상에 대한 분노가 한꺼번에 폭발했다. 9월 5일 홍 감독 부임 이후 첫 번째 평가전이 열린 서울월드컵경기장에서는 경기 내내 협회와 감독을 비난하는 야유가 쏟아졌다. 국정감사에서는 대한축구협회에 홍명보 감독 선임 과정에 대한 추궁이 이어졌다.

축구 대표팀 감독 선임 2주 뒤 파리올림픽에서는 한국 여자양궁 대표팀이 올림픽 10연패의 신화를 썼다. 한국 양궁의 신화의 배경에는 지연, 학연 등 파벌로 인한 불합리한 관행이나 불공정한 선수 발탁이 없는 양궁협회의 투명한 시스템이 있다는 평가가 나온다. 2022년 항저우 아시안게임에서 3관왕에 오른 임시현 선수는 지난해 국가대표 선발 과정에서 탈락했지만, 2023년 다시 치러진 선발전에서 1위로 국가대표 선발전을 통과했다. 파리올림픽에서 또다시 3관왕에 오른 임시현 선수는 아시안게임과 올림픽에서 모두 3관왕을 달성한 선수가 됐다. 이러한 양궁협회의 선수 선발 시스템은 때마침 터져나온 축구협회에 대한 국민적 분노와 맞물려 더욱 뜨거운 찬사를 받았다. 많은 언론이 축구협회와 양궁협회의 운영 방식을 비교하는 기사를 냈고 각종 커뮤니티와 소셜미디어에서는 불공정한 한국 사회가 양궁협회의 공정한 시스템을 본받아야 한다는 목소리가 이어졌다.

바로 이 대목이 토론의 주요 쟁점이다. 대한민국이 양궁협회처럼 운영된다면 어떤 일이 벌어질까? 토론자들은 우리 사회에서 하나의 신화가 된 양궁협회의 시스템을 들여다보며 공정이란, 정의란 무엇인가에 관해 이야기한다. 탁월함을 겨루는 스포츠 세계에서 타고남은 어떤 의미를 갖는가. 자신의 한계를 극한까지 밀어붙이는 개인의 노력은 얼마나 자유로운가. 스포츠 세계와 바깥 세계는 어떻게 관계 맺어야 할까. 이 토론을 보고 나면 올림픽을 바라보는 시선이 조금은 달라질 것이다.

이재문: 8월 3일 '토론의 즐거움' 시작하겠습니다. 오늘의 주제는 파리 올림픽입니다. 먼 파리에서 올림픽이 한창 벌어지고 있고 한국 선수들이 재미있는 경기를 보여주면서 곳곳에서 올림픽 얘기가 나오고 있는데요. 제가 쭉 살펴보니 토론할 만한 주제를 많이 던지고 있더라고요. 다들 올림픽 좀 보셨어요?

박권일: 저는 일단 중계되는 수영 전 경기를 봤고요. 탁구 전 경기, 양궁 전 경기 봤습니다. 저는 지금 논문 빼고 다 재밌거든요. (웃음) 특히 이번에 한국 수영 성적이 기대보다 안 나왔는데 왜 그런지 혼자서 분석도 해보고…….

신혜림: 양궁은 카타르시스가 여전히 대단하더라고요.

이재문: 어떤 점에서 양궁이 흥미로웠어요?

신혜림: 그냥 완전 잘해요. (웃음)

이재문: 이번에 양궁이 10연패를 하니까 양궁협회와 축구협회 차이 얘기도 나왔어요. 공정하게 경쟁하는 양궁협회, 인맥 축구 하는 축구협회, 이런 비교를 하는 사람도 많더라고요. 양궁은 완전하게 경쟁 체제인 거죠. 예전에 금메달을 따도 수십 번의 선발전을 거쳐 올라오는.

박권일: 거의 순수한 성과주의 체제죠.

이재문: 일단 올림픽만 되면 언론이 4년에 한 번 클리셰처럼 하는 얘기들이 있습니다. '새로운 세대가 등장했다.' 80~90년대 올림픽 때처럼 금메달을 무조건 따야지만 국위를 선양한다는 마인드가 강했던 시대에서 바뀌어서 점점 올림픽 자체를 즐기는 세대

가 등장하고 있다, 이런 얘기를 올림픽 때마다 하는데요.

이번에도 일부 언론에서 이런 글을 썼더라고요.《국민일보》사설은 '선진국에서 자란 세대답게 자신감이 넘쳐서 20살도 안 된 사격 선수들이 잇따라 메달을 따냈고 공정에 예민한 세대답게 비겁하지 않아서 펜싱 선수는 넘어진 상대에게 칼 대신 손을 내밀었다. 무엇보다 울지 않았다. 목표 달성에 실패한 수영 선수는 이걸로 인해 수영 인생이 끝나지 않는다고 했다. 그리고 뼈를 깎는 노력 끝에 세계 무대에서 국위를 선양하고 애국가를 들으면서 펑펑 울던 시절은 갔다' 이런 얘기를 했고요.《일간스포츠》는 '노력하는 과정, 경쟁하는 순간, 그리고 그에 따른 결과를 즐길 줄 아는 3즐 세대가 올림픽 대한민국 선수단의 반전을 이끌고 있다' 이런 얘기도 했습니다. 나이가 어린 선수들이 이전 세대하고 다른 모습을 보였다는 이런 담론, 어떻게 보세요?

정주식: 세대라는 키워드가 저희 '토즐'의 큰 화두 중 하나구나, 하는 생각이 문득 드는데요. 읽어주신 기사들은 의미 과잉 범벅 같은 느낌이에요. 과장된 수사를 걷어내고 요점만 보자면 요즘 선수들이 비장하지 않다, 예전보다 좀 더 운동 자체를 즐기는 성향이 있는 것 같다는 말인데요. 예전에 우리 선수가 금메달 따면 그렇게 감격했던 이유는 남들이 우리를 알아주길 바라는 마음 때문이었죠. 우리가 즐겁다기보다는 우리가 금메달 딴 광경을 바라봐줄 세계인의 눈, 그걸 지켜봐주는 누군가가 필요했던 건데요. 지금은 그런 시선으로부터 조금 초연해진 게 아닌가 싶어요. 비장했던 시절에는 바깥 사람들한테 우리의 무엇을 보여

줄 게 별로 없었던 거죠. 그런 비장미가 조금 빠진 것이 아닌가 합니다.

박권일: 세대에 대해서 얘기할 때 조금 정밀하게 했으면 좋겠어요. 재훈 님이 읽어주신 그런 이야기는 사실은 2002년 월드컵 때 나왔던 얘기거든요. 그때 '콤플렉스로부터 자유로운 최초의 세대'라는 얘기가 나왔어요. 월드컵 4강을 가고 나서 우리나라가 다른 서구 선진국에 열등감이나 콤플렉스를 가지지 않고 충분히 그들과 나란히 하는 나라가 됐다는 그런 자부심을 처음으로 가지게 된 세대가 월드컵 세대였다는 것이지요. 문화비평가 이택광 씨가 규정했는데 그게 벌써 20년 전이에요. 월드컵 세대가 40대가 됐어요. 비슷한 얘기를 지금 또 한다는 것 자체가 너무 게으른 분석입니다. 업데이트가 안 된 거죠.

그 자체가 저는 징후적이라고 봐요. 한국이 지체되고 있다는 거죠. 저는 이게 386세대에 기본적으로 장착된 마인드라고 생각해요. 386세대 엘리트들은 정작 자기 후배들은 제대로 끌어주지 않고 오랫동안 권력을 틀어쥐고 있으면서 자기 자식 세대에는 관대해요. 올림픽의 새로운 세대 운운은 실제 현상이라기보다 그냥 그 말을 하는 기성세대를 보여주는 말이라 봅니다.

은 유: 그럼 달라진 게 없는 건가요?

박권일: 질적으로는 거의 없다고 생각해요. 콤플렉스로부터 자유로운 세대가 더 늘어난 건 맞는데, 보다 질적인 변화나 분위기의 전환은 2002년 월드컵 세대 그쯤이었다고 생각해요.

정주식: 비평의 방식은 그대로인데 비평의 대상은 확실히 달라진 것 같아요. 2002년에 나왔던 그런 비평들은 비평가들의 소망에 가

까웠지 현실은 아니었다고 보거든요. 저는 그때 분위기를 비교적 생생하게 기억하는데요. 2002년 대표팀 멤버들이나 그걸 바라봤던 사람들이나 그런 콤플렉스에서 전혀 자유롭지 않았어요. 승패에 비장하게 빠져 있었고요. 그때 그 선수들 지금 다 감독 하고 해설 마이크 잡고 활약하고 있잖아요. 다들 알고 보니 그 시절 평균에 가까운 꼰대 국가주의자였죠. 다만 비평 차원에서는 그랬으면 좋겠다는 소망이 담긴 비평이 나왔었던 거죠. 그러다 2010년대 이후로는 실제로 그런 유형에 가까운 선수들, 소위 '발칙한 선수들'이 많이 나오기 시작했어요. 예를 들면 2019년에 U-20 월드컵에서 한국이 준우승을 했는데, 그때 선수들이 인터뷰를 한 걸 봤더니 2002년 선수들이 4강 가고 인터뷰했던 거랑 전혀 다른 얘기들을 해요.

이재문: 어떻게 달랐나요?

정주식: 2002년에는 선수들이 "국민 여러분 정말 감사합니다" "꿈만 같습니다" "믿어지지 않습니다" 이런 내용이 대부분이었다면 2019년의 선수들은 하나같이 자기들은 원래 잘할 줄 알았다는 거예요. 자기 실력에 대한 자부심과 함께 축구를 얼마나 즐겁게 즐기고 있는지 그런 말들을 주로 하더라고요.

은 유: 자기 중심으로 온 거네요.

'달라진 세대론'에 대한 박권일과 정주식의 시각차. 박권일은 이미 2000년대 초반 등장했던 담론의 구태의연한 답습이라고 비판하지만, 정주식은 그 시절 등장했던 비평이 이제 와서야 비로소 유효하게 되었다고 해석한다.

부록 좌담회

이재훈: 혜림 님은 어떻게 생각하시나요? 같은 세대로서.

신혜림: 세대만이 아니라 종목도 영향을 미치는 것 같아요. 순위가 좋 았던 종목과 안 좋았던 종목을 섞지 말고 성과가 비슷했던 종 목 안에서 비교해야 하지 않을까. 가령 수영은 최근 들어 잘하 게 됐잖아요. 올림픽 결과가 예상보다는 좋지 않아도 확실히 상승세니까 상대적으로 더 초연할 수 있었다고 봐요.

정주식: 간접 비교를 해볼 수 있을 것 같아요. 88올림픽이나 90년대 여 러 올림픽들에서 한국 선수들이 금메달을 땄을 때 전형적인 상 같은 게 있잖아요. 엄마를 부르고 감격해서 눈물 흘리고 코 치들이 다 나와서 얼싸안고 했던 상이 있는데, 똑같은 대회에 서 미국이나 프랑스나 영국이나 소위 우리가 당시에 선진국이 라고 생각했던 나라의 선수들이 금메달을 따고 나서 했던 행동 들은 분명히 비교가 됐거든요. 아마 당시의 대회들을 본 분들 이라면 무슨 얘기인지 대략 이해하실 거예요. 요즘 한국 선수 들이 국제대회에서 수상하는 모습들은 예전 80년대·90년대에 서구 선수들이 수상했을 때의 모습하고 비슷해졌어요.

은 유: 그땐 모든 걸 다 바쳤고, 꼭 이기고야 말겠다. 4년에 한 번 오는 기회를 통해서 인정받고 보상받고 싶어 했었죠.

이재훈: 그게 지금도 유효하지 않나요? 여전히 엘리트 스포츠가 주도 하는 상황에서 올림픽에 자신의 모든 걸 걸고 자기 몸을 혹사 할 만큼의 운동을 하잖아요. 저는 여전히 결과를 중요하게 생 각하는 문화는 바뀌지 않았는데 그걸 보는 사람들의 시선과 그 선수들이 자기의 결과에 대해서 그게 국가적인 성과라고 생각 하지 않는 차이가 생긴 게 아닌가라는 생각이 들거든요.

276

신혜림: 저도 초반에 주식 님이 시선에 대해 얘기할 때 공감 갔어요. 바깥에서 우리를 보는 시선에 집착했던 시기가 지났고, 뿐만 아니라 선수들은 내부 국민들이 자신들을 바라보는 시선에 대해서도 좀 자유로워진 게 아닌가. 달라진 게 있다면 그 정도가 아닌가 싶네요.

박권일: 문제를 세분화해서 보면 국가주의·민족주의하고 성적지상주의가 비슷하게 가면서도 또 좀 다르기도 합니다. 과거에 한국이 올림픽 민족주의, 스포츠 민족주의가 굉장히 강했던 시절에는 성과 지표가 너무 중요했고, 그래서 공식적이지도 않은 국가 메달 순위 같은 걸 집계해서 매번 발표했지요. 물론 요즘도 발표는 하더라고요. 근데 과거에는 정말 여기에 목숨을 걸었어요. 종합 메달 순위, 올림픽 종합 순위라고 해가지고 1등부터 심지어 막 50등까지 그거를 자체적으로 집계한 거예요. 저도 나중에 크고 나서 알았어요. 어렸을 때는 그게 공식적으로 올림픽위원회에서 발표하는 건 줄 알았는데 아니더라고요.

이재훈: 한국과 일본만 합니다.

박권일: 올림픽위원회는 공식적으로 국가 간 메달 순위 집계를 반대하고 있습니다. 여전히 집계하는 국가들은 존재합니다만. 근데 외국에 대한 콤플렉스 이런 것들이 어느 정도 해소된 시점부터는 방송사들도 그런 짓을 조금 자제하기 시작한 거죠. 이것도 유무의 문제는 아니고 정도의 문제예요. 점점 그런 국가주의·민족주의, 어떤 처절한 절박함 이런 것들이 약해져온 것이에요. 하루아침에 그렇게 된 건 아니죠.

　　90년대 어떤 만화 비평에 인상적인 표현이 나옵니다.《슬램덩크》라는 일본 만화가 X세대 사이에서 엄청난 인기를 끌고 일종의 사회 현상처럼 됐을 때, 이름은 기억이 안 납니다만, 어떤 분이 이런 비평을 썼어요. 우리 세대는 과거에 《공포의 외인구단》을 보며 자랐는데 그 만화 속 야구는 정말 처절한 스포츠였다. 뼈가 부러지고 피를 흘리고 사람이 죽어나가는 그런 야구. 과거의 서러움을 잊기 위한 악전고투로서의 스포츠죠. 자기들은 그런 서사를 보며 감동하고 자신과 동일시했는데 《슬램덩크》와 지금 세대는 아니라는 거예요. 《슬램덩크》는 지금 여기의 열정으로 즐겁게 운동하는 청소년이 주인공이죠. 그래서 이 세대가 더 밝고 더 희망적이고 그래서 더 좋다는 취지의 글이었습니다. 1990년대 이후부터 한국 사회도 그런 분위기들이 점점 강해져왔다고 생각합니다.

박권일은 과거 스포츠에서 발견되었던 비장함에서 국가주의·민족주의와 성과지상주의의 구분을 시도하고 있다. 복잡한 감정의 혼합물로서 나타나는 비장함에서 그것들의 차이를 정확히 추출하기란 어려운 일이다. 이 어려움은 토론자들에게도 마찬가지여서 개념을 섞어 말하거나 혼동하는 모습이 계속 발견된다.

정주식: 그때도 민족주의가 있었고 지금도 있죠. 예전과 민족주의의 강도도 달라졌지만 성격도 많이 달라진 것 같아요. 크게 민족주의를 두 가지로 나누면 먼저 저항적 민족주의가 있죠. 보통 제3세계 국가들에서 나타나는데, 식민 지배 당한 경험이 있고 우리를 괴롭혔던 가상의 적국이 있는 상황에 나타나는 저항적 민족주의가 있고, 또 한쪽에는 패권적 민족주의가 있어요. 미국

인들이 갖고 있는 팍스아메리카나나 중국인들의 중화주의 이런 유의 민족주의가 있는데요.

이 관점에서 보면 스포츠 애국주의가 약해지는 과정이 저항적 민족주의에서 탈피하는 과정이지 않았나 싶어요. 제가 어렸을 때만 해도 한일전 축구하면 그런 얘기를 진지하게 많이 했어요. "일본한테 지면 현해탄(대한해협)에 다 빠져 죽어라." 그때 한국인들은 다들 정서상 울분과 한을 떨쳐내야 한다는 생각을 갖고 있었던 거죠. 그걸 스포츠 경기에 투사하면서 무엇보다 남한테 이기는 게 중요했던 거예요. 올림픽 순위표에 북한 순위랑 일본 순위를 따로 표시했거든요.

소위 MZ세대들이 스포츠 대회를 보면서 그런 설움으로부터의 탈피를 꿈꾸고 있나? 아닌 것 같아요. 그렇다고 그들이 민족주의를 안 갖고 있는 건 아닌 것 같고요. 갖고는 있는데 민족주의 성격이 예전의 한 맺힌 민족주의와는 달라진 부분이 있다는 거죠.

이재문: 그래서 말씀드리고 싶은 게 저희 X세대들 중에는 국가주의적이고 민족주의적인 모습, 국가를 강조하고 항상 일본 이기는 걸 강조했던 모습에서 거리감을 두고 싶어 하는 사람이 많았거든요. 민족으로 얽매어서 개인을 억압하는 그런 전체주의적인 문화도 비판하고 이랬던 세대들인데요. 2002 월드컵 때도 거리에 나가서 열광하고 "대한민국"이라고 외치는 거에 대해서 국가주의적이라고 비판하고 이랬어요. 물론 지금도 그렇게 얘기하는 사람들이 있고요. 근데 저는 시간이 지나면서 그런 인식만으로는 우리가 설명할 수 없는 것들이 있다고 생각하거든요. 올

림픽이나 이런 걸 보면서 우리는 한국 선수들이 잘하기를 응원
하잖아요. 물론 스포츠 자체를 즐기는 사람도 많이 있지만 그
래도 인지상정으로 한국 선수들이 좀 더 잘했으면 좋겠다 이런
생각들을 자연스럽게 가지게 돼요. 그게 민족주의적인 감정인
지 뭔지 모르겠으나 한국을 대표하는 사람들이 나갔을 때 지지
는 않았으면 좋겠다는 마음들을 가지고 있잖아요.

근데 그 감정을 애서 외면하고 '우리는 민족주의를 비판적
으로 봐왔고 그걸 거부해야 돼' 이렇게 생각하는 게 과연 맞나?
저는 그런 거에 대해서도 좀 얘기하고 싶어요. 올림픽을 보면
서 국가를, 한국 선수들을 응원하는 것이 오로지 민족주의적
감정이 맞느냐. 그것에 대해서 어떻게 생각하는지.

신혜림: 민족주의적 감정 맞지 않나요? 한국 선수가 뛰는 EPL 경기를
챙겨보는 이유가 뭐예요.

정주식: 제가 한국 국가대표 축구 경기를 40년 정도 보고 있어요. 그사
이 선수들은 계속 바뀌었지만 이 팀은 제가 애국주의·국가주의
라는 말도 모를 적부터 제 팀이었던 거죠. 그 팀에서 뛰고 있는
선수들 혹은 앞으로 뛸 것으로 예상되는 선수들이 뛰고 있는
경기는 보고 싶죠. 왜냐면 내 팀이니까. 이걸 국가주의라고 하
면 국가주의가 맞겠죠.

박권일: 내셔널리즘 이런 거창한 것 이전에 부족주의죠. 부족주의가 나
중에 내셔널리즘이 되기도 하고 여러 다른 쇼비니즘chauvinism
이 되기도 하고 그렇긴 한데, 어쨌든 자기랑 비슷하게 생긴 사
람들 자기랑 같은 언어를 쓰는 사람들한테 끌리는 거는 자연스
러운 동질집단에 대한 선호인 것이고, 그거는 어느 나라나 마

찬가지라고 생각해요. 문제는 그게 타자에 대한 폭력으로 나타나거나 내부에 대한 억압으로 나타날 때입니다. 그것이 내셔널리즘·쇼비니즘처럼 문제가 되는 것이지요. 자기랑 비슷하게 생긴 사람들을 친근하게 생각하는 거 자체는 본능에 가깝다고 봐요. 어쨌든 저는 지금 '젠지'라고 불리는 세대건, 칼럼에서 얘기하는 새로운 세대건 간에 확실히 과거보다 민족주의로부터 자유로워진 세대는 맞다고 생각해요. 더 뒤 세대도 비슷할 거라 생각하고요. 다만 그들이 성과주의 혹은 성적지상주의에서 자유로운가 하면 전혀 그렇지 않다고 봅니다.

EPL을 보는 한국인들은 대부분 다 상위권 두세 팀 정도 응원을 하고 결국은 힘이 강한 쪽, 성적이 좋은 쪽에 집중되어 있어요. 그 힘 숭배라는 것이 민족주의일 때는 우리 민족이 강해지느냐 아니냐에 초점이 맞춰지고, 민족주의가 좀 옅어지면서부터는 내가 좋아하는 팀이 강해야 된다는 쪽이 됩니다. 포커스가 조금 달라지는 것이지 사실은 힘 숭배, 성적지상주의는 큰 차이가 없다는 거죠.

지금 젠지들도 굉장히 성과 지향적이에요. 젠지들은 어떤 면에서 이전 세대의 조금 말랑말랑한 공동체주의는 옅어진, 그러니까 더 피도 눈물도 없는 성과주의자라 할 수도 있어요. 이를테면 옛날 우리 세대가 숨바꼭질 같은 놀이할 때 깍두기가 있었잖아요. 힘 없고 잘 못 뛰고 좀 모자라 보이는 친구들 있잖아요. 그런 친구들이랑도 다 같이 어울려 놀기 위해선 깍두기라는 포지션이 있어야 했고, 그걸 자연스레 받아들였어요. 하지만 세대가 어려질수록 그런 깍두기 문화가 사라진다고 많이

들 얘기하세요. 결국 젊은 세대로 올수록 공정성이라는 잣대 아래 모든 거를 획일화시켜서 일렬로 줄 세우고 거기에 포함되지 못하면 배제하는 게 자연스러워진 거죠. 그런 면에서 봤을 때 저는 성적지상주의나 성과주의라는 면에서는 크게 달라지지 않았다. 다만 그 대상이 국가나 민족이냐, 아니면 내가 좋아하는 혹은 내가 응원하는 팀이냐의 차이일 뿐이라 생각합니다.

정주식: 민족적인 관점 그리고 능력주의적인 관점, 올림픽을 이야기하면서 피할 수는 없는 주제라고 생각해요. 최고의 인간에 대한 궁금함, 호기심 같은 게 있죠. 70억 인구 중에 제일 빠른 인간이 누구냐? 궁금하잖아요. 이런 대회를 능력주의적 서열 정하기를 제외하고 이야기할 수는 없는데, 중요한 건 스포츠의 장에서 벌어지는 원리를 우리 사회의 기본 운영 원리로 연결시켜서 해석하려는 시도들에 대한 경계심이라고 생각해요. 양궁협회에 대한 찬양이 전형적인 그런 문제 지점이라고 생각해요.

양궁협회의 합리적 선수 선발 시스템은 그 단체의 지향점으로 볼 때 훌륭하지만, 이걸 마치 우리 사회가 지향해야 될 기본 원리인 것처럼 비유를 많이 하거든요. "거 봐라, 우리 사회가 양궁협회처럼 공정하지 않기 때문에 이 모양이다. 양궁협회 얼마나 잘하나. 우리 사회도 저런 무한 경쟁의 원리, 아무것도 보지 않고 딱 실력만 보는 저 능력주의 선발 원리를 사회 전반에 도입하면 깨끗하고 아주 아름다운 사회가 될 거다"라는 메시지가 양궁 금메달 딸 때마다 계속 나오고 있거든요. 이런 식의 부적절한 유비를 사회로 끌어오는 것에 대해 그건 아니라고 단호하게 이야기할 필요가 있고요. 민족적 관점도 나와 비슷한 사람,

친숙한 사람을 응원하는 것 자체를 거부한다기보다는 배타적 민족주의 원리를 사회에서 타자를 배제하는 원리로 환원시키려는 시도들에 대해서 단호히 거부하는 태도를 같이 갖고 있다면 올림픽을 즐겁게 즐기는 것이 크게 문제되지는 않을 것 같습니다.

정주식은 스포츠 팬들의 길티 플레져guity pleasure에 관해 이야기하고 있다. 스포츠 애국주의를 비판하면서 국가대표 팀을 응원하는 마음, 성과지상주의를 비판하며 금메달에 기뻐하는 마음. 이러한 인지 부조화의 고통에서 벗어나려면 그 마음들을 경기장에 남겨두면 된다는 주장이다. 그러나 길티 플레져는 애초에 그것이 쉽지 않아 발생하는 고통이다.

은　유:　저는 스포츠를 많이 즐기지 않았던 게 일단 여성이기 때문인 것 같아요. 여성의 자리는 응원석이었고, 더군다나 저는 운동 신경도 없는 편이라 피구 같은 거 하면 1번으로 탈락하는 아이였어요. 그래서 올림픽으로 예를 들면 1백 미터 달리기가 몇 초대를 돌파했다, 수영이 0.1초 줄었다, 이런 기록 경신 소식이 나오면 그게 왜 중요한지가 이해 안 됐어요. 0.1초 줄이려고 전 세계 모든 선수들이 시간 들여가지고 자기 초극을 해가면서 저걸해야 되고. 너무 쫄리잖아요. 10초도 아니고 0.1초 단위로 쪼개서 기록 경쟁 하는 게 인류한테 왜 필요한 건지, 그런 경쟁 시스템이 좀 이해 안 되더라고요. 그 의문은 지금도 풀리지 않았습니다.

이재문:　인간이 자신의 신체적 한계를 극복하는 부분들, 저는 그 담론

까지는 이해됐거든요. 어떻게든 자신의 육체적 한계를 극복하려고 하는 모습들은 또 아름답기도 하니까요. 근데 그게 아니라 요즘 스포츠가, 말씀하신 것처럼, 그 0.1초를 줄이기 위해서 엄청난 많은 자본을 투입하고 엄청난 과학적인 재원을 투입해서 그게 마치 대단히 아름다운 것처럼 포장해서 많이 얘기하잖아요. 왜 그렇게까지 돈을 쏟아붓고 과학적 투자를 해서 인간의 신체적 능력을 인위적으로 끌어올려야 하나, 이 부분에 대해서 의문이 드는 건 사실이에요.

신혜림: 뭐가 인위적이고 뭐가 자연적인 걸까요? 자본 투자를 많이 하면 인위적인 건가?

은 유: 저는 이 의문이 수능시험 같은 거랑도 맞닿아 있거든요. 수능도 한 문제 틀리면 등급이 내려가고, 문제 한두 개 가지고 마치 운명이 바뀔 것처럼 수험생들이 스트레스를 받아요. '여기서 하나라도 틀리면 1등급이 안 돼' '다 만점을 받아야 돼' 이런 식으로 교육이나 학교가 다 달려가고 있는 모습이 스포츠와 좀 비슷해 보이는 측면이 있어요.

정주식: 잔인함이라는 측면에서요?

은 유: 잔인함도 그렇고요. 또 그 한 문제 두 문제 틀리는 게 내가 그 지식을 알고 탐구하고 인류의 문명을 발전시키고 하는 거랑은 크게 상관없는 것 같거든요. 그러니까 올림픽도 그렇고 이 수능 시스템이나 이런 것도 기본적으로 경쟁으로 몰고 가서 약자들 다 탈락시키고, 그분들이 약자도 아닌데, 왜 여기에 이렇게까지 인류가 몰려들어서 해야 되나, 이런 의문.

신혜림: 수능 같은 경우는 다양한 능력을 갖고 있는 사람들을 하나만

의 능력으로 줄 세우기를 하니까, 그리고 그게 인생과 정말로 어느 정도 직결되니까 더더욱 잔인함으로 다가오는 것 같아요. 근데 스포츠는 사실 '그냥' 그러기로 한 세계인 거 아니에요? 내 능력이 거기에 있다고 믿는 사람들이 들어와서 치열하게 그 능력을 최대화하려고 하는. 그렇게 비교하기엔 세계 자체가 다르다고 봐요.

'그러기로 한 세계'와 '그렇지 않은 세계'의 차이는 뭘까. 운동선수가 된 자발성과 수능을 치르는 자발성의 차이는 얼마나 될까.

정주식: 그러기로 한 세계인 것은 맞는데 그러기로 한 세계가 지금보다 작아져야 된다고 생각해요. 올림픽에 그렇게 엄청난 자본이 투입되고 모든 방송이 초미의 관심을 갖고 그걸 중계하는 상황에 대해서는 저도 부정적이에요. 예전보다는 올림픽이 많이 힘이 빠졌다고 생각해요. 우리나라 같은 경우에도 올림픽 자체가 회의론이 많이 일면서 10년, 20년 전보다 사람들 관심이 많이 줄었죠.

아까 말한 인위적인 종목과 아닌 종목의 차이는 인간 신체의 원초적 능력에 얼마나 더 가깝냐의 문제 같아요. 달리기를 예로 들면 맨발로 뛴다면 저는 그게 훨씬 더 고유한 개인의 역량에 가깝다고 봐요. 근데 그게 아니라 스파이크의 과학기술과 가격에 의해서 성적이 정해진다고 하면 저는 그 종목에 대한 흥미가 확 떨어지거든요. 그래서 저는 봅슬레이 같은 거는 스포츠로 잘 인식이 안 돼요. 왜냐면 인간의 능력보다 장비가 중

285

요해 보이거든요. 자동차 경주 같은 것도 마찬가지고요.

박권일: 올림픽이라는 게 고대에 생긴 거잖아요. 고대 그리스 세계에서 가장 중요한 가치의 하나가 '좋음', 아레테arete라는 것이죠. 탁월성을 겨루는 하나의 방식으로 올림픽이 만들어졌고 그것이 근대에 와서 근대민족주의 시대니까 국가 간의 대결과 친선의 장이 된 거죠. 탁월성의 기준이라는 건 굉장히 자의적이죠. 이 종목을 하자고 정했기 때문에 그게 중요해진 것이지 창을 안 던지고 다른 걸 던지기로 했으면 그게 탁월성의 기준이 되는 거지요. 예전에 탁월했던 사람이 지금은 탁월하지 않게 되는 거죠. 지금 우리가 얘기하는 올림픽 종목이라는 것도 사실 그런 거죠. 예를 들면 〈생활의 달인〉 같은 TV 프로그램에 나오는 사람들 있잖아요.

신혜림: 경이롭죠.

박권일: 정말 탁월하거든요. 그것이 올림픽 종목에서의 탁월함보다 못하다고 저는 생각하지 않거든요. 그 사람의 탁월함이 올림픽에서 금메달 따는 사람보다 덜한 것인가? 그렇게 생각하지 않아요. 올림픽의 탁월성이 절대적 탁월성, 뛰어난 인류를 뜻하는 것이라고 받아들이게 되면 그야말로 우열을 겨루는 장이 되고 차별과 배제를 정당화하는 이벤트가 될 수 있습니다.

신혜림: 축구, 그중에서도 EPL 같은 특정 리그로 자본이 다 쏠리고 있고 비인기 종목들은 올림픽이 아니면 보기 힘들잖아요. 그래서 저는 평소에는 축구만 보다가 올림픽이 열리면 되게 다양한 국가, 다양한 민족의 사람들이 나와서 또 되게 다양한 종목을 하고 뛰어난 어떤 성과를 보이는 모습을 보면서 사람들은 역시 다양

하구나, 또 능력은 다양하구나, 이런 환기를 할 수 있더라고요.

박권일: 저는 오히려 요즘 올림픽을 보며 다양성이 떨어지고 있다는 걸 많이 느껴요. 지금 사람들이 즐기고 있는 스포츠랑 점점 괴리되고 있다고 생각합니다. 지금 사람들이 즐기는 스포츠는 이를테면 울트라 마라톤 같은 건데, 이게 요즘 선진국에서는 굉장한 인기 있는 스포츠거든요. 이것은 올림픽에서 겨루지 않잖아요. 물론 비보잉이나 스포츠 클라이밍, 서핑도 종목으로 채택됐지만, 사실 이것도 요즘 트렌드는 아니고요. 실제로 생활인들이 즐기는 스포츠는 올림픽과 별로 관계가 없어요. 근대5종 같은 거 생활인이 할 수 있습니까?

신혜림: 그 부분은 또 그렇네요.

박권일: 외국 올림픽 선수들 중에 우편배달부가 있다더라, 그런 얘길 하면서 한국의 엘리트 중심 체육을 비판하기도 하지만, 사실 외국 선수도 대부분 엘리트 체육인이거든요. 몸을 움직인다는 것의 즐거움은 엘리트만의 전유물로 한정될 수 없다고 생각을 하고, 그런 면에서 저는 올림픽에 의해 획일화되고 있다고 생각해요.

신혜림: 아, 저도 사실 막판에는 관련된 조금 다른 얘기를 하고 싶긴 했어요. 다시 초반부로 돌아가서 요즘 올림픽에 나온 젊은 선수들이 왜 여유가 있어 보이냐 하면, 저는 일반화는 어렵지만 몸수저인 경우가 많아서인 것 같았거든요. 멋지게 잘해내는 선수들이 궁금해서 찾아보면 거의 다 운동선수 2세대인 거죠. 알고 보면 애초에 물려받은 것이구나. 신체적 능력도 그렇고 어릴 때부터 고도로 엘리트 체육 훈련을 받을 수 있는 환경도 빨리 주어지는 거죠.

타고남과 탁월함 사이의 관계는 정의론의 오랜 주제이다. 흔히 가장 순수한 승부의 세계로 묘사되는 스포츠에서 등장하는 '몸수저'들의 존재는 탁월함이란 무엇인가에 대해 깊이 생각하게 만든다.

은　유: 작가들도 많이 그래요. 유명한 문인들도 다 부모로부터 물려받고. 저는 그 '여유' 키워드가 이번에 사격 반효진 선수 통해서 나온 것 같아요. "나도 부족하지만 남도 별거 아니다"라는 그 말이 엄청 공유됐죠. 그 여유가 어떻게 보면 능력주의의 또 다른 형태인 거죠. 옛날에는 막 비장했다면, 이제는 나도 부족하지만 남도 별거 없어, 이러면서 약간 쿨한 능력주의로 표상되는 것 같아요.

신혜림: 사실 상황이 절대적으로 안 좋으면 그런 여유가 나오기 정말 어렵잖아요. 뭔가 여러모로 출전 선수들을 둘러싼 환경이 예전보다는 나아진 건 아닐까요?

정주식: 올림픽 때마다 비인기 종목에 관심을 가져야 한다는 이야기들이 많이 나오잖아요. 엘리트 비인기 종목이 인기가 많아지는 것이 사회적으로 바람직한 것처럼 언론에서 주장하는데 '왜 그래야 되지?'라는 생각이 있어요. '애초에 그 종목이 왜 있어야 되지?'라는 생각이죠. 사람들이 즐기고 인기가 있는 종목이라면 그 스포츠가 존재하는 이유를 알겠어요. 그런데 사실상 올림픽에서만 볼 수 있는 종목들이 있죠. 실제 그 종목을 즐기는 생활체육인들도 거의 없는데 그냥 올림픽을 위해서 남아 있는 엘리트 체육 종목들이 있어요. 그 선수들이 메달을 따면 갑자기 그 종목에 관심을 가지지 않았던 것이 문제였던 것처럼 야

단이란 말이죠.

이재훈: "이 종목이 왜 있어야 되지?"라는 질문 자체가 좀 잘못된 것일 수도 있지 않을까요? 주식 님이나 다수는 흥미 없지만 그 스포츠 자체를 즐기는 사람들이 있을 수 있잖아요.

정주식: 저는 그게 아닐 것 같다는 생각인 거죠. 전후 관계를 보면 그 종목을 사람들이 좋아해서 올림픽에 채택된 게 아니라, 올림픽에 종목이 있으니 올림픽 메달을 위해 그 종목의 생태계가 유지되는 게 아니냐는 거예요.

신혜림: 내가 어릴 때 동네에 컬링 경기장이 있어서 배우게 돼, 경북 의성 '팀킴' 선수들처럼. 그러다 그 스포츠가 너무 좋아졌고 많이 알리고 싶은 상황이 문제인가요?

정주식: '이거 해보니까 재밌네?'라는 생각으로 전업 엘리트 선수가 된다? 엘리트 체육이라는 게 그런 방식으로 이루어지지 않는다는 거죠. 기본적으로 내 인생을 걸어야 되는 거예요.

신혜림: 근데 컬링 선수들이 "우리 좀 많이 봐주시고 컬링도 관심 가져주세요." 하면서 비인기 종목 스포츠 활성화를 위해 인생을 살 수 있는 거지요.

이재훈: 컬링 선수들이나 일부 선수들을 보면 그런 얘기들을 해요. 직접 해보니까 너무 재밌더라. 이 스포츠를 많이 알았으면 좋겠고, 많은 사람들이 같이 했으면 좋겠다. 저는 당연히 성과적인 측면에서 올림픽에 금메달을 따겠다는 마음도 있지만, 직접 해보니까 너무 재미있어서 이 스포츠를 많은 사람들이 같이 알고 즐겼으면 좋겠다는 마음도 있을 수 있다고 생각해요.

정주식: 그런 마음은 올림픽 대회와는 거리가 많이 먼 마음인 것 같아

요. 그런 마음을 가진 아마추어 체육인들이 있겠죠. 또 그보다
더 즐거운 마음의 생활체육인들이 있겠죠. 올림픽 정신이 원래
아마추어리즘이긴 하지만 지금의 올림픽 시스템은 그런 마음
하고는 거리가 멀다는 문제의식에서 한 이야기였어요.

박권일: 주식 님 얘기는 목적의식적으로 운동을 하게 된다는 거죠. 올
림픽에 종목이 있다는 것 자체가 올림픽에서 금메달을 따기 위
한 운동이 되기 때문에. 기본적으로 저는 아까 은유 님 말씀하
신 것처럼 그렇게 죽을 둥 살 둥 해야 되나. 엊그제 한국 팀끼리
배드민턴 복식 경기를 했거든요. 한 팀은 되게 잘하는 팀이고
한 팀은 약간 그보다는 세계 랭킹이 낮은 팀이었는데, 랭킹 낮
은 팀이 이겼어요. 근데 그 팀 남자 선수가 경기하다가 의사를
불렀어요. 의사가 "어디 다쳤냐?" 이렇게 물어보니까 봉지를 갖
다 달라고 해서 구토를 하더라고요. 둘 다 어쨌든 열심히 싸운
것에 박수를 칠 수는 있는데 저렇게 구토를 해가면서까지 처절
하게 해야 되나, 하는 생각도 들더라고요.

신혜림: 그냥 사람마다 사는 이유가 다 다르다고 생각해요. 두 분은 '뭐
저걸 저렇게까지 해야 돼?'라고 하면서 다른 의미를 가지고 사
는 사람들인 거고, 또 어떤 사람은 구토할 정도로 이걸 끝까지
해야지만 되고.

은 유: 성취 지향적인 사람들한테 스포츠가 맞는 것 같아요. 저는 기
질적으로 그런 경쟁을 힘들어하고.

신혜림: 그보단 성취라고 여기는 게 서로 다른 거 같아요. 그들의 성취
는 두 분이 생각하는 성취가 아닌 거예요.

이재훈: 저도 그 생각에 좀 더 동의합니다. 자신이 너무 좋아하는 일이

있고 진짜 여기에 대해서 모든 걸 걸고 싶으면 저는 구토할 정도로도 할 수 있다고 생각하거든요. 뭐라도 여기에 투신할 마음이 있고 내가 스스로 느끼는 가치가 있으면 거기에 충분히 자신을 투사해서 뭔가를 할 수 있죠.

신혜림: 어느 지인이 SNS에 양궁협회에 대해서 쓴 글을 봤는데요. 양궁협회가 엄청 공정한 시스템으로 가는 것 같은데, 그렇지 않대요. 베이징세계선수권 때 선발전 1~4위를 전부 자격 박탈 해버린 적이 있대요, 극기훈련을 거부해서. 5위에서 8위를 대회에 보내버렸대요. 근데도 그들이 금메달을 딴 거고요. 사실 양궁협회 역시 알고 보면 공정하지 못한 규율을 선수들한테 강요한 거죠. 만약에 강제로 선수들한테 죽을 것 같은 훈련을 강요한 경우라면 당연히 말 안 되는 상황이라고 생각하지만 내가 원하는 경우도 있을 거니까요. 메달을 위해서든 뭐든.

박권일: 그럼 사람이 자살하고 이런 것들 다 그냥 자기 의지니까 놔둬야 된다고 생각하나요?

신혜림: 저는 자살은 기본적으로 사회적 타살의 요소가 있다고 생각해서 놔두면 안 된다고 생각하지만 자기 의지로 운동하다 구토 정도는 할 수 있다고 생각해요. (웃음)

정주식: 내 자유의사로 그렇게까지 하는 것이냐, 혹은 그렇지 않은 것이냐의 문제 같은데요. 예전에 올림픽 축구 3~4위전에서 한국 선수들이 전부 구토할 지경으로 뛰는 거예요. 그 광경을 중계하던 외국의 한 해설자가 이렇게 얘기했어요. "도대체 한국의 군대는 어떤 곳이기에 저 선수들이 저렇게까지 뛰는 것인가?" 우리가 그 선수들의 투지를 보면서 그냥 '자기가 좋아서'라고

이야기할 수 있는 걸까요? 그들은 온전한 자유의지로 뛴 걸까요? 내가 미친 듯이 뛰어서 몸이 다 부서지더라도 동메달을 따면 2년 동안 군대에 안 끌려갈 수 있다는 마음을 그 사람의 자유의지라고 볼 수 있나요? 배드민턴을 치다 토한 선수의 마음도 그 사이에 있다고 생각해요. 그 선수의 사정을 개인적으로 모르지만 선수들이 그렇게까지 하는 마음가짐을 그렇게 순수한 자유의지라고 단정할 수는 없다고 생각해요.

자기 착취인가 자기 성취인가. 이 토론에서 가장 첨예한 의견 차가 나타난 논점이다. 자신을 극한까지 밀어붙이는 사람들은 얼마나 자유로운가. 토론자들의 논박을 따라가다 보면 '인간의 자유의지란 과연 무엇인가?'라는 신비한 질문과 마주하게 된다.

은 유: 'K적'인 게 있잖아요. 아이돌도 그렇고 어렸을 때부터 학교도 안 다니면서 강제로 훈육당하면서 하는 그 아이들도 다 좋아서 하는 거겠지. 춤 좋아해서 온 거고 무대에 서는 게 너무 즐겁고. 근데 너무 산업화 시스템으로 들어가잖아요. 올림픽도 자본이 많이 침투해서 산업화되었을 때 어디까지가 개인 욕망이고 어디까지가 내면화되고 사회적으로 강요된 것이냐. 여기서 제가 의문을 갖는 거는 한국에서는 왜 이렇게 뭐든지 내던지고 거기에 올인해야 되냐는 거예요. 내 일상은 없고 운동만 남는 거지. 친구도 없이. 아이돌들도 그렇게 학교도 안 다니고 교육도 안 받고 소위 말하는 평범한 생활을 다 저버리고 그 한 가지만 해 가지고 오로지 성공만 해야 돼, 이런 게 체육적인 경쟁 시스템에도 많이 퍼져 있고 내면화돼 있다고 생각해요. 거기서 이탈

되는 사람들의 일상은 조명되지 않고요. 성공한 아이돌만 조명되고 그러니까 체육에도 이런 부작용이 있는 거죠.

박권일: 체육뿐만이 아니라 이 자본주의 사회는 프로페셔널리즘이라는 미명하에 자기 착취를 극한으로 몰아붙이는 것에 대해서 너무 관대해요. 인간이 가지고 있는 자기 욕망이나 자기 의지라는 게 순수한 게 아니거든요. 다 사회적으로 구조화되어 있는 거예요. 자기가 간절히 원한다고 생각하지만, 결국은 사회적 욕망이고 타자의 욕망이지 자기가 원하는 거라고 단언할 수는 없다는 말이에요. 그런 것들을 자기 의지라는 이름으로 심지어 목숨을 잃을 때까지 몰아붙이는 것을 허용해야 되냐? 저는 안 된다고 생각해요.

신혜림: 저는 오늘 초반에 어쨌든 지금 세대가 한국이라는 이름으로 둘러싸인 환경이나 감정에서 비교적 초연해진 세대라는 데 다들 동의했다고 생각하는데요. 그렇다면 어떤 사람의 행동을 충분히 그런 범주를 떠나서도 해석할 수 있는 상황은 됐다고 봐요.

박권일: 민족으로부터는 어느 정도 자유로워졌지만 성과주의나 성적 지상주의는 오히려 더 강해진 면도 있다고 저는 생각하거든요.

신혜림: 그러면 탈락해도 웃는 여유는 어디서 나오는 거예요?

박권일: 민족적인 억압 이런 것들로부터의 여유라고 생각해요.

신혜림: 성과주의에서도 탈압박을 해야지만 여유가 나올 수 있는 거죠. '메달을 못 땄잖지만 괜찮아' '다음에 따면 되지' 이런 여유가 있잖아요.

박권일: 에이, 그거는 보여지는 여유인 것이고 실제로 압박을 느끼는 거죠. 그 압박에서 자유로운 사람이 어디 있어요.

요즘 선수들의 여유로운 표정은 어디서 비롯된 것인가? 토론이 돌고 돌아 제자리로 돌아왔다. 이야기가 증명 불가능한 영역에서 맴돌고 있기 때문이다.

신혜림: 개개인의 재정적 여유에서 비롯된 거면 오히려 이해가 돼요.

은 유: 내가 이거 아니라도 먹고살 수 있어. 약간 강남 애들 서울에 목
안 맨다, 그런 느낌.

박권일: 나는 스포츠뿐만이 아니라 노동현장에서도 백 퍼센트 할 수 있
는 노동자에게 백 퍼센트 시키는 거는 착취라고 생각해요. 백
퍼센트 할 수 있는 능력이 있지만 80퍼센트까지만 시키는 것
이 맞다고 생각해요. 자본주의 윤리로 보더라도 그게 맞다고
생각을 하거든요. 20퍼센트 남겨놔야 충전을 하고 다시 힘을
낼 수 있어요. 백 퍼센트 할 수 있는 사람한테 계속 백 퍼센트의
노동을 시키면 살아 있는 생명체는 끝내 망가져요. 근데 스포
츠라는 건 능력치를 계속 110퍼센트 120퍼센트 끌어올리려고
하잖아요. 우리는 다양한 면모를 갖고 있는 존재이고 얼마든지
지금과 다른 일을 하게 될 수 있어요. 근데 자꾸만 어떤 특정 직
업, 특정한 역량에 존재를 가두려고 할수록 너무 서로에게 잔
혹해지는 것 같아서…….

박권일은 계속 신혜림이 말한 '그러기로 한 세계'를 부정하고 있다. 그런데 이번에는 자
발성의 문제를 뛰어넘는 인간의 존재론을 제기한다. 스스로에게든 타인에게든 인간은
그렇게 대해서는 안 되는 존재라는 주장이다.

이재문: 너무 흥미로운 관점인데 이 얘기를 너무 오래 해서요. 마지막

으로 이번 올림픽에서 뜨거운 이슈가 된 게 성소수자 이슈입니다. 이게 또 공정 이슈와 연결되는데요. 올림픽 여자 복싱에서 남성 염색체를 가지고 있다는 얘기가 나온 알제리 선수가 이탈리아 선수와 붙었다가 이탈리아 선수가 한 대 맞고 바로 기권하는 상황이 벌어지면서 명확하게 구분되지 않는 성 정체성을 가진 선수의 출전이 이슈가 됐어요. 대만의 린 위팅이라는 선수도 같은 복싱 경기에서 비슷한 상황에 처했고요.《해리 포터》작가 조앤 롤링은 여성들끼리 붙어야 되는 자리에 왜 성 염색체가 다른, 사실상 남성이 들어와서 경기를 하느냐는 취지로 "이 미친 짓을 끝내려면 무엇이 필요한가. 여성 선수가 인생이 바뀔 부상을 입는 것? 여성 선수가 죽는 것?" 이렇게 썼더라고요. 올림픽은 공정한 무대이고 그래서 체급도 나누는 것이고 성별도 나누는 것인데 지금 성별 정체성이 불명확한 사람이 등장해서 공정성을 해치고 있다, 이런 담론이 퍼지고 있어요. 이 부분에 대해서 여러분들은 어떻게 보시는지 의견을 듣고 싶습니다.

은 유: 사람들은 트랜스젠더라고 그러는데, 그게 아니고 인터섹스예요. 한 몸에 남성·여성 성기가 다 있는 경우도 있고, 인터섹스도 되게 스펙트럼이 넓어요. 성기는 없지만 염색체만 있는 경우도 있고.

박권일: 간성間性이라고 하죠.

은 유: 간성이 한 1.7퍼센트 정도 된다고 하는데 적은 숫자가 아니죠. 그래서 IOC에서도 '문제 없다' 이렇게 성명서도 내고 한 거죠.

이재문: 정확하게 얘기하면 염색체의 차이라기보다는 호르몬 수치의

차이라고 얘기하더라고요. 그래서 복싱협회에서는 같은 선수에 대해 호르몬 수치를 검사해서 남성 호르몬 수치가 높게 나왔다는 이유로 지난 세계선수권대회에서 자격 박탈을 한 거죠. 근데 올림픽위원회 쪽에서는 그런 규정이 없고, 호르몬 수치는 늘 바뀌는데 이거를 언제 한 번에 딱 측정해가지고 그 사람이 남성인지 여성인지를 판단할 수 없다고 얘기하고 있는 거고요. 복싱협회 쪽에서는 "아니다, 호르몬을 측정해서 이거를 걸러내야 된다" 이렇게 얘기하고 있는 거고요. 어떻게 봐야 될까요?

박권일: 평균적으로 생물학적 남성과 여성의 근육이나 물리적인 차이는 분명히 존재하니까, 그 차이가 여성 내 혹은 남성 간 개체 차이보다 크냐 작냐 이 문제도 있을 것 같고요. 남성들 사이의 차이보다 여성과 남성 사이의 차이가 더 크다고 한다면 사실은 생물학적인 남성과 생물학적 여성이 실제 사회적 성과 상관없이 같은 경기를 하는 거는 좀 불공정한 게 아닌가 하는 생각도 드네요.

은 유: 성차별이라는 게 힘이 센 쪽이 약한 쪽에게 가하는 폭력도 있지만, 이렇게 성별 이분법에 딱 들어맞는 사람이 그렇지 않은 사람들에게 가하는 폭력도 있거든요. 목욕탕에서도 일어나고요. 올림픽도 전형적으로 남녀로 구분된 성별 이분법적 행사이기 때문에 이 문제가 드러날 수밖에 없고 어떤 식으로든 해결해야 될 것 같아요. 아예 남녀를 없애고 정말 다 체급으로 하든지. 근데 아까 말한 것처럼 폐활량 이런 것도 다 개인차가 있잖아요. 그럼 이건 어떡할 거냐. 여성 안에서의 차이도 굉장히 크잖아요.

박권일: 여전히 많은 사람들은 우리가 흔히 알고 있는 이성애적인 이분법 외에 있는 다른 성을 전혀 인정하지 않기 때문에 조금이라도 남성에 가까우면 그 사람은 백 퍼센트 남성이라고 얘기를 해버립니다. 굉장히 폭력적이고 무엇보다 비과학적이에요.

이재훈: 신체적인 차이가 있는 게 사실이고, 예를 들어 야구 같은 스포츠를 보면 키가 2미터 넘는 선수하고 160센티미터대 선수하고 같은 경쟁에서 붙기도 하죠. 근데 야구는 물리적으로 맞붙지 않지만 복싱은 몸으로 맞부딪히는 스포츠니까 너무 격차가 많이 날 경우에는 정말 사고가 날 수 있고. 이런 얘기를 하는 사람도 있습니다. 격투기 스포츠를 없애야 된다. (웃음)

신혜림: 올림픽은 공정성을 지향하는 행사라고 하지만 사실 그 공정이라는 게 인위적 기준에 따른 허상 같은 거잖아요. 이번에 유도만 봐도 김민종 선수가 딥다 큰 프랑스 선수랑 싸우더만요.

이재훈: 그건 무제한급이니까 그렇죠.

신혜림: 그렇게 열어두기로 한 거잖아요. 150킬로그램이 되든 2백 킬로그램이 되든 같은 체급으로 나올 수 있도록. 그건 공정한 걸까요? 무제한이라고 그냥 퉁친 거죠.

박권일: 공정하지 않아 보였어요. (웃음) 아니 203센티미터짜리 사람이 180센티미터랑 붙으니까 완전 애 다루듯이 하던데.

신혜림: 김연경 선수도 어마무시하게 크잖아요. 어릴 땐 되게 작았다가 엄청 커져서 수비와 공격 다 잘하는 1인자가 된 건데, 그런 압도적인 신체 조건을 볼 때마다 스포츠라는 거 참 웃기다, 이런 생각이 들긴 해요. 사실 김연경 선수는 2미터가 됐든 230센티미터가 됐든 여성인 거니까요.

이재훈: 좀 더 그런 거를 세분화하는 게 맞다고 생각하나요?

신혜림: 여성·남성 이분화 역시 자의적 기준일 수 있다는 생각으로 말씀드린 거고요. 그런데 올림픽은 어쨌든 그 방식으로 기준을 체계화했어요. 성별 이분법이 일반 사회보다도 더 엄밀한 세계죠. 근데 그 세계에 들어오고 싶어 하는, 그 기준에 들어맞지 않는 사람이 존재한다면 이분법적 한계를 얼른 인정하고 최대한 기준을 다시 맞춰가야 된다고 봐요. 체급이든 뭐든 최대한 그럴듯해 보이는 기준을 선진적으로 다시 만들어야 하는 게 아닐까.

박권일: 외국 문헌도 조금 찾아봤는데 명쾌한 답은 아직 없더라고요.

정주식: 그건 IOC에 맡기면 될 일인 것 같고, 이 문제에서 우리가 짚어봐야 할 점은 이런 사람들의 삶도 있다는 사회적 환기 정도가 아닐까 싶어요.

이재훈: 네. 올림픽이 아니면 이런 얘기가 대중적으로 나올 기회가 잘 없어요. 무슨 결론을 내자는 게 아니라 이런 쟁점이 있고 우리가 생각해봐야 될 점들이 있지 않을까 한번 환기하고 싶었습니다. 오늘 토론은 여기까지 하도록 하겠습니다. 모두 고생 많으셨습니다.

99

제목에 대한 토론자들의 답은 한마디로 'NO'다. 사회의 운영 원리는 결코 블라인드 테스트로 대체될 수 없다는 것이다. 토론의 첫 번째 논점은 이른바 '달라진 세대론'이다. 과거의 비장함을 벗어던진 선수들의 자유로움은 어디서 비롯되었을까. 정말 달라지긴 했을까. 박권일은 그때는 맞았지만 지금은 틀렸다고, 정주식은 그때는 틀렸지만 지금은 맞다고 말한다. 둘의 의견을 종합하면 21세기 어디쯤에서 실제로 그런 세대가 나타난 것만은 사실이라고 말할 수 있다. 세대론은 '토론의 즐거움'이 다루는 거의 모든 주제에 반복적으로 등장하는 준거 틀이다. 이런 주제에서는 그게 뭐 그리 중요한가 싶기도 하다.

후반부 주요 논점은 인간이 자신을 혹사할 수 있는 자유를 어디까지 허용해야 하는가의 문제다. 박권일은 인간의 자기 착취에 대해 비판적이다. 신혜림은 자신의 한계까지 밀어붙이는 개인의 자유를 폭넓게 긍정한다. 은유와 정주식은 박권일의 입장에, 이재훈은 신혜림의 입장에 가깝다. 내가 원하는 일을 내가 원하는 만큼 하는 것이 문제일까. 여기서 '원한다'는 건 또 무슨 의미일까. 내가 그것을 원하는 마음은 온전히 나에게서 비롯된 것일까. 불량식품을 사 먹을 자유는 얼마나 자유로운가. 이 난처한 질문에 대한 가장 편리한 답은 '스포츠와 생활 세계는 다르다'는 말이다. 그러나 당장 눈앞에 토하는 선수를 바라보면서 '스포츠는 나와 무관한 세계'라고 말하는 것은 가능한 일일까.

토론이 끝나고 남는 질문들

1. 양궁협회의 시스템을 본받아야 할 분야는 어디일까?
2. 불량식품을 사먹을 자유와 자기착취의 자유는 어떻게 다를까?
3. '몸수저'의 타고남은 트랜스젠더 선수의 유리함과 어떻게 다를까?

사람들이
〈흑백요리사〉에
열광한 이유

강남규 ┤ 박권일 ┤ 신혜림 ┤ 은유 ┤ 이재훈 ┤ 정주식

지난가을 우리는 무엇 때문에 〈흑백요리사: 요리 계급 전쟁(이하, 흑백요리사)〉에 빠졌을까? 화려한 출연진, 방대한 스케일, 속도감⋯⋯. 토론자들은 이런 요인들에 동의하면서도 전혀 다른 차원의 분석을 내놓는다.

9월 넷플릭스의 예능 신작 〈흑백요리사〉가 신드롬에 가까운 인기를 끌었다. 〈흑백요리사〉는 공개 1주일 만에 한국갤럽 조사에서 '한국인이 좋아하는 방송영상프로그램' 전체 1위에 올랐고 넷플릭스 예능 최초로 3주 연속 글로벌 톱 텐 TV 비영어 부문 1위에 올랐다. 2021년 〈오징어게임〉의 히트 이후 〈지옥〉 〈더글로리〉 〈D.P.〉 등 넷플릭스 드라마 흥행작은 계속됐지만 예능 프로그램의 흥행은 처음이다. 〈흑백요리사〉 덕에 움직이는 백종원을 처음 봤다는 은유의 고백은 이 프로그램의 특별한 화제성을 말해준다.

1천 평 규모의 방대한 스케일과 최현석, 최강록, 여경래, 정지선 등 화려한 출연진이 눈길을 사로잡았고 국민 요리 멘토 백종원과 현재 국내 유일 미슐랭 3스타 셰프 안성재가 이들을 평가하는 심사위원으로 출연했다. 80명의 흑수저 요리사와 20명의 백수저 요리사가 요리 대결을 펼쳐 최고의 요리사를 선정한다는 기획이다. 이러한 서바이벌 대결 형식은 넷플릭스 흥행작 〈오징어 게임〉을 연상시킨다. 그러나 토론자들은 〈흑백요리사〉의 흥행 이유를 전형적인 서바이벌 프로그램에서 비껴난 전개에서 찾는다. 프로그램 비평으로 시작된 토론은 파인 다이닝이라는 고급 요리의 세계가 시청자들의 계급과 어떤 관련을 맺는지, 여성 출연자들에 대한 차별적인 시선은 정말 존재했는지와 같은 쟁점과 마주하며 뜨거워진다. 미식가 박권일과 맛에 관심이 없는 정주식은 요리 예능을 바라보는 관점이 다를 수밖에 없다.

  하지만 출연자들에 대한 뜻밖의 덕질 고백이 이어지며 토론은 종잡을 수 없는 방향으로 이어진다. 불안형 캐릭터 '요리하는 돌아이'에 이입한 신혜림과 미국에서 건너온 '군자' 에드워드 리에게 반한 박권일, '급식대가'의 발언에 뭉클해진 은유……. 냉탕과 온탕을 오간 이 토론은 어떻게 마무리되었을까.

66

이재훈: 10월 12일 '토론의 즐거움' 시작하겠습니다. 오늘은 화제의 넷플릭스 서바이벌 예능이죠. 〈흑백요리사〉는 왜 그렇게까지 인기가 많았을까요?

멤버들: 재밌어요!

이재훈: 어떤 부분이 제일 재밌었어요? 신혜림 PD가 보기에 〈흑백요리사〉의 관전 포인트는 뭔가요?

신혜림: 캐릭터가 너무 잘 살았고요. '흑백'을 나눈 모호한 기준 빼고는 모든 게 납득할 만했어요. 각각의 대전 콘셉트부터 그걸 판단하는 심사위원의 기준이랄지 이런 것들이 다 물 흐르듯 흘러갔어요. 그리고 스케일이 되게 크다 보니까 박진감 넘치고 스펙터클했어요.

강남규: 저는 다른 것보다 그 마지막 5분 정도의 편집을 너무 진짜 끊을 수 없게 해놔서. 그러다 '스튜디오 슬램'(제작사) 딱 뜨고 소용돌이 치는 노래 있잖아요. 둥둥둥둥둥 하면, 미쳐버리겠네! 원래 소위 빈지워칭binge-watching(드라마나 영화를 한꺼번에 몰아보는 행위)이라고 하잖아요. 그런 걸 별로 안 하는 편인데 이거는 끊을 수 없게 만들더라고요.

은 유: 저도 재밌게 봤습니다. 제가 처음 본 서바이벌 프로그램이고요.

박권일: 백종원을 화면에서 처음 보셨다면서요?

은 유: 움직이는 백종원 처음 봤어요. 늘 '홍콩반점'이 있는 건물에 붙어 있는 정지 화면으로만 보다가 움직이고 말하는 백종원을 처음으로. (웃음) 그래서 재밌었고요.

우리가 보통은 음식을 먹을 때 결과물만 먹죠. 요리를 직접 하지 않는 이상, 그리고 한다고 하더라도 조리 과정이 무척 간단하잖아요. 근데 이 프로그램에서는 되게 스페셜한 요리들이 마련되는데, 그걸 재료의 칼질부터 보여주는데 너무 프로페셔널한 거야. 하나의 예술처럼 보이고 몰입감이 있고, 저는 마치 김연아의 스케이팅을 보는 것처럼 그 동작들이 되게 우아하게 느껴졌어요. 그 노련함.

신혜림: 저도 과정이 되게 공감되더라고요. 사실 말하기 부끄럽긴 한데, 저희 후배 PD가 안성재 심사위원 멘트를 들을 때마다 제가 떠올랐다는 얘기를…….

박권일: 도대체 회사에서 어떤 이미지인 거죠? 90점 이상 주지 않는?

신혜림: 그렇다기보다 의도를 중시하고 안성재 심사위원이 "이 의미 없는 꽃 왜 넣냐" 하는 것처럼 "쓸데없는 컷을 왜 넣은 거냐" "이 멘트를 삽입한 이유는 뭐냐" 이렇게 제가 의도를 계속 궁금해하고 묻는 그런 캐릭터였나 봐요. 근데 그런 것처럼 셰프들이 어떤 의도를 가지고 재료를 선택해서 그걸 사람들이 납득되게 구현하는 과정이 좋았어요.

평가자의 권위는 오디션 프로그램 흥행의 중요한 요소이다. 〈흑백요리사〉는 심사위원의 권위라는 측면에서 상당히 안전한 틀을 갖추고 출발한 셈이다. 맛이라는, 미각이라는 주관의 세계에 확실한 권위자가 존재한다는 사실은 흥미롭다.

은유: 요리 프로그램이라기보다는 요리사의 직업윤리, 직업의식, 세계관 이런 걸 보여주는 프로그램이었다는 생각이 들어서 그런

말들이 제게도 꽂혔고 시청자도 자기 삶하고 접목시켜 볼 수 있는 여지가 많았던 것도 인기 포인트였던 거 같아요.

이재훈: 저는 박권일, 정주식 INTP 두 분의 평가가 너무 궁금합니다.

박권일: 저는 너무 재밌게 봤고요. 제일 재밌었던 포인트는 거기 나온 요리사 중에서 미국에서 온 에드워드 리였는데, 내가 본 요리 프로그램에 나온 요리사 다 합쳐서 최고였습니다.

신혜림: 요리 프로그램을 좀 보셨어요?

박권일: 저는 꽤 많이 봤습니다. 저는 처먹는 데 되게 관심이 많거든요. 예전부터 요리 프로그램 즐겨 봤어요. 〈한식대첩〉 또 그전에 〈마스터셰프 코리아〉 이런 프로그램들 다 봤고요. 〈마스터셰프 코리아 시즌 2〉 우승자 최강록 씨 팬이었거든요. 예전부터 최강록 덕질을 한동안 했었고, 〈흑백요리사〉에 최강록 씨가 나와서 되게 반가워서 이번에도 덕질을 하려고 만반의 준비를 하고 기다리고 있었는데 에드워드 리가 나타난 거예요. 내가 72년생 교포 아재와 사랑에 빠질 줄이야.

이재훈: 사랑에 빠진 포인트가 뭐였습니까?

박권일: 일단 이분의 요리에 대한 열정이나 테크닉이 넘사벽입니다. 몰랐는데 미국에서는 이미 레전드인 사람이더라고요. 〈아이언셰프 아메리카〉라는 요리 경연에서 우승하기도 했었고, 고든 램지랑 같이 유명한 요리 프로그램에서 심사도 했다고 합니다. 미국에서는 거의 탑에 올라 있는 요리사인데 이분이 한국에 와서 경연에 출전한 것부터가 놀라운 일이라고 하죠.

이분뿐만이 아니라 저의 가장 큰 관전 포인트는 참가자의 명성입니다. 기존의 요리 예능에서 볼 수 없었던 등급의 요리사들이 많이 나왔어요. 미슐랭 스타를 받기 위해서는 포크와 스푼의 위치, 테이블 사이의 거리, 이런 것들까지 다 맞춰야지 미슐랭 1스타를 겨우 받을 수 있고, 그 스타 하나를 받기 위해서 어마어마한 노력을 해야 됩니다. 그런 업장의 오너 셰프 같은 사람들은 예능에 출연 잘 안 해요. 근데 이번에 심사위원으로 나온 이 안성재 셰프는 3스타를 받은 레스토랑의 셰프였습니다. 게다가 미슐랭 1스타, 2스타 셰프들도 꽤 많이 나왔습니다. 저처럼 요리 예능을 많이 봤던 사람들한테도 깜짝 놀랄 정도의 캐스팅인 거예요. 거기에 더해 에드워드 리 셰프 캐릭터가 너무나 너무나 너무나 멋있다. 서사 자체가 아우, 그냥!

강남규: 에드워드 리는 사람들이 후반부부터 진가를 느꼈고, 처음에 놀랐던 건 여경래 셰프였어요. 중식에서는 대가 중의 대가잖아요. 심지어 중국 본토에서 열리는 요리 대회의 심사위원이고, 전 세계 중식 셰프로 치면 열 손가락 안에 들어가는 수준이에요.

박권일: 주식 님은 뭐가 재밌었는지 되게 궁금해.

신혜림: 맛에 아무 관심 없는 사람.

박권일: 그러니까. 초딩 입맛.

정주식: '토즐'이 아니었으면 안 봤을 예능이었어요. 저걸 어떻게 끝까지 볼 수 있었을까. 지금 생각해보니까, 은유 님 말씀처럼 저도 그들의 우아함에 반했던 것 같아요. 요리를 할 때 한 명 한 명의 동작이 다 각기 다른 우아함을 갖고 있더라고요. 저는 어려운 일을 편안하게 해내는 모습을 보면 감탄하는 것 같아요.

신혜림: 주식 님은 알바생들이 척척척 해내는 거 보면 희열을 느끼더라고요.

정주식: 맞아요. 구로디지털단지 버거킹이 있거든요. 몇 년 전에 키오스크로 주문 넣어놓고 내 거 언제 나오나 보고 있는데 한 여드름쟁이 남자 알바생이 눈에 확 들어왔어요. 알바생들이 안에서 다들 바쁘게 움직이고 있는데 그 속에서 그 알바생은 다른 사람들 5배속으로 일을 하고 있는 거예요. 조리하고 포장하고 전달하고 척척척 그걸 편안한 표정으로 능숙하게 해내는 모습이 너무 우아해 보여서 제 음식이 나온지도 모르고 넋 놓고 봤어요.

　　　〈흑백요리사〉에서도 비슷한 장면들이 있었는데 젊은 여자 중식 요리사가 커다란 중식 칼을 가지고 이만한 물고기를 딱 놓고 이렇게 칼질하는데 거기서 비슷한 희열을 느꼈어요. 그들의 그런 우아함에 반하기도 했고 요리사들의 다양한 캐릭터성도 재미있었어요. 후반부에 그들의 캐릭터성이 사라지고 음식에 집중되니까 그때부터 저는 흥미가 확 떨어지더라고요.

〈흑백요리사〉의 인상 깊은 포인트로 강남규는 박진감 넘치는 편집을, 은유는 프로페셔널한 요리사의 세계를, 신혜림은 심사위원의 권위를, 정주식은 우아함을, 박권일은 에드워드 리를 꼽았다. 하나의 텍스트를 보면서 이들은 각자 다른 것을 발견했다. 그리고 모여서 토론을 하며 서로의 발견을 다시 발견했다.

은　유: 제목만 〈흑백요리사〉지. 나도 처음에 내적 반발이 있었어요. 왜 저렇게 흑수저/백수저로 나누지? 근데 몇 화 지나니까 그게 의미가 없어져. 그냥 고수들의 대결이지, 청백전처럼 유니폼만 다른 거지, 이게 분간이 안 돼요.

이재훈: '계급 전쟁'이라는 제목에 대해 동의하세요?

박권일: 저는 무늬만 그렇게 해놓고 실제론 그런 성격이 아주 강하진 않았다고 봐요. 기존의 〈오징어게임〉이라든가 그 이전에 서바이벌 게임의 기원이라고 할 수 있는 일본 만화 《도박묵시록 카이지》 같은 데서 보이는 정말 처절한 생존경쟁, 그런 콘셉트와는 전혀 거리가 멀었습니다. 계급, 위계를 나눠서 피라미드식으로 사람들을 앉히는 방식으로 연습생들을 데뷔시키는 오디션 프로그램들 많았잖아요. 그런 프로그램들보다 노골성이나 잔혹성은 훨씬 덜했다고 봅니다.

이재훈: 〈흑백요리사〉 PD가 이전에 만들었던 〈싱어게인〉 같은 작품에는 완전히 무명의 가수들, 언더그라운드에 있는 가수들, 이 프로그램을 통해서 자기를 알리지 않으면 거의 생존이 어려운 위기에 내몰린 분들이 나와서 하는데, 여기 나온 백 명의 셰프들 대부분은 거의 뭐 일가를 이룬 사람들이고 이 프로그램에 나오지 않아도 장사에 전혀 지장 없는 분들이잖아요. 그러다 보니까 내부에서 서로 간에 경쟁은 치열할지 모르지만 계급 전쟁에서 탈락하면 정말 끝난다든지 이런 절실함 같은 거는 없지 않았나.

정주식: 계급성과 관련해서는, 출연한 요리사들보다는 아마 시청자들 사이에서 계급적 차이가 나타나지 않았을까 하는 생각이 들어요. 저는 거기 나오는 파인 다이닝이라는 장르를 처음 알았는데 굉장히 고급스러운 요리 장르더라고요. 방송에서 파인 다이닝에 대한 해설이 계속 나오는데 저한테는 외계의 세계였어요. 예를 들면 당근의 크기가 일정해야 된다는 거예요. (웃음) 저는 '밥 먹는 데 그런 게 왜 중요한 거지?' 싶더라고요. 이해가 되고 안 되고의 차원이 아니라 제 세계와는 다른 세계인 거죠. 간접

적으로 머리로 이해하면서 따라갈 수는 있겠죠. 하지만 그 음식을 일상적으로 먹으면서 저 예능을 보는 사람하고 우리처럼 억지로 애써 상상해가면서, 진행자들의 묘사를 열심히 따라가면서 보는 사람들 사이의 계급성 차이는 분명 있을 거라고 생각합니다. 가상의 세계에서 간접적으로 즐기는 계급과 직접 즐기는 사람들의 계급. 요리사들의 흑백 계급보다는 그게 더 큰 차이가 아닐까. 나는 뼛속까지 흑수저라는 걸 〈흑백요리사〉 보면서 다시 한번 생각했어요.

정주식은 흑백의 계급성이 심사위원이 아닌 시청자들 사이에서 발생했을 것으로 보고 있다. 이 시각에 대해 다른 토론자들의 반론이 제기되면서 뜻밖의 논점으로 부상한다.

강남규: 이 프로그램이 '계급 전쟁'이라고 이름을 건 것이 유일하게 의미가 있었던 건 2라운드, 흑수저/백수저가 블라인드로 1대 1로 붙었던 그 장면밖에 없었다고 생각해요. 그걸 하고 싶어서 그 제목을 붙인 것 같아요. 백수저들은 대단한 명성을 갖고 있고, 이 명성이 음식에도 투영되어서 어떤 대가가 만든 음식이라고 하면 무슨 맛인지 몰라도 먹고 나서 "엄청난 음식이군요" 하게 되는 거 아니냐. 반면 흑수저들은 이름이 알려지지 않았기 때문에 상대적으로 좀 더 과소평가되는 게 있지 않겠냐. 그런데 그 둘이 같은 재료로 붙어서 블라인드로 테스트했을 때 흑수저의 요리 맛이 더 좋다고 하면 사람들이 얼마나 좋아할까. 이거를 보여주고 싶어서 그 콘셉트를 만들었고 '계급 전쟁'이라는 제목을 붙인 것 같다는 생각이 들었고요. 그거 말고는 사실 '계급 전

쟁'이라는 제목이 붙을 만한 요소는 거의 없었다고 생각해요.

신혜림: 저는 주식 님이 한 얘기를 조금 더 해보고 싶은데요. 파인 다이닝이라는 장르가 분명 비싸니까 계급적인 게 있는 건 맞는데 저로서는 그냥 별세계였어요. 어떤 장르 대 장르로서 만나는 느낌이어서 오히려 동등하게 이 프로그램을 보게 됐던 것 같아요.

신혜림은 앞서 올림픽을 바라봤던 것과 유사한 관점으로 파인 다이닝을 바라본다. '그러기로 한 세계'의 인정이다.

정주식: 기예의 영역이다?

신혜림: 맞아요. 예술적인 장르. 먹고 싶다는 생각은 별로 안 들지만 존중하게 됐어요.

강남규: 별세계처럼 보게 되는 게, 요리사가 아니라 예를 들어 화가들이 나와서 "이 물감은 10그램만 펴야지" 이런 식으로 얘기를 해도 저는 재미있게 볼 것 같거든요. 음악가들이 나와서 "반 옥타브의 반 옥타브만 올려야 이 소리가 정확하게 난다" 이렇게 얘기를 해도 뭔 소리인지 모르겠지만 보게 되는.

신혜림: 맞아요. 왜냐하면 파인 다이닝 요리를 보고 먹어보고 싶다는 생각이 잘……

정주식: 남규 님이 얘기하신 그 두 개가 저는 같다고 생각해요. 귀족은 원래 '형식'이거든요. 당근의 크기가 일정해야 된다, 이거는 전형적인 귀족적 형식이고, 귀족의 형식을 향유할 수 있다는 건 내가 그 계급에 가입할 수 있는 조건이 되는 거거든요. "먹고 싶지 않다"는 말이 아주 좋은 포인트인 거지.

멤버들: ㅋㅋㅋㅋㅋㅋ

신혜림: 난 결국 "나는 흑수저다"라는 말을 했던 거야?

은 유: 구별 짓기예요? ㅋㅋ

신혜림: 아니 근데 실제로 그렇게 뭔가 균일하게 썬다든지 형식을 따지면 확실히 맛있어요. 예를 들어서 우승자 나폴리맛피아가 백종원 유튜브에 나와가지고 얘기하는데, 그 감칠맛이라는 것은 서로 아예 다른 맛이 충돌하면서 나는 맛이라는 거지. 우리는 MSG를 바로 때려넣지만.

정주식: 남규 님이 말하는 그 음악가도 그렇게 얘기하겠지. "여기서 반음이 올라가면 사람들이 더 짜릿함을 느낀다." 당근의 크기를 상관없이 먹는 사람들과 "나는 이것까지도 만족해야 한다"는 사람들과 사이의 구분은 필연적으로 생겨나는 거고 그 구분이 가시화되는 과정에서 거기 가입하고 싶다고 선망하는 사람들이 나타나게 되는 거죠. "나도 잘게 썬 당근의 맛을 아는 사람이야"라고.

강남규: 저는 그걸 보면서 선망하는 마음이 한 번도 안 들었어요. 그냥 모르는 사람들의 전문가적 세계, 버거킹 얘기하셨잖아요, 그런 걸 보는 느낌으로 봤던 것 같아요. 근데 만약에 글 쓰는 사람들이 나와서 그러고 있었으면 저는 유치하다면서 바로 껐을 것 같아요. (웃음) "뭐 저런 걸 고민하고 앉아 있어?" 하면서 끌 것 같은데, 오히려 전혀 모르는 분야 사람들이 나와서 자꾸 자기들만의 직업세계에서만 가능한 전문성을 발휘하는 걸 보면 뭔지 모르겠지만 그냥 재밌다, 흥미롭게 구경하게 된다.

은 유: 저는 패션쇼 런웨이 보는 느낌이 있었어요. 패션쇼 의상은 입을 수 없잖아요. 근데 아름다움, 실험적인 파격미가 있죠. 미의

기준을 바꿔놓으니까 넋 놓고 감상하게 되는.

박권일: 훨씬 와닿는 비유네요.

은 유: 나는 유니클로 입지만, 프라다 런웨이 2025SS 입을 수 없잖아요. 근데 보고 싶어. 그런 느낌이었고. 요리 향연에서 시적인 느낌도 많이 받았는데 시는 산문의 세계는 아니거든요. 인과관계 틀어지고 하지만 모국어 실험의 장이 될 수 있단 말이죠. 그러니까 요리도 하나의 예술의 장르로서 다양한 실험과 변주가 있다는 것 자체가 굉장히 좋은 영감과 자극을 주고 쾌감을 줬던 것 같아요. 그래서 감상하는 재미가 있었어요.

박권일: 그렇죠. 패션에서 오트 쿠튀르haute couture 같은 옷들은 너무 전위적이어서 무슨 패셔니스타 이런 사람들도 쉽게 입지를 못하거든요. 근데 그런 것들을 매번 보러 가는 사람들도 있는 거죠. 우리 같은 사람들은 관심은 없지만 그런 게 있다는 걸 알고 있잖아요. 파인 다이닝도 마찬가지인 것 같아요. 그 사람들은 요리 테크닉을 극한까지 갈고닦았고, 결국은 그런 사람들이 있으니까 그런 테크닉들이 위에서부터 아래로 흘러내리듯 전수되고 확산되는 거잖아요. 물론 또 까칠하게 보면 누구도 쉽게 먹을 수 없는 상위 1퍼센트, 0.1퍼센트 요리를 대중적인 예능에서 하는 게 맞냐며 위화감을 조성한다고 얘기할 수도 있겠지만 글쎄요, 그런 부분들에서 위화감을 느꼈던 사람들이 많은지는 또 얘기를 해봐야 할 것 같아요.

은 유: 그러니까 보여주는 요리와 먹는 요리가 있는데, 저는 요리의 본령이 뭐냐 생각했을 때는 급식대가 님이 탈락하면서 말했던 "이제 가서 애들 밥 해줘야 되겠다" 이 얘기라고 보거든요. 그게

너무 뭉클하고 아름다웠어요. 에드워드 리도 하이쿠俳句 같은 명대사를 많이 남겼지만 저는 급식대가 님의 그 말이 요리의 본질에 제일 닿아 있는 거 아닌가 하는 생각이 들었고요.

정주식: 프로그램이 상충되는 두 가지 성격을 다 잡으려고 희석을 시켰죠. 하나는 파인 다이닝이라는 장르의 전위적인 요리, 극한까지 밀어붙이는 기예의 영역을 보여주려는 의도도 있었고, 또 한편에서는 대중적 만족을 주려고 했죠. 예를 들면 대중 심사단 백 명을 모아놓은 부분이라든지, 장사 콘셉트라든지.

흥미로웠던 장면이 백 명의 일반인 심사단한테 맛을 보여주면서 백종원이 리소토 맛을 보더니 "대중이 이거를 이해할 수 있을까"라고 말한 대목이었어요. 안성재도 같은 걱정을 했죠. 이 장면이 귀족적 형식주의와 대중의 입맛 자극이라는 두 목표가 충돌하는 지점이었거든요. 〈흑백요리사〉에는 그 두 가지 요소가 다 있었다고 생각해요. 저는 두 가지 중에 한쪽 요소에 관해서 이야기를 했던 거고요. 말씀하신 전위적 예술로서의 요리의 영역은 저도 인정합니다.

신혜림: 말씀 듣고 보니까 어느 하나가 우위에 있지 않다는 느낌을 주려고 프로그램이 되게 노력을 많이 했던 것 같네요. 아무리 알 덴테al dente고 뭐고 해도 내가 맛있어야 되고 여러 사람이 맛있어야 되고.

이재훈: 백종원이 대변하는 것이죠.

신혜림: 그렇죠. 그러니까 심사위원도 딱 반반으로 나눴고 그런 성격의 미션을 계속 부여하려고 노력을 했던 것 같은데, 그럼에도 불구하고 프로그램에서 파인 다이닝이 가지는 그 엄밀함이나 창

의성이 결국에는 좀 더 주가 되긴 했던 것 같아요. 후반부는 다 그거였잖아요. 사실 이모카세 님이 결국 두부 요리 전쟁에서 끝났던 이유가 맛있다는 건 확실히 인정이 되는데 변주가 없다는 거였어요. 요리에서 변주가 본질이 아닐 수 있는데 기준을 확실히 파인 다이닝 쪽에 둔 거죠.

계급성과 전위성이라는 논점이 자연스럽게 프로그램의 균형감 이야기로 넘어간다. 시청자들에게 이처럼 다른 관점을 유발했다는 것은 이 프로그램이 균형감 유지에 어느 정도 성공했다는 의미로 이해할 수 있다.

이재훈: 그 부분에서 많은 사람들이 그렇게 생각하잖아요. '내가 정말 좋아하는 맛은 아는 맛이다.' 그러면 이분 같은 경우는 계속 같은 맛을 반복하는 게 되게 중요한 건데 예술가들은 그게 아니라 좀 더 나은, 아니면 좀 더 다른 것들이 더 중요한 거죠.

박권일: 결국 국밥이 최고예요.

강남규: 두부찌개 최고.

정주식: 반대로 생각해보면 만약에 저 문화와 형식을 온전히 체화한 사람이라면 〈흑백요리사〉가 너무 재밌었을 것 같아요. "나는 국밥이 최고야" 이거는 약간의 체념 섞인 감상이라고 생각해요. 어떻게 해도 그 문화를 온전히 이해할 수 없는 사람 입장에서는.

박권일: 저는 생각이 좀 다른데요. 어렸을 때부터 이런 파인 다이닝을 경험한 사람이 있겠죠. 아빠 따라서 뭐 30~40만 원짜리 파인 다이닝을 그냥 일상적으로 먹었던 재벌집이나 부잣집 아들딸 이런 사람들은 저기 나오는 요리들, 안성재 셰프가 얘기하는

'야채 익힘 정도' 'even하게 익히기' '오리의 퀴송cuisson' 이런 게 어떤 느낌의 말인지 바로바로 직관적으로 이해되겠죠. 근데 그런 사람들은 이런 프로그램 안 볼 것 같아요. 볼 이유가 없죠. 이 프로그램을 소비하는, 이 프로그램을 열심히 보고 재미있게 보는 사람들은 그런 것들을 일상적으로 경험하지 못했기 때문에 그런 권위 있는 사람들은 어떻게 음식을 만들고 얘기하는지가 궁금해서 그런 걸 확인하려고 보는 것이지요. 즉, 이 프로그램의 핵심은 한마디로 '권위의 확인'입니다. 실제로 이를테면 미슐랭 몇 스타 요리를 일상적으로 먹는 사람들은 한국에 잘 없어요. 전 세계로 돌아다니거든요.

정주식: 이걸 유치해서 안 보는 사람이 있고, 봐도 어려워서 이해가 잘 안 되는 사람이 있겠죠. 또 그 중간에서 심사위원의 말귀를 알아듣는 정도의 사람이 있겠죠. 백종원·안성재가 "보통 사람들은 이런 맛을 이해 못할 텐데"라고 말할 때 그 말이 무슨 뜻인지 정도는 알아듣는 사람들 입장에서는 그게 더 재미있지 않을까.

박권일: 내가 보면서 파인 다이닝 저건 좀 아니다 싶었던 거는, 일단 재료를 너무 많이 버려요. 너무 반환경적·반생태적이라는 생각이 사라지질 않아요. 무를 잘라도 중간에 있는 것만 쓰고 나머지는 다 버리잖아요. 그런 것들이 너무 불편했어요. 저런 파인 다이닝 문화 자체가 되게 낭비적이고 소비적인 게 있다고 봐요.

은 유: 그리고 비건이면 이 프로그램 못 봤을 것 같아요. 고기가 정육점처럼 걸려 있고 끔찍해.

박권일: 그렇죠. 고기를 막 정형하는 것도 보여주고. 그런 부분들이 좀 많이 걸리긴 하더라고요.

강남규: 레스토랑 미션은 어떠셨어요? '먹방러' 20명 부른 거.

박권일: 저는 재미없기도 하고 좀 짜증 나더라고요. 일단 먹방 유튜버
가 왜 나왔는지 필연성을 못 느꼈습니다. 그냥 유명하니까 불
러서 보여주는 느낌. 아무런 기능이 없는 출연.

정주식: 저는 무용하다를 넘어서 기획 취지와 어긋나는 잘못된 섭외라
고 생각해요. 무엇이든 잘 먹는 사람들은 변별력이 없거든요.
미식가가 있어야 될 자리에 대식가가 온 거죠.

박권일: 그건 어떻게 생각하세요? 남성들한테는 셰프라고 하고 여성들
한테는 셰프라고 부르지 않고 "아줌마" "이모님" 이렇게 부르는
게 거슬리더라, 비판을 하는 칼럼들이 있었어요.

이재훈: 두 가지 포인트가 있거든요. 하나는 특정 여성 출연자들, 특히
나 중장년 여성 셰프들에게는 '셰프'나 이런 표현이 아니라 '어
머니'나 '이모님' 같은 성차별적 표현을 썼다는 거에 대한 얘기,
그리고 또 하나는 전체 백 명의 요리사들 가운데 절대적으로
여성의 비중이 적었던 거에 대한 얘기, 이 부분에 대해서는 좀
어떻게 생각하세요?

강남규: 조심스럽긴 한데 대상은 세 명인 것 같아요. 급식대가 이모카
세, 한식대첩 이영숙 대가 세 분인 것 같은데 사실 다른 여성 출
연자들, 예를 들어 정지선 셰프라든지 박은영 셰프에 대해서는
그렇게 표현하지 않았단 말이에요. 근데 급식을 하시는 분이나
혹은 경력을 시장에서 시작해서 이모라고 스스로를 호칭하는
사람과, '이모' '엄마' '할머니' 하는 게 일종의 문화처럼 되어 있
는 한식 영역에서 활동하시는 분, 요 세 분이기 때문에 이게 정
말로 젠더적으로 편향되어 있는 걸 명확하게 확인할 수 있는

요소인가에 대해서 조금 고민은 있어요. 그러니까 이 급식을 하시는 분의 어떤 프라이드는 사실 학생들이 "어머님" "이모님"이라고 불러주는 데에서 오거든요. 그거는 간과할 수 없는 부분이라 생각해요. 이모카세도 마찬가지고. 이모라고 불러주는 손님들이 있으니까 장사가 돌아가는 그 문화가 있는 거죠. 이영숙 셰프는 한식이라는 문화의 틀거리 안에서 그런 것들이 작동하는 측면이 있어서.

정주식: 문화상대주의적인 입장으로 이해할 수 있다?

강남규: 젠더라는 틀로 얘기할 수 있는 요소들을 방해하는 요소들이 같이 섞여 있다.

신혜림: 저는 별로 큰 문제의식은 못 느끼는 게 장르가 좀 다른 것 같아요. 셰프라고 부르는, 그러니까 헤드 셰프가 있고 뭔가 도제식으로 훈련을 하고 교육을 받던 데에서는 점점 셰프가 되는 거고, 조리사는 조리사잖아요. 조리사한테 셰프라고 꼭 불러야 할 이유는 없으니까.

이재훈: 조리사와 셰프의 명칭 차이는 아니었던 것 같은데.

강남규: "저 어머님 되게 잘하신다", "저 이모님 되게 잘하신다" 그런.

은 유: 평소에 출연자들이 그냥 혼잣말처럼 하는 게 나올 때.

정주식: 전통적인 성역할 구분으로 편집 자체가 그렇게 규정한 측면이 있어요.

은 유: 소위 어머님·이모님들은 요리에 대한 소신이나 철학 같은 걸 말할 기회가 없었어요. 팀 요리할 때도 밑 작업을 많이 하셨지 최종 간이나 플레이팅은 안 하시고. "야채를 빨리 썬다" "대용량을 많이 해봐서 손 빠르다" 이런 얘기만 나오고.

정주식: 야채를 빨리 써는 능력에 대한 칭찬을 반복적으로 했죠.

은 유: 그러니까 좀 거슬리는 거지. 저분들이 가진 능력 '손에 MSG 들어 있다' 그런 거는 어떻게 언어화할 수 없는 굉장한 실력인데 그런 것에 대한 언급 없이 그들의 노동을 주변화시키는 느낌이 있었어요.

정주식: 비약해서 보자면 히말라야에서 등정할 때 도우미 역할을 하는 셰르파처럼 규정되는 느낌이었어요. 서구 사람들의 관점에서 셰르파를 생각해보면 그 사람들은 특별한 능력이나 노력이 있어서 그렇게 산을 잘 타는 게 아니고 그냥 거기 사니까, 그 사람들은 원래 산을 잘 타는 거라는 식으로 대하는 것처럼, "아주머니들은 원래 손에 MSG가 있어" 이렇게 말하는 거죠. 생각해보세요. 다른 요리사들 한 명 한 명의 장점은 대단히 특별한 기능으로 묘사를 하는데 "어머님들은 원래 손에 MSG가 있어" 이런 식으로 개개인의 고유한 역량이 아닌 어떤 범주의 패시브 스킬 passive skill인 것처럼 묘사한단 말이죠. 등반가들이 자기보다 뛰어난 셰르파의 능력을 평가절하하고 뭉쳐서 이야기하는 것처럼 들렸어요.

언제나 등반가들의 업적은 진취적으로 묘사되지만 셰르파의 능력은 집단적·관습적 특징으로만 묘사된다. 정주식은 방송에서 이모님들의 능력이 셰르파의 능력처럼 묘사되었다고 말하고 있다. 셰프와 이모님들이 관계 맺는 방식을 보며 등반가와 셰르파의 비대칭적인 관계를 연상한 것이다.

강남규: 맞아요. 그런 측면이 분명 있는 것 같아요.

박권일: 여성에 대한 젠더적인 측면보다는, 나이와 엮여 있는 부분이 조금 더 커 보였습니다. 음식을 하는 장년 여성들에 대한 고정 관념 이런 것들이 좀 계속 단순한 역할을 주는 형태로 주변화 하고, 아까 말씀하셨듯이 그런 방식으로 보여지고 출연자들이 부르는 호칭뿐만 아니라 음식 전체 콘셉트를 잡고 기획하고 하는 것들은 대부분 남자 셰프들이 다 하고. 파인 다이닝 쪽에서 다 하고 나머지 그냥 허드렛일, 채소 썰고 김 굽고 이런 것들은 다 '이모님들' '어머님들'이라 불리는 사람들이 하는 거예요.

신혜림: 근데 저는 이 손맛이나 김 굽고 하는 행위가 또 굉장히 리스펙 한 영역에 있었다고 봤거든요. 그 요리는 결국 김이 킥이었잖아요. 절대 누구나 구울 수 있는 김이 아니었죠.

강남규: 근데 '요리하는 돌아이'가 "누구나 구울 수 있는 거 아니야? 저도 구울 수 있거든요" 그랬어요.

은 유: 그러니까 명령하는 사람이 있고 따르는 사람이 있고, 물론 팀에 팀장이 정해져 있었지만 하여튼 중장년 여성들이 주변화되어 있다는 느낌은 저도 많이 받았어요. 근데 이게 집밥이 사회적으로 인정받지 못하고 부불노동으로 오래 취급되어왔기 때문에 그것의 반영 아닌가, 이런 생각이 들어요.

정주식: 시각적으로 제일 인상적이었던 장면은 '아~' 하고 넣어주는 블라인드 테스트였던 것 같아요. 그거 보면서 여러 가지 감상이 지나갔어요. 이 테스트야말로 최고의 공정한 평가 방식이라는 걸 보여주려고 했던 것 같고 실제로 공정하게 평가를 했던 것 같아요. 심사위원 두 사람의 기량을 마음껏 과시할 수 있었던 장면이기도 했고요. 그런데 그런 식의 테스트는 한마디로 결과

만 보겠다는 거잖아요. 과정은 보지 않겠다. '니가 누구고 어떤 사람이고 이걸 어떻게 만들었는지 그런 건 중요하지 않아. 내 혀에 느껴지는 결과만 보겠어.' 극단적인 결과 지향, 목적 지향 적인 테스트인데 사람들이 재밌어하고 박수 치는 걸 보면서 저 게 맞나 싶은 생각이 계속 들더라고요.

박권일: '공정무새'의 나라답다는 생각을 했습니다. 공정과 불공정에 집 착하는 사람들이 세상에서 가장 많이 살고 있는 능력주의 공화 국이 한국인데, 그런 공정무새들의 공정에 대한 욕망을 만족시 키기에는 최적의 연출 방법이 아니었나 합니다. 그런데 요리라 는 것이 눈으로도 먹는 거라고 생각을 하고 과정도 되게 중요 하잖아요. 물론 그것이 백수저가 만들었냐 흑수저가 만들었냐 를 알게 됨으로써 선입견이 생기는 부분들도 있겠지만 사실 요 리라는 것은 플레이팅이 된 상태부터 이미 시작되는 거죠. 먹을 사람이 그 플레이팅을 보지 못하고, 그리고 그것을 섞는 과정도 다 요리의 일부인데 그거를 일단 다 뭉쳐가지고 입에 넣어주잖 아요. 되게 폭력적이라고 느꼈어요. 과정을 볼 권리를 뺏었다 는 점이 되게 성과주의적이고 폭력적으로 느껴졌어요. 근데 또 그런 부분들이 어떤 면에서는 시청자들한테 굉장히 먹혀들었 지요. 백종원 씨가 눈 가리고 먹는 장면이 사실 흥행에 큰 역할 을 했거든요. 나중에 넷플릭스 섬네일이 바뀌었을 정도로요.

신혜림: 저는 다른 것보다 '요리하는 돌아이' 그 캐릭터를 꼭 한번 짚고 넘어가면 좋겠어요.

이재훈: 왜요?

신혜림: 되게 많은 사람들이 요리하는 돌아이에 이입하고 있거든요.

〈인사이드 아웃 2〉의 불안이 그 자체예요.

멤버들: ㅋㅋㅋㅋㅋㅋ

신혜림: 현대인의 고통을 그 사람이 다 형상화하고 있어요. "이러는 게 맞아?" "제발 맛있다고 해줘, 제발." 진짜 딱 20·30 MZ 표상. 요리하는 돌아이가 알고 보니 되게 정석 코스를 밟은 요리사더라고요. 근데 그 와중에 어떤 리더 밑에서 가스라이팅을 많이 당했다는 거예요. 그래서 사람이 더 막 불안해지고 능력이 있는데도 자꾸만 인정을 갈망하고. MZ 안에서는 사실 그 압박에 못 이겨 성장하려는 욕구를 그냥 거세해버리는 사람들이 많은 한편, 그렇지 않은 MZ들은 그렇게 막 불안해하면서 성장하죠.

박권일: 캐릭터가 되게 살아 있어서 저도 제일 많이 웃었던 장면이 그 장면이었던 것 같아요. 초반에 블라인드 미션에서 심사위원 평 듣고 나서 "그깟 염화나트륨 때문에! 소금 때문에!" (웃음)

정주식: 말끝마다 씨발씨발 해서 처음에 되게 싫었는데 제가 그 사람한테 반한 대목은 요리할 때의 우아함이었어요. '트리플스타'처럼 섬세하고 차분한 동작은 아니지만 요리할 때 특유의 리드미컬한 움직임, 그 사람만의 아우라가 있더라고요.

박권일: 요리할 때 그 움직임에 대해서 안성재가 칭찬을 했었어요. 되게 효율적으로 움직인다고, 그 움직임이 되게 마음에 든다고 칭찬했어요.

신혜림: 우승한 '나폴리맛피아'는 그들보다 다섯 살 어려요. 95년생인데 그 친구는 아주 강단이 넘치는 MZ더라고요.

은 유: 나는 궁금했던 게 그 자신감 어디서 나오는 거야? '나는 끝까지 이길 거야' 하는.

신혜림: 백종원 유튜브에서 나와서 하는 말이 어머니 아버지가 유일하게 자기한테 마음에 안 들어하는 거 하나가 타투한 거. 그거 빼고는 모든 게 바른 생활이래요. 진짜로 주방이랑 집만 오간 자기의 10년에 대해서 자부심이 있더라고요.

정주식: 근데 10년을 그렇게 보냈어도 보통 사람은 안 그래요. 그 사람은 자기 기만 능력이 뛰어난 거죠. 우리 올림픽 얘기했을 때 선수들의 명언이 있었잖아요. 뭐가 됐든 내가 최고라고 하는 자기 최면을 갖고 있는 사람인 거지.

이재훈: 그러니까요. 아까 말씀하신 그런 모범생 바른 생활 스타일은 오히려 반대로 작용하는 경우가 많거든요. 외부로부터 인정받으려고 하는 경향이 강하기 때문에 사실 자기 능력에 대해서 항상 불신하고 되게 불안해하고 하는 경향이 더 많은데, 말씀하신 거하고는 좀 반대되는 거죠.

신혜림: 맞아요. 실제로 자기 최면을 걸었다고 자기 인스타그램에 썼어요. 그래서 그게 자칫 좀 거만해 보인 것 같아 죄송하다고.

이재훈: 그리고 이 캐릭터의 매력에 대한 얘기가 너무 많이 나와서 우리가 얘기하지 않고 넘어갈 수 없는 분이 계시잖아요. 에드워드 리. 사람들한테 열광을 얻고 있는 포인트는 뭘까요?

신혜림: 저는 고수의 향기가 점점 풍겨나는 빌드업이 되게 좋았고요. 그 두부 요리 지옥에서 마지막에 풀코스로 내놓는 데서, 와! 나중에 후일담으로 알게 됐는데 원래는 출연 제의 거절을 몇 번 했었대요. 근데 결국 그 나이에도 서바이벌을 한 번 더 해야겠다고 마음먹은 계기는 자기 정체성 찾기였습니다. 그래서 '한국에 가겠다' 이렇게 스스로 목표를 장착한 뒤로는 모든 서바

이별을 자기 의도대로 그냥 자기 흐름대로 끌고 가는 게 '아, 내가 느낀 아우라가 그 아우라였구나'라는 생각을 하게 되더라고요. 파면 팔수록 멋있는 인간.

박권일: 제가 진짜 로저 페더러 이후로 몇 년 만에 중년 남자 인스타그램을 팔로잉했습니다.

강남규: 안성재 셰프가 음식 평가할 때 의도에 대해서 얘기하잖아요. 에드워드 리는 그 자신의 삶과 요리의 콘셉트를 그 의도에 맞춰서 구성했다는 데서 포인트가 있었던 것 같아요.

신혜림: 안성재 셰프와 결은 많이 다르더라고요. 안성재가 생각하기엔 그의 스토리텔링은 과하다고 느꼈을 것 같아.

강남규: 안성재 스타일은 나폴리맛피아죠. 나폴리맛피아는 끝까지 자기 서사를 거의 안 밝혔거든요. 나폴리에서 유학을 하고 왔다, 딱 이거 하나가 있고 유학 가서 어떤 고난을 겪었고 어렸을 때 어떤 삶을 살았고 이런 얘기 절대 안 해요. 그 반대편에 에드워드 리가 있었던 거죠. 하필이면 딱 그 둘이 남아서……. 오로지 자기 음식 실력으로만 얘기하고 자기의 자부심으로 얘기하는 나폴리맛피아와 대비되는, 태어났을 때부터 평생의 스토리텔링을 음식과 함께 쏟아내기 시작하는 에드워드 리.

신혜림: 저도 원래는 그런 스토리텔링 강한 사람을 별로 안 좋아하는데 에드워드 리는 좀 달랐던 것 같아요. 삶 자체가 멋있어요 그냥.

강남규: 그러니까 그 스토리텔링을 단지 '나는 이민자고' 이런 거에서 끝내지 않고 '이민자이기 때문에 이런 요리를 구상을 했고 실현을 했다'라는 식으로 녹여냈다는 게 좀 대단한 포인트였던 것 같고요. 저는 재밌는 게 나폴리맛피아는 아까 말씀드린 것

처럼 흑수저인데도 실력만으로 얘기하고 자기 서사 풀지 않는 그런 식으로 가는데, 오히려 백수저인 에드워드 리가 막 자기의 고난의 서사를 얘기하고 그런 것들이 좀 재밌었어요. 흑백대비가 오히려 여기서 역전됐어요.

이재훈: 찐팬 박권일만 남았습니다.

박권일: 에드워드 리가 팀전 할 때 자기가 생각했을 때 이거 분명히 잘못되고 있어서 팀장한테 얘기를 했는데 팀장이 자기의 고충을 해결해주지 않고 그냥 넘어간 적이 있어요. "이거 절대 안 되는데"라고 하면서도 일단 참고 넘어가더군요. 이 장면을 보면서 이 사람의 커리어나 실력을 봤을 때는 이걸 참을 수가 없어야 되는데 꾹꾹 눌러 참고 넘어간다는 점에서 이 사람은 도대체 무슨 일을 겪었기에 이렇게 뛰어난 실력을 가졌으면서 이런 인성을 같이 겸비할 수 있었을까 궁금했습니다. 나중에 흑백요리사와 별개로 에드워드 리라는 사람의 개인 서사가 알려지면서 그랬을 수 있겠다, 이 사람의 이런 인성이라는 것이 그냥 생긴 것이 아니라 이런 삶의 서사 때문에 생겼구나 이해하게 됐죠.

이분은 원래 뉴욕에서 잘나가는 레스토랑을 하다가 자기 단골들이 9·11 때 많이 죽게 됩니다. 그 충격 때문에 가게를 접고 렌터카를 타고 미국 전역을 돌아다니는 여행을 떠났는데 우연히 켄터키에서 '610매그놀리아'라는 되게 오래된 지역 식당에서 한동안 일을 도와주며 머물게 됐던 거죠. 그런데 그 사장님이 이 친구가 너무 마음에 들었던 거야. 그래서 에드워드 리한테 "내가 너한테 이 식당 물려줄게"라고 제안했는데 에드워드 리가 아니라고 다시 집에 갈 거라고 뉴욕에 다시 가서 일할 거라고 떠났지요. 그런데 이 매그놀리아 사장님이 일주일에 한 번씩 계속 전화를 한 거야. 제발 이 식당 맡아달라고. 계속 전화를 받다 보니까 에드워드 리가 어느 순간 켄터키로 가야겠다는 생각을 하게 됐대요. 그래서 그 610매그놀리아에 내려가서 미국 남부 요리로 최고 유명한 레스토랑으로 만들었다고 합니다. 본인은 그거를 페어리 테일fairy tale이라고, 동화 같은 얘기인데 실제로 자기가 겪은 일이었다고 얘기를 하는데.

은 유: 약간 초탈한 느낌은 있었어. 생과 사와 속세의 다글다글함을 약간 초탈한. 초연한 느낌이 있어서 '저건 어디서 나오는 거지?' 싶었어요. 근데 냉소도 아니야. 되게 진정성 있게 자기 일을 하고 진지하잖아. 보통 그렇게 많은 죽음을 겪게 되면 삶에 대해서 냉소할 수도 있는데…….

강남규: 에드워드 리가 미국에서 자기 이름으로 된 이니셔티브, 그러니까 일종의 비영리재단 같은 걸 만들어서 경력 단절 때문에 요리 포기하는 여성 셰프들한테 고용 지원금 같은 걸 지원해준다고 해요. 또 흑인 혹은 동양인들, 저소득층 요리사들을 지원해주는 프로그램도 하고 있대요.

'토론의 즐거움'이 진행된 2년 동안 수많은 인물을 다뤘지만 박권일이 이처럼 감화된 인물은 에드워드 리가 처음이다. 소셜미디어와 커뮤니티에는 박권일 또래의 많은 남성들이 에드워드 리에게 비슷한 감동을 느꼈다는 후기가 이어졌다. 이건 어떤 의미일까.

정주식: 저는 방송 외적인 정보는 없는데요. 방송에서 보았을 때 사람들이 좋아할 만한 포인트는 이거였다고 봐요. 누가 봐도 억울

할 만한 상황인데 본인의 억울함에 대해서 매번 초연하고 세련되게 넘기는 모습. 그러니까 팬들이 대신 억울해해준 거예요. 에드워드 리는 주방도 없고 미국에서 와서 한국 물가도 모르고 그래서 진 거야, 이렇게 변명을 대신해준 거죠.

박권일: 그냥 군자예요.

정주식: 다른 사람들은 카메라 뒤에서 다들 자기 억울함을 얘기하거든요. 다른 사람들 앞에서는 얘기 못하더라도 원샷을 받으면 "나 그 순간에 되게 짜증 났다." 근데 그 사람은 전혀 탓을 하지 않고 군자같이 둥둥 떠다니는 모습을 보여줬죠.

박권일: 이제 이 질문으로 넘어가보죠. 사람들은 서바이벌 예능을 왜 그렇게 좋아할까요?

정주식: 저는 이 프로그램을 왜 이렇게 사람들이 좋아하는지 궁금했어요. 다른 서바이벌을 왜 좋아하는지는 대략 담론들이 있잖아요. 노래나 춤이나 이런 것들, 혹은 생존과 관련해서 인간의 원초적인 마음을 자극하는. 근데 요리는 우리가 맛을 실제로 볼 수도 없고 아까 이야기한 것처럼 거기 나오는 음식들은 대체로 판타지 영역인데도 불구하고 이렇게 흥미를 느끼는 걸 보면서 사람들이 맛에 대해서 호기심이 엄청나구나 하고 느꼈어요.

신혜림: 맛에 대한 호기심도 지대한 영향을 끼치는 게 맞을 텐데, 저는 그것 못지않게 내가 바로 겪을 수 있다는 장점이 많이 컸던 것 같아요. 〈흑백요리사〉가 프로그램 오픈하자마자 리스트가 돌았거든요. 흑수저 맛집 리스트. 예약만 성공하면 갈 수 있는 거잖아요. 그런 접근성도 한몫한 것 같고요.

박권일: 기존 서바이벌 예능은 무한 경쟁을 해서 살아남는 사람들을 보

325

여주고, 그리고 그 속에서 빌런 같은 사람들에 초점을 맞추면서 인간이 얼마나 추한지 아주 선정적인 방식으로 보여주죠. 시청자는 이걸 보며 욕을 하기도 하고 마음 한편으로는 또 안심하죠. '내가 그래도 쟤보다는 낫지'라는 위안감을 느끼는 거예요. 이게 기존 서바이벌 프로그램이 주는 쾌락 중에 하나인데, 이 〈흑백요리사〉는 그런 종류의 쾌락이 주된 목표가 아니었어요. 권위의 확인, 이게 핵심이에요. 아무것도 없는 사람들끼리 처절하게 경쟁해서 승리자가 권위를 획득하는 것이라기보다 출연자들이 이미 권위를 갖고 있는데 그 권위의 실체가 무엇인지를 확인하기 위해 이걸 보는 것이죠. 권위를 확인하는 것, 그 발견의 즐거움이 결정적 인기 요인이라고 생각해요.

신혜림: 〈스트릿 우먼 파이터(스우파)〉도 비슷했어요. 파생 영상을 보면 그 분야 사람들이 허니제이의 춤선이 왜 다른지를 막 깨알같이 분석해놓거든요. 그런 거 보면서 '아, 허니제이는 이렇게 추는구나, 이래서 다르구나' 처음 알게 된 기쁨이 있었어요.

정주식: 〈스우파〉에서도 비슷한 경이로움을 느꼈는데, 인간의 능력을 극한까지 밀어붙였을 때 몸을 저렇게까지 사용할 수 있구나, 재능 있는 사람이 끝까지 가면 저런 예술이 나오는구나 하는. 이번 프로그램에서도 비슷한 걸 느끼긴 했어요. 저렇게 화려하고 별세계 같은 음식이 나올 수 있구나 하는 경탄.

박권일: 저는 요리끼리 경쟁하고 우열을 가리는 것이 판타지라고 생각하거든요. 이를테면 어떤 실험적인 요리와 어떤 전통적인 요리를 비교했을 때 그것이 질적으로 비교가 가능하냐? 비교 불가능하죠. 그걸 굳이 우열을 가리고 등수를 매기는 건 사실은 판

타지, 환상이거든요. 탁월성, 그리스인들이 얘기하는 아레테 arete라는 것도 사실은 환상에 불과해요. 고대 철학자들이 우리한테 가스라이팅했던 얘기거든요. 아리스토텔레스가 말한 탁월성이라는 것도.

신혜림: 그래요? 가스라이팅이에요?

박권일: 그렇죠. 그런 게 어디 있어? 사실은 탁월성이라는 건 기준에 따라 다 다르죠. 근데 마치 그런 게 존재하고, 특별히 중요한 탁월성이 존재한다고 믿는 것, 그게 판타지죠. 그러나 환상에 불과한 탁월성을 얻기 위해 열심히 노력한 사람들이 있고, 실제로 그 사람들의 행위를 보여줌으로써 어떤 감동이 생길 수는 있습니다. 그러니까 궁극적으로 저는 이것이 다 환상이라고 생각하지만 환상을 통해서도 사람들이 감동을 느낄 수 있다고 봐요.

이재문: 주식 님이 아까 요리하는 분들의 동작의 우아함에 대해서 얘기를 했잖아요. 저는 스포츠를 좋아하니까 테니스를 보면 로저 페더러 선수의 움직임이 정말 우아함 그 자체거든요. 또 농구의 영역에 가서는 마이클 조던의 움직임도 엄청 우아하거든요. 제가 스포츠를 보면서 움직임이 우아하다는 생각이 드는 사람이 딱 이 두 사람밖에 없어요. 이 두 사람은 정말 적당한 움직임에 필요한 최선의 몸의 동선으로 효율적으로 움직이고, 쓸데없는 움직임이 없고, 가장 강력한 힘을 내게 하는 요소들을 부여하는 움직임을 합니다. 요리는 일반적으로는 그런 느낌을 잘 못 느끼는 분야였는데 그 우아함과 기예의 위대함, 이런 것들을 느끼게 되는 과정을 이 프로그램은 극대화해서 보여준 게 아닌가 생각도 듭니다.

이탈리아어로 스프레차투라sprezzatura라는 말이 있다. 어려운 일을 힘들이지 않고 해내는 모습을 뜻하는 감탄의 말이다. 마이클 조던과 로저 페더러의 우아한 플레이야말로 스프레차투라이다. 이재훈은 〈흑백요리사〉 출연자들의 몸동작을 그들의 우아한 플레이에 비유하고 있다.

강남규: 참여자들의 압도적인 능력들을 감상할 수 있는, 마음 편안한 상태였지 않았나. 개인적으로 다르게 또 생각했던 것들은 예전에 〈스우파〉라든지 걸 그룹들 나와서 경연하는 〈퀸덤〉이라든지 이 프로그램과는 되게 다른 면모들이 보였다고 얘기하잖아요.

박권일: 참가자 서로의 리스펙트 같은 것들이 있었죠.

강남규: 그런 부분들에서 사실 좀 젠더적인 측면도 있을 수 있지 않을까? 여성들이 참여했을 때 양상이 남성들이 참여했을 때와 다르게 얘기되는 부분들. 〈퀸덤〉이나 〈스우파〉에서도 나의 자부심 나의 실력 내가 더 뛰어남 이런 것들이 있었지만, 남성들만 출연하는 경연에서처럼 룰을 백 퍼센트 활용해서 '나는 반드시 경쟁에서 이기기 위해 이걸 설계할 거야'라는 방식보다는 '내 실력을 백 퍼센트 드러내서 압도적인 차이를 보여줄 거야'라는 식으로 달라진 거 아닌가.

이재훈: 많은 이야기들을 할 수 있는 프로그램인 것 같습니다. 오랜만에 즐겁게 얘기할 수 있는 콘텐츠가 나왔네요. 오늘 '토즐' 여기까지 하고요. 다음 주에 또 뵙겠습니다. 고맙습니다.

99

〈흑백요리사〉의 성공 비결에 관한 다양한 분석이 나왔지만 '권위를 발견하는 즐거움'이라는 박권일의 분석은 예리하면서도 독창적이다. 화려한 이력의 출연자들이 두 심사위원의 권위에 승복하는 모습이 시청자들에게 희열을 줬다는 그의 분석은 사회 곳곳에서 권위가 무너진 세태와 관련이 있다. 신뢰할 만한 권위가 사라져 혼란스러운 시대에 자발적으로 복종하고 싶은 권위자의 등장은 사람들이 기다려온 로망이 아닐까.

토론자들은 〈흑백요리사〉가 출연자들의 계급 전쟁이라는 콘셉트에도 불구하고 경쟁의 잔혹성이 강조됐던 〈오징어게임〉 유의 프로그램과는 달랐다고 봤다. 오히려 활발한 토론이 일어났던 논점은 출연자들의 계급 구성이 아닌, 시청자 사이의 계급성이다. 정주식은 〈흑백요리사〉가 고급 요리의 향유 가능성에 따른 계급 차를 가시화한다고 말하지만 박권일·강남규·신혜림은 대중의 음식과 분리된 기예의 영역이라고 주장한다. 고급 요리가 기예의 영역일 뿐이라는 주장은 〈흑백요리사〉 방영 직후 벌어진 파인 다이닝 예약 열풍과 모순되는 것처럼 보인다. 또 이 현상은 계급 차의 가시화라는 정주식의 관점과도 잘 부합하지 않는다. 아마도 〈흑백요리사〉가 계급성만을 부각하는 기획이었다거나 전위 예술 프로그램의 성격만 띠고 있었다면 전 세계적인의 흥행은 불가능했을 것이다.

여성 출연자들에 대한 프로그램의 성 역할 구분도 명쾌하게 설명되지 못한 논점이다. 정주식은 고정적 성 역할 구분의 혐의를 의심하면서도 단정하긴 조심스럽다고 말한다. 다만 '이모님'들을 대하는 방식을 셰르파에 비유한 대목은 더 생각해볼 지점이다. 고유한 능력을 집단화하고 특별한 능력을 관습화하는 호칭을 어떻게 존칭이라 할 수 있을까.

토론이 끝나고 남는 질문들

1. 심사위원의 강력한 권위는 어디서 발생했을까?
2. 특히 중년 남성들이 에드워드 리에 열광하는 이유는 뭘까?
3. 한강의 문학을 '이모님 문학'이라 부른다면 그 특별함을 인식할 수 있을까?

한강 노벨문학상 수상이 당신에게 미치는 영향

2024년 10월 26일

강남규 · 박권일 · 신혜림 · 은유 · 이재훈 · 장혜영 · 정주식 · 김민주

10월 10일 스웨덴 한림원은 한국의 소설가 한강이 노벨문학상 수상자로 선정됐다고 발표했다. 이날 발표를 생중계하던 국내 모 출판사 직원들의 정지 화면 같았던 표정은 이 사건이 얼마나 놀라운 일이었는지를 보여줬다. 한국인의 노벨상 수상은 2000년 김 대중 전 대통령의 노벨평화상 수상 이후 두 번째이고 아시아 여성으로는 최초 수상이다. 스웨덴 한림원은 한강의 작품 세계를 "역사적 트라우마에 맞서고 인간 삶의 연약함을 드러낸 강렬한 시적 산문"이라고 표현하며 노벨문학상 선정 이유를 밝혔다.

봉준호 감독의 칸영화제 황금종려상 수상, BTS의 빌보드 1위, 〈오징어게임〉의 에 미상 6관왕 등 K콘텐츠가 세계 무대에서 주목받는 가운데 한강 작가가 노벨문학상을 받으면서 K콘텐츠의 저력을 다시 한번 보여줬다는 평가가 나왔다. 하지만 K문학과 한강은 별개라는 주장도 나왔다. 한편 한강의 수상 소식에 보수진영에서는 5·18광주민주화운동에 대한 부끄러운 역사 해석 논란이 벌어졌다. 우리는 한강의 이야기를 얼마나 이해한 걸까.

노벨문학상 수상자 선정 2주 뒤, 열기가 채 식지 않은 시점에 열린 토론에 토론자들 역시 감격을 감추지 못한다. 정주식은 책장에 꽂혀 있던 《채식주의자》가 너무 무겁게

느껴졌다고 고백했고 저널리스트가 된 이후 문학을 멀리해왔다는 이재훈은 30년 만에 문학과의 재회를 선언하기도 했다. 이들은 《채식주의자》《소년이 온다》《작별하지 않는다》 세 작품을 중심으로 한강의 문학세계를 논한다. 후반부에는 한강의 노벨문학상 수상이 불러일으킨 사회적 소란에 대한 감상을 전하고 '텍스트 힙' 열풍과 과시용 독서 논란을 통해 책의 본령이 무엇인지에 대한 고찰이 이어진다.

　　이 토론 역시 노벨상 수상 직후 벌어진 수많은 소란의 하나로 볼 수 있을 것이다. 하지만 수상의 의미를 짚어내고자 애쓰는 토론자들의 태도가 어느 때보다 차분했다는 것은 자신 있게 말할 수 있다. 이 토론에는 국문학 박사 김민주 씨가 게스트로 참여해 토론의 깊이를 더한다.

66

이재훈 : 10월 26일 '토론의 즐거움' 시작하겠습니다. 한강 작가가 아시
아 여성 최초로 노벨문학상을 수상했죠. 저희 토론하는 시점이
발표 뒤 2주 정도가 지났어요. 오늘 토론은 한강 작가의 작품
이야기를 중심으로 하면서, 지난 2주 동안 한국 사회에서 벌어
진 많은 현상들에 대한 이야기도 해보려고 합니다. 참, 오늘 남
규 님이랑 같이 오신 분은 어떤 분인지 소개를 해주시죠.

강남규 : 성함은 김민주라고 하고요. 저와 결혼한 지 3년 가까이 되어가
는 분이에요. 국문학 연구자입니다. 한강 작가와 한강 작가의
아버지인 한승원 작가의 작품을 많이 읽었다고 하네요.

이재훈 : 일단 상의 취지를 보면, 역사의 아픔을 담은 작품들에 대한 언
급들이 있습니다. 《소년이 온다》라거나 《작별하지 않는다》, 이
작품이 중심이 되어서 한강 작가가 수상했다는 이야기들이 기
본적으로 나오는 것 같습니다. 이전에 맨부커상을 탔던 《채식
주의자》나 여러 작품들도 있죠. 가장 먼저 은유 님이 말씀해주
시죠. 저희 중에 가장 많이 한강 작가의 작품을 읽으셔서.

은 유 : 저는 책을 논픽션 위주로 읽어왔고 문학에선 시를 좋아하다 보
니까 소설을 읽을 기회가 항상 뒤로 밀려요. 특히 한국 소설을
많이 못 읽었어서 한강 작가님의 초기작은 읽지 못했고 《소년
이 온다》가 첫 책이고요. 그다음에 《채식주의자》《흰》《작별하
지 않는다》까지 본 정도입니다. 그마저도 읽은 지가 오래됐고
다시 읽어야지 했는데 생전 책을 안 읽던 저희 딸이 한번 읽어
보겠다며 자기 자취방으로 가져간 거예요. (웃음) 그래서 노벨

문학상 수상이 사건은 사건이다, 읽지 않는 자를 읽게 하는구나라고 느꼈어요. 무척 좋은 현상이라고 생각해요.

저의 한강 최애 작품은 《채식주의자》예요. 소설을 읽는 이유나 작품에서 중요시하는 부분이 다 다르겠지만 저의 경우는 인물을 통해 인간의 행동이나 내면을 따라가면서 몰입하는 편이거든요. 책을 다 읽고 난 후에도 사건보다 주인공 이름이 기억나는 소설이 저는 좋은 소설이라고 느껴요. 제겐 소설이 인간 탐구의 교과서죠. 그런 점에서 영혜라는 인물이 굉장히 강렬했고 그리고 인물을 둘러싼 일상의 사건과 전하고자 하는 메시지, 일상의 최전선인 밥상에서부터 드러나는 가부장제의 폭력성, 그리고 그에 맞서 변해가는 한 인간을 너무 잘 드러내서 한강 작품 중에 가장 완결성 있지 않나 생각해요.

또 《소년이 온다》도 너무 좋았어요. 그 작품은 동호, 정대, 정대 엄마 이런 식으로 화자가 계속 바뀌잖아요. 광주의 이야기를 여러 화자의 시점에서 입체적으로 밀도 있게 아름답게 잘 담아냈다고 감동하면서 읽었죠. 근데 제가 《소년이 온다》가 최애가 아닌 거는 사실 뒤에 에필로그 때문이에요. 다 읽고 나서 에필로그에 작가가 이 책을 어떻게 썼는지, 자료를 보면서 어떤 느낌이었는지에 대해 상세히 나오니까 몰입이 되게 깨지는 느낌? 그런데 다시 생각해보면 한강의 작품세계나 글을 만들어가는 방식이 꿈과 현실, 죽은 자와 산 자, 작가와 작품, 이런 이분법의 경계를 계속 넘어다니고 있어서 에필로그 역시 의도한 거겠구나 싶기도 해요. 실제로 《소년이 온다》 에필로그가 《작별하지 않는다》 프롤로그로 이어지거든요. 그래서 이것이 한강의 스타일인가 싶기도 한데 제 독서 취향에서 볼 때는 아쉬움이 있었습니다.

강남규: 《소년이 온다》 에필로그는 그런 부분도 있을 것 같아요. 그 책이 나왔던 시점에 5·18에 대한 논쟁이 워낙 격화되어 있었기 때문에 사실관계를 최대한 조사해서 만들어낸 결과라는 거를 보여줘야만 이거에 대한 불필요한 논쟁을 차단할 수 있지 않을까하는 생각도 있었을 것 같아요.

김민주: 김숨 작가가 한강이랑 비슷한 시기에 시작했는데, 한강보다는 조금 뒤 세대죠. 근데 김숨 작가의 《한 명》이라는 소설에서 모든 내용이 다 증언으로 되어 있어요. 그런 역할을 하지 않았을까라는 생각이 들었어요.

강남규: 굳이 그렇게 해야 될까 싶은 아쉬움은 있는데 왜 그렇게 해야겠다고 마음먹었는지 좀 이해가 되긴 해요. 《82년생 김지영》도 각주 막 다 달아놨었잖아요. 그런 논쟁적인 주제를 다룰 때는 어떻게든 이게 사실에 근거했다는 걸 보여주고 싶은 작가의 마음이 있을 거라고 생각해요.

박권일: 동의해요. 근데 형식은 정답이 있는 게 아니라 작가의 선택인 것 같고요. 작가도 당연히 생각을 했겠죠. 그 정도 경력과 성취를 이룬 작가가 형식에 대한 고민을 안 했을 리는 없는데, 그런 형식을 택했다는 것은 그것이 가지는 효과를 분명히 의도하고 썼다는 거겠죠. 저는 그렇게 쓸 수도 있겠다는 생각을 했습니다. 픽션 중에서도 논픽션이 등장하는 경우가 있고 리얼리즘적인 서사에서 갑자기 유령이 등장하기도 하잖아요. 그 정도의 형식 실험들은 사실은 외국 작품에서는 꽤 많이 나오는 편이긴

한데, 그런 면에서 한국 문학만 읽는 독자들한테는 조금 낯설 수도 있었겠다는 생각은 드네요.

특히 한강 작가 작품 중에서 역사적인 사건, 4·3이라든가 광주민주화항쟁을 다루는 책을 읽으면서 가장 크게 느낀 점은 작품성, 완성도 이런 거 다 떠나서 작가가 역사적 사건들의 무게에 짓눌리고 있다는 것. 그래서 그 무게 때문에 사실은 본인의 문학적인 역량을 제대로 펼치지 못한 게 아닌가 하는 생각도 들어요. 《채식주의자》의 완성도와 《작별하지 않는다》의 완성도는 사뭇 다르거든요. 두 작품 사이에 작가의 역량이 특별히 떨어질 이유가 없는데, 그렇다면 결국 작가가 역사적 사건의 무게에 짓눌린 부분이 있지 않나 하는 거죠. 《소년이 온다》는 그래도 《작별하지 않는다》보다는 좋았습니다만.

이재문 : 그러면 《소년이 온다》나 《작별하지 않는다》 말고 역사적인 사건을 다루지 않은 다른 작품들하고는 어떻게 비교할 수 있을까요?

박권일 : 제가 학교 다니던 90년대 중후반 무렵에 운동권 학생들이 보통 김남주 시인 같은 운동권적 문학 외에 이른바 순문학을 잘 안 읽었어요. 근데 끼고 다니던 순문학스런 시집과 소설이 있었거든요. 시집은 기형도의 《입 속의 검은 잎》이었고요, 소설은 한강의 《여수의 사랑》이었습니다. 당시 한강 작가가 떠오르는 신예였고 굉장히 힙한 작가였어요. 젊은 작가들은 지금도 트렌드에 따라 뜨고 지잖아요. 한강 역시 그런 작가 중에 한 명으로 저는 기억합니다.

《여수의 사랑》은 읽어보면 참 우울해요. 우울의 정조가 그때부터 있었거든요. 그게 점점 심해져가지고 《채식주의자》에 이르면 극한의 우울로 나아간듯 합니다.《여수의 사랑》에 실린 단편들에서는 개인의 상실과 고통에 대한 천착과 우울의 정조가 보이고 있고, 제가 읽으면서 사실 그 이전까지 젊은 작가들이 써왔던 것하고는 좀 결이 다르다는 생각도 했어요. 아주 날카롭게 갈아낸 바늘 같은 느낌이랄까. 그 예민한 감수성이 문학적으로 숙련되면서《채식주의자》에서 만개한 것이 아닌가 생각합니다.

장혜영: 저는 한강 작가님 책 중에서 제일 먼저 봤던 건《그대의 차가운 손》이라는 책이었어요. 거식증, 폭식증 그리고 몸에 대한 주제로 썼던 작품이었어요. 저는 정말 그냥 아무 책이나 손에 잡히는 대로 '왠지 궁금한데?'라고 생각하면 읽어보는 쪽이어서 재밌게 읽었는데 엄청 '이 사람 다음 작품도 나올 때마다 챙겨보고 싶어' 이런 건 아니었거든요. 실제로 그 우울의 정조 같은 게 내가 우울한 사람이라서 그런지는 몰라도 뭔가 안 읽어도 알 것 같고. (웃음) 이 사람도 같은 고민을 하고 있구나, 그런 기분으로 응원하는 정도의 작가였고,《채식주의자》나왔을 때 읽었고 그래서 부커상 탔을 때 반가웠고요.《소년이온다》는 5·18을 어떻게 풀어야 할지 고민하는 사람으로서, 한강 작가는 5·18을 마주했을 때 이걸 어떻게 텍스트로 풀었을까 궁금해하며 읽었어요. 약간 동시대를 살아가며 같은 고민을 하는 사람이라고 생각했거든요. 저도《채식주의자》가 그중에서 제일 좋아하는 작품인데 그거는 정말 소설다워서 좋았던 것 같아요. 읽는 재미가 너무 있었고 앞장을 읽는 게 뒷장을 읽는 힘이 되는 세계관이 그 안에 있다고 책장을 덮으면서 생각했죠. 사람들이 '채

식주의자'에 대한 편견이 더 강해지겠네? (웃음)

어쨌든 적어도 중견 여성 작가의 눈으로 이걸 끝까지 다뤄 냈다고 하는 게 저는 되게 반가웠어요. 김훈이었던가요? 누 가 "왜 이런 당대의 역사적 사건을 다루지 않느냐?" 물어보니 까 "어렵고 힘들어서 내가 비겁해서 안 다루는 거다"라는 식으 로 대답한 적이 있어요. 저는 그 마음 너무 이해가 가거든요. 만 약에 제가 영화 감독이거나 다큐멘터리 감독이라면 4·3이나 5·18을 다뤄야 된다는 마음은 있지만 엄두가 안 나 영상을 못 만들었을 거예요. 근데 그걸 어쨌든 끝까지 가서 짓눌린 느낌 일 수는 있지만 그래도 뭔가 마침표를 찍었다는 걸 저는 충분 히 리스펙트합니다.

오히려 제가 한강 작가님 노벨문학상 타고 나서 흥미롭게 보는 건 우리 사회의 반응인데요. 사실 맨부커상도 되게 큰 상 이잖아요. 그것도 많이 알려지긴 했지만 이런 느낌은 아니었 죠. 한강이 맨부커상을 탔다는 걸 가지고 담론의 장이 펼쳐지 고 신문 1면에 나고 이러진 않았잖아요. 근데 그래서 아직도 노 벨상이라는 게 한국 사회에 갖는 권위가 이 정도인가라는 생각 을 좀 했고, 그게 노벨상의 권위인지 아니면 고은이 안 돼서 그 런 건지.

역사의 무게 때문에 작가적 역량을 펴지 못했다는 박권일과 역사의 무게를 감당한 것 만으로 충분히 리스펙트한다는 장혜영. 각자 방점을 다르게 찍고 있지만 《채식주의 자》가 다른 대표작보다 문학적으로 뛰어나다는 사실에 동의하고 있다.

이재훈: 노벨상이 가지는 독특한 지위가 있는 것 같아요.

장혜영: 그리고 윤석열 정권이라는 특수한 맥락 위에 5·18, 4·3 이런 게 얹어졌기 때문에 사람들이 더 이걸 빌미 삼아서 자기가 하고 싶은 얘기를 덧붙일 수 있는 분위기가 된 건가, 그런 생각도 들고 그래서 그 이후에 벌어진 대화의 장을 되게 흥미롭게 봤던 것 같아요.

이재훈: 역사적인 아픔을 다루는 작품들, 특히나 픽션 작품이 저는 더 힘든 것 같아요. 4·16 세월호 참사 같은 경우도 저희 모두가 동시간대에 TV로 세월호가 침몰하는 장면을 봤는데, 그 이후에 나온 많은 논픽션 텍스트들에 대해서 논쟁이 엄청났거든요. 어떤 작품은 세월호 참사를 왜곡했다는 얘기가 나오고, 그런 논쟁들이 지금까지 진행되고 있거든요. 픽션으로 참사를 다룬다고 하면 아예 그런 사실관계에서 벗어난 독립된 관점이라면 좋을 텐데, 그렇지 않잖아요. 많은 사람들이 픽션도 논픽션으로 보고 평가를 한단 말이죠.

　　특히나 《소년이 온다》 같은 경우에 제가 본 논쟁 중에 하나는 당시에 광주 시민들의 인구수를 잘못 적었다는 걸 가지고 역사학자라는 분이 계속해서 출판사에 고쳐야 된다고 얘기를 했던 일이 있었더라고요. 그런데 출판사에서는 작가랑 얘기한 뒤에 아무리 생각해도 그 부분이 꼭 중요한 대목은 아니라고 생각해서 그냥 가기로 했다고 답했는데, 이분은 그걸 가지고 역사를 왜곡했다고 계속 주장하시고. 저는 역사학자의 마음도 이해는 돼요. 근데 또 픽션이 가지고 있는 그들만의 세계가 있는 것이고, 이것들을 서로 구분하지 못한 상태에서 역사의 무게감에 모두가 짓눌려 있는 거죠. 팩트 하나하나에 대해서 많은 사람들이 천착하는 과정들에서 오는 무게감, 이것을 아무리 중견 작가라고 해도 홀로 감당하기가 쉽지는 않았을 거라는 생각이 들긴 합니다. 주식 님은 어떻게 보셨어요?

정주식: 저는 《채식주의자》《소년이 온다》《작별하지 않는다》 작품 세 개만 읽었어요. 《채식주의자》랑 나머지 두 개 작품이 다른 얘기를 하고 있는 것 같지는 않아요. 저는 한 작품을 읽고 있다는 느낌으로 읽었거든요. 기억의 의무에 관해 세 작품이 동일한 얘기를 하고 있는 것 같고요. 한강이 5·18, 4·3 같은 역사적 사건들을 열심히 취재해서 썼지만, 작가가 하고 싶었던 얘기는 그 사건들을 고발하는 것에 머문 것 같지 않아요. 세 작품에서 반복적으로 기억의 의무를 강조하는데 그걸 부과하는 방식이 고통이에요. 한강에게 고통이라는 건 곧 죄의식의 육체화예요. 그러니까 한강이 보기에는 고통을 못 느끼는 사람은 죄의식이 없는 사람인 거죠. 기억을 하지 않는 사람인 거예요. 《채식주의자》에서 주인공이 고통스럽게 고기를 끊게 되는 이유도 무언가 기억하기 때문이거든요. 그런데 그 기억의 방식이 조금 기괴하죠. 자꾸 꿈에서 뭐가 나타난다는 거예요. 꿈에 인류가 잔인하게 살육을 해온 잔상들이 자꾸 나타나고 현실에서는 아빠가 베트남전에서 잔인하게 양민을 학살했다는 무용담을 자랑하는 이야기들이 계속 끼얹어지면서 영혜가 그 기억에 짓눌려서 고기를 안 먹게 되죠.

《채식주의자》에서 영혜가 고통을 느끼는 방식은 《소년이 온다》와 《작별하지 않는다》에서 화자들이 느끼는 고통을 느끼는 방식과 같아요. 그 사람들도 기억하기 때문에 아픈 거죠. 고기를 먹을 수 있는 사람들은 기억을 못하는 사람들이에요. 아빠가 저지른 죄와 무관하고 인간이 저질러온 살육으로부터 단절된 사람들이죠. 그런 사람들은 고기를 편하게 먹는 거예요. 그렇게 기억-고통-죄의식의 의무로 연결되는 거죠.

그런데 그런 일을 직접 겪은 사람들의 입으로 이야기를 전달하지 않고 엉뚱한 전달자가 계속 등장하거든요. 그 점이 저는 한강이 말하고 싶은 포인트인 것 같아요. 그냥 바로 말하면 되는데 자꾸 거추장스럽게 듣고 나서 전달하는 사람들이 나와요. 친구가 다큐 영화를 찍는다든지 관련한 책을 쓴다든지 당사자성이 별로 없는 전달자들이 계속 삽입되거든요. 한강은 독자들에게 타자의 고통을 직면해달라고 요청하는 것 같아요. 보통 사람들은 고통이 있으면 그걸 해소하고 떨쳐내려고 노력하는데 한강은 고통을 간직하고 기억하는 것이 산 자의 의무라고 말하는 것 같아요. 제가 본 한강 작품들은 편차가 크다고 생각을 하지만 한국에서 누군가 노벨문학상을 받는다면 이런 사람이 받는 게 자연스럽다는 생각은 들어요.

강남규 : 저는 《소년이 온다》랑 《뉴욕타임즈》 기고글만 읽었는데 그 두 글에서 느껴졌던 정서가 좀 흥미롭긴 했어요. 한강 작가가 초기 작품부터 계속 우울의 정서가 있었다고 하셨는데, 그 두 글에서도 좀 그런 게 느껴졌거든요. 짓눌리는 사람들에 대한 이야기, 짓눌려서 역사의 객체가 된 사람들의 이야기처럼 느껴졌어요.

특히 저는 《뉴욕타임즈》 기고글에서 동의하기 정말 어려웠던 부분이 그건데, "남북이 이렇게 전쟁 위기로 몰려가는데 한국 사람들이 왜 이렇게 태연하냐?" 이게 《뉴욕타임즈》가 던진 질문이었어요. 거기에 대해서 한강 작가가 답변을 하는 글인데, 남한 사람들이 아무 관심이 없는 것처럼 보이지만 실은 전쟁을 가슴속 깊이 체감하고 있다. 근데 그거를 매일매일 표현하고 살면 너무나 괴로운 삶이기 때문에 숨기고 억누르고 살아가는 것뿐이라고 이야기하고 있거든요. 동의는 안 돼요. 솔직히 전쟁 위기에 관심 없어요. '한강 작가가 동시대 사람들을 바라보는 관점이라는 것은 그런 느낌이구나'라는 생각이 《뉴욕타임즈》 글을 읽고서야 좀 들었던 것 같아요. 뭔가 항상 아파하고, 억눌린 거를 참고 살아가는 사람들. 그쪽에 한강 작가가 관심이 있다는 거를 《뉴욕타임즈》 기고를 읽으며 이해하게 됐어요. 《소년이 온다》를 읽을 때는 느끼지 못했던 것이 《뉴욕타임즈》 글로 역으로 이해가 됐던 거죠.

김민주 : 제가 제일 좋아하는 책은 《노랑무늬영원》이라는 단편집인데 인간의 회복에 대한 얘기예요. 주인공이 다리에 큰 상처가 났는데 그게 언젠가는 회복을 하겠죠. 하지만 그게 회복할 것을 지금은 모른다는 이야기인데, 읽으신 분들은 아마 이 정조에 동감하실 거라고 생각을 해요. 아까 광주민주화항쟁 얘기가 나와서 말인데 그게 1980년이었잖아요. 1980년에 며칠 동안 일어난 일이었고, 근데 그게 처음 장편 소설로 나왔던 건 85년이에요. 황석영 작가의 《죽음을 넘어 시대의 어둠을 넘어》라는 작품이 있는데, 5년이 걸린 거죠. 그거를 문학화하고 픽션화하는 데. 그전에는 다큐나 단편으로 많이 나왔고요. 같은 고민이었다고 생각을 해요. 일어난 일에 대해서 가상의 무언가를 내

가 이렇게 덧붙이고 말할 수 있는가. 세월호 이후에도 우리 그런 말들이 많았잖아요. "이거를 문학으로 만들 수 있는가?" 그런 얘기를 많이 했었는데, 한강 작가는 기억해야 한다는 것과 언젠가는 인간이 회복을 한다는 걸 그래도 믿는 사람이라고 생각을 해요.

리오타르라는 사람의 '기념비'라는 논의가 있는데 이게 사람이 트라우마를 맞이했을 때 너무 힘드니까 기념비처럼 다른 외부에 무언가를 세워서 거기에 투사함으로써 자신은 거기서부터 자유로워진다는 거예요. 근데 그러지 않기를 선택한 거죠. 결국에는 계속 고통을 직면하고, 외부로 빼내지 않고, 기념하지 않고, 현재진행형의 고통으로. 근데 이게 언젠가는 더 나은 방식으로 인간을 낫게 할 것이라는 이야기로 계속 일관되고 있다고 저는 생각을 해요.

고통을 몸 안에 둔 사람은 잊을 수가 없다는 김민주의 해석은 고통은 죄의식의 육체화라는 정주식의 해석과 유사하다. 한강 문학에서 고통은 바람직한 것이다.

이재훈: 다른 분들이 보기에는 한강 작가의 작품들이 관통하는 주제의식은 어떤 것들이 있었을까요?

정주식: 신비주의인 것 같아요. 처음에는 문학적 장치로 이런 은유들을 썼구나 싶었는데 반복적으로 샤머니즘적인 장면이 나와요.

은 유: 실제로 꿈을 많이 꾸신대요. 꿈에서 모티브를 얻어서 글을 쓴다고 인터뷰 같은 데나 글에서 말하셨죠. 평소에 많이 생각한 거나 짓눌린 기억이 꿈으로 발현되잖아요. 한강 작가님에게는

꿈이 문학을 추동하는 동력이라는 느낌이 들었어요.

정주식: 신비주의가 발현되는 방식이 연결이에요. 모든 게 연결돼 있다고 이야기하는데 이런 식이에요. 내리는 눈을 보면서 '저 눈은 내가 봤던 그 시체의 얼굴에 덮여 있던 눈과 같은 눈이 아닐까' 이런 생각을 하는 거예요. 뭐 과학적으로 보자면 분자 단위로는 맞을 수도 있는 얘기지만. (웃음) 기억을 하니까 아프다는 얘기를 하고 싶은 것 같아요. 또 어떤 사람은 물고기를 안 먹는데 안 먹는 이유가 '이 물고기가 그 시체를 먹은 물고기인지 어떻게 아냐' 이런 식의. 김진숙 지도위원이 냉골에서 자는 그 마음 있잖아요. 그런 식의 비유를 반복적으로 써요. 한강은 실제로 사물과 동물과 나와 죽은 사람과 이런 것들이 다 연결돼 있다고 여기는 것 같아요. 자기가 감각적으로 체득한 그 연결을 되게 여러 가지 방식으로 설명을 해요. 소설을 많이 안 읽던 사람들이 이걸 읽으면 '뭐 하자는 거야?' 하고 벙찔 수 있는 거죠. 개인적으로는 실제로 한강이 어떤 종류의 신비주의에 심취해 있는 게 아닌가 싶고요. 그런 감각이 본인 문학의 중요한 동력일 수 있겠구나 생각했어요.

은 유: 저는 신비주의보다는 굉장히 리얼리즘으로 읽었어요. 왜냐하면 그냥 사람들이 생각할 땐 산 자와 죽은 자가 되게 명확하잖아요. 근데 상처받은 사람은 경계가 명확하지 않거든요. 죽었지만 끊임없이 일상에 되돌아오고, 나랑 계속 같이 살고 있고, 그걸 몸으로 느끼니까 그런 작품이 나오는 것 같아요. 보르헤스가 '꿈은 가장 오래되고 가장 복합적인 문학 장르다' 이런 말도 했고 《꿈 이야기》라는 책도 썼어요. 아무튼 이렇게 늘 날선

신경으로 고통을 느끼고, 눈이 올 때도 '아름다워' 여기서 그치는 게 아니라, 저 눈이 4·3 때 시체를 덮었던 그 눈으로 보이는 거라서 이게 탈현실이나 비현실적인 게 아니라 너무나 현실을 직시하는 것 같아요. 그래서 신비주의와는 가장 먼 게 저는 한강 작품 같거든요.

정주식: 이런 장르를 평론가들이 말장난 식으로 마술적 리얼리즘이라고 부르죠. 마술적인 것과 리얼리즘은 사실은 굉장히 모순적인데 이거 두 개를 연결해서 설명을 해요. 저는 어색하다고 생각했어요.

신혜림: 저는 마술적 리얼리즘이라고 말씀하시는 것이 '문학'과 완전히 동일한 말인 것 같거든요. 한강은 문학적으로 계속 살아내기로 결심한 사람인 것 같고요. 어쨌든 이 현실세계를 붙잡고는 있지만 마치 접신 직전에서 머무르는 인생을 살려는 거 같단 생각이 들어요. 듣다 보니 최승자 시인이 떠오르는데 최승자 시인 같은 경우는 그러다 그 너머를 가버린 사람인 것 같고요. 문학적으로 살고자 한다는 점에서 노벨문학상이 한강 작가를 선택한 건 괜찮은 선택이다, 그런 생각이 들었어요.

정주식: 고통받는 사람들의 신경쇠약을 그리고 있다는 점에서는 사실적이라고 볼 수 있어요. 저는 한강 소설을 보면서 커트 보니것의 《제5도살장》이라는 소설이 떠올랐어요. 주인공이 드레스덴 폭격 생존자예요. 참혹한 폭격의 현장에서 시체 처리를 했던 사람이 그 일을 겪고 나서 계속 혼자 생각을 해요. '언젠가 내가 보고 들은 것을 사람들한테 전해줘야지.' 그러다가 어느 날 방송국에서 연락이 온 거예요. 그때 겪었던 일을 우리 방송에서

증언해달라고 요청이 온 거죠. 이 사람은 반가우면서도 막상 그 순간이 오니까 아무 말도 못하는 거예요. 도대체 무엇을 어디서부터 어떻게 말해야 할지 머리가 하얘지고 신경이 쇠약해지면서 막 시간을 떠다니게 되거든요.

저는 《작별하지 않는다》 중간에 나오는 혼란스러움, 시간이 앞으로 갔다 뒤로 갔다 하면서 죽은 사람하고 대화도 나눴다가 사라지고 하는 분위기와 피해자의 신경쇠약적인 정서가 굉장히 닮아 있다고 생각했어요. 그 작품들이 말하고 있는 건 그런 고통을 겪은 사람은 제정신일 수가 없다는 거예요. 4·3 때 끌려가서 성고문당한 사람한테 무슨 일이 있었냐고 누가 물어봐요. 한강은 이렇게 되물어요. 그런 고통을 겪은 사람이 어떻게 온전히 그 일을 증언할 수 있느냐고요.

김민주: 저는 두 분이 같은 얘기하고 계신 것 같아요. 신비라고 말씀하셨는데 그게 밀교적인 그런 신비는 아니고, 책임 없는 과거로 떠나는 그런 시간여행 같은 것도 아니고, 그냥 너무 큰 고통이고 말도 안 되는 일이잖아요. 너무 말도 안 되는 일을 겪은 사람이니까 그 사람의 심리를 표출하기 위해서 겉으로 보기에는 말이 안 될 수 있다는 얘기를 신비주의라고 말씀을 하신 것 같고. 그래서 같은 얘기를 하신 것 같아요.

김민주는 정주식의 말을 트라우마의 은유적 표현에 관한 이야기라고 해석했지만 정주식은 실제로 한강이 어떤 종류의 신비주의를 믿는다고 생각하는 것 같다.

박권일: 저도 많이 읽지는 않아가지고……, 사실 제 취향의 소설가는 아

닙니다. 저는 아주 밝은 사람입니다. (웃음) 《여수의 사랑》을 보면 되게 상징적인 사물들이 많이 나와요. 〈붉은 닻〉이라는 단편소설을 보면 무너지는 가족이 붉게 녹슨 닻에 비유되고 있지요. 굉장히 상징주의적이거든요. 초기에 한강 소설들에서는 사물에 대한 상징들을 많이 써요. 그러다가 어느 순간부터 이 상징성이 육체성으로 변하면서 육체의 고통에 굉장히 천착하는 느낌이 들어요. 《채식주의자》가 그런 부분들이 극대화된 예인 것 같고요.

한강 작품은 꼼꼼하게 읽어내려 갈수록 참 고통스러워요. 독서 자체가 힘들어요. 그냥 문장일 뿐인데 고통이 육박해 들어오는 느낌이거든요. 이 육체적인 고통이 결국 트라우마에 대한 얘기라고 생각해요. 트라우마는 현실과 환상을 뒤섞고 시간 관념을 뒤틀어버리기도 합니다. 우리가 이른바 정상적인 일상에서 경험할 수 없는 것들을 트라우마는 가능하게 만듭니다. 새로운 어떤 세계가 열린달까. 그런 면에서 리얼리즘이 맞지요. 실제 경험이니까. 그 리얼리즘에 특히 여성들이 많이 공감하더라고요. 제 주변에도 한강 소설을 읽은 여성들, 남성의 폭력을 직간접적으로 경험했던 여성들이 한강의 문장에 바로 이입이 된다고 하더라고요.

오래전에 한강 소설을 읽는 합평회 같은 데서 그런 얘기를 했거든요. 신경이 몸 밖으로 전부 노출된 사람이 쓴 소설 같다. 무시무시한 예민성. 고통을 느끼는 센서가 우리는 보통 50 정도라면 한강은 270,000 이런 사람인 거예요. 그 정도로 예민하게 남의 고통을 느끼고 본인의 고통도 느끼다 보니까 그 고통

속에서 현실이 뒤섞이고 현실을 잊기 위해서 또 다른 환상으로 도피하기도 하겠죠. 그러니 사실 그건 굉장히 리얼한 얘기죠. 우리 육체가 감각적으로 느끼니까요. 근데 그 부분에 대해서 대부분 남성은 사실 공감하기 힘든 부분이 있을 수도 있다는 생각이 듭니다. 남성은 기본적으로 인과관계나 논리적인 순서에 집착하는 경우들이 많은데 트라우마적인 경험은 그런 식으로 구성이 안 되거든요.

은 유: 《채식주의자》는 완전 첫 줄부터 이입됐죠. 1부의 화자가 남편인데 첫 문장이 이래요. "영혜가 무난하고 튀지 않는 사람이기 때문에 아내가 채식을 시작하기 전까지 나는 그녀가 특별한 사람이라고 생각한 적 없다." 그러니까 82년생 김지영들 같은 겉보기에 무난하고 모나지 않은 착한 K장녀들을 배우자로 선호하는 설정부터가 그랬죠. 그리고 가족들에게 영혜의 말이 받아들여지지 않잖아요. 고기를 안 먹겠다고 했는데도 먹어야 된다, 이런 폭력성은 일상에서 흔하죠. 여자는 이렇게 살아야 된다. 가부장제 폭력성의 본질이 하나의 진리만 허용하고 구성원들을 통제하는 거잖아요. 엄마는 이래야 돼, 남자는 이래야 돼, 건강하려면 밥을 먹고 고기를 먹어야 돼, 정상과 비정상을 가르고 여기서 살려면 변하거나 미치거나 해야 돼. 그런 현실이 너무 잘 드러나서 읽으면서 이거는 공기처럼 익숙한 우리 이야기다 싶었죠.

또 여기서 영혜가 화자가 아니라 남편의 시선, 형부의 시선, 언니의 시선으로 이야기가 전개되잖아요. 그러니까 여성이 자기 언어를 갖기 어려운 상황에서 늘 타인에 의해서만 설명되는 존재라는 걸 보여주는 것 같았어요. 타자의 목소리 사이사이 영혜의 목소리가 삽입되고 서로 충돌하고 길항하면서 긴장을 팽팽하게 끌고 가죠. 그런 점에서 형식과 내용과 주제의식이 잘 아우러진 탁월한 소설이라는 생각이 들어요.

정주식: 한강은 계속 폭력의 주체에 관해 이야기해요. 영혜의 입을 억지로 벌리고 고기를 먹인 아빠는 베트남전에서 무고한 양민들을 학살한 사람이었죠.《소년이 온다》에서 가장 잔인하게 소년들을 쏴 죽인 장교는 마치 영혜 아빠 같아요. 둘 다 베트남전에서 양민을 죽인 무용담을 자랑스레 늘어놓거든요.《작별하지 않는다》에서도 조금 뜬금없이 베트남전 얘기가 나와요. 4·3 얘기, 5·18 얘기를 하다가 삽입된 문장 형식으로 베트남에서 국군소대가 양민을 학살했는데 그때 그 사람들이 갖고 있었던 잔인성이 DNA를 타고 보스니아·난징·신대륙 이런 데로 다 전파된 거라고요. 시점상 앞뒤가 안 맞는 얘기긴 한데, (웃음) 한강에게는 베트남전이 굉장히 큰 트라우마였던 것 같아요.

베트남전의 기억은 한강에게 폭력의 기원과 대물림에 관한 이야기죠. 그렇게 본다면 아빠가 강제로 입을 벌리는 순간 영혜는 베트남전 희생자와 만나는 거예요. 동시에 난징·보스니아·신대륙 등등에서 무고하게 학살당한 피해자들과 한몸이 되는 거죠. 문학의 지평이 넓어지는 순간이에요. 한강은 폭력의 대물림과 인간의 약함에 대해 천착하는 작가인 것 같아요. 한쪽에서는 인간의 잔인성에 대해서 이게 어디서 온 것일까 물으면서 폭력의 근원과 대물림에 대해서 고민하고, 한쪽에서는 또 인간이 얼마나 약한지에 대해서 얘기해요. 인간은 유리 같은 존재라서 탁 건드리면 깨질 수밖에 없는 존재라고 말해요. 그 두 개의 이야기를 계속 엮어가면서 폭력에 반대하는 것이 한강의 주요 주제가 아닌가 싶어요.

은 유: 인간의 폭력성이 한 축이고, 또 한 축은 인간은 얼마나 사랑의 존재인가. 한강은 이 두 가지가 자신이 작품에서 던지는 질문이라고 했죠.《소년이 온다》에 나오듯이 열두 살에 5·18항쟁 사진을 보잖아요. 거기에서 잔인한 학살의 장면을 보고, 또 사람을 맞추지 않기 위해 애쓰는 병사들도 있었다고 하면서 '인간이란 어떤 행동을 하는 존재인가?' 질문하게 됐다고. 누구는 사랑의 주체고 누구는 폭력의 주체일 때 이 혼란이 컸다고 해요. 그래서《소년이 온다》영어 제목이 *Human acts*라고 해요.

한강이 또《작별하지 않는다》에서도 "나는 이 소설이 사랑에 관한 소설이기를 바란다"라고 작가의 말에 쓰거든요. 그래서 한강 작가님은 폭력에 관심이 많은 만큼 회복, 갱생, 사랑에도 관심이 많고, 그 믿음의 힘으로 계속 쓰시는 것 같고요.《채식주의자》부터 노벨문학상을 견인한 세 권이 다 폭력을 다룬 핏빛 이야기인데, 한강이 쓴 가장 자전적인 소설은《흰》이거든요. 이건 아포리즘처럼 짧게 짧게 돼 있는 소설이에요. 흰 것인 사물들과 태어나서 두 시간만 살다 죽은 언니 이야기가 나오는데, 저는 그걸 보면서 흰에 대한 애착과 동경을 느꼈어요. 너무나 고통이 세계를 봐버렸기 때문에 흰 것을 보지 않으면 안 되는 걸까.

박권일: 이건 제가 얘기하기보다 다같이 한번 얘기해보고 싶은 주제인데요. 한강 작가가 노벨상 타고 나서 온라인 커뮤니티에서 되게 격렬한 논쟁이 벌어졌더라고요. '한강은 페미니스트인가?' 그 커뮤니티의 분위기는 이 사람이 페미니스트여서는 안 되는

거예요. 그래서 근거 없는 소문을 갖고 와서 한강이 페미니스트가 아니라고들 댓글에서 떠들고 있더라고요. 본인들끼리는 이미 다 정리를 했더라고요. '한강은 페미가 아닌 훌륭한 작가님이고 그래서 노벨상을 충분히 받아도 된다. 그러니까 한강을 페미니즘으로 몰아가서는 안 되고, 그렇게 하는 놈들은 이상한 애들, 좌빨들이다. 한강 본인이 페미니스트가 아니라고 얘기를 했다. 우리가 봐도 이 사람은 페미 아니다.'

김민주: 그 이전에 노벨평화상을 탄 사람이 그들 입맛에 안 맞았을 수 있잖아요. 그러니까 두 개의 노벨상을 다 그렇게 넘겨줄 수 없는 거죠. 저는 그렇게 생각이 들더라고요.

한강이 실제로 그런 발언을 했는지는 알 수 없었지만 남초 커뮤니티 유저들의 마음은 분명하게 알 수 있었다. 한강이 페미니스트가 아니라고 믿고 싶은 간절한 마음이다. '제발 아니라고 해줘.'

은 유: 근데 "나는 페미니스트 아니다" 이렇게 단언하는 작가가 있을까?

정주식: 김규나 작가.

멤버들: ㅋㅋㅋㅋㅋㅋ

강남규: 한강 작가가 스스로 페미니스트가 아니라고 말했다는 그 원문을 읽어본 적은 없지만, 아마 그렇게 말했다면 그런 맥락이지 않을까 싶어요. 어떤 책에 대해서 "이 책은 페미니즘을 다룬 책입니까?"라는 기자의 질문에 대해서 "그것만은 아니고 좀 더 폭넓은 이야기, 역사에 짓눌리고 어떤 체제의 구조에 짓눌린 이야기다"라는 얘기를 한 걸 갖고 와서 "페미니즘 아니라고 했

다" 이렇게 했을 가능성이 높아요.

장혜영: 그걸 보면서 안티페미니즘의 저주라는 게 이런 거구나 생각을 했는데요. 그분들이 누구보다 페미니즘에 짓눌려 있다는 생각이 드는 거예요. 모든 것이 다 페미니즘과 연관되어 있기 때문에 누구보다 페미니즘의 존재를 느끼며 살아가고 계시는. 그 저주에서 하루빨리 풀려나시기를.

김민주: 아버지 한승원 작가가 남성 작가이다 보니까 반대로 래디컬 페미니스트라고 지칭하는 극우 여성 일부 단체? 그런 계열에서는 아버지 한승원을 부정하려고 하는 거예요. "한강이 다 해냈는데 왜 한승원이 끼어드냐" 이렇게 말하는데, 일단 한강은 외부 활동을 철저하게 안 하던 작가예요. 그렇기 때문에 모든 스피커가 아버지 한승원이었는데 그런 맥락이 모두 다 차단된 거죠.

정주식: 거기서 조금 더 나아간 이야기를 해보자면, 이번에 정희진 씨가 《한겨레》에 특별 기고를 했는데 K문학과 한강은 별개라는 주장이었어요. 조금 비약하자면 마치 한강이 70억 분의 1 자격으로 노벨상을 받은 것처럼 들리더라고요. 그런 목소리들이 굉장히 많이 나왔어요. 그들이 그렇게 말하는 이유가 민주 님 말씀하신 이유와 같다고 생각해요. 한강에 한승원을 묻히는 걸 싫어하는 부류의 반대편에서 고은, 황석영, 한국 남성 작가 문단 등을 한강의 노벨상에 묻히고 싶어 하지 않은 나머지 한강이라는 사람이 갑자기 우주에서 뚝 떨어진 작가인 것처럼 묘사하는 거죠. 특히나 정희진 작가는 문학작품도 굉장히 많이 읽고 노벨상의 성격을 누구보다 잘 이해하는 사람인데 그런 식으로 본인이 믿고 있지도 않을 듯한 말을 쓰는 걸 보고 조금 놀

랐어요. 노벨문학상이 갖고 있는 단체상적인 성격이 분명히 있죠. 민족이든 국가든 혹은 소재주의도 있거든요. 그걸 인정한다고 한강의 문학성이 폄하되는 건 아니거든요. 그런 성격을 다 무시하고 한강이 진공 상태의 인간인 것처럼 말하는 사람들의 옹졸한 마음을 봤어요. 세상을 있는 그대로 이해하는 능력이 떨어지는 게 아닌가 싶습니다.

은 유: 한강은 아버지랑 되게 좋은 문학적 동료인 것 같았어요. 서로 책도 권해주고 한승원 님도 "내 딸이 나를 일찍이 넘어섰고 너무 훌륭한 작가다" 하고 인정했죠. 서로 존중하는 동료 관계이지 종속된 위계 관계로는 안 보였거든요. 그리고 어느 누구도 역사의 문화유산으로부터 자유로울 수 없잖아요.

박권일: 한강이 신비주의자가 아니라 터프TERF랑 정희진 씨가 신비주의자예요. 터프의 이상한 성별 이분법적 주장들과 정희진 씨의 그 유명한 '갠지스강 칼럼(〈목욕물을 마시는 나라〉, 《한겨레》)' 보면.

이재훈: 아니 한강 작가 본인이 포니정 시상식 수상 소감에서 그 얘기를 했거든요. "지난 30년의 시간 동안 저의 책들과 연결되어주신 소중한 문학 독자들께, 어려움 속에서 문학 출판을 이어가고 계시는 모든 출판계 종사자 여러분과 서점인들께, 그리고 동료, 선후배 작가들께 감사"를 전한다고요. 그런데 다른 사람들이 그것에 대해서 그렇게까지 분리시킬 이유가……

강남규: 그 얘기도 나왔었던 것 같아요. 《오마이뉴스》 기사 제목이 그렇게 붙었거든요. 〈역사 교사와 학자가 못한 일, 한강 한 사람이 해냈네요〉 이런 식으로 기사를 짰는데, 사실 한강 작가가 에필로그에서 언급한 오만 가지 문헌들, 그 문헌들을 쌓아올린 사

람들이 있었던 거죠. 그런 집합체로 봐야 되는 건데.

박권일: 예전에 노벨상은 주류 기득권적 성격이 강했고 그래서 사르트르는 노벨문학상을 거부했잖아요. 노벨문학상이 체제의 이념을 설파하는 곳이고 자기는 노벨상 받는 순간 그 체제에 포획되는 것이라고 신랄하게 비판하면서 거부를 했었는데, 노벨상의 최근 행보를 보면 특히 올해 문학뿐 아니라 다른 분야 상들을 봐도 확실히 좀 색깔이 바뀌었다고 느낍니다. 특히 경제학상 같은 경우 아제모을루·존슨·로빈슨이 받았는데 이분들도 사실 경제학계에서는 비주류인 제도주의자들이거든요. 인공지능 붐에도 매우 비판적입니다. 그래서 노벨상이 뭔가 변화를 모색하고 있고 그중에 대표적인 사례가 아시아 여성 작가인 한강이 아니었나 하는 생각을 해봅니다.

강남규: 궁금한 건데요. 상 타고 나서 서점들이 다 이렇게 서버 다운될 정도로 사람들이 몰려들고 완판 릴레이가 있었잖아요. 6일간 백만 부가 넘게 팔렸대요. 부럽다. 우리 《최소한의 시민》은……. 최근에 '텍스트 힙'이라는 말이 나왔던 맥락에서 "과시용 독서가 유행하니까 인스타그램에 찍어서 올리는 용도 아니냐" 하면서 약간 비아냥거리는 목소리들도 같이 나왔거든요. 이 과시용 독서라는 거에 대해서도 한번 얘기해보면 어떨까요?

은 유: 호황은 출판사 세 개로 한정해주세요. 다른 출판사들은 비명을 지르고 있습니다. 10월 10일 노벨상 발표 이후로 절반으로 주문이 줄었다고 하죠. 동네 책방도 거의 50퍼센트가 교보문고를 통해 책을 공급받는데, 교보에서는 아예 주문 창을 막아놓고 예스24, 알라딘에서도 한강 책이 공급되지 않아서 거의 열흘

지나서 책을 받았어요. 손님들이 계속 책을 찾는데 책이 없어서 못 팔았어요. 한강 특수를 누린 데는 대형 업체들뿐입니다.

박권일: 이 시기에 책 내는 사람들은 다 지옥을 경험하고 있어요.

김민주: 책 살 총량은 정해져 있는데 그게 다…….

은 유: 그리고 한강 작가님 책 다 이렇게 매집해놨으니까 이거 읽으려면 시간이 얼마나 많이 걸려요. 시적 소설은 빨리 읽히지도 않아요. (웃음)

박권일: 과연 사람들이 한강 소설의 우울함을 맛보고 나서도 계속 문학을 읽으실지 궁금하네요. 책을 과시용으로 사람들이 사는 것에 대해 뭔가 비난하는 듯한데, 책은 원래 과시용으로 사는 겁니다. 책은 원래 과시재고, 그냥 사서 쟁여놓는 거지 읽는 거 아니거든요. 저희 집에도 안 읽은 책이 거의 절반 가까이 될 겁니다. 읽은 책들은 정기적으로 버려요. 집이 너무 좁아서. "책을 과시용으로 사서 잘난 척한다" 이런 얘기하는 사람들은 본인이 정말로 책 안 읽는 사람들이란 걸 인증하는 거죠..

이재훈: 한동훈 씨가 책 끼고 나온 거는 어떻게 생각하십니까?

박권일: 과시 맞죠. 나는 한동훈 씨가 그렇게 책을 끼고 나가는 것도 책의 본령에 충실한 행위라고 생각해요. 저도 대학교 때 읽지도 않는 《정신현상학》 들고 다니고 그랬어요. 같은 과시용이면 휘발유 더럽게 많이 먹는 럭셔리 스포츠카나 환경 파괴하는 골프 장비보다 책이 그나마 낫다고 봅니다. 문제는 과시용으로 들고 다니니 안 다니니 이런 문제가 아니라 사실은 기본적으로 책 자체를 사지 않고 화제에 올리지 않는 문화가 문제죠. 책 외에 다른 볼 것들이 너무 많다는 점도 작용했겠지만요.

지난 5월 한 커뮤니티에 한동훈 국민의힘 대표가 도서관에서 책 읽는 고양이 티셔츠를 입고 소설책을 읽는 모습을 봤다는 목격담과 사진이 올라왔다. 박권일의 말처럼 '책의 본령'에 가장 충실한 정치인이다.

정주식: 저는 노벨상 현상에서의 책 사는 풍경은 오히려 그런 텍스트 힙과는 조금 다른 측면인 것 같아요. 텍스트 힙은 그것과 별개로 그냥 요즘에 유행이 있는 거고, 노벨상 이후에 사람들은 마치 〈흑백요리사〉 보듯 《채식주의자》를 보는 거죠. 하다못해 내일 회사 가면 점심시간에 분명히 한강 얘기를 할 텐데 자기도 거기 끼여야 돼. 그러면 《채식주의자》 정도는 읽어야 한마디라도 할 수 있거든요. 저는 MBTI 유행도 비슷한 성격이라고 생각해요. 이 콘텐츠 자체를 즐긴다기보다는 이걸 매개로 대화에 참여할 수 있는 자격을 획득하기 위해서 콘텐츠를 의무적으로 소비하게 되는 거죠. 이번에 한강 책 산 사람들은 실제로 많이 읽을 거라고 생각해요.

은 유: 진짜 슬프다. 사람들이 책을 안 읽는다 안 읽는다 했는데 노벨상 작품이 아니었기 때문에 안 읽은 거였나 봐요. 권위 있는 외부 단체에서 검증되면 다 읽을 준비가 돼 있었던 거야. 그러니까 판매지수가 2백만이 넘고……, 사상 초유의 본 적도 없는 지수를 봤어요.

장혜영: 전 정치적인 맥락에서 이 책을 조망하는 담론들을 좀 주의 깊게 봤는데 문화예술 블랙리스트에 올라 있었던 작가이고 작품들이잖아요. 말하자면 대한민국 보수 정부가 불온서적 딱지를 붙여가지고 축출했던 책이 노벨문학상의 얼굴을 하고 돌아온

것에 대해서 고소해하는 사람들의 얘기를 저는 좀 재밌게 봤고요. 어쨌든 가장 주류적인 인정을 문학으로서 받은 셈이고 그래서 이 악물고 "이건 페미니스트가 아니야!"라고 얘기를 하면서까지 인정할 수밖에 없는 작품의 무게감을 획득했는데 저는 그래서 약간 '팝콘각'이라고 하나요? 앞으로 일어날 일들이 너무 기다려져요. 교과서에 올려야 될 거잖아요. (웃음) 올리려면 해석을 해야 되잖아요. 그러면 그걸 어떻게 해석할 건지 사람들이 머리를 쥐어뜯을 생각을 하니까 그게 너무 즐겁고요. 한강의 노벨문학상이 한국 사회에 미치는 영향을 좀 시계열적으로 볼 필요가 있다는 얘기를 하셨던 거에 전적으로 공감을 하는 게, 오케이, 많이 팔린 건 좋아요. 저는 텍스트 힙이든 아니면 과시용 독서든 좋아요. 일단은 이 신scene 자체에 이 정도 규모의 경제가 일어난다는 것은 저는 없는 것보다는 훨씬 좋은 일이라고 생각해요. 나아가 이걸 어떤 방향으로 우리가 조향해갈 건지의 문제라고 봐요. 근데 산 걸 읽기 시작할 때! (웃음) 쉽지 않을 텐데. 사람들이 사실 문학을 읽는 관습, 문화가 되게 일천해진 지 오래니까요.

한강을 독파해내기 위해서는 사실은 문학적인 소양, 사회적인 소양, 그런 배경지식이 엄청 많이, 깊이 읽으면 읽을수록 필요해지잖아요. 그래서 이걸 마주해내는 사람들이 그 당혹감으로 어떻게 이 작품에 대한 해석을 변질시켜갈 것인가. 최근에 봤던《채식주의자》만 가지고 얘기를 하면, 스포일러가 돼서 죄송하지만, 형부하고 성관계를 하는 장면 이런 것들이 나오기 때문에 부모님들을 중심으로 "이 작품은 굉장히 불온한 게 맞다" "이건 청소년들이 읽으면 안 된다" 이런 담론이 형성되기 시작하는 걸 봤어요. "그럼 춘향전은요?"라고 반박하는 사람들의 모습에서 오랜만에 진짜 문학적인 논쟁을 시작한다는 생각이 들어서 되게 반가웠어요.

이재훈: 저는 저널리스트로 살아서 20~30년 문학작품은 거의 잘 안 읽었거든요.

강남규: 저널리스트하고 그게 무슨 상관이죠?

장혜영: 저널리스트 비하 발언.

멤버들: ㅋㅋㅋㅋㅋㅋ

이재훈: 제가 이런 말씀을 드리는 이유는 매일매일 일어나는 모든 사건들을 저는 다 지켜보잖아요. 그러니 그 사건들하고 연루되어 있는 텍스트를 보기에도 지쳐 있고, 지금 당장 잔혹한 일들과 고통스러운 일들이 선연하게 매일매일 드러나고 있는데 그 사건들에서 파생된 고통을 다루는 문학작품을 통해서 그 고통을 또 느끼고 싶지는 않거든요. 그런 생각이 강하게 있어요. 그래서 20년 동안 거의 문학작품하고 거리를 두고 있었고.

박권일: 개인 견해입니다.

정주식: 《한겨레21》의 공식 입장은 아닙니다.

이재훈: 그런데 한강 작가가 수상하기 전 《한겨레21》에서 연재를 시작한 콘텐츠가 하나 있어요. 〈동료 시민 이주민〉이라는 제목으로 인권위와 협업해서 저희가 기획을 했는데요. 소설가 몇 분에게 이주민들을 직접 인터뷰하고 소설 같은 방식으로 글을 써서 연재하는 콘텐츠예요. 소설가들은 이주민들 인터뷰를 하고 이주민들의 실태를 살핀 뒤에 저널리스트들이 쓰는 기사와는 또 다

른 형식의 콘텐츠를 창작해내는데, 이게 대단히 힘이 있다는 걸 새삼 느꼈어요. 저널리스트들이 취재해서 그들만의 문법에 갇혀 쓰는 고정된 텍스트가 아니라, 소설가들이 가진 다양한 문체와 접근법으로 동료 이주민에 대한 이야기들을 풀어나가는데 이게 흡입되는 사회적인 힘이 엄청나게 강하더라고요. 그래서 내가 문학이라고 하는 장르에 대해서 굳이 문을 너무 강하게 닫아놨었다는 생각이 들더라고요.

그래서 한강 작가 노벨문학상 수상 이후에 《채식주의자》라는 작품도 꺼내들어 봤어요. 이전에는 그냥 가지고만 있고 안 읽었었거든요. 대충 사람들이 《채식주의자》에 대해서 얘기하는 것들에 대해서만 듣고 있었을 뿐이죠. 읽으면서 다시 문학작품이 가지고 있는 사회적 폭력과 이데올로기에 대한 고발과 문제의식을 깊이 깨닫게 됐습니다. 저는 《채식주의자》를 읽으면서 가장 고통스러웠던 건 소설에 등장하는 모든 가족이 가부장적 폭력 이데올로기를 증오하면서도 방관하는 모습이었어요. 주인공 영혜가 본인을 자학하면서 아버지 중심의 가부장제 이데올로기와 폭력을 거부하려고 하는 장면에서 가족들은 영혜의 모습을 안타까워하면서도 개입하지 않으려고 하죠. 폭력의 구조를 만들어가는 핵심은 가해자를 방관하면서 이 구조를 유지하게 만드는 사람들이 아닐까. 거기에 저의 평소 모습도 투영되는 거죠. 특히나 영혜 아버지가 영혜에게 고기를 억지로 쑤셔 넣으면서 먹일 때 그 옆에서 엄마가 하는 이야기들, 언니가 하는 이야기들, 이런 이야기들과 비슷한 일을 저도 겪었거든요. 저랑 아내가 아이를 가지지 않겠다고 결심하고 저희 부모에게 얘기했을 때 나온 반응들이 똑같았거든요. 제가 저항하면서도 결국은 타협하고 말았던 모습. 결국은 아이를 낳지 않기로 결심했지만, 부모에게는 아이를 갖지 않는 것이 저의 사회적 선택이 아니라 어쩔 수 없는 생물학적 선택이라고 타협하는 방식으로 설득했던 내 모습이 계속 떠오르는 거죠. 저는 피해자이면서 동시에 사회구조를 방관하는 가해자가 아닌가. 그런 이야기들이 교차되니까 《채식주의자》라는 소설이 가지고 있는 힘이 느껴지더이라고요.

은 유: 그러니까 책을 사야 됩니다. 우리는 집에 있는 책을 읽기 때문에. (웃음) 이번이 한국 최초 노벨문학상이잖아요. 이미 중국이 두 명 받고 일본이 두 명, 가즈오 이시구로까지 하면 세 명 받았어요. 근데 한 달 남짓 노벨상 현상을 보면서, 노벨상을 받은 나라에서 또 노벨상이 나올 수밖에 없겠다는 생각이 드는 게, 이렇게 한번 집단적인 독서를 하고 그 작품에 대해 서로 대화를 하고 비평도 나오고 하면서 각자 생각을 하게 되고 그러면서 어떤 문화적인 두께가 형성되는 것 같아요. 저희 딸도 한강을 읽고, 페이스북에 보면 치매 초기인 아버지도 한강 책 좀 사달라고 했다는 얘기도 올라와요. 그리고 저만 해도 학교 강연 가서 아이들이랑 얘기할 때 노벨상 작품을 예시로 얘기하면 다들 집중해요. 공통의 지반이 생긴 거예요. 이렇게 독서 역량이 조금씩 길러지고 우리에게도 문화적인 두께가 만들어지는구나 생각하니까 너무 좋죠.

정주식: 한강이 저한테 최고의 작가는 아니에요. 그런데 저는 한강만큼 처절하게 폭력에 반대하는 작가는 못 봤어요. 한강을 금지하라

고 이야기하는 사람들의 주장은 지나치게 잔인하고 선정적이고 폭력적인 소설을 아이들에게 읽혀서는 안 된다는 건데요. 그러니까 그 사람들은 폭력에 반대하는 사람을 반대하고 있는 거죠. 자기들이 무엇에 반대하고 있는지 정확히 이해할 필요가 있는 것 같아요. 폭력을 그린 작가도 많고 실제로 폭력적인 소설들도 굉장히 많은데 이렇게까지 폭력이 나쁘다고 자기 몸을 불살라가듯이 고발하는 작가는 못 봤어요.

김민주 : 한강을 다 긍정하기는 조금 어렵다고는 생각을 해요. 사람마다 생각은 다르고 또 그분이 감각하는 세계가 지금 감각하는 세계의 야만하고는 조금 다르죠. 그때는 내가 말을 했을 때 혹은 문학으로 말을 했을 때 소양이 비슷한 사람들끼리 "니가 틀렸다"라고 할지언정 "못 알아듣겠다" "듣고 싶지 않다"라고는 하지 않는 시대였잖아요. 근데 지금은 그게 아니잖아요. 폭력에 대한 묘사가 나왔을 뿐인데 폭력적이라고 얘기를 하는 거죠.

김민주가 말하는 '시대'를 겪어보지 못한 사람들은 이 말의 의미를 이해하기 어렵다. 장혜영도 앞에서 "문학을 읽는 관습, 문화가 일천해진 지 오래"라고 말했다. 문학의 토양이 척박해진 시대에 한국에서 노벨문학상 수상자가 나왔다는 사실은 아이러니하다.

은 유 : 근데 사람들이 "한강 책이 어둡고 한강 책에는 폭력이 담겨 있다" 이러지만 어두운 건 우리 한국 사회예요. 폭력이 만연한 것도 한국 사회고. 한강이라는 작가를 경유하면 그거를 보게 만드니까 싫은 건데, 이 한국 사회의 폭력이 두렵고 보기 싫은 거겠죠. 제가 한국 문학 번역가들 인터뷰집《우리는 순수한 것을

생각했다》를 썼는데, 안톤 허 번역가를 만났거든요. 맨부커상 후보에 오른 정보라의 《저주토끼》랑 박상영의 《대도시의 사랑법》도 번역한 분이에요. 그분한테 왜 한국 문학을 해외에 알리고 싶어 하냐고 물었을 때 이랬어요. 외국 사람들은 동양 사람들, 한국 사람들 다 똑같고, 우리 생각을 자기네가 다 알고 있다고 착각한다고 해요. 그래서 굳이 퀴어문학, 장르문학, 여성문학 같은 작품을 알려서 한국 사람들도 다양하다는 걸 보여주고 싶었다는 거죠. 또 미국이 아시안 노인이나 젊은 여성들에 대한 폭력이 심해서 동양인도 생각과 감정을 가진 사람들이라는 걸 보여주고 싶은데, 그 방법이 뭐냐? 문학이 최고라는 거예요. 아무리 삼성이 글로벌 기업이고 아무리 과학 논문을 내고 BTS가 인기를 얻고 있어도 아직까지 편견을 갖는 것을 보면 문학으로 보여줄 수밖에 없다는 거죠.

박권일: 저도 한강 작가 수상 소식 듣고 맨 처음에 든 생각이 축하 뭐 이런 거보다 '다행'이란 거였어요. 한강에게 이 상이 처음으로 주어졌다는 게, 특히 아시아 여성 작가로서 처음 주어졌다는 것이 굉장히 다행스럽다는 생각이 들어요. 특히 문학을 공부하거나 앞으로 글을 쓰는 사람들에게 있어서 롤모델로서의 위상이 생긴 거잖아요. 한강이 쓰는 이야기들은 기존의 근대문학, 대문자 역사라든가 총체성에 천착해온 문학, 이런 흔히 말하는 국민문학과 거리가 있어요. 한강 작가 개인은 문학계 비주류가 아니었지만, 그가 천착해온 주제는 비주류적입니다. 이런 작품이 최고 권위의 상을 받음으로써 총체적 인식론을 거부하는 개인의 이야기들, 마이너한 이야기들이 사실은 얼마든지 보편적

세계문학이 될 수 있다는 걸 보여줬다는 점에서 사회적 의미가 크다고 봅니다.

김민주 : 한국 문학 얘기를 하면 빠질 수 없는 게 등단제잖아요. 등단제가 있는 나라가 한국과 일본인데, 외부에서 "너는 작가야"라고 기성 작가들에 의해 부여받는 건데, 생각해보면 되게 희한해요. 굉장한 작가라고 얘기하는 김승욱·이청준·김현 세대의 그 작가들은 철저하게 이전 세대, 이어령 같은 사람들을 부정하면서 시작을 했고, 다시 새로운 세대의 작가들은 김승욱·이청준 이 사람들을 부정하면서 시작하는 게 사실 문학이잖아요. 근데 우리는 철저하게 이상문학상으로 한강을 기억하고 있고, 노벨상을 수상했느냐 마느냐, 맨부커상을 수상했느냐 마느냐로 평가하게 되겠죠. 가장 권위적이지 않아야 하는 지점이 문학인데 그것에 가장 권위 있는 상이 주어져버린 상황. 이 아이러니는 또 어떻게 다들 직면하고 해결해나갈지 궁금해요.

이재훈 : 오늘은 한강 작가 수상 소식을 계기로 해서 여러 가지 얘기를 해봤습니다. 모두 고생 많으셨습니다.

99

고요한 사람 눈에만 보이는 세계가 있다. 주변이 고요할 때 작은 소리도 울림을 갖는 것처럼 내면이 고요한 사람은 다른 사람의 작은 고통도 예민하게 포착한다. 한강은 고요하기에 고통스러운 사람이다. 늘 긴장과 불안 속에 사는 사람들이 한강의 작품을 이해하기 어려운 이유가 아닐까.

《소년이 온다》의 한 장면. 1980년 5월을 겪은 지 얼마 지나지 않은 광주에서 한 소녀가 도청 민원실에 전화를 건다. 공무원이 전화를 받자 이렇게 항의한다.

"분수대에서 물이 나오고 있는 걸 봤는데요. 그래서는 안된다고 생각합니다. 어떻게 벌써 분수대에서 물이 나옵니까. 무슨 축제라고 물이 나옵니까."

노벨문학상 수상 직후 아버지 한승원은 "큰 전쟁이 일어나서 사람이 쓰러지고 있는데 (잔치를) 즐겨서는 안 된다"는 딸의 말에 마을 잔치 생각을 접었다고 말했다. 그런 한강에게 패러디 논란이나 페미니스트 논란 같은 일들이 어떻게 보였을까. 그런 잡다한 소란에 누군가의 고통이 묻히지는 않을지 걱정하지 않았을까.

한강은 눈앞의 현실을 두고 자신을 기만할 능력이 없는 사람이다. 그래서 참혹한 세상을 그대로 마주할 수밖에 없다. 자기 기만의 반대말은 우울증이다. 한강에게는 소설의 우울과 현실의 우울이 별로 다르지 않은 것처럼 보인다. 그의 소설을 읽을 때마다 '좀 더 우울해져도 좋지 않냐'고 묻는 것 같다. 노벨상 수상의 숱한 소란들을 걷어내고 한강을 바라본다면 우리가 무엇을 읽어야 할지 분명해진다. 그는 자신이 바라본 세계를 그대로 그려내면서 우리가 이 고통의 세계를 함께 마주하기를 요청한다. 2024년을 떠나보내며 한강을 생각한다, 2025년이 고요하기를.

토론이 끝나고 남는 질문들

1. 노벨문학상이 다른 상(ex: 아카데미, 빌보드)보다 큰 권위를 갖는 이유는 뭘까?
2. 독서가 과시가 되는 이유는 무엇일까?
3. 노벨상을 받았는데 마을 잔치 정도는 열어도 되지 않을까?

계엄군과 응원봉,
절망과 희망 사이에서

2024년 12월 15일

| 강남규 | 박권일 | 신혜림 | 은유 | 이재훈 | 장혜영 | 정주식 |

12월 3일 밤, 무장 군인들이 헬기를 타고 국회의사당에 나타났다. 윤석열 대통령은 종북세력과 반국가세력을 척결하겠다는 명분으로 비상계엄을 선포했다. 1979년 12·12 사태 이후 45년 만에 선포된 비상계엄이다. 대통령의 계엄 선포 직후 계엄사령부는 계엄포고령을 내리고 국회와 선관위 등 목표 지점을 장악하기 위해 군부대를 출동시켰다. 포고령은 국회 및 정당의 정치활동 일체 금지, 모든 언론과 출판의 계엄사 통제, 전공의 및 의료인 본업 미복귀 시 처단 같은 내용과 더불어 위반자에 대해서는 재판 절차나 영장 없는 일방적인 체포, 구금, 압수수색을 할 수 있다는 초헌법적인 경고가 담겨 있었다. 그러나 계엄령 선포 직후 국회에서 계엄 해제 요구안이 가결되면서 재임 대통령이 일으킨 친위 쿠데타는 두 시간 만에 막을 내렸다.

12월 7일 윤석열 대통령에 대한 1차 국회 탄핵소추안 표결은 국민의힘 의원들의 불참으로 부결됐다. 12월 14일 열린 2차 표결에서는 소수 여당 의원들의 이탈표가 나오면서 찬성 204표로 가까스로 가결됐다. 탄핵소추안 가결에 따라 윤석열 대통령은 직무정지 상태에 들어갔고 공은 헌법재판소로 넘어갔다.

이 토론은 대통령 탄핵안이 국회에서 가결된 다음 날 진행됐다. 국회의 시간이 지나가고 광장의 시간으로 넘어가는 즈음. 이 거대한 사건을 차분히 정리하기에는 아직 이른 시점이다. 혼란스러운 정국에서 일곱 토론자는 계엄군의 행동을 어떻게 해석해야 할지, 이런 사태를 막기 위해 가장 필요한 일은 무엇인지, 지금 광장에서는 도대체 무슨 일이 벌어지고 있는지 열띤 토론을 이어간다.

2016년 겨울 수많은 시민이 거리에 몰려 나와 대통령을 탄핵했는데 왜 또 이런 일이 일어난 것일까. 8년의 시간 동안 우리 민주주의는 제자리걸음을 한 것이 아닌가. 그런데도 광장에 나온 사람들 표정은 왜 지난번보다 더 즐거운 걸까. 절망과 희망이 교차하는 광장에서 토론자들은 무엇을 발견했는지 같이 따라가 보자.

이재훈: 12월 15일 '토론의 즐거움' 시작하겠습니다. 내란 사태가 벌어지고 12일 정도 지나고 나서 처음으로 전체 멤버가 모여서 토론을 하게 됐습니다. 지난 12월 14일, 대통령 윤석열이 탄핵소추가 돼서 직무가 정지됐습니다. 이제 헌법재판소에서 탄핵소추안 심판 절차에 들어가게 됐고요. 12월 3일 밤에 일어난 내란 사태 자체가 원체 놀라운 일이었고, 국회에 계엄군이 진입해서 본청까지 들어가는 사태가 발생하면서 시민들과 총을 든 군인이 바로 앞에서 대면하는 상황이 벌어졌습니다. 내란의 밤 그날 상황부터 짚어보면서, 우리 멤버들은 사태를 어떻게 보셨는지 이야기들을 하나씩 해봤으면 좋겠는데요. 일단 최근에 박사학위를 따신 권일 님.

박권일: 아니, 그 얘기를 왜 해요. (웃음) 12월 3일은 논문 1심과 최종심 사이, 마지막 고비를 넘어가고 있는 시점이었어요. 그야말로 끙끙 앓으며 쓰고 있는데 같이 사시는 분이 부르더라고요. 안방 TV를 보니 초현실적 광경이 펼쳐졌습니다. 국회에 군인이 나타난 거예요. 지금이야 내란이라고 얘기하지만 그때는 이게 대체 뭔지 정확히 파악이 안 됐어요. 좀 지나서야 비상계엄이 45년만에 내려졌고 이게 윤석열의 쿠데타라는 걸 알게 됐습니다.

　　79년에 비상계엄을 경험하긴 했었는데 너무 어린 나이라 정확히 기억은 나지 않아요. 아마 여기 계신 '토즐' 여러분들 대다수가 기억이 별로 없거나 그때 태어나지도 않으셨던 분들일 텐데요. 아무튼 12월 3일 그날은 사태를 어떻게 해석해야 될지를 떠나서 당장 어떻게 막아낼 것인가가 급했죠. 국회에서 계엄 해제를 해야 되는데 일단 의원이 일정 수 이상 국회로 모여야 하는 거잖아요. 헬기 타고 온 군인들이 속속 국회에 진입하고 언제 국회의원들이 체포될지도 모르는 긴박한 상황에, 계엄 1호 포고령이 내려져서 '정치활동을 금지하고 위반 시 처단한다' 어쩌고 하는 소리까지 듣고 나니 실제 상황이라는 심각성이 몸에 와닿았던 것 같아요. 그날 밤은 논문이고 뭐고 거의 뜬눈으로 밤새우며 뉴스를 봤던 것 같습니다. 계엄 해제 의결이 2시였나요, 1시였나요?

이재훈: 국회에서 비상계엄 해제 요구안이 의결된 거는 12월 4일 새벽 1시 1분이었고요. 그거를 받아서 국무회의를 열고 실제로 비상계엄을 해제한 거는 새벽 4시 30분쯤이었죠.

박권일: 2016년에 그 난리를 겪어가며 대통령을 탄핵했는데 왜 또 이런 일이 일어났지? 이 생각이 제일 먼저 들었어요. 왜 윤석열이라는 사람을 대통령으로 만들어서 이런 사고를 치게 했는가. 저는 이게 결코 우연이 아니며 명백히 구조적인 문제라고 생각합니다. 물론 윤석열이라는 사람이 광인의 행태를 보이고 있지만, 그 광인을 대통령으로 뽑은 것도 한국 사회이니까요. 또한 이 지경에 올 때까지 제동을 걸지 못한 것도 한국 사회입니다. 한국 사회 시스템에 뭔가 에러가 크게 나 있는 거예요.

신혜림: 저는 그날 누워서 잘 준비를 하고 있었는데 '[속보] 대통령 긴급 담화' '[속보] 탄핵 시도로 국정 마비' '[속보] 계엄 선포' 이렇게 연합뉴스 알림이 다다다 뜨는 거예요. 이게 뭔 일인가 하고 그때부터 뉴스를 계속 보기 시작했는데, 저는 일단 회사가 시

급해 보였어요. 계엄령이 선포되면 방송사부터 통제한 전례들이 있기 때문에 회사에서 직원들한테 늦은 시간이지만 다들 와줬으면 좋겠다는 공지가 내려왔어요. 군인들이 들어오려고 하면 못 들어오게 막기 위한 거죠. 가려고 채비를 하는데 다행히 국회에서 신속하게 해제 요구를 해서 그때부터는 그냥 집에서 대기하고 있었어요. 근데 저는 사실 계엄을 교과서에서나 봤던 터라 현실 감각을 가지기까지 꽤 오래 걸렸던 것 같아요.

이재훈: 언제 어떤 장면을 보고 '이게 진짜 리얼한 현실이구나'라는 게 느껴졌나요?

신혜림: 사실 한동안 조금 어리둥절한 느낌으로 봤지 너무나 무서운 감각이 들지는 않았던 것 같아요. 그래서 바로 국회로 달려갔던 시민들이 되게 궁금했어요. 그 예민한 감각이 되게 신기했어요. 군인들이 갑자기 평온한 민간 사회에 나타나서 위해를 가할 수도 있다는 두려움이 정말 빠르게 전파됐더라고요. 평소에 사람들이 국회를 굉장히 혐오하는데 국회를 지켜내야 한다는 감각을 빨리 가지는 걸 보면서 놀라웠어요.

강남규: 저도 계엄을 안 겪어본 세대예요. 저는 집안일 다 해놓고 영화를 볼까 글을 쓸까 하고 앉았는데 계엄 뉴스가 나오데요. 바로 당 대표단 회의 잡혀서 대응이 시작됐고요. 저는 제일 처음 친구들이랑 나눈 얘기가 "왜 자폭을 했지?"였어요. 저도 좀 둔했던 것 같아요. 그 시도 자체가 처음부터 자폭이라고 생각해서 그런지 모르겠는데, 그 후의 상황이 엄청 두렵거나 무섭거나 이러지 않았던 것 같아요. 일을 해야 된다는 입장이었기 때문에 빨리 대응하고, 시민들 국회로 달려나가고 있는데 대표단도

빨리 나가시라 부추겼고요. 저는 가려다가 차라리 집에서 빨리 입장 내고 하는 게 낫겠다 싶어서 남았죠. 그리고 계엄군이 국회에 들어왔었잖아요. 그 중계를 계속 봤는데 사실 군대를 갔다 온 제 눈에는 계엄군이 전혀 일을 하지 않는 걸로 보였어요. 제가 말년 병장 때 하던 그 모양 그대로 계엄군이 활동하는 걸 보면서 '아, 이거는 큰 문제가 안 되겠다. 이건 금방 종료될 문제겠다'라는 확신을 얻었던 것 같아요.

장혜영: 저는 집에서 동생하고 있다가 거의 실시간으로 속보를 보고 담화를 봤는데 귀신 씻나락 까먹는 소리 한다는 황당한 느낌이었지 무섭거나 그렇지는 않았어요. '또 시작이네' 같은 느낌. 이미 윤석열이 통치 능력 자체를 상실한 상태에서의 선언이었기 때문에 알맹이가 있다고 느껴지지는 않았어요. 저는 어쨌든 의원을 했었으니까 프로토콜이 있다는 것을 알고 있으니 바로 헌법 조문이랑 개헌법을 찾아보고 실소를 했죠. 계엄 해제에 대한 조항이 헌법에 명시돼 있잖아요. 그래서 바로 페이스북에 '국회는 이 황당한 계엄 빨리 해제해라' 그렇게 메시지를 올렸던 거예요.

근데 그런 생각은 들었죠. 윤석열이 이 상황을 모르고 계엄을 내렸을까? 지금은 정기국회 중이고 야당은 국회 과반 이상이잖아요. 12월 2일에는 본회의가 있었어요. 이후에도 계속 본회의에서 처리할 안건들이 있었고. 말하자면 의원들이 다 지방에 내려가고 이런 상태가 아니었거든요. 급하게 모두 모이려면 얼마든지 모일 수 있는 상태라는 것을 이 인간이 몰랐나? 몰랐을 수도 있지, 멍청하니까. 하지만 이렇게 계엄 해제를 쉽게 할 수 있는 상황에서 계엄령을 때린다고? 역시 이상하다고 생각했죠. 실제로 국회의장이 본회의를 소집하고 야당 의원들이 속속 모이고 있다는 뉴스를 보면서 역시 해프닝에 그칠 거라고 안심했는데, 군인들이 도착하는 걸 보면서 최악의 가능성을 생각하기 시작했어요. 전쟁은 늘 우발적 국지전에서 시작하니까. 군인들이 들어와서 공수부대 작전처럼 움직이고 있지는 않았지만 그중 한 명이 우발적으로 폭력을 행사하기 시작하면 그때부터 아비규환이 될 거라는 생각을 했고, 그런 긴장감을 갖고 상황을 봤죠.

정주식: 저는 국회에 출동한 군인들의 모습을 먼저 본 상태에서 처음에는 그렇게 생각했던 것 같아요. '아무리 윤석열이어도 이런 일까지 벌일 정도면 뭔가 이유가 있을 것이다. 아무리 그래도 계엄까지 할 거면 진짜 무슨 일이 있다.' 그게 뭘까 굉장히 두려웠는데 윤석열이 계엄 선포하는 장면을 보니까 종북세력 어쩌고 하는 거예요. (웃음) 거기서 확실히 안심을 했죠. 저 인간이 개삽질을 했구나.

이재훈: 순서가 바뀐 거네요. 군인들의 등장을 먼저 보고 비상계엄 선포 담화를 나중에 보셨군요.

정주식: 네. 그런 이유로 계엄령을 내렸다는 것을 알고 나서는 국회에 출동한 군인들을 보면서 계속 욕이 튀어나오는 거예요. 명령자한테는 물론이고 국회에 출동한 군인들한테 너무 화가 났어요. '미친 X들, 가란다고 진짜 거길 간다고?' 전경들은 늘 시민들하고 부딪히는 우발적인 상황들에 대처하는 요령을 훈련하기 때문에 그런 상황이 와도 대개는 특별한 일이 생기지 않아요. 그

런데 공수부대는 대민 훈련을 한 번도 받아본 적이 없고 적진 가서 사람 살상하는 훈련만 받았는데 국회에 가서 시민들하고 직접 대치하는 사태가 벌어졌다는 건 대단히 공포스러운 상황이죠. 굉장히 조마조마했는데 다행히 계엄군이 그렇게까지 적극적으로 행동하지 않는 걸 보면서 안도의 마음이 들었어요. 일이 크게 번지지는 않겠다.

이재훈: 저는 그날 늦은 오후부터, 밤 시간에 대통령이 대국민 담화를 한다는 얘기를 들었어요. 기자들 사이에서는 '이미 오늘 밤에 대통령이 대국민 담화를 할 거다'라는 얘기들이 오갔었거든요. 그게 비상계엄으로 이어질 거라고는 그때는 당연히 상상조차 못했어요. 그래도 오늘은 뭔가 이상하다 싶어서 퇴근마자마자 TV를 켜고 생방송으로 봤습니다. 평소 같은 낮 시간대였으면 안 봤을 거예요. 그런데 발언을 할수록 점점 수위가 이상해지더니 갑자기 비상계엄 선포를 하는 거예요. '비상계엄 선포'라는 말을 듣자마자 '저 미친놈이 뭔 소리를 하는 거지?'라는 생각부터 했던 것 같아요. 부서원들에게 공지를 하고 바로 짐을 쌌죠. 며칠 회사에 머무를 수도 있겠다 싶어 여벌 옷과 속옷, 양말 등을 챙겼어요. 계엄군이 언론사부터 봉쇄하는 상황이 생길 수 있으니 우선은 편집국을 지켜야겠다는 생각이 들었어요. 저도 그때까지만 해도 이게 실제 상황으로 이어질 건지에 대한 판단은 아직 덜 섰던 것 같아요. '이게 정말 현실일까?' 이런 생각이 자꾸 들었어요. 역사 속에서 배웠던 계엄 상황을 보면, 비상계엄이 벌어지면 보통은 군대가 언론사부터 장악하거든요. 특히 방송사요. 《한겨레》도 포함되겠죠. 상징적인 공간이기도 하니

까요. 생방송에 계엄군이 등장하고 시민들이 찍은 사진이나 이런 게 올라오기 시작할 때, 이거는 정말 실제 상황이라는 생각이 바짝 들었어요. 군인들이 당시에 실탄이 없었다, 뭐 이런 얘기가 나오고 있지만 저는 그랬을 거라고 생각하지 않아요. 특전사 계엄군이 출동하는데 실탄이 없었을 리가요. 당연히 그것들을 준비해서 갔겠죠. 살상용 무기를 쓰는 사람들이니까요. 특전사 계엄군 복장을 봤을 때, 이거는 정말 일촉즉발의 상황이라는 생각을 하게 됐습니다.

전쟁이라고 하면 뭔가 대단한 일들이 눈앞에 펼쳐지면서 시작할 것 같지만 그렇지 않거든요. 정말 단순한 상황에서, 우리가 예상하지 못한 어떤 우연들이 겹쳐서 갑자기 발생하는 게 전쟁이거든요. 저희는 이미 취재 기자가 국회에 가 있던 상황이었는데, 취재 기자들을 더 보내기가 두려운 거예요. 왜냐하면 계엄군이 등장한 이상, 국회는 자칫하면 목숨을 잃을 수도 있는 공간이 되는 거잖아요. 그래서 주저하기도 하다가, 스스로 가겠다는 기자를 보내기도 하고 그랬는데, 가까스로 담을 넘어간 국회의원들이 계엄 해제 요구안을 의결하면서 조금은 안심을 했던 것 같습니다.

은 유: 진짜 시민들이 달려가서 장갑차 같은 거랑 맨몸으로 맞섰잖아요. 그거 보는데 너무 눈물이 나고, 광주항쟁 사진에서 봤던 거랑 겹치면서 이게 어떻게 번질지 모른다는 두려움과 공포가 압박해왔어요. 제가 아는 활동가도 국회에 달려가서 페이스북으로 생중계하더라고요. 아는 사람이 거기 있으니까 더 미치겠더라고요.

이재훈: 일부 계엄군은 "도착할 때까지 어디로 가는지 몰랐다" "막상 국회로 가서 엄청 놀랐다" 이런 얘기를 하던데, 사실 광주민주화항쟁 때 공수부대도 그랬어요. 광주로 가는 줄 몰랐어요. 그리고 시민들을 대상으로 싸울 줄 전혀 몰랐거든요. 근데 도착했더니 광주였고, "저 시민들은 폭도다, 그리고 공산주의자들이다" 하면서 위에서 명령이 내려오고, 그런 상황에서 명령을 거부하지 못하고 무차별 폭력을 행사한 거잖아요. 군과 시민이 대치하는 상황은 언제든 폭력이 촉발될 수 있다는 감각이 우리한테 필요했던 것 같고요. 그래서 국회의 의결 직후 '민주주의의 승리'라고 환호하는 분위기, 들뜬 언론의 반응, 이런 거에 다소 위화감이 느껴졌어요. 과연 이게 민주주의의 승리가 맞나, 오히려 민주주의의 취약함을 드러낸 사태가 아니었나, 생각했습니다.

그 당시에는 되게 엉성하게 보였지만, 이후 취재들을 통해서 드러난 많은 사실관계들을 보면 대단히 치밀하게 오랫동안 준비한 비상계엄 사태거든요. 우발적으로 일어난 일이 절대 아닙니다. '충암파'라고 하는 윤석열의 고등학교 선후배들이 계획을 치밀하게 짜서 움직였죠. 하지만 그 밑에 부하들이 제대로 움직이지 않았던 어떤 것도 있고, 또 결정적으로 몇 가지 우연적인 요소가 겹치기도 했어요. 예를 들어 공수부대를 태우고 있던 헬기가 거의 한 시간 동안 서울 상공 진입이 지연됐어요. 왜냐하면 특전사에 있는 특작부대가 헬기를 타고 서울 상공으로 들어오려면 공군의 승인을 받아야 돼요. 근데 공군 쪽에서는 한 번도 작전에 대해 들은 적이 없어서 작전 목적이 뭐냐고 물어봤는데 헬기 쪽에서 답변 안 해준 거죠. 그래서 50분 동안이나 멈춰세운 거예요. 세 번이나 막았어요. 이게 만약에 공군까지 장악이 돼서 "야, 그냥 진입 승인해줘"라고 해서 곧장 국회에 올 수 있었다면 훨씬 더 빠르게 국회를 장악할 수 있었겠죠. 그리고 군인들이 조금 더 적극적으로 행동했다면 당연히 국회 본청을 장악했겠죠. 그런 상황이면 의결을 못하기 때문에 대단히 어려운 상황이 왔을 수도 있고 바로 해제가 안 됐을 가능성도 있는 거죠.

저는 주식 님이 아까 말씀하신 부분에 조금 더 흥미로운 지점이 있는 것 같은데요. 이번 사태에서 일부 군인들이 적극적으로 행동하지 않은 일들이 있었잖아요. 그래서 어떤 분들은 젊은 세대 군인들이 국회에 들어가긴 했지만 나름 행동을 자제했기 때문에 이 사태가 그나마 최악으로 치닫지 않았다면서 군인들을 응원하기도 했었죠. 주식 님은 그 부분을 조금 다르게 보시는 것 같아요..

정주식: 저는 군인들이 그날의 명령을 거부하는 데 대단한 윤리관이나 용기가 필요했을 거라고 생각하지 않아요. 계엄군이 철수하는 걸 보고 어떤 시민들은 박수를 치기도 하더라고요. 심지어 고마워하고 자랑스러워하는 분위기까지 느껴졌어요. 계엄 2~3일 지나고 나서 알게 된 것은 그 명령을 애초에 거부했던 군인들이 있었고 아예 현장에 출동하지 않은 다른 부대들이 있었다는 사실이에요. 또 계엄 명령을 받은 국정원 1차장 같은 경우에는 '뭐 미친놈 같은 소리야'라며 명령을 단칼에 거부했다는 거죠. 제가 보기에는 그런 대응이 2024년 대한민국에 사는 시민으로

서 평균에 가까운 행동이라고 생각해요. 출동한 군인들이 총을 쏘지 않았고 시민들을 해치지 않았으니까 고맙다? 이거는 제가 이해할 수 있는 감정이 아니에요. 무장 군인들의 국회 출동이라는 엄중한 사태를 너무 낭만적으로 미화하는 것 같아요. 한강 작가도 노벨문학상 수상 소감에서 계엄군의 소극적인 대응을 낭만화해서 이야기했던데, 저는 그런 시각이야말로 지금 대한민국의 성숙도를 잘 이해하지 못한 비평이라고 생각해요.

5·18을 겪은 나라에서, 두 번의 군사 쿠데타를 겪은 나라에서 무장 군인들이 국회에 나타나서는 안 되는 겁니다. 헬기를 타고 나서야 임무를 알았다는 말은 정확하지 않은 말이고 실제로는 헬기를 타기 직전에 알았다고 해요. 그 직전이란 게 언제였는지는 아직 알 수 없고, 임무를 안 즉시 실행을 멈추지 않은이상 임무 숙지 시점을 따지는 건 별 의미가 없어요. 그런 이야기조차 계엄이 진압되고 나서야 나오기 시작한 거고요. 울먹이면서 "내가 지시했다, 내책임이다" 얘기하는 장성도 있던데, 그들이 무슨 양심 고백 같은 걸 했다고 받아들여선 곤란합니다. 그 내용들은 당연히 수사를 받게 될 것이고 수사하면 하루 만에 드러날 사실이거든요. 그러니까 계엄이 진압된 뒤에 나오는 계엄군의 증언들은 고백이 아니라 '자백'이에요. 수사기관에 가서 자백하고 응분의 책임을 져야 될 사람이 카메라 앞에서 울면서 얘기한다고 박수 치는 것은 제가 보기에 그들의 행위에 대한 공정한 판단이 아닌 것 같습니다.

부당한 명령에 대한 실행자의 책임 문제는 사실 서구 사회에서는 홀로코스트를 겪고 나서 수많은 사람들이 연구와 고민을 했고 실행자의 윤리에 관한 대략적인 합의가 생겨난 것 같아요. 그들에게도 '제복 입은 시민'의 의무와 책임이 있다는 것이죠. 그런데 한국 사회는 두 번의 군사 반란을 겪었음에도 불구하고 아직까지 군사주의적인 의식이 강하게 남은 것 같아요. 군인 세계에는 뭔가 민간인 세계의 규칙을 넘어서는 특별한 규칙이 있는 것처럼 생각하는 그 의식. 한국 사회는 그런 참담한 일을 겪었음에도 불구하고 명령자에 대한 책임조차 제대로 묻지 못했던 거죠. 그래서 담론의 층위가 명령자 처벌의 문제에서 확장되지 못한 거예요. 명령자조차 제대로 처벌하지 못한 사회에서 실행자들의 윤리나 양심 문제까지 고민할 여유가 없었던 것이죠.

박권일: 기본적으로 주식 님의 의견에 동의하고요. 2024년 시점에서, 아무리 명령에 죽고 사는 군인이어도 자국민을 향해 총부리를 겨누는 일은 당연히 거부해야 되는 거죠. 거부한 사람이 있었고 거부하지 않은 사병이 있었는데, 거부하지 않은 사람들이 왜 그렇게 또 많았는가를 생각해야 합니다. 그건 대한한국 군대가 민주공화정에 걸맞은 수준에 못 미쳤다는 방증이에요.

　한국 군대엔 여전히 평시 군사법원이 남아 있습니다. 전시가 아닌 평시에 군사법원이 있다는 것은 군대가 평시에조차 사법의 예외 공간이라는 뜻이거든요. 이건 사회가 당연히 요구하는 민주주의와 인권의 규범에서 군대만큼은 예외라는 것을 선언하고 독자적인 규범에 따라서 움직이겠다는 거나 다름없어요. 군사법원이 왜 문제인지는 우리가 동성애 문제를 가지고서도 몇 차례 얘기를 했죠. 수사와 기소와 재판이 분리되지 않아

인권 침해 가능성이 높고, 시민사회의 감시 체제로부터 독립돼 있다는 점이 가장 큰 문제입니다. 이건 주식 님이 비판하는 사람들의 책임을 면제시키려는 게 아닙니다. 잘못된 명령을 그대로 수행한 사람들 책임이 분명히 있습니만, 구조적인 요인도 봐야 한다는 거예요. 여전히 대한민국 군대가 민주주의 제도와 문화에서 예외 상태에 있다는 거예요. 따라서 이런 부분들을 제도적으로 민주화하는 것이 근본적 대책의 하나라고 봅니다.

강남규 : 저는 일반병 출신으로서 고민을 하게 되네요. 오히려 한국의 군이 실제로 뭔가 그런 작전을 수행해보거나 실질적인 위협에 놓여 있지 않았기 때문에 병사들이 거기서 바로 거부한다는 선택지조차 없었을 거라는 생각은 해요. '작전? 갑자기?' 이러면서, '여기서 어떻게 해야 되지? 일단 타자' 이렇게 됐을 것 같다는 생각이 들거든요. 국회로 가자고 했을 때 그게 뭐 내란이라거나 계엄이라거나 이런 가능성을 고려할 수 있어야 거부할 가능성도 있는 건데, 그런 것조차 안 될 만큼 평온한 상황이었던 거죠. 그래서 그런 판단이 안 됐을 거라고 생각하고요. 그래서 사실 병사들한테 엄청나게 큰 책임을 물려야 한다고 생각하진 않아요. 근데 군인으로서 거기에 갔고 어떤 작전을 실제로 수행했다고 하면 거기에 따른 책임은 지는 것이 맞죠. 다만 지휘관과 부사관과 병사에게 부여되는 책임은 위계에 따라서 분명하게 달라질 수밖에 없다고 생각하고요. 어떤 사람에게 더 윤리적인 책임을 크게 물어야 되느냐 하면 당연히 명령을 한 사람이죠. 명령에 따른 사람도 당연히 윤리적 책임을 져야겠지만, 지휘관 혹은 부사관 같은 직업군인과는 다르죠.

이재문: 그 얘기를 좀 더 하면 좋을 것 같아요. 예를 들어 우리가 부당한 명령에 복종하지 않을 불복종의 권리를 어떻게 제도화할 것인가. 당연히 윤리적으로 불복종의 권리가 있겠지만 군인들의 그런 권리를 제도화하고, 이 권리와 제도를 계속 교육시킬 필요가 있는 거죠. 군인들 정훈교육이라고 하는 걸 보면 맨날 뭐 북한군이 어떻고 공산당은 어떻고 그런 얘기만 하거든요. 그런 게 아니라 어떤 상황에 처했을 때 군인들은 어떤 판단을 해야 하고 그게 만약에 시민적 윤리와 어긋났을 때는 어떻게 명령에 불복종할 수 있는지에 대한 교육, 이런 것들을 제도화하지 않으면 정말 당장 사건이 닥쳤을 때 한 개인이 작심하고 저항해야겠다고 결심할 수 있을까, 이런 생각이 들긴 합니다.

정주식: 계엄군의 눈물이 아주 큰 교육이 됐을 거라고 생각해요. 부당한 명령에 따른 실행자들이 하루 만에 그렇게 막 절절 매면서 울면서 잘못을 실토하는 장면이 많은 군인들에게 교훈을 주지 않았을까.

장혜영: 군사법원 얘기가 나와서 말인데, 저는 이 부분에 대해서는 민주당이 진짜 책임을 통감해야 된다고 생각해요. 21대 국회 때 이예람 중사 사건이 터졌을 때 이미 국회에 군사법원 폐지 법안이 올라와 있는 상태였어요. 평시 군사법원을 폐지해야 한다, 그건 심지어 문재인 정부의 민관군 합동위원회 권고이기도 했어요. 노무현 정부는 물론 박근혜 정부 때도 마찬가지였습니다. 이 숙원을 통과시킬 절호의 기회였는데 사실상 민주당이 국방부 로비를 받아들여서 성범죄 등 몇 개 범죄만 예외 조항을 둔 개정안을 통과시키고 평시 군사법원을 존치시켜버렸

어요. 이에 항의해서 정의당 이은주 의원이 평시 군사법원 폐지를 요구하며 반대 토론을 하고, 정의당 의원 전원 항의의 의미로 반대 표결을 했는데 정말 많은 민주당 지지자들에게 쌍욕을 먹었죠. 정의당 편을 들어달라는 게 아니라, 이런 종류의 구조개혁이 있어야 적어도 제복 입은 시민들이 양심에 따라 불복종 행동을 하더라도 공정한 평가를 받을 수 있을 거라는 믿음이 생기잖아요. 이런 구조개혁을 위한 소중한 기회를 다 날린 것에 대한 책임을 누군가는 꼭 져야 한다고 생각해요.

신혜림: 박정훈 대령조차 핍박받고 있는 상황에서 군인들이 명령에 대해 합리적으로 판단하고 옳은 길을 선택할 수 있을지는 사실 의문이에요.

은 유: 근데 예를 들면 직장 상사의 부당한 명령에도 복종하는 것이 그냥 기본값처럼 되어버린 사회의 분위기가 있잖아요. 지금은 나아졌다고는 해도, 회식 가기 싫어도 마지못해 가는 사소한 것들요. 그런 상태에서, 나는 또 군대 경험이 없으니까, 주식 님이 군인들이 명령을 따르지 말았어야 한다고 말했을 때 깜짝 놀랐어요. 군대에서 출동을 거부도 할 수 있다고? 저에게 군대는 상명하복의 세계니까요. 그리고 노동자도 위험한 상황에 놓였을 때 즉시 작업을 중지하고 대피하는 조치를 취할 수 있는 작업 중지권이 있거든요. 근데 그런 걸 아는 사람들도 일할 때 실행하는 경우가 많지 않단 말이에요. 군대나 회사나 조직의 구성원이 되면 내 생각과 판단을 내세우기보다 조직의 논리에 기계적으로 본능처럼 순응하는 몸이 되죠. 그래서 국회에 출동한 젊은 군인들의 머뭇거림조차도 낭만화가 되고 그런 해석이

공감을 얻을 수 있었던 거 같아요.

상관의 부당한 명령에 저항했던 한 검사의 기개를 보라.
"지시 자체가 위법한데 그걸 어떻게 따릅니까? 그 지시는 따르면 안 되는 것입니다. 위법한 지시는." ― 윤석열 검사. 2013년 국회 법사위 국정감사에서.

정주식: 군대에서 오만 쓸데없는 일을 시키죠. 멀쩡한 땅을 파서 산을 만들라고 했다가 다시 산을 깎으라고 했다가 상시적으로 온갖 이해할 수 없는 일을 시키지만 그런 거는 그냥 따릅니다. '그래 군인이니까 더러워도 명령에 따라야지.' 하지만 아무리 그래도 국회에 총 들고 나가서 국회의원 잡으라고 명령하면 그거는 거부해야죠.

신혜림: 자신을 그저 한 명의 소시민이라고 여기는 사람들은 '어떻게 해. 군인들은 명령에 따라야지' 약간 이런 식으로 생각해요.

정주식: 그 생각이 문제라고 얘기하고 있는 거예요.

신혜림: 그게 '평균'이라고 아까 말했는데 평균이었으면 좋겠지만 난 평균이 아닌 거 같아요.

정주식: 현장에 가지 않은 군인들이 저는 '평균'이라고 생각해요.

이재훈: 근데 이번 사태에서 실제로 국회에 가지 않은 군인은 소수잖아요. 그러니까 평균이란 지금 현 실태를 준거로 얘기하는 거니까, 현장에 가지 않은 군인들을 평균이라고 하는 건 주식 님이 바라는 평균일 수 있지만 현실에서의 평균은 아니었던 것 같아요. 이번 사태에서 그게 평균으로 작동하진 않았죠.

정주식: 그런가요? 제가 머릿수를 다 세어보지는 않았습니다만.

'평균이다'와 '평균이어야 한다' 사이 어디쯤. 정주식은 국회에 출동하라는 명령을 따른 계엄군들의 '양심'이 대한민국의 현실이라는 사실을 인정하고 싶지 않은 것 같다.

박권일: 스탠리 밀그램의 유명한 실험이 있잖아요. 권위 있는 사람이 명령하면 대다수 사람들이 타인에게 극단적 고통을 주는 선택도 기꺼이 한다는 걸 밝혔죠. 지금 만약에 가스실로 유대인을 데리고 가는 것과 유사한 업무를 권위 있고 존경받는 누군가가 시킨다면 사람들이 아무도 안 할까요? 홀로코스트를 겪고 많은 교훈을 얻었음에도 불구하고 그런 일들은 또 일어날 수 있다고 저는 봅니다. 주식 님은 그렇지 않을 거라고 말씀하시는데 저는 평균적으로는 그렇게 할 사람들이 더 많을 것 같다, 그래서 교육이 중요하다는 거죠.

장혜영: 근데 저는 그런 생각은 들어요. 이게 결과적 다행이다. 그러니까 되게 많은 우연적인 요소들에 의해서 평화적으로 이 쿠데타가 진압이 됐지만 그렇지 않았다면 과연 그 자리에 갔던 사람들의 행동에 대한 평가가 지금과 같았을까? 저는 그렇게 생각하지 않아요. 그런 의미에서는 이 불복종의 평균이 더 높아야 한다는 얘기에 저는 힘을 실어주고 싶어요. 우리가 결과적으로 이게 그냥 유혈사태 없이 끝났으니까 그렇게 받아줄 여유가 생긴 거죠. 끔찍한 생각이지만 만일 결과가 달랐다면 군인들이 출동했다는 그 행동 자체에 대한 해석을 포함해 모든 것이 달랐을 것이다. 저는 그렇게 생각해요.

토론자들은 계엄 이튿날부터 국회 탄핵 의결까지의 이야기를 마치고 집회 이야기로 넘어간다.

강남규: 이번에 약간 놀랐던 게, 여의도에서 집회를 하는데 '오늘은 여성민우회에서 주관하는 집회다' 이런 식으로 안내가 나가고, 여성민우회 활동가가 사회를 봤어요. 원래는 선착순으로 자유 발언을 받았었는데 그날은 주최 측에서 발언자를 지정했다고 하더라고요. 그러면서 발언자들이 평소보다 더 많이 페미니즘적인 얘기들을 이어갔었거든요. 그런 걸 보면서 2016년과는 확실히 다른 조직 구성이 되어 있다는 느낌을 받았어요.

박권일: 2016년에 저는 탄핵 촛불시위의 본질을 '정상화 열망'이라고 표현했었습니다. 박근혜만 몰아내면 나라가 문제없이, 정상으로 돌아갈 것이라는 이야기들이 대세였어요. 저는 그런 정상화 열망이 기본적으로 굉장히 보수적인 것이며 박근혜를 불러온 체제의 문제는 전혀 해결될 수 없다고 비판하는 쪽이었죠. 당시 재훈 씨도 같이 글을 많이 썼기 때문에 기억하겠지만, 그런 촛불에 대한 성찰과 비판의 목소리는 극소수였어요. 그때에 비하면 지금은 다른 목소리들이 그래도 많이 받아들여지는 편이긴 합니다. 사람들이 이제 윤석열만 쫓아낸다고 해서 우리나라가 잘될 거라 생각하지 않는 거죠. 윤석열만 몰아낸다고 해서 단숨에 뭔가 좋아지고 우리 사회가 행복해질 거라는 기대가 없는 거죠. 윤석열 축출 이후 무엇을 할지에 대해서 사람들이 조금 더 복잡한 고민을 시작한 게 아닌가 합니다.

이재훈: 저는 2016년 집회 현장에 갔을 때 느꼈던 거는 두 가지였어요.

하나는 현장이 마치 만민공동회 같았어요. 그러니까 중앙 무대가 없었기 때문에 시민 발언대가 광화문 곳곳에 생겼거든요. 그 발언대에서 이름을 알 수 없는 시민이 발언하기도 하고, 고등학생이 발언하기도 하고, 평생 단 한 번도 집회 현장에 나오지 않았다고 하는 어떤 할머니가 자신의 삶을 회고하기도 하고, 그런 장면 하나하나가 시민들의 호응을 얻고 했던 장면이 너무 인상적으로 남아 있었어요. 하지만 그렇게 열린 광장임에도 불구하고, 당시에 주류적 반응이 그렇게 열려 있진 않았던 것 같아요. 박근혜만 탄핵하면 모든 것이 해결될 것이고, 나라가 정상화할 것이라고 외치는 사람들, 이들이 "이게 나라냐"라고 얘기하면서 '나라 아닌 나라'를 정상국가로 복원하자는 외침으로 모든 걸 환원시켰죠. 민주적 열망들, 만민공동회와 n개의 발언망들이 하나의 목소리로 환원되면서, 결국에는 우리가 알고 있는 2017년 이후가 예견됐던 게 아닌가 합니다.

박권일 : 그때도 주류가 김민웅 같은 사람들 아니었어요?

이재훈 : 그렇죠. 그랬는데 이번에는 중앙 무대가 있고, 중앙 무대에 등장하는 사람들이 그런 아재들이 아니라 20~30대 여성들이 많았고 소수자들이 많았거든요. 이런 헤게모니 변화에 대해 여러분들이 어떻게 보는지 너무 궁금합니다. 왜 그렇게 됐을까요?

장혜영 : 계엄 전에 촛불집회의 고민은 '왜 우리는 커지지 않는가'였죠. 이에 대해서 다양한 추론이 있었고 그중에 하나가 처음부터 민주당이 판을 깔았던 게 문제였다는 식의 얘기들이 있었죠. 그래서 민주당은 약간 뒤로 빠지고 시민사회들이 나서서 이 판을 계속 열어가야 한다. 그러니까 특정 진영에 이익이 되는 집회

라는 이미지를 최대한 빼자는 분위기에서 계엄 국면으로 전환
됐다는 맥락은 우선 짚고 싶어요. 뉴스에서도 민주당이 2선으
로 빠졌다, 이런 식으로.

강남규: 정의당이나 진보당 이런 데는 껴주는데 민주당은 그냥 아예 원
천적으로 배제했다고 하더라고요.

장혜영: 다른 한편으로 계엄 당일 국회에 시민들과 함께 성소수자 단체,
전국장애인차별철폐연대(전장연), 여성 단체, 노조 등 다양한 단
체의 사람들이 있었던 건 그들이 한참 전부터 거기서 투쟁을 하
고 있었기 때문이죠. 말하자면 광장의 터줏대감들께서 이미 그
자리에 계셨던 거라서 그 목소리가 일종의 중심부를 형성할 수
밖에 없지 않았나.

이재훈: 근데 그런 건 있는 것 같아요. 뭐 자연스럽게라기보다는 어쨌든
이번 집회에서는 이전에 중심이 됐던 50대 60대들의 목소리가
드러나지 않아요. 그러니까 예를 들어 노래 하나를 봐도 그렇
거든요. 〈다시 만난 세계〉가 공식적인 집회 노래가 된 것도 인
상적이고요. 2016년 집회에서 그 노래가 나왔으면 아재들이 가
만히 있었을까요? 가만히 있지 않았을 거거든요.

장혜영: 문화적인 전이가 있었다고 보는데요. 사실 저는 K팝을 전장연
집회에서도 듣고 퀴어퍼레이드에서도 듣고 하여튼 무슨 행진
때마다 맨날 맨날 들어서 이게 새롭다고 전혀 느끼지 않았어요.

이재훈: 제가 말씀드리는 거는 이번 집회에서 완전히 새롭게 등장했다
는 게 아니라 이전에 촛불 같은 큰 집회에서는 그런 노래가 불
린 적이 거의 없으니까요.

장혜영: 8년 사이에 되게 많은 변화가 있었어요. 이런 큰 집회에서 사회

를 보고 큐시트를 짜고 플레이리스트를 선곡하는 사람들은 또 다른 현장의 다양한 집회와 시위의 실무자들이잖아요. 그리고 그 실무자들은 이미 자기가 속해 있는 다른 조직의 집회에서 문화적 코드를 세대적으로나 테마적으로나 이미 바꾸고 있었어요. 꼭 퀴어퍼레이드나 전장연이 아니더라도 이태원 참사 유가족들이 국회로 행진할 때도 계속 K팝을 틀면서 왔거든요. 그때의 얼굴들이 곧 지금의 얼굴들이에요.

정주식: 질문을 조금 좁혀서 한번 해볼게요. 왜 윤석열에 대해서 20대 여자들이 더 분노했는가.

장혜영: 그거는 윤석열 당선의 일등 공신이 반페미니즘이었으니까. 윤석열이 가장 노골적으로 여성을 공격했잖아요. 그리고 그게 수많은 여성들이 당시에 팔 잘려나가는 심정으로 이재명을 찍은 이유이기도 하고요. 저는 윤석열을 처단할 자격이 20대 여성에게 아주 충분했다고 봐요.

정주식: 그들은 이번에 어떤 문제가 있어서 그것 때문에 화나서 나왔다기보다는 버튼만 눌리면 언제든 윤석열을 처단할 준비가 돼 있었던 사람들이었다?

장혜영: 네. 가장 먼저 뛰어나올 준비가 이미 됐었다고 저는 생각해요.

신혜림: 저는 꼭 반페미니즘에 분노해서 나온 게 아닌 여성들도 굉장히 많았다고 생각해요. 그걸 무 자르듯 자를 수는 없지만요. 기본적으로 여성이라면 여성 이슈를 노골적으로 배제하는 정부에 대한 부정적 감각은 공유하고 있겠지만, 그거에 대한 정치의식이 특별히 없는 사람들도 많이 나왔다고 느꼈어요. 확실히 문화적인 연결고리가 그 중간을 이어준 것 같아요. 그 연결고

리로써 X(트위터)의 영향이 굉장히 크다고 생각하고요. K팝은 페미니즘에 관심이 있든 없든 트위터를 거칠 수밖에 없단 말이죠. 페미니즘이라는 힘을 계속 응축해온 세력 역시 트위터를 공유하고 있고요. 이 두 가지는 어느 정도 겹쳐 있긴 하지만 평소에는 따로 가는 여성 중심의 문화인데, 집회가 K팝을 선호하는 젊은 여성에게 굉장히 폭넓은 대중적 공감을 얻은 거죠. 거기엔 응원봉이라는 문화가 엄청 큰 역할을 한 것 같고요. 나아가 퀴어퍼레이드·기후정의행진 등을 겪어본 아까 말한 그 실무자들의 역할이 또 컸다고 생각해요. 그 트위터 문화에 익숙한 사람들이 실무를 봤을 것이고 그래서 대중적 코드를 빠르게 집회에 이식할 수 있었다고 생각해요. 즐겁게 뛰어노는 비주류 감성, 퀴어 감성이 암암리에, 하지만 점점 더 전면적으로 활약한 거죠.

이재훈: 혜영 님 말씀하신 것처럼 페미니스트들을 억누르면서 들어선 정부에 대한 거부감이 당연히 내재돼 있을 텐데, 이게 이번에 힘을 가질 수 있었던 건 20·30 여성들은 자신들이 응원하는 어떤 대상을 향해 오프라인에서 집단적인 움직임을 계속 해왔기 때문인 것 같아요. 커뮤니티 등을 통해서 뜻을 모으고 돈을 내서 후원하는 이런 경험들을 공유하면서, 그게 꼭 정치적인 지향이 아니더라도 집단 행동을 했던 경험으로 축적된 거죠. 그런데 상대적으로 같은 세대의 남성들은 파편화되어 있잖아요. 이들은 커뮤니티에서 과잉된 반페미적 반응을 보이면서도, 어떤 목표를 위해서 집단적으로 행동한 경험들을 쌓아오지 못했어요. 그래서 뭔가 이번 내란 사태에도 부당함은 느끼지만 여

기에 집단적으로 대응할 구체적인 움직임을 규합해내진 못했던 것 같아요.

신혜림: 근데 이번 집회 같은 경우는 또 20·30 여성들이 참여해서 바라는 것이 '평화'거든요. '평온한 일상을 원한다. 이걸 너희가 깨뜨렸다. 그래서 이걸 빨리 돌려놔라. 그래서 우리는 집회 나왔다.' 남성들은 그 코드가 좀 없단 말이죠.

은 유: 맞아요. 집회 참여를 추동하는 말들 중 제일 호응이 좋았던 구호가 뭐냐면, "내 최애 아이돌 마음 편히 활동할 수 있는 세상 만들어줄게"였어요. 제가 좋아하는 밴드도 연말에 공연 일정이 있는데 그 멤버 인스타그램에 그런 댓글이 달리더라고요. '그대가 공연하기 좋은 세상 우리가 만들어주겠다.' 각자의 덕력이 계엄 정국으로 흘러들어 폭발한 느낌이에요.

신혜림: '사랑할 수 있는 힘'이 있는 사람들인데 윤석열이 그걸 깨뜨린 거예요. 그래서 그 엄청난 힘을 이번 집회에다가 응축할 수 있었다고 생각하고요. 다만 그래서 저는 집회 이후를 생각할 때는 비관적인 편이에요. 이 여성들의 모음집은 딱 거기까지라고 생각이 드는 거예요. 이 사랑의 힘을 투쟁할 수 있는 힘으로 옮겨갈 수 있을까? "내 평온한 일상을 돌려달라"는 구호를 들으면, 한편으로는 '우리가 언제 평온했었지?' 이런 생각이 들기도 하는 거죠. 사실 여기 광장에 원래부터 나와 있었던 사람들은 삶이 평온하지 않아서였는데, 지금 몰려온 사람들은 사실 평소에는 평온했던 사람들에 더 가깝다고 생각이 들기 때문에.

강남규: 2016년에 비해 2024년 집회 발언자들의 페미니즘 친화성이나 진보적인 구호들이 더 주류화된 건 확실히 맞는 것 같아요. 맞

는데, 그거에 대한 호응이 그만큼 달라졌는가 생각하면 조금 이질적인 느낌이 있었거든요. 제가 집회 나가서 봤을 때 '성소수자, 장애인, 여성, 청년, 청소년 다 여기 있습니다' 이 얘기를 하는 사람이 정말 너무 많았어요. 같은 얘기를 너무 많이 들어서 사실 지겨울 정도였는데, 그런 얘기를 할 때 사람들의 첫 반응은 좀 달랐어요. 그전에 막 '윤석열 퇴진해야 된다, 죽여야 된다, 없애야 된다' 말할 때는 '와~' 하다가 '장애인, 여성……' 이렇게 얘기할 때는 잠깐 가라앉더라고요. 막 거기다 대고 모욕을 하거나 내려오라고 할 정도는 아니지만요. 그나마 그만큼 나아진 거죠.

신혜림: 무대 위는 다양성 측면에서 확실히 나아진 것 같아요. 근데 '대중들이 그걸 받아들이고 있나?'라고 하면 저는 그건 모르겠어요.

은 유: 전적으로 받아들여진다기보다 익숙해지고 스며들고 있는 거 아닐까요?

이날 토론은 20대 여성, 성소수자들이 농민들의 트랙터 집회와 연대한 '남태령 대첩'이 일어나기 일주일 전이다. 이 사건은 집회와 광장에 대한 토론자들의 생각에 많은 변화를 이끌어낸다.

이재훈: 저는 그거 엄청 큰 변화라고 생각해요. 저는 여전히 한계는 있고 앞으로 많은 것들을 더 적극적으로 행동하는 게 옳다고 당연히 생각하지만, 그래도 8년 사이의 변화는 엄청 크다고 생각해요.

은 유: 동의해요. 몇 년 전에 파리에 사는 친구가 놀러 왔을 때 같이 부

산에 갔다가 퀴어퍼레이드를 봤어요. 옆에서 혐오 세력이 너무 크게 반대 집회 열고 있더라고요. 친구한테 파리는 분위기 어떠냐고 물어봤더니 거기도 동성애 혐오 세력이 있다는 거예요. 근데 저렇게 노골적으로 혐오를 드러내지 않는다고 하더라고요. 저는 그 차이가 굉장히 크다고 생각했죠. 내가 어떤 생각을 가질 수 있는데 그걸 드러내느냐 속으로 삼키느냐는 너무 다르죠. 소수자 혐오는 의견이 될 수 없고 권리도 아니라는 걸 학습한 것만 해도 큰 성과죠.

이재훈: 이런 대규모 집회는 결국은 주류 정치의 장이거든요. 시민 정치의 장이고 주류 정치의 장인데, 소수자들이 예전처럼 거부당하지 않고 그 자리에 설 수 있었다는 것만으로도 일단은 의미를 부여하고 싶습니다.

신혜림: 비관적인 얘기 조금만 더 하면 저는 '적어도'의 정치가 너무 싫거든요. 윤석열이 우리가 상상도 할 수 없던 범주의 선을 또 만들어놨잖아요. 그래서 '적어도 윤석열 같은 괴물은 막아야지'라는 식으로 뭉쳐 있잖아요. '나 전장연 싫지만, 페미니즘 싫지만, 일단 윤석열 탄핵시켜야 되니까 가만히 있는다.' 평소에는 시민들과 대치하던 전공의들도 와서 봉사하고 있고. 그럼 그 '적어도'가 완수되면? 많은 사람들이 그냥 아주 일시적으로 모여 있는 데 대한 위화감이 들어요.

이재훈: 비관하시는 거에는 동의하는데, 그래서 저는 이후의 담론을 어떻게 만들어갈지가 대단히 중요하다고 생각해요. 그렇기 때문에 이 상황에서 우리가 더 부각하고 더 적극적으로 지켜봐야 될 것들을 이야기해야지 되레 부정적인 신호들이 주류 담론으

로 나오기 시작하면 그게 걷잡을 수 없이 또 퍼질 것이라고 생
각하거든요.

강남규 : 2016년과 2024년의 분위기가 달랐던 것, 진보·여성·퀴어·노동·
장애·청소년 애기하는 걸 크게 모욕하려고 하는 사람이 없어진
것은 그 8년 동안 시민사회나 장혜영 의원이나 이런 사람들이
꾸준히 노력했기 때문이지 않을까 싶네요.

은 유 : 저는 시민단체 활동가들 진짜 존경해요. 계엄 당일에도 많이들
달려갔어요. 지금 젊은 시민단체 활동가들은 세상을 좋게 만들
어야 한다는 자기만의 철학과 이상과 실행력이 있어요. 일상의
정치를 늘 해왔던 사람들이고, 굉장히 용기 있죠. 이번에도 여
성 단체 활동가가 촛불행동 대표로 나온 김민웅한테 가서 "당
신은 성폭력 2차 가해자라서 자격이 없다. 내려와라" 하고 의견
을 말하고 성명서도 냈죠. 해일도 잘 막고 조개도 잘 줍고.

정주식 : 8년 전과 비교했을 때 광장의 다양성이 얼마나 더 풍부해졌느
냐에 대해서는 각자 의견 차가 있는 것 같아요. 원래 그랬다, 아
니면 시간이 지나서 이렇게 된 거다, 혹은 이번에 엄청난 변화
가 있었다. 저는 뭐 중간 어디쯤이겠지만, 중요한 차이는 이것
같아요. 8년 전에는 광장의 다양성이 자연스럽게 다음 정치에
반영될 거라는 막연한 생각들이 있었던 것 같아요. 제가 보기
에는 8년 전에도 광장의 요구가 굉장히 다양했었거든요. 그때
는 우리가 이렇게 요구해서 세상이 바뀌었으니까 저절로 더 좋
은 나라가 될 거라는 막연한 기대가 있었다면, 지금은 그게 아
니라는 걸 안다는 차이가 제일 큰 것 같아요. 지금의 과제는 광
장에서 발견된 이 다양성을 어떻게 다음 정권이 이어받아서 정

치에 반영하게 할 것인가 하는 방법론이겠지요.

박권일: 그래서 지금 국회에서 정의당 같은 진보정당의 부재가 너무 아쉬운 거죠. 그것을 정치적인 언어로 바꿔내고 의제화할 수 있는 진보정당들이 없어요. 지금 의회 내 진보정당을 자임하는 당들은 하나같이 선거 개혁 망가뜨리는 데 동참한 민주당 기생 정당들이잖아요. 그래서 더욱 이걸 어떤 식으로 풀어갈지 고민을 많이 해야 될 것 같아요.

　　7공화국 얘기들을 다들, 심지어 민주당까지 하고 있는데 아직까지는 너무 추상적인 수준에 머물러 있는 것 같습니다. 구체적으로 우리 몸에 와닿는 이야기들이 나와야죠. 7공화국은 어쨌든 차별금지법이 있어야 하고 소수자와 약자의 권리가 헌법에 보장되어 있어야 하는데 구체적인 이야기들이 여전히 과소합니다. 그래서 구체적인 7공화국에 대한 비전들이 지금부터라도 나와야 되지 않나 싶습니다.

장혜영: 저는 오늘 희망을 담당하고 있는 것 같은데요. (웃음) 사람들의 정치적 감각이 열리는 시기가 있다고 생각해요. 선거 때 열리죠. 그러니까 평소에는 안 듣던 얘기들도 듣게 되고 그러는데, 저는 계엄과 탄핵이 사람들의 정치적 감각을 열어줬다고 생각해요. 갑자기 확 열렸죠. 저는 되게 역설적으로 대선 때보다 지금이 훨씬 더 다양한 얘기를 할 수 있는 공간이 열렸다는 생각이 들어요. 제가 희망이라고 느끼는 건 원래 광장에서 싸우던 사람들뿐만 아니라, 사랑하는 무언가를 지키기 위해 일상을 지키기 위해 최근에 쏟아져 나온 사람들에게 정치적으로 열린 감각, 새로운 영토가 생겼다는 점이에요. 그 안에 어떤 경험과 담

론을 새겨넣을지 잔뜩 기대됩니다.

　한편 이 시기 국회에서는 개헌에 대한 논의가 있어야 하고 지금 거부권을 남발하던 인간을 탄핵한 상태에서 탄핵 인용 시점에 즈음하여 함께 가결시켜야 할 법안들이 무엇인지에 대한 논의가 있어야 해요. 박경석 대표가 이재명 대표에게 요구했던 건 장애인 7대 입법에 대해서 대답하라는 것이었어요. 이재명 대표는 대답하지 않았죠. 광장이 닫히기 전에 이것을 다시 물어야 합니다. 차별금지법도 얘기해야 하고, 낙태죄 헌법 불합치 판결 이후 4년째 방치된 보완입법도 얘기해야 해요. 최소한 두 달 이상의 시간이 있잖아요. 개헌안만 논의할 거 아니잖아요. 헌재 탄핵 심판과 더불어, 원래부터 광장을 지켰던 사람들과 새롭게 광장에 나타난 사람들이 함께 지금 당장 더 나은 사회를 만들기 위해 법률로 할 일과 헌법으로 할 일을 정리해서 계속 의제 진척을 요구해야 한다고 생각해요.

신혜림: 아까 '평온함'에 대한 이야기를 했었잖아요. 다수의 시민들이 자신이 평소에 누리고 있던 평온함을 원해서 나왔다는. 전략적으로는 그 평온함을 깨뜨리지 않기 위해 정치가 필요하다는 호소를 많이 해야 될 것 같아요. 그러니까 같은 에너지가 있다면 지금은 아까 말씀하신 각론처럼 들리는 장애인 등을 위한 개별 입법을 이야기하기보다는, 재훈 님이 말했던 어떤 큰 체제를 전환시키기 위한 메시지에 공력을 훨씬 더 기울여야 되지 않나. 내가 대신 뽑아놓은 사람들이 일 좀 제대로 할 수밖에 없는 체제를 이번 기회에 만들자. 제2의 괴물이 나오지 않게, 혹은 괴물이 나온다면 바로 처단할 수 있게, 더 이상 신경 쓰지 않게,

이런 집회에 나오지 않아도 되게, 이번에 그렇게 좀 만들자. 이런 심리가 작동하도록 원외정당인 정의당이 약간 정치개혁공동행동 같은 일을 하면 어떨까.

강남규: 혜림 님이 말씀하신 그 요구들이 결국은 민주당이 2백 석을 가져야 된다는 요구로 수렴되지는 않을까요? 저는 그런 공포가 있어요.

정주식: 실제로 그런 얘기들을 많이 하죠.

신혜림: 제가 말한, 일상의 평온함을 위해 나온 사람들이 평소 이재명을 좋아할 것 같진 않군요.

강남규: 이재명을 지지하지는 않죠. 하지만 국민의힘이 탄핵을 1차 부결시킴으로써 사람들이 경험한 게 '2백 석을 가져야 되는구나'라는 감각일 수도 있겠다는 생각을 했어요. 그런 반응들을 보기도 했고요.

정주식: 들어보니 광장에는 크게 세 부류가 있는 것 같아요. 민주당 2백석 해야 된다고 생각하는 한 덩어리가 있고, 신혜림이 구분했던 두 개의 덩어리가 있고요. 원래 거기 맨날 나왔던 광장의 터줏대감들, 그리고 이번에 갑자기 확 가세한 사람들. 이 세 그룹으로 나눠진다고 봤을 때 요구되는 다음 정치도 각각 다를 것 같아요.

은 유: 그렇게 세 가지로 분류한 사람들이 한자리에 모여서 서로의 이야기를 듣게 됐잖아요. 전 그런 장이 마련된 게 무척 중요하다고 생각해요. 그래서 서로 말길을 틀 수 있는 계기가 된 거죠. 옆집에 누가 사는지도 몰랐는데 비로소 얼굴을 본 거예요.

신혜림: 맞아요. 이번에 국회의사당역 4번 출구 나가는 길목 지하에 전

장연이 있었는데 사람들이 서명을 많이 하더라고요. 인터넷으로만 보던 사람들을 직접 마주하고 그들이 하는 말에 어쨌든 몇 초라도 귀를 기울인 다음에 기꺼이 서명할 수 있는 그 상황들이 만들어진 건 정말 의미 있다고 봐요.

이재훈: 이번에 부산에서 열린 집회에서 사회자가 윤석열에 대해서 '정신 박약자다'라고 얘기한 거에 대해서 한 집회 참가자가 주최 측에 쪽지를 보냈다고 해요. '정신 박약자'라는 표현은 차별적 발언이라고 하니까 바로 다음 날 사회자가 나와서 그 발언에 대해서 사과를 했다는 거죠. 예전에는 그런 메시지가 왔으면 그냥 무시했을 거예요. 근데 분위기가 변하고 있다는 얘기인 거죠.

정주식: 제가 절망편을 이야기해야 할 것 같은데요. 국민의힘 집권기에 사람들이 노동운동에 그렇게 호의적일 수가 없어요. 민주노총에서 뭐 도와달라고 서명 받잖아요? 그러면 엄청나게 많은 사람들이 가서 도장 찍어주고 다 해요. 민주당 지지하는 사람들도요. 마치 자기가 노동운동을 엄청나게 지지하는 것처럼. 그러다가 민주당 집권해서 또 노조가 파업하면 금방 돌아서서 "저 귀족노조놈들 봐라" 그러면서 손가락질하죠. 이번 집회에 나왔다는 그런 긍정적인 현상도 저는 8년 전에 기억나는 장면들이 많이 있어요. 누가 여성 혐오적인 발언을 하면 그때도 그만하라고 하고, 그런 노래를 불렀던 가수는 다시 무대에 못 서게 했죠. DJ DOC 같은 가수들이요. 당시 그런 물결에 동의했던 사람들의 마음속에 여전히 그것들이 남아 있는가. 그들 중 상당수는 오히려 8년 전보다 더 진영 논리에 부역하는 사람들이

됐다는 생각이 들거든요. 그래서 저는 아까 광장에서 나오는 그런 희망의 메시지들을 보면서 그냥 '광장 좋아, 잘될 거야' 이런 추상적인 희망 이상의 무엇인가가 필요하다는 생각이 계속 드는 거예요.

박권일: 구체적인 액션 플랜이 필요한 시기이고 그런 플랜을 만들어야 되겠죠.

이재훈: 차이가 있는 거는 2016년에는 어찌 됐든 안티 박근혜로서 민주당의 존재감이 되게 컸고 그들이 시위의 주동 세력이었죠. 지금은 그렇지 않다는 생각이에요. 민주당은 현장에서 철저하게 배제당했고.

박권일: 저도 머리로는 비관적이지만 가슴으로는 낙관해보려 합니다.

강남규: 비관적인 생각이 들지만 할 일은 해야죠.

박권일: 작년에 칼럼에서 '민주주의 요정 윤석열'이라고 했는데, 윤이 엄청난 빌런이 되는 바람에 아이러니하게도 사람들에게 민주주의의 소중함을 각성시켜준 느낌입니다. 계엄으로 열린 시공간에서 창조적인 논의들이 많이 나왔으면 합니다.

장혜영: 시간은 한정돼 있다고 생각해요. 탄핵이 인용될 때까지예요. 그 안에 우리 새로운 경험을 이 시공간에 재빠르게 아로새겨야 합니다. 아즈마 히로키의 '관광객의 철학', 저는 그런 태도가 지금 진보 정치에 필요하다고 생각해요. 방문한 나라의 문화유산에 관한 모든 역사와 의미를 다 알지 못해도 그냥 일단 몸이 움직여서 여기 와 있는 사람들에게 자꾸 좋은 경험을 시켜주고 좋은 관계의 씨앗을 뿌리는 것이 중요하다고 생각해요. 트위터에서 봤는데 '백합'이라고 쓰여 있는 깃발 옆을 지나던 사람이

"백합이 뭐예요?"라고 물어봤을 때 "여자들끼리 좋아하는 거예요"라고 답하니까 "아 그렇군요" 하고 지나갔다는 얘기랑 비슷한 거예요. 이런 사회적 뒤섞임이 지금 마구 일어나고 있으니까 이 시기를 놓치지 말고 기운을 내서 무언가 하자는 거죠.

강남규: 이번에 광장에서 흥미로웠던 거는 성소수자 단체들이 깃발을 들고 자연스럽게 나와서 꽤 큰 대오를 이룬 풍경이에요. 2016년에는 그런 모습 못 봤거든요. 아는 퀴어 분이 얘기하시더라고요. 우리가 이렇게 공개적으로 나올 수 있던 건 퀴어퍼레이드밖에 없었다. 근데 이번에 이렇게 나오게 되니 감회가 새롭다.

이재훈: 헤게모니의 변화까지는 아니겠지만 분명히 상황이 바뀌었다고 생각해요. 그래서 저는 지금은 절망 모드보다는 좀 더 희망 모드를 갖고 담론을 만들어가는 게 중요하다고 생각해요. 그런 변화의 장이 닫히고 난 뒤에 절망해도 되니까요. 그리고 계엄이 등장했다는 거는 우리 정치가 실패했다는 겁니다. 그거를 인정하고 시작해야 할 것 같아요. 우리 정치가 실패한 거지, 국회가 계엄 해제 요구안을 의결해서 막아냈다고 해서 민주주의가 승리했다고 의미 부여를 과도하게 할 건 아니라고 봐요. 이번 구도는 저는 그거부터 시작해야 된다고 봅니다. 철저하게 실패한 정치를 인정하고 시작해야 된다. 오늘 토론 여기까지 하겠습니다. 고생 많으셨습니다.

12월 3일. 그날 밤의 사건을 어떻게 기억해야 할까. 누군가는 민주주의의 승리라고 환호했고 누군가는 민주주의의 허약함에 좌절했다. 희망과 좌절을 냉정하게 파악할 때 허약하기 짝이 없는, 그래서 그만큼 소중히 키워가야 할 우리 민주주의의 실제를 마주할 수 있다. 이 토론에 없는 것은 근거 없는 낙관과 희망 없는 비관이다.

토론의 큰 줄기는 실행자의 윤리와 광장의 변화이다. 부당한 명령에 따른 말단 군인들에게도 윤리적 책임을 묻는 정주식의 주장은 가혹하게 들리기도 한다. 그러나 같은 조건에서 명령을 거부한 사람들이 있었고, 그들이 아무런 처벌도 받지 않았다는 사실은 '처벌 때문에 명령에 따를 수밖에 없었다'는 복종자들의 항변을 궁색하게 한다. 그가 말하고자 하는 것은 '우리는 우리가 되고자 하는 인간이 될 수 있다'는 것이다.

국회에 등장한 계엄군이 '다시 만난 세계'라면 광장에 등장한 응원봉 군단은 '처음 만난 세계'다. 토론자들은 어느 시점엔가 지금껏 보지 못했던 물결이 등장했다는 사실에 모두 동의한다. 광장에 나타났던 에너지가 다음 정치에 수용되지 못했던 8년 전의 좌절 역시 모두 공감하는 기억이다. 그럼에도 장혜영은 계엄과 탄핵이 열어낸 사람들의 정치적 감각에 희망을 건다. '남태령 대첩'은 사람들의 열린 감각이 어떤 의외의 사건을 만들어내는가를 잘 보여줬다. 계엄으로 열린 '처음 만난 세계'는 박권일이 우스갯소리로 말했던 '윤석열 민주주의 요정설'에 힘을 싣는다. 그러나 8년마다 요정을 만나기에는 삶은 고단하고 인생은 짧다. 정치가 더 이상 시민들에게 그런 수고를 요청해서는 안 된다. 우리 앞에는 새롭게 열린 정치적 공간과 사람들의 열린 감각이 있다. 이 기회를 어떻게 희망으로 연결시킬 수 있을지가 2025년 우리 사회의 중요한 과제이다.

토론이 끝나고 남는 질문들

1. 촛불집회와 응원봉집회는 무엇이 같고 어떻게 다를까?
2. 왜 젊은 여성들이 유독 '삶의 평화'에 관심이 많은 걸까?
3. 2025년 대한민국에 가장 적합한 정치체제는 무엇일까?

다이내믹 코리아

2025년 2월 3일 1판 1쇄

엮은이 정주식
글쓴이 정주식·강남규·박권일·신혜림·이재훈·은유·장혜영
편집 최일주, 이혜정, 홍연진 | **디자인** 디자인 〈비읍〉 | **제작** 박흥기
마케팅 양현범 | **홍보** 조민희
인쇄 천일문화사 | **제책** J&D 바인텍

펴낸이 강맑실 | **펴낸곳** (주)사계절출판사 | **등록** 제406-2003-034호
주소 (우)10881 경기도 파주시 회동길 252
전화 031)955-8588, 8558
전송 마케팅부 031)955-8595, 편집부 031)955-8596
홈페이지 www.sakyejul.net | **전자우편** skj@sakyejul.com
페이스북 facebook.com/sakyejul | **인스타그램** instagram.com/sakyejul
블로그 blog.naver.com/skjmail

ISBN 979-11-6981-353-2 03300